MOVIE STAR

Deauville

ALEX CARTIER

MOVIE STAR

Deauville

belfond

© Belfond 2016.

Belfond | un département **place des éditeurs**

place
des
éditeurs

Journal d'Ophélie, 8 août 2014

Je l'ai embrassé ! J'ai embrassé l'homme le plus sexy de la planète, peut-être même de l'univers, l'acteur aux deux oscars. J'ai embrassé une star, je *suis* une star !

En fait, si on veut être très honnête c'est plutôt lui qui m'a embrassée mais cela ne change pas grand-chose. Le résultat est le même, c'était juste incroyable.

On peut se dire qu'un baiser est un baiser et que quand on a embrassé une trentaine de garçons dans sa vie comme moi (est-ce plus près de quarante, de cinquante ?), la sensation sera toujours plus ou moins la même mais c'est faux.

Avec lui, c'était juste *amazing*, je ne crois pas qu'il y a un mot en français pour décrire ce que j'ai ressenti. C'était à la fois hypertendre et hyperchaud. Je sais, cela peut paraître contradictoire mais c'est comme ça.

Nous étions en train de visiter le yacht et il me montrait toutes les cabines en commençant par le poste de pilotage. Ce bateau est énorme. Il y a un salon, une salle à manger, une salle de gym, une pièce cinéma, de nombreuses chambres...

À un moment, il a ouvert une porte et c'était sa chambre. Il a un lit magnifique, immense. Et de chaque côté du lit, il y a une salle de bains avec une douche. Les deux salles de bains se rejoignent par un jacuzzi. Il m'a dit qu'il aimait les bains bouillonnants, que c'était bon pour son dos, surtout quand il avait trop joué au golf.

Mousse à raser, parfum pour homme, j'étais visiblement de son côté... Tout d'un coup j'ai regardé de l'autre côté du jacuzzi et j'ai vu sa salle de bains à elle... Ça m'a fait un choc... Pourtant, je sais qu'elle existe : j'ai vu ses films, je sais comment ils se sont rencontrés. J'ai lu à peu près tous les articles parus sur eux ces dernières années dans *Voici*, *Gala*, *Elle*, *Cosmo*, *Première*... Le « golden couple », le couple aux trois statuettes dorées, aux deux palmes cannoises.

Je sais tout ça et pourtant ça m'a fait drôle de voir tous ces produits de beauté, Dior, Chanel. Il y avait même une crème Clarins, une crème de nuit que ma mère m'a offerte pour mon dernier anniversaire.

Je me suis sentie mal, comme si j'étais bloquée dans un ascenseur. Je crois qu'il l'a vu et qu'il en a compris la raison. Il n'a rien dit, il s'est effacé pour me laisser sortir. Je ne me suis pas arrêtée dans la chambre, je suis allée directement dans le couloir. Je marchais sans me retourner mais j'ai entendu qu'il fermait la porte de la chambre.

Je ne voulais pas marcher trop vite pour ne pas donner l'impression de fuir. Pourtant, c'était bien mon intention : fuir, échapper à cette situation gênante.

Quand je suis arrivée au bout du couloir, au moment de prendre l'escalier, il m'a pris la main. C'était la première fois qu'il me touchait. Je me suis retournée. Je pense que je devais avoir une expression bizarre, je me sentais complètement perdue. Quand je suis trop embarrassée, souvent, je louche. Dans ces cas-là, cela me fait une belle jambe d'avoir de « beaux yeux bleu-gris ».

Je suis certaine que je louchais à ce moment-là. J'avais l'impression d'être dans un film. Il était là devant moi, dans la pénombre, beau, trop beau. Il me regardait avec un air profond, avec un petit sourire charmant. Je pense que je devais loucher un maximum, je devais être horrible. Pourtant, il n'a pas eu l'air effrayé par le monstre qu'il avait en face de lui. Il m'a pris mon autre main. Nous avons dû rester un demi-siècle mes deux mains dans les siennes. Il a des mains qui tuent, dans un sens positif bien sûr. Et puis, tout doucement, il m'a attirée vers lui. C'était tellement doux, tellement lent, comme un film que l'on fait défiler image par image.

Ensuite, c'était très similaire à ce que l'on ressent lors d'un accident ou lors d'une chute, à la fois très lent et très rapide, comme si chaque centième de seconde durait une éternité. Je me rappelle quand j'avais seize ans, je partais de chez moi à mobylette et un camion de poissonnerie est sorti d'un garage en marche arrière. Il était jaune, j'avais le soleil dans ma visière, je ne voyais pas grand-chose, je n'avais aucune chance... Il a reculé, je l'ai aperçu au dernier moment et j'ai freiné... Trop tard... j'ai foncé dans son pare-chocs arrière. Tout semblait aller si doucement, je me suis sentie voler et je suis allée la tête la première me fracasser contre la porte arrière de la camionnette. Ensuite tout est allé très vite, je me suis retrouvée par terre, des gens sont venus, une ambulance est arrivée. Heureusement, je n'ai rien eu, je suis même allée au lycée l'après-midi.

Enfin, évoquer cela, c'est un peu une digression. Cela me rappelle le début de *L'Attrape-cœurs* quand le prof du héros, Holden Caulfield, demande aux élèves de faire un exposé sans digression et qu'un camarade de Caulfield n'y arrive pas.

Encore une digression ! En même temps, un journal c'est pour soi-même, alors on doit pouvoir s'autoriser ce genre de chose. Comme cela, quand je le relirai dans vingt ans, je me souviendrai non seulement de ce que j'ai fait mais également de ce que j'ai ressenti quand je l'ai écrit.

Pour revenir au yacht, il me tenait les deux mains, il m'attirait à lui. J'ai l'impression que ça a duré des heures et puis, un millionième de seconde plus tard, il m'embrassait. Je ne sais pas si c'est lui qui s'est avancé, si c'est moi, ou si c'était nous deux ensemble. Cela s'est fait plus rapidement que la vitesse de la lumière. En fait, je crois que c'est plutôt moi qui l'ai embrassé. Je l'ai embrassé comme une folle, de façon effrénée, un peu comme j'avais embrassé Charles-Édouard juste avant les vacances de février en seconde, sauf que maintenant j'ai vingt-six ans !

Ma langue a forcé ses lèvres pour chercher la sienne, j'étais dans sa bouche, en lui. C'était très intense, je ne pouvais pas me contrôler. Ma langue avait totalement pris son indépendance et cherchait à annexer sa bouche.

J'ai un peu honte maintenant, je ne suis pas sûre que c'était bien pour lui. Pour moi non plus d'ailleurs mais c'était une sorte de folie, de besoin irrépressible.

Il a supporté l'épreuve que je lui imposais pendant un moment puis il s'est reculé et m'a regardée avec un regard très doux. Après, il m'a lâchée, a caressé ma nuque, puis sa main a attiré ma tête vers la sienne.

Cette fois, c'est lui qui m'a embrassée et c'était tout simplement le moment le plus érotique de mon existence (peut-être *ex aequo* avec certains moments torrides que j'ai eus avec Christophe). Sauf que, là, c'était juste un baiser et ç'avait pourtant la force d'un orgasme. Je fondais littéralement, aussi bien psychologiquement que physiquement.

Ses lèvres étaient délicatement posées sur les miennes. Il a embrassé ma lèvre inférieure puis est passé à ma lèvre supérieure. Et puis, sa langue est venue doucement chercher la mienne (laquelle, après ses exploits précédents, était sagement retournée à sa place) et elles ont commencé une valse à deux, une valse à mille temps qui m'a paru durer cent ans.

En réalité, je ne sais pas combien de temps il m'a embrassée. Sûrement pas plus de quelques minutes. Cela n'a pas d'importance, c'était le moment parfait.

Après nous sommes remontés, il a lâché ma main. Pour moi, c'était l'heure de quitter le bateau, je veux dire le yacht (il faut vraiment que je m'habitue au luxe et que j'appelle un chat un chat), pour rentrer au camping.

Le reste de la journée est une sorte d'énorme flou.

Maintenant, il est tard, il est plus de minuit. J'écris le plus long chapitre de l'histoire de mon journal que j'ai commencé en sixième. Mais c'est certainement aussi le plus important de ma vie.

Ce n'est pas un chapitre d'une jeune femme de vingt-six ans, c'est plutôt le chapitre d'un conte de fées avec prince et princesse.

Enfin, il ne faut pas s'emballer, je dois garder les pieds sur terre.

Pour l'instant, le château que j'habite, c'est un petit appartement que je partage dans le 18ᵉ arrondissement de Paris avec Christophe et mon chat Roméo depuis quatre mois.

Et Christophe, il est à moins de cinquante mètres de l'endroit où j'écris, dans la tente, sans doute endormi...

Un an plus tôt

Journal d'Ophélie, 8 août 2013

Aujourd'hui, c'est un grand jour : non seulement c'est mon vingt-cinquième anniversaire mais c'est aussi la redécouverte de mon journal intime. C'est une version plus moderne technologiquement puisque, au carnet bleu, a succédé mon nouvel iPhone. C'est mon cadeau d'anniversaire, j'en suis folle !

Je suis allée chez mes parents à Saint-Germain-en-Laye pour fêter mes vingt-cinq ans. C'est toute une expédition pour s'y rendre. Je suis partie à 11 h 30, sans doute un peu tard (mais on ne se refait pas, je suis toujours un peu juste au niveau timing…). De mon petit appartement, dix minutes de marche jusqu'au métro puis ligne 4 jusqu'au RER A qui m'a emmenée à destination en trente minutes.

Dans le RER, j'ai deux occupations, la lecture et la rencontre du prince charmant (encore qu'on peut se demander ce que le prince charmant ferait dans le RER entre Les Halles et Saint-Germain-en-Laye). Ce matin, en entrant dans la rame, j'ai commencé par faire un repérage discret. Comme toujours ou presque, il n'y a pas l'ombre de l'ombre d'un quelconque prince charmant.

Il n'y a que des gens ternes, des messieurs bedonnants, la cinquantaine passée (ou peut-être la quarantaine, en tout cas des vieux à mes yeux), des lycéens, quelques geeks qui jouent sur leurs smartphones...

Toujours la même chose, mes espoirs sont encore déçus. Tellement loin de ce que je peux lire actuellement. J'ai commencé *Cinquante nuances de Grey* il y a dix jours. L'héroïne, une étudiante, rencontre un homme de vingt-sept ans. Il n'a rien de spécial, il est juste superbeau, superriche, supercraquant. Bon, il est aussi adepte du sadomasochisme, « Nobody's perfect »... (pour citer Jack Lemmon dans *Certains l'aiment chaud*, un de mes films préférés).

En plus, cette cruche qui a trop de chance est vierge !!! Je suis un peu dure avec elle, car je l'aime bien, Anastasia Steele. Elle est marrante, et charmante.

Mais pourquoi ça lui arrive à elle et pas à moi ? Moi aussi, je suis mignonne, je suis grande (1,72 m), plutôt fine (malheureusement pas autant que je le souhaiterais au niveau des fesses), j'ai une poitrine pas trop imposante mais très jolie, et surtout j'ai de grands yeux bleu-gris.

Je peux largement rivaliser avec Anastasia, enfin, je pense... Mais Christian Grey, il est pour elle, pas pour moi.

Mardi dernier, en revenant du travail, je lisais ce livre dans le métro quand un homme m'a interpellée.

— Vous aimez ?
— Pardon ?
— Vous aimez votre livre ?

Je l'ai regardé à travers mes lunettes Tom Ford (toutes neuves et canon qui ne m'ont rien coûté grâce à l'excellente mutuelle de ma boîte) et je l'ai évalué.

Honnêtement, mon radar ne l'avait pas spécialement repéré quand je suis montée dans la rame. Un peu trop vieux pour moi (sans doute trente-cinq ans), pas très grand (moins de 1,80 m) pas trop mal mais pas non plus une bombe. Brun, les yeux marron, bien fringué, dans le style cadre sup, costume-cravate.

— C'est pas mal (je suis assez laconique dans mes réponses quand je ne connais pas mon interlocuteur et qu'il n'est pas Christian Grey).

— Moi, j'ai bien aimé.

— Vous l'avez lu ?

— Oui, pourquoi pas ? Les hommes n'ont pas le droit de lire la trilogie d'E. L. James ? C'est réservé aux femmes ? Les hommes doivent se contenter de SAS ?

— Non, pas forcément, mais, en général, dès que vous parlez de *Cinquante nuances* à un homme, il ne sait pas ce que c'est, ou il vous prend pour une midinette.

— Moi, je l'ai lu, Anastasia...

Alors là, la ficelle d'approche était assez grosse, m'appeler par le nom de l'héroïne !!! Il se prend pour Christian Grey, ce con ?

Mais, ce jour-là, j'étais d'humeur pacifique, sans doute à cause du beau temps et de l'excellente journée que j'avais passée au bureau. Je ne l'ai pas rembarré... ce qui l'a poussé à continuer.

— Je descends à la prochaine station. Vous accepteriez de prendre un verre avec moi ? Nous pourrions parler du livre.

Ce n'était pas l'attaque la plus fine du monde, loin de là et pourtant, pour une raison que je n'analyse pas encore très bien, j'ai accepté.

— *Why not ?* Je ne connais pas trop le quartier.

Nous étions à la porte Maillot, très loin du 18ᵉ, en clair : à l'autre bout du monde, chez les bourgeois.

Nous sommes sortis du métro pour nous retrouver au milieu de milliers de voitures remontant vers l'Arc de Triomphe.

— Le bar du Concorde Lafayette, vous connaissez ?
— Non.
— Vous verrez, il y a une très belle vue.

Nous avons traversé l'embouteillage au milieu des voitures. Il a pris mon bras. J'avoue que je n'aime pas trop que les gens que je ne connais pas me touchent. Je n'ai pas vraiment aimé sa façon cavalière de m'attraper.

Dès qu'on a eu traversé, j'ai dégagé mon bras de la façon la plus cool possible.

Nous sommes arrivés à destination. M'inviter à boire un verre dans un hôtel, c'est assez moyen, il aurait pu choisir un bar branché. En plus, il devrait se mettre à la page, l'hôtel ne se nomme plus Concorde Lafayette mais Hyatt Regency Paris Étoile. Je le lui ai fait remarquer. Je sais, c'est un peu mesquin, mais je commençais à me demander pourquoi je n'avais pas continué tranquillement mon chemin pour rejoindre Roméo, mon chartreux.

L'hôtel est gigantesque : le hall peut contenir des centaines de personnes. Au milieu, il y a deux énormes sofas ronds en cuir noir de près de cinq mètres de diamètre qui font penser à des hamburgers trop cuits. Étaient installées sur chacun d'eux une dizaine de personnes. C'était un mélange de Japonais, d'Indiens et d'Européens de l'Est : très éclectique ! Deux jeunes femmes étaient assises là dans des tenues assez équivoques. On ne savait pas si elles attendaient leur petit ami ou un client éventuel...

Tout cela n'était pas très glamour, même plutôt *has been*. S'il comptait m'impressionner, ça commençait mal.

Nous sommes montés dans l'ascenseur qui pouvait accueillir quinze personnes au bas mot. Malgré la présence d'étrangers à nos côtés, il a continué à me parler de *Cinquante nuances*.

— Vous vous rappelez ce que dit Christian à Anastasia sur l'effet que produisent les ascenseurs sur les couples...

Il commençait vraiment à me fatiguer, je n'ai pas répondu. C'est le seul livre qu'il a lu dans sa vie ou quoi ? J'aime beaucoup *Cinquante nuances* mais de là à en faire la référence absolue en matière de citation littéraire... De plus, quand Christian parle de l'effet des ascenseurs, c'est après avoir vu un couple s'embrasser fougueusement, pas en étant entouré d'un couple de Chinois, d'un Japonais avec un énorme appareil photo Nikon et d'une famille du Middle East avec trois enfants. Il y a une nuance, cher monsieur «Je-cite-cinquante-nuances-all-the-time».

Quand nous sommes arrivés au trente-quatrième étage, j'avoue que la vue m'a soufflée : tout Paris devant moi avec la tour Eiffel comme emblème de la beauté de la capitale. Comme j'aime Paris !

Le bar s'appelle le « Bar La Vue », encore un signe de subtilité et de sophistication... Enfin, au moins, le touriste de base ne peut pas se tromper : il sait où il se trouve. Le problème, c'est que le trip touriste, ça ne me fait pas trop kiffer...

Le bar a d'immenses baies vitrées de dix mètres de haut. Il y a deux niveaux, le premier avec des tables hautes et des tabourets, le second, plus bas, avec des tables et des sièges alignés le long des baies vitrées.

Un serveur s'approche de nous :

— Vous préférez être près de la baie vitrée ou au premier niveau ?

— Anastasia ?

Je me rends compte que nous n'avons pas échangé nos prénoms. Je ne déborde pas d'envie de le faire mais si je veux arrêter le délire de son transfert, c'est encore le moyen le plus sûr.

— Ophélie.

— Quoi ?

Quand on a un minimum d'éducation, on ne dit pas « Quoi ? », on dit « Pardon ? » ou « Comment ? » De plus, comprendre que je viens de donner mon prénom n'est pas si compliqué, il n'y a pas besoin d'avoir fait Polytechnique...

— Je m'appelle Ophélie. Prenons la table près de la baie vitrée.

Après nous être installés, j'ai regardé un long moment Paris à mes pieds. Trente-quatre étages, c'est drôlement haut. Vue sublime !

— Ophélie, Ophelia. Moi, c'est Rodolphe.

Il n'a vraiment pas de chance : « Rodolphe », je déteste comme prénom. Pour l'instant, il a à peu près tout faux, on frôle le zéro pointé. Seul Paris le sauve et lui permet d'obtenir trois sur vingt, quatre maxi.

J'avoue que je ne me souviens pas trop de la conversation. C'était vraiment ennuyeux. Il m'a dit qu'il travaillait pour une compagnie de réassurance. Les compagnies d'assurances, je connais, mais les compagnies de réassurance ?

J'aurais dû faire semblant de savoir, j'aurais vraiment dû... Une erreur de débutante. Je me suis tapé un cours complet sur la réassurance. Il a perdu les trois points qu'il possédait, nous sommes entrés dans les notes négatives. Jusqu'où pouvait-il descendre ? Ça commençait presque à devenir fascinant de l'observer dans sa descente infernale.

C'est amusant, par moments, on n'est plus véritablement dans son propre corps, on est au-dessus et on observe une scène comme si on était spectateur.

Malheureusement (ou heureusement), au bout de dix minutes, il s'est aperçu qu'il m'avait perdue, que mon esprit s'était envolé pour survoler le Panthéon et le dôme des Invalides. Il a tenté de me ramener à notre table.

— Et vous vous faites quoi dans la vie ? C'est quoi vos hobbies ?

Je crois que je préférais encore le cours sur la réassurance. Je n'avais pas envie de lui parler de moi. J'ai fait le minimum syndical, travail, chat (sans lui donner son nom), danse.

— En fait, votre chat, c'est votre compagnon.

— Le mien est plus intelligent, plus doux, plus beau, plus indépendant mais également plus loyal que tous les hommes que l'on peut rencontrer. En plus, il a une belle grosse queue...

Je sais, normalement, je ne suis pas vulgaire. Était-ce le verre de champagne, l'ennui, l'altitude... Je me suis lâchée.

J'aurais mieux fait de me taire. Alors que nous étions en train de nous installer ensemble dans notre échange morne et tranquille, j'ai réveillé la bête.

— En termes de beauté et de douceur, je ne peux pas dire, je ne connais pas votre chat. En revanche, pour le reste... Vous n'avez pas dû rencontrer d'hommes ayant un grand talent...

« D'homme ayant un grand talent », nous venons d'entrer dans la stratosphère de l'allusion sexuelle lourdingue.

Je sais, c'est moi qui ai commencé. Ce n'est pas une raison pour m'imposer des platitudes. Encore, s'il avait de l'esprit... Moi, les insinuations sexuelles, je n'y suis pas opposée, je ne suis pas comme ma grand-mère, mais là...

Je devrais me lever et partir. Il le faut mais ce serait quand même un peu dur de le planter là.

J'ignore et j'enchaîne sur la danse. Il m'a fait un cours de dix minutes sur la réassurance, je l'explose en débitant un laïus de vingt minutes sur la danse. Danse classique, modern jazz, capoeira, tout y passe.

Et ça marche ! Au bout d'un moment, il s'excuse et se lève. S'il est allé payer, il va pouvoir récupérer quelques points. Je suis une jeune femme moderne mais je ne déteste pas un peu de galanterie à l'ancienne. En revanche, s'il est allé aux toilettes...

Il revient et pose devant moi une petite carte en plastique de huit centimètres sur quatre avec une photo de l'hôtel. Je devine ce que c'est mais je n'ose pas y croire.

— Ce n'est pas une clé de chambre ?

— Les chambres avec installation de soumission, grande croix en bois et menottes étaient toutes prises, j'ai dû me résoudre à en choisir une avec miroir au plafond. Ça devrait suffire pour commencer.

Sans un mot, je me lève et je pars. Je ne cours pas mais presque. Sans doute surpris (on se demande pourquoi), il se lance à ma poursuite.

— Ophélie, c'était une plaisanterie, j'ai demandé la carte au bar, c'est une fausse !

Il va me rattraper dans quelques secondes, peut-être me saisir le bras comme il l'a fait pour traverser la place de la Porte-Maillot. Je pense que s'il me touche, il va prendre une claque. Lui, l'adepte du sadomaso, il va faire l'expérience du soumis !

Tout à l'heure, il a frôlé le verre dans la figure mais j'avais tout bu : ça, c'est le problème quand on aime trop le champagne rosé. Après on est désarmé...

L'ascenseur n'est pas loin mais le temps qu'il arrive, il m'aura rattrapée. Il est là, les portes s'ouvrent. Des gens descendent, il y en a trop, je suis foutue.

C'est à ce moment que le serveur, tel un chevalier blanc, me sauve.

— Monsieur, s'il vous plaît, vous n'avez pas payé !

S'il avait été fou, s'il avait vraiment voulu me séduire, il n'aurait pas dû céder à cette injonction. Il serait entré dans l'ascenseur, il aurait pris le risque que le serveur appelle la police, se serait jeté sur moi et il m'aurait embrassée.

Il ne l'a pas fait.

En même temps, c'est injuste de ma part de lui reprocher de ne pas avoir fait quelque chose que je ne voulais pas qu'il fasse.

J'ai repris le métro, toute seule, et je me suis interrogée sur les raisons qui avaient pu me pousser à suivre ce mec qui ne me plaisait pas vraiment (puis très rapidement qui ne m'avait vraiment pas plu).

Cela m'a fait penser à la « théorie de la relativité selon Ophélie », une théorie que j'ai élaborée après une histoire qui est arrivée à mon amie Marie. Un jour, nous prenions un verre et elle me parlait de son rendez-vous avec un mec.

— On s'est retrouvés dans l'ascenseur et tu te rends compte, il a essayé de m'embrasser. Tu imagines ? J'ai fait un bond de dix mètres !

— Mais vous aviez fait plusieurs sorties ensemble ?

— Oui, quelques-unes… mais c'était amical.

— Visiblement, pas pour lui… Tu peux comprendre qu'il ait pu croire que ce n'était pas qu'amical ?

— Ok, mais quand même, m'embrasser dans l'ascenseur ! C'est gonflé !

— S'il t'avait plu, si tu l'avais trouvé mignon, tu aurais trouvé ça romantique…

— Peut-être, mais il ne me plaisait pas, c'était juste un copain.

C'est après cet échange que j'ai inventé le concept de « relativité selon Ophélie » : si un homme cherche à vous embrasser dans un ascenseur, c'est romantique s'il est craquant (comme Christian Grey) et c'est nul sinon.

Toutes ces digressions m'éloignent de mon anniversaire et de la visite chez mes parents. Aujourd'hui, je n'ai pas pris le tome trois de *Cinquante nuances* car je ne m'imagine pas le lire avec mes parents et mes grands-parents dans les parages. J'aurais trop peur que ma grand-mère ne me demande de quoi ça parle.

— C'est un bon livre, ma chérie ?

— Oui, mamie.

— Et quel en est le sujet ?

— En fait, mamie, c'est une jeune fille qui est amoureuse d'un garçon sadomaso qui passe son temps à vouloir la fesser. Ah, j'oubliais, il veut également qu'elle essaie un plug anal…

Pas vraiment le type de lecture dont on peut discuter avec sa grand-mère.

Cela dit, j'ai une collègue de travail qui m'a dit que sa mère, agrégée de lettres de soixante-cinq ans, le lui avait emprunté lors de sa dernière visite.

— Alors, tu trouves ça comment ?

— C'est vraiment très mal écrit, je ne comprends pas comment il peut avoir un tel succès.

— Tu exagères, c'est sympa. Tu n'es peut-être pas allée assez loin. Tu as lu cinquante pages, au moins ?

— Eh bien, en fait, je l'ai terminé. Tu sais, je n'avais pas très envie de dormir donc je me suis dit que ce serait mieux de le finir. Je n'aime pas laisser un livre en plan.

Aux dernières nouvelles, lors de sa visite suivante à sa fille, elle s'est jetée sur le tome deux. Quelle hypocrite !

À mon arrivée à la gare de Saint-Germain-en-Laye, mon père m'attendait.

— Comment vas-tu, ma chérie ? Tes grands-parents sont déjà arrivés. Ta mère a préparé un couscous.

— Préparé, c'est un bien grand mot, papa. Heureusement qu'il y a le restau marocain à côté. Elle l'a réchauffé, tu veux dire.

— Ophélie, ne sois pas sarcastique, ce n'est pas gentil pour ta pauvre mère.

À la maison, mes grands-parents et ma mère m'attendaient : j'étais la reine de la fête.

Champagne pour l'apéritif, une bouteille de Moët et Chandon rosé que Grand-Pa avait apportée.

Mamouche m'a rapidement entreprise sur le sujet sentimental.

— Nous pensions que tu viendrais peut-être accompagnée ? Tu n'as pas de petit ami ?

Je n'ai pas voulu lui dire que, si j'avais eu un petit ami, je me serais bien gardée de l'amener à ma fête d'anniversaire familiale.

— Non, Mamouche, il n'y a pas de garçon assez bien pour moi. Ils n'en font plus comme Grand-Pa. Tu as eu de la chance, le moule est cassé, tu as eu le dernier.

Elle a levé les yeux au ciel.

— Tu sais, tu idéalises ton grand-père. Il n'est pas aussi formidable que cela.

— On parle de moi ? En bien ?

— Bien sûr, Georges, je ne parle de toi qu'en bien, tu le sais.

Elle s'est tournée vers moi pour continuer ses investigations.

— En plus, il devient sourd… Mais tu ne vois plus Cyril ? Il était charmant ce garçon. Intelligent, bien élevé, bien habillé.

Voilà pourquoi je n'invite pas de garçons aux fêtes familiales. J'ai fait l'erreur une fois de demander à Cyril de venir me chercher après le déjeuner pour mes vingt et un ans. Il a été invité à prendre le café. J'aurais voulu qu'il reste cinq minutes, il est resté une heure. Et encore, cette heure m'a paru en durer trois. Depuis, c'est la grande référence pour mes grands-mères surtout pour Mamouche.

— Mamouche, nous nous sommes séparés il y a trois ans ! C'est vraiment de l'histoire ancienne.

— Mais pourquoi avez-vous rompu ? Il n'était pas gentil avec toi ?

Comment expliquer à sa grand-mère que ce n'était pas un problème de gentillesse ! Cyril, c'était ma première liaison longue, presque deux ans. Il était effectivement mignon, intelligent, plein d'humour et très gentil, Il avait vingt-cinq ans, moi vingt. Trop gentil, peut-être ?

C'est affreux de reprocher à quelqu'un d'être trop gentil. D'ailleurs, le problème n'était pas là. C'était physique.

Je me rappelle, je m'en suis rendu compte un dimanche après-midi de décembre. Nous sommes allés nous promener à Montparnasse. Il m'a invitée à La Coupole. Je n'étais jamais allée dans cette brasserie. C'est magnifique, si on aime le style Art déco. Et moi, j'adore !

Cyril m'a expliqué que c'était le lieu de rendez-vous des artistes, des peintres, des écrivains, des chanteurs, Man Ray, Picasso, Simenon, Joséphine Baker, Aragon, Matisse, Henry Miller… Cyril est très cultivé.

Il a pris un plateau de fruits de mer, moi une sole, mon poisson préféré. Celle-là était délicieuse.

Le déjeuner fut charmant.

Après, comme il faisait beau, nous nous sommes promenés au Luxembourg. C'était magnifique.

Nous sommes rentrés à son appartement, rue Leriche, un peu avant cinq heures. Il commençait à faire un peu plus froid, le soleil commençait à disparaître.

Nous avons monté les trois étages (il n'y a pas d'ascenseur).

Au moment d'entrer, je me suis demandé pendant une fraction de seconde si je n'avais pas envie de rentrer à Saint-Germain-en-Laye. Mais je suis entrée.

— Tu veux un thé ? Je viens d'acheter un Darjeeling Snow, c'est un thé blanc. J'ai également du Earl Grey et du thé vanille.

Cyril est un adepte du thé Mariage Frères.

Je sais que pour le *five o'clock afternoon tea*, il est de coutume de prendre du Earl Grey mais je ne suis pas très fan de la bergamote.

— Vanille, s'il te plaît.

Le thé vanille, il l'a acheté pour moi. Il trouve que ce n'est pas un vrai thé, que la vanille gâche le goût du thé.

Il a mis l'eau à chauffer dans la bouilloire puis m'a prise dans ses bras.

— Je t'aime.

Il m'a embrassée, ses lèvres ont cherché mes lèvres, sa langue est allée à la rencontre de la mienne...

Mais ce jour-là, ma langue était réservée, plus que cela même, presque réticente. Pourtant, embrasser a toujours été ma pratique sexuelle préférée. Longtemps, c'était même mon unique pratique sexuelle.

J'étais célèbre parmi mes amies quand nous sortions en boîte. Je trouvais toujours un garçon, plus ou moins mignon, à embrasser. J'étais une pro, j'adorais ça.

Un soir, dans une boîte de Dinard, je me suis même fâchée avec ma cousine et ses copines. Nous étions sorties toutes les quatre et je conduisais la Polo de ma mère. Après avoir dansé, j'ai trouvé un mec mignon, et, très rapidement, nous avons pratiqué un échange de salive soutenu.

Vers 2 heures, mes camarades ont voulu rentrer. J'étais d'accord puisque j'avais terminé l'exploration buccale de ma victime. Je leur ai dit de m'attendre à la voiture pendant que j'allais chercher mon sac au vestiaire.

Alors que je m'en allais, je l'ai vu ! Blond, yeux bleus, canon. Je le kiffais grave.

Il me le fallait.

Deux minutes après, on s'embrassait passionnément sur un canapé. Je n'ai pas vu le temps passer. Vingt minutes plus tard, ma cousine est arrivée furax. Les filles m'attendaient depuis tout ce temps dehors dans le froid, sur le parking. En plus, le videur ne voulait pas la laisser rentrer dans la boîte, « toute sortie étant définitive à cause de l'affluence ». Elle avait dû employer toute sa persuasion et son charme pour pouvoir venir me chercher.

Grâce à ce videur, j'avais gagné environ dix minutes de bisous. Énorme !

À la sortie, les filles étaient folles ! Je m'en suis pris plein la tête. Heureusement que j'avais la clé de la voiture car, sinon, elles seraient parties sans moi.

C'était quand même un moment top, un must.

Mais, en ce triste après-midi rue Leriche, j'ai interrompu notre baiser.

— Attention, l'eau va bouillir.

Tout le monde ne le sait pas, mais le thé doit être infusé avec de l'eau à quatre-vingt-quinze degrés, il ne faut donc pas la laisser bouillir. Cyril, lui, le sait.

Il nous a préparé une tasse chacun, Earl Grey sans sucre pour lui, vanille avec lait et sucre pour moi.

J'ai réussi à relancer une discussion normale. Je ne pense pas qu'il avait remarqué ma réticence lors de notre baiser.

Il ne l'avait tellement pas remarquée que, après le thé, il a voulu aller plus loin. Il m'a prise par la main et m'a entraînée dans sa chambre. Il m'a poussée sur son lit. Je me suis laissé faire.

Nous nous sommes embrassés. J'essayais de participer un peu plus mais je sentais que je n'étais pas dans le mood. J'aurais peut-être dû arrêter mais c'était trop tard, plus moyen de prétexter une migraine. Arrêter l'aurait blessé, et on n'a pas envie de blesser quelqu'un de gentil. C'est ça le problème avec les gens gentils.

Il était sur moi et je sentais son érection contre ma cuisse à travers nos deux jeans.

Il s'est décalé légèrement pour pouvoir caresser mon corps avec sa main droite tout en continuant de m'embrasser. Il l'a glissée sous mon pull, est passé sous mon soutien-gorge et a atteint mon sein gauche. Il a saisi mon téton entre ses doigts, et l'a titillé. Normalement, les seins sont chez moi une zone assez érogène. Je ne dis pas que je peux avoir un orgasme rien qu'en me laissant caresser les seins (contrairement à d'autres, n'est-ce pas, Anastasia ?) mais ça a toujours des répercussions très positives sur mon niveau d'excitation.

D'ailleurs, Cyril le sait et, maintenant, il se dirige vers mon entrejambe pour vérifier l'état dans lequel il m'a mise. C'est ça aussi le problème quand on est en couple depuis trop longtemps. On s'aperçoit que l'on finit toujours par faire l'amour de la même manière. « L'ennui naquit un jour de l'uniformité », comme l'a si bien exprimé le poète Antoine Houdar de La Motte. (Je n'ai aucun mérite, j'ai regardé sur Wikipédia. Longtemps j'ai cru que c'était tiré d'une fable de La Fontaine et, de toute façon, il ne l'a pas écrit en pensant à la façon d'atteindre l'orgasme.)

Donc, comme à son habitude, la main de Cyril a quitté mon sein, a contourné mon nombril sans s'y attarder pour aller directement au bouton de mon jean qu'il a habilement défait puis, hop, descente rapide du zip. Sa main a joué quelques secondes avec l'élastique de ma culotte. C'est amusant, ce court moment peut être très érotique. Ce jour-là, j'attendais anxieusement la suite. Je sentais que ça n'allait pas marcher.

Sa main est descendue plus bas, sur ma toison. Il a atteint mon sexe.

Normalement, à se stade, je suis toute mouillée, il glisse un doigt de plus en plus profondément et revient pour titiller mon clitoris. Mais là, on était en pleine sécheresse, façon réchauffement climatique au début du XXIIe siècle.

Mon esprit n'avait pas trop envie de faire l'amour, mon corps, lui, pas du tout.

On était au bord du drame. Il fallait faire quelque chose. Rien n'est plus blessant que de constater que son partenaire n'a pas envie de vous.

Sans compter que je ne voyais pas comment j'allais pouvoir le recevoir en moi. Sans lubrification, c'était impossible (ou très désagréable) même si son sexe n'est pas énorme.

Heureusement, je sais prendre des initiatives et j'ai des ressources. Avant qu'il n'atteigne la zone sensible, je l'ai renversé et me suis mise sur lui. Par réflexe, il a retiré sa main. J'ai pris ses deux mains, les ai enfermées dans les miennes et les ai tenues au-dessus de sa tête.

— Ne bouge pas !

J'ai déboutonné sa chemise. Ma main a couru sur sa poitrine. À mon tour d'énerver son téton. Puis direction sa braguette à boutons. Un, deux, trois, quatre, tous ouverts. Son érection tend son boxer. Il n'est visiblement pas dans le même état que moi.

Ma main prend le plus court chemin et le saisit. Je le tiens avec fermeté et douceur. Ma main monte et descend assez rapidement. Je sais ce que je veux obtenir. Je sens l'effet de ma main. Je redouble de passion (simulée) dans mes baisers.

Je sais qu'il ne résistera pas longtemps. Il le sait aussi et tente de m'interrompre.

— Attends. Attention, tu vas me faire jouir.

Je n'en tiens pas compte. Il n'a aucune chance, je l'ai trop excité. Encore quelques secondes et il jouit dans ma main et surtout sur son ventre. Son sperme trace une ligne irrégulière entre son sexe et son sternum. Il était vraiment excité.

Nous n'étions pas du tout en phase. Je n'arrive pas à croire que j'ai pu le mettre aussi facilement dans cet état sans rien ressentir moi-même.

Si j'avais été sympa, je l'aurais pris dans ma bouche, mais pour cela il faut être un minimum inspirée et moi, je ne l'étais pas.

Cyril se lève, il ne dit rien. Il va prendre une douche. Il ne me propose pas de l'accompagner.

Je vais me laver les mains dans la cuisine. En savonnant ma main droite pleine de sperme, je me dis soudain que c'est fini, que je ne pourrai pas continuer avec lui. Je l'aime bien mais je ne l'aime plus. L'ai-je même jamais vraiment aimé ? Cette relation était-elle plus qu'une simple amitié doublée d'échanges sexuels ?

Je m'assieds sur une chaise. Je l'entends se sécher les cheveux. Il arrive quelques minutes plus tard, l'œil sombre.

— C'était quoi ?

— Qu'est-ce que tu veux dire ?

— Ce qui s'est passé, tu ne voulais pas faire l'amour ?

— Nous n'avons pas eu le temps, il me semble. Tu as sprinté vers la ligne d'arrivée.

Je suis de mauvaise foi. Il est très énervé. L'ambiance est électrique.

— Tu te fous de ma gueule ? Tu sais très bien que tu m'as branlé pour te débarrasser de moi.

Il a plus de compréhension de la sensibilité féminine que je ne le pensais. En revanche, j'ai horreur du vocabulaire vulgaire et il le sait.

— Je ne t'ai pas *branlé*, je t'ai caressé jusqu'à l'orgasme. Cela n'avait pas l'air si désagréable que cela, non ?

— « Branler » c'est le terme correct. Désolé si tu ne l'aimes pas. Et visiblement, tu es comme les autres, tu ne comprends rien, tu crois qu'il suffit de me faire éjaculer pour me faire plaisir. Ce n'est pas aussi simple, ma belle !

Il est superagressif. Ce n'est pas grave, en fait, il me rend service. Cela me facilite la tâche pour lui annoncer ce qui suit.

— Je suis désolée. Je ne voulais pas, je ne pouvais pas faire l'amour. Cyril, je crois que je ne t'aime plus. On ne peut pas continuer.

Les larmes commencent à couler sur mes joues. Il me regarde, incrédule. Il s'attendait à une bonne dispute, pas à cela. C'est un cataclysme, il est dévasté.

— Mais ce n'est pas possible, on a passé un déjeuner et un après-midi formidables. Ce n'est pas parce que tu n'avais pas envie aujourd'hui que l'on doit tout jeter ! On ne peut pas arrêter comme ça, nous sommes ensemble depuis près de deux ans. Je t'aime.

— Je sais, mais je n'y peux rien. Je ne peux pas continuer. Nous deux, c'est terminé. Il vaut mieux interrompre avant de commencer à se disputer sans cesse.

— Mais nous ne nous disputons jamais, c'est presque une première.

— Oui, c'est pour cela que l'on doit arrêter. Je ne veux pas me disputer avec toi. Nous ne pouvons pas continuer. Retarder notre séparation ne changerait rien. Cela pourrait nous faire gagner trois mois, six au mieux. D'ailleurs, cela ne nous ferait pas gagner mais perdre six mois. Je ne ferai pas ma vie avec toi, autant stopper maintenant. Tu me remercieras un jour.
— Te remercier parce que tu me largues...
— Je vais rentrer à Saint-Germain-en-Laye.
— D'accord, tu as besoin de réfléchir. Je t'accompagne au métro.
— Non, c'est bon. On s'appelle, je t'appelle, demain.

Il faisait nuit, il faisait froid, je pleurais sans discontinuer. Je ne réfléchissais pas comme il le souhaitait à un futur possible avec lui. Je pleurais à la peine que je lui causais, au temps perdu, à ma nouvelle période de célibat, à la complexité des relations amoureuses... J'avais vingt-deux ans et je me sentais perdue.

Le lendemain, je l'ai appelé comme promis. Notre conversation a été amicale. Il a dit qu'il voulait me revoir. Il m'a répété que nous devions nous donner une chance. Un peu lâchement je ne lui ai pas répété que c'était fini. Je lui ai dit qu'il me fallait un peu de temps pour réfléchir. Je n'ai pas utilisé le mot « pause » car je savais qu'il n'y aurait pas de seconde mi-temps.

Il n'y en a pas eu. Nous nous sommes parlé plusieurs fois au téléphone. Il a fini par comprendre. Je ne l'ai revu qu'une fois dans un café, place de la Convention, pour qu'il me rende quelques affaires que j'avais laissées chez lui.

Le plus drôle, c'est que j'ai appris quelques mois plus tard par une amie commune qu'il avait rencontré quelqu'un. Moins de six mois s'étaient écoulés depuis notre séparation. J'avais eu raison : la séparation, c'était pour son bien.

Ce jour-là, quand j'ai appris que j'étais remplacée, j'ai eu un pincement au cœur.

« Rien n'est si commun au beau sexe que de ne vouloir pas qu'une autre profite ce que l'on refuse », comme l'a si bien dit Antoine Hamilton (un écrivain écossais d'expression française du XVIIIe, mort à Saint-Germain-en-Laye, pas loin de chez moi).

À ce moment-là, j'étais seule chez mes parents, j'étais seule dans la vie, j'ai encore versé quelques larmes.

Aujourd'hui, je fête mes vingt-cinq ans avec mes parents et mes grands-parents. Cyril, lui, a trente ans. Il est marié et il a un bébé.

Le déjeuner familial était le summum du retour dans le cocon familial. C'est toujours un bonheur d'être entouré d'autant d'amour, on a de nouveau dix ans, la vie est simple, on est la reine du monde.

J'ai été très gâtée : un MacBook Air pour remplacer mon vieil Acer qui n'avance plus et un iPhone 6 : ma famille a dévalisé l'Apple Store de Parly 2. Je suis la fille et petite-fille la plus heureuse du monde.

De plus, le couscous du restau marocain est vraiment délicieux. J'en ai repris deux fois, la première fois par gourmandise, la seconde pour faire plaisir à Papy et Grand-Pa qui me trouvent trop maigre.

Vers 17 heures, papa m'a ramenée à la gare de Saint-Germain-en-Laye. Maman m'avait donné les deux derniers numéros de *Elle*.

Dans le dernier numéro, il y a dix pages sur Michael Brown pour son quarante-cinquième anniversaire. Michael, c'est mon acteur préféré depuis toujours. J'ai suivi toute sa carrière, j'ai vu tous ses films. Il a eu deux oscars, pour moi il en méritait pour chacune de ses interprétations. C'est l'homme parfait.

Il est vraiment beau. Même ses cheveux qui commencent à s'argenter lui vont bien. Il a énormément d'humour, on le sent dans ses interviews. Il est aussi très humain, très proche des gens.

Son seul défaut, c'est qu'il s'est marié il y a douze ans avec Carolina Sanchez, une actrice d'origine sud-américaine (mais elle est de la seconde génération, en fait elle est de nationalité américaine). Il faut reconnaître qu'elle est magnifique, surtout si on aime le genre avec des formes partout.

Quand j'ai appris la nouvelle du mariage, j'avais treize ans, j'étais en pleine crise d'adolescence. Je n'avais pas encore de poitrine et je n'ai pas supporté de voir cette bimbo vulgaire avec ses gros seins me piquer mon Michael chéri. J'ai déchiré le journal ainsi que toutes les photos que j'avais de lui. Tout cela en hurlant le plus fort possible.

Mes parents ont débarqué dans ma chambre, affolés. Je me suis fait salement engueuler.

Depuis, je me suis calmée et j'ai accepté ce mariage. C'est d'ailleurs un couple parfait. Douze ans après, ils sont amoureux comme au premier jour. Les journaux à scandale n'ont rien à dire sur eux. Pas de disputes, pas de menaces de rupture, pas d'aventures extraconjugales. Rien, nada !

Pas d'enfants non plus, c'est peut-être la seule ombre au tableau de cette idylle parfaite.

Ils doivent avoir un problème, soit elle, soit lui. Dans les interviews, cette question n'est jamais évoquée. C'est bizarre, comme si les journalistes faisaient preuve de pudeur... cela ne leur ressemble pas.

En revanche, ils font beaucoup pour les enfants dans le monde, ils organisent des dîners de soutien à des organisations internationales comme l'Unicef.

Je suis leur histoire et leur actualité dans les journaux de cinéma ou dans les journaux féminins. Avant mes dix-huit ans, je découpais tous les articles consacrés à Michael et j'en avais fait un album. Maintenant, je me contente de garder les articles principaux que je stocke dans une boîte.

Je pense que ces dix pages dans *Elle* vont rejoindre ma collection. Sans apporter de révélations (surtout pour une spécialiste comme moi), cet article contient de très belles photos de lui, shootées pour l'occasion. On le voit au bord de l'océan Pacifique. C'est la fin de journée, il porte une chemise genre Burberry à carreaux rouges et gris, un jean et des bottes de cow-boy. C'est très cliché, mais, justement, ces clichés (quel jeu de mots, je ne l'avais même pas fait exprès, je dois vraiment être fatiguée ou alors c'est à cause du vin) sont magnifiques.

J'apprends quand même qu'il a un projet de film avec David Fincher. David Fincher, c'est sans aucun doute un des plus grands réalisateurs de Hollywood. J'ai adoré *The Social Network* (je me suis dit que j'aurais dû faire un effort au lycée pour aller ensuite faire mes études à Harvard), *Seven*, *Alien3*, *Zodiac*, *Fight Club*... tant de chefs-d'œuvre.

Je suis contente que Michael tourne avec lui ; il court vers son troisième oscar. Carolina a également un rôle dans le film de Fincher. C'est la première fois qu'ils tourneront ensemble, la presse va adorer, ça va faire un carton.

Dans l'article, il y a des photos de la fête donnée pour l'anniversaire de Michael. Elle était organisée à l'hôtel Mondrian, au Skybar, un endroit branché de Los Angeles. J'ai tellement vu de photos année après année et j'ai tellement lu à son sujet que j'ai l'impression d'y être allée.

Il surplombe L.A. La vue est magnifique mais, à la différence du bar de l'hôtel Hyatt Regency à Paris, il n'est pas au sommet du bâtiment. En fait, il est au rez-de-chaussée, c'est l'hôtel qui est en hauteur par rapport à *downton* L.A.

Il y a la piscine éclairée la nuit, les canapés marron, les tables au milieu des arbres fruitiers et des plantes. C'est tout simplement magnifique.

Et ce soir-là, il y avait toutes les stars, les acteurs, George Clooney, Matt Damon, Angelina Jolie, main dans la main avec Brad Pitt, Charlize Theron... les réalisateurs, Steven Spielberg, Ridley Scott, Michael Mann... des chanteurs, les patrons des studios, des agents, des joueurs de basket-ball des Lakers de Los Angeles, des footballeurs américains. Seule surprise, Paris Hilton dont la présence détonne : le Mondrian n'est pourtant pas un hôtel de l'empire de son père ?

Je me suis toujours dit que je devais trouver un moyen de faire partie de ce monde-là. C'est magique, je suis fascinée. Longtemps, je me suis dit que je rencontrerais Michael, qu'il succomberait à mon charme et que c'est lui qui me permettrait de quitter la France pour goûter au soleil californien.

Plus tard, je me suis dit qu'il était plus sûr de suivre son propre chemin et c'est comme cela que je suis devenue attachée de presse cinéma. Malheureusement, pour l'instant, je m'occupe plus de la sortie des petits films français que des blockbusters américains. C'est normal : je débute dans le métier... C'est déjà formidable d'avoir trouvé un job à Ciné Organisation.

La lecture de *Elle* m'a occupée pendant tout le trajet.

Je suis maintenant à l'appart. Roméo est à côté de moi, couché sur mon pull (il adore faire la sieste sur mes affaires). Quand je le caresse, il ronronne. Quel gentil chat.

C'était une belle journée. Maintenant, mon cher Roméo, il est temps d'aller au lit.

9 août 2013

Aujourd'hui, mes camarades de bureau m'ont fait une petite fête, alors que je n'ai pas un an d'ancienneté dans la boîte, c'est plutôt sympa. Même Bertrand, le big boss, est passé. Il m'a fait une blague à la Bertrand, avec son petit sourire en coin.

— On fête les anniversaires des stagiaires ?

— Bertrand, je ne suis pas stagiaire. Vous m'avez fait signer un CDI !

— Mais vous avez passé la période d'essai ?

— Bien sûr, cela fait longtemps.

— Et je ne l'ai pas renouvelée ? Je vieillis, je deviens soft... Et vous avez reçu quoi de la part de vos gentils collègues ? La biographie de Michael Brown ? Ah oui, c'est vrai ! vous êtes une fan. J'aurais imaginé que vous l'aviez déjà... J'ai également une surprise pour vous. Il vient au festival de Deauville cette année, son agent me l'a confirmé. Vous allez pouvoir vous le faire dédicacer, votre bouquin...

Pour une surprise, c'en est une, un vrai cadeau (d'autant plus que l'autre, la bio, Bertrand a raison, je l'ai déjà, mais je ne pouvais pas le dire, mes collègues auraient été déçus).

Comme Ciné Organisation organise le festival du film américain de Deauville, les attachés de presse vont être en première ligne. Le problème, c'est que je ne suis pas du tout sûre d'y aller. Il est même pratiquement certain que je n'irai pas.

J'en ai parlé à Laure, une fille qui est là depuis trois ans.

— Tu crois que j'ai une chance ?

— Peut-être...

— Sinon, je pourrais prendre quelques jours de congé et y aller à titre personnel.

— Alors, ça, je ne te le conseille pas ! Bertrand n'apprécierait pas du tout. Il déteste les groupies.

— Merde, qu'est-ce que je peux faire ?

— Va le voir et demande-le-lui. C'est aujourd'hui ou jamais. Le festival commence le 30 août. Bertrand doit déjà finaliser l'organisation des équipes. Il a l'air de bonne humeur, tu peux tenter le coup.

Normalement, je ne suis pas très courageuse pour ce genre de choses et je n'aime pas demander de faveur. Mais cette fois-ci, je n'ai pas le choix, c'est une occasion unique de rencontrer Michael ou, au moins, de le voir de près.

Dans les dix dernières années, je ne l'ai approché qu'une fois, lors d'une avant-première.

L'approcher est d'ailleurs un bien grand mot ! Cela se passait sur les Champs-Élysées, au cinéma Le Normandy.

J'avais dix-sept ans et j'avais réussi à convaincre mes parents de me laisser prendre le RER avec une amie pour aller de Saint-Germain-en-Laye à la station Charles-de-Gaule-Étoile. Des étoiles, j'en avais plein les yeux à l'idée de le rencontrer enfin. Aux étoiles ont succédé les gouttes de pluie : il faisait vraiment un temps pourri et nous n'avions rien prévu pour nous protéger de la pluie. Après dix minutes de marche, nous avons rejoint une foule d'au moins un million de personnes qui attendaient. Elles, elles étaient en avance donc mieux placées et beaucoup avaient des parapluies.

Quand Michael est arrivé, il tombait des trombes d'eau. Il est sorti de sa limousine, une personne l'attendait avec un parapluie géant qui s'est précipitée vers lui. Michael a fait un geste de la main vers ses fans, et s'est engouffré dans l'entrée du cinéma. Plus rapide que le record du monde d'Usain Bolt aux cent mètres. Avec les cinq rangées de personnes devant moi, j'ai dû l'entrevoir vingt-deux millièmes de seconde.

J'en aurais pleuré de rage...

J'en ai d'ailleurs pleuré de rage après que ma copine et moi nous sommes séparées à la gare de Saint-Germain-en-Laye. Dix minutes de marche jusque chez moi, dix minutes où il était difficile de faire la part des larmes et de la pluie sur mon visage.

Le seul avantage, c'est que cela m'a permis de dissimuler ma déception quand je suis entrée à la maison, au moins aux yeux de papa. Maman est plus perspicace, elle a deviné qu'il y avait eu un problème. Elle n'a rien dit, elle a senti que ce n'était pas le moment.

Papa est moins fin, il m'a reproché de ne pas m'être couverte, que j'allais attraper la mort, blablabla...

Ç'a été, si l'on peut dire, la goutte d'eau qui a fait déborder le vase. J'ai déversé sur lui toute la frustration de mon après-midi.

— On ne parle que de santé physique dans cette maison, « tu n'es pas assez couverte », « tu te couches trop tard », « tu ne manges pas assez », « tu es trop maigre »... Il n'y a pas que le physique dans la vie. Vous vous intéressez au psychologique ? Freud, ça te dit quelque chose ? Et le bonheur, savoir si je suis heureuse, ça t'intéresse ?

Et je me suis sauvée en haut, effondrée et en larmes, laissant mon pauvre papa penaud face à maman.

— Mais qu'est-ce que j'ai dit de spécial ? J'ai raison, non ? Elle ne peut pas sortir par un temps pareil sans imper et sans parapluie ? Martine ? J'ai raison, n'est-ce pas, Martine ? Elle aurait pu attraper froid.

Dans ces cas-là, c'est un peu à pile ou face. Maman pouvait lui coller la deuxième couche ou bien l'absoudre. Elle a choisi la seconde solution.

— Laisse tomber, je pense que l'après-midi ne s'est pas passé comme elle l'espérait. Tu n'y es pour rien.

Maman peut être très psychologue à son heure. Papa n'est pas mal non plus au niveau des pronostics de santé : j'ai effectivement attrapé un rhume, une semaine sans école. Papa n'a fait aucun commentaire.

Pendant ces quelques jours où j'ai battu le record de consommation de mouchoirs en papier (soixante-quinze pour cent pour absorber ce qui coulait de mon nez, vingt-cinq pour les larmes), je me suis juré de ne plus me comporter comme une groupie de base, même pour Michael.

Mais le Festival du film américain de Deauville, ce n'est pas la même chose. C'est pour mon travail, cette fois-ci. Je serai de l'autre côté de la barrière, du bon côté !

Je pense à cela quand je frappe à la porte de Bertrand.

— Oui !

— Rebonjour, Bertrand, euh, j'aurais quelque chose à vous demander...

Il est assis derrière le bureau Empire qu'il a trouvé chez un antiquaire en Normandie (en tant que patron, Bertrand est le seul à avoir eu le droit d'aménager son bureau avec du mobilier personnel à Ciné Organisation). Il est assez impressionnant avec son humour à froid et ses yeux perçants derrière ses lunettes Hugo Boss. Il est visiblement en train de revoir la maquette de la plaquette du festival. Il lève tranquillement les yeux vers moi.

— Vous avez quelque chose à me demander ?

Il a un petit sourire en coin.

— Euh, oui.

— Vous voulez partir en vacances, prendre quelques jours ?

— Euh, non, merci, Bertrand, je suis partie quinze jours en juillet.

— Vous êtes partie en vacances ! En juillet, de surcroît ! Qui était au bureau pour préparer la sortie des films de septembre ? C'est Christine qui vous a signé votre feuille de congés. Je suis certain que c'est Christine. c'est tout elle ça, accorder des vacances à quelqu'un qui est en période d'essai.

La conversation s'engage mal. En même temps, il n'avait pas vraiment l'air furieux. Il a toujours ce petit sourire. Maintenant, j'ai deux solutions, soit je lui dis que c'est lui et non Christine, son adjointe, qui m'a accordé mes congés, soit j'oublie cela et j'enchaîne direct sur la raison de ma présence ici. Dans ces cas-là, je manque toujours de psychologie, je choisis toujours la mauvaise solution. À Dieu vat, je me lance.

— En fait Bertrand, c'est vous qui avez gentiment accepté que je parte me reposer quinze jours. Cela m'a fait du bien, le premier semestre a été vraiment dur...

Aïe, je m'engage sur le terrain glissant de la justification. S'il a l'impression que je me plains, ça va être ma fête. Il y a quelques mois, Laure lui avait signalé que l'on avait travaillé onze jours et demi sur une période de deux semaines et il l'avait chapitrée sur le thème de la vocation, de la chance qu'on avait de travailler dans le cinéma, de travailler à Ciné Organisation, de travailler pour lui...

S'il relève ma remarque, je suis foutue. Je suis une idiote ! Mon cœur bat à cent quatre-vingts pulsations minute quand il reprend :

— C'est vrai, j'avais oublié. Je suis vraiment faible en ce qui vous concerne : pas de renouvellement de période d'essai, vacances accordées sans discussion, vous êtes chanceuse... Et vous souhaitez me demander quelque chose ?

— Euh, oui...

— Laissez-moi deviner... une augmentation, vous voulez une augmentation ! Non, ce n'est pas possible, avec un an d'ancienneté, vous ne pousseriez pas votre chance jusqu'à demander une augmentation, n'est-ce pas ? Vous êtes courageuse mais pas inconsciente. Donc ce n'est pas cela... une voiture de fonction ? Non, ça n'a pas de sens. Pas pour une attachée de presse de vingt-cinq ans.

Il a toujours son petit sourire. Je ne sais pas quelle attitude adopter. Je me sens comme en troisième quand Mme Leroy, la prof de maths, me demandait de lui expliquer les identités remarquables. Dans ces cas-là, j'essaie de prendre un air intelligent mais réservé ce qui, en réalité, doit donner l'impression d'avoir une demeurée en face de soi.

— Attendez, ça y est, je crois que j'y suis, vous aimez le cinéma et vous aimeriez participer à un festival.

Un grand sourire éclaire mon visage. Cet homme est un boss formidable.

— Oui, je...

— Ne m'interrompez pas, je crois savoir ce qui vous ferait plaisir. Comme vous aimez le ski et êtes un peu geek, vous souhaitez aller au Festival international du film fantastique de Gérardmer. Je vous préviens, vous ne pourrez pas skier plus d'une demi-journée, vous êtes quand même là-bas pour travailler.

Mon sourire s'efface de même que mon opinion sur cet homme.

— Non, pas du tout, je...

— Alors c'est le vin, vous êtes une hédoniste. Vous aimez le bourgogne et vous vous dites que profiter des caves de Beaune tout en regardant de grands films policiers, c'est un beau moment dans une carrière professionnelle. Je ne peux pas vous blâmer, vous faites preuve d'un goût excellent. Vous savez d'ailleurs que ce festival du film policier a toujours été associé à la consommation d'alcool : avant, il avait lieu à Cognac.

Son sourire s'est élargi. J'ai compris, c'est un sadique : cet homme est en train de jouer sans vergogne avec mes nerfs.

Je ne sais pas quoi dire. Il joue avec moi mais j'ignore où il veut en venir. Si c'est pour me refuser ma chance unique, c'est vraiment dégueulasse.

Alors, je ne dis rien…

— Suis-je bête, vous voulez rencontrer Michael, bien sûr ! Rassurez-moi, ce n'est pas pour faire un selfie, faire des tweets ou partager des photos sur Instagram, Snapchat, ou quelque autre création médiatique perverse technologique dont votre génération est si friande ? Parce que ça, je ne le tolérerais pas.

— Non, non, je vous promets, je ne ferai aucune photo.

— Pas de demande d'autographe non plus ? Pas de dédicace de votre bouquin ?

Je suis prête à lui promettre la lune, je vendrais mes frères et sœurs tellement j'ai envie d'y aller (en même temps, cela ne me coûterait pas trop : je suis fille unique). Pour la signature de la bio, c'est un peu dégueulasse étant donné que c'est lui qui m'a donné l'idée une heure plus tôt, mais bon…

— Non, non, rien de tout cela, je serai très pro, je peux vous l'assurer.

— Bon, puisque c'est votre anniversaire, j'imagine que je peux vous emmener. Malgré votre inexpérience, vous pourrez peut-être vous rendre utile.

Il a toujours son petit sourire. En fait, c'est un sourire gentil. Sous ses dehors d'ours mal léché, c'est plutôt un manager humain.

Je sens que les larmes me montent aux yeux. C'est un problème chez moi, je ne supporte pas les attentions gentilles et les compliments. Immédiatement, je fonds en larmes, c'est chiant ! Lors de mon évaluation avec Christine, à la fin de ma période d'essai, ça a été un véritable désastre.

J'étais stressée et elle m'a beaucoup complimenté sur mon intelligence, mon professionnalisme et mon implication. Conséquence directe, on a eu droit aux chutes du Niagara. Elle était plutôt surprise et moi j'avais tellement honte. J'essayais de lui dire que ce n'était pas grave, que ce n'était pas sa faute, je n'y arrivais pas, c'était de pire en pire. Finalement, elle m'avait dit de prendre quelques minutes pour me calmer et de revenir la voir.

Il m'avait fallu dix bonnes minutes aux toilettes pour reprendre un peu visage humain (j'avais ma BB Cream dans mon sac !). Quand j'étais revenue, j'avais réussi à articuler quelques paroles d'excuses et elle avait mis un terme au supplice.

Bizarrement, quand je me fais engueuler (même à la limite de l'insulte), cela se passe beaucoup mieux. Je sais encaisser. Ce n'est pas que cela ne me fasse rien, mais ça réveille chez moi l'instinct du *fight*. Je me dis que mon interlocuteur est un sale con, cela me rend plus forte. S'il est à mon niveau (en termes d'âge ou de niveau hiérarchique), je lui en renvoie deux fois plus qu'il ne m'en a mis, sinon j'enfile mon armure et j'attends que l'ouragan soit passé. Dans tous les cas, je ne pleure pas. Je sais, je devrais peut-être consulter un psy, ça doit être une version ophélienne du sadomasochisme.

Dans le cas de mon entrevue avec Bertrand, pour éviter le ridicule, il me faut fuir.

— Merci Bertrand, je vous laisse travailler.

J'ai réussi à articuler six mots, je progresse. Bon, je pense que je devais déjà avoir quitté le bureau à la moitié de ma phrase mais, comme dirait papy : « Qu'importe le flacon, pourvu qu'on ait l'ivresse » (c'est d'Alfred de Musset).

Je retourne à mon bureau que je partage avec Laure. Elle a l'air inquiète, ça doit être à cause de ma tête.

— Alors ?

— Yes !

— Top !

Par moments, la qualité de nos échanges s'éloigne de la littérature proustienne. C'est plus concis, plus ramassé.

— Tu te rends compte, je vais vraiment le rencontrer…

— Yes, tu verras, Deauville, c'est top comme festival. C'est tout petit, on circule à pied entre les hôtels et la salle principale. Tu connais Deauville ?

— J'ai dû y aller avec mes parents, mais c'était il y a longtemps. Nous avions fait toute la côte, Cabourg, Trouville, Deauville… Nous n'étions pas restés longtemps car mon père voulait faire les plages du débarquement et le cimetière américain de Colleville-sur-Mer.

— On se mettra dans la même chambre, on va s'éclater.

Nous avons quelques emails à terminer mais l'ambiance n'est plus très studieuse. Comme j'avais du mal à me concentrer, je ne suis partie du bureau qu'à 19 h 45.

Ce n'est pas grave, seul Roméo m'attend à la maison.

Maintenant, il est près de minuit. Je finis de raconter ma journée et je vais me coucher. Je suis tellement heureuse. Je vais avoir la chance de rencontrer Michael… et réciproquement !

10 août 2013

Il faut que j'essaie de tout retranscrire le mieux possible.

Ça a commencé lors d'un casting. Pourtant, les castings ce n'est pas mon truc, je ne suis pas une actrice.

Mais là, c'était un film avec Michael, une scène d'amour…

Le problème, c'est qu'au moment où c'était mon tour, j'ai pu voir le mec qui allait me donner la réplique, il était horrible ! Il était petit, sans aucune séduction, des yeux marron, tout le contraire de Michael. Il avait l'air d'un pervers et c'était avec lui que j'allais devoir jouer une scène romantique.

J'étais terrifiée, je devais me concentrer pour essayer de faire croire à l'amour qui attachait mon personnage au sien.

Soudain, le réalisateur est intervenu :

— On passe à la scène du baiser. Ophélie, je veux beaucoup de sensualité.

Là, je me suis dit que ça n'allait pas le faire ! Le nabot m'a prise dans ses bras.

Je pensais être perdue quand nous avons été interrompus.

— Laissez-moi donner la réplique à cette jeune femme.

J'ai tourné la tête dans la direction de cette voix grave et séduisante mais je savais déjà à qui elle appartenait. Michael Brown ! Il était venu assister au casting. Il a repris avec un sourire.

— Après tout, c'est moi qu'elle devra embrasser...

Je me suis retrouvée dans ses bras musclés. Son regard bleu a rencontré le mien.

Le réalisateur a lancé le mot rituel.

— Action !

Cet échange amoureux avec Michael, c'était facile, les mots coulaient aisément. Nous sommes arrivés à l'instant où les deux personnages s'embrassent.

La façon d'embrasser au cinéma a presque autant évolué que la technique. Maintenant on filme et on projette en numérique, le son est en THX. On est loin du film *L'Arrivée d'un train en gare de La Ciotat* qui avait provoqué une grande panique parmi les spectateurs au début du XXe siècle. Pour les baisers, le lèvres contre lèvres d'un James Stewart ou d'un Cary Grant a laissé la place à quelque chose qui se rapproche de ceux qu'on échange dans la vraie vie. Pourtant, ils ont tous les deux tournés avec Grace Kelly qui était certainement la plus belle femme du monde. En même temps, comme ils étaient gays, ils n'ont pas dû ressentir trop de frustration !

Avec Michael, comme il ne s'agissait que d'un casting, je me suis dit qu'il allait adopter une technique « années 1950 ». Mais juste presser mes lèvres contre les siennes, c'était déjà un rêve inespéré. J'avais le cœur qui battait à mille pulsations minute. Il a approché son visage et j'ai senti sa bouche sur la mienne. J'avais raison, son baiser est resté tout en retenue mais les sensations m'ont presque fait défaillir. Alors que je profitais de cette douce étreinte, un cri a retenti, celui du réalisateur.

— Non, non, non, coupez ! Ça ne va pas du tout, rien ne passe entre vous ! Aucune émotion, aucune sensualité. On pourrait croire un frère et une sœur ! Michael, si vous ne le sentez pas, si cette jeune femme ne vous convient pas, il vaut mieux arrêter maintenant que d'attendre le tournage.

Mon cœur s'est arrêté de battre. Il suffisait d'une parole de Michael pour que l'aventure s'arrête. Il m'a regardée en souriant. De ses yeux émanait une chaleur rassurante.

— Non, James, je crois que l'on peut faire mieux, beaucoup mieux même. Ophélie, essayez d'imaginer que vous êtes amoureuse de moi plus que vous ne l'avez jamais été de personne d'autre.

J'avais envie de lui dire que c'était le cas, que cela faisait quinze ans que j'étais amoureuse de lui mais avant que je puisse prononcer la moindre parole, le réalisateur a lancé la deuxième prise.

— Action !

Cette fois, même notre dialogue était différent. Je ne jouais plus le rôle de l'héroïne, j'étais réellement le personnage. Je n'ai pas eu d'angoisse au moment fatidique. Cette fois, quand ses lèvres sont venues vers moi, les miennes étaient déjà entrouvertes pour l'accueillir. Il a presque été surpris mais cela n'a duré qu'une fraction de seconde avant que sa langue ne vienne au contact de la mienne. Nous nous sommes embrassés langoureusement, c'était délicieux ! Mon corps est venu se lover contre son torse musclé. J'ai ouvert les yeux pour jouir de la beauté des siens. Jouir, le mot n'est pas trop fort et je sentais le plaisir monter en moi.

Le réalisateur a mis un terme à ma félicité.

— Coupez ! Formidable les enfants, vous avez été remarquables.

Alors que je m'attendais à ce que Michael interrompe notre moment d'intimité, il a mis ses mains derrière ma nuque pour m'embrasser de plus belle.

James a réitéré ses consignes.

— Michael, merci, c'est bon pour moi.

Mais Michael ne prêtait aucune attention à son réalisateur. Il n'avait d'yeux que pour moi, provoquant un déchaînement de fureur du metteur en scène.

— Coupez ! J'ai dit coupez !

Michael s'est finalement arrêté.

— Ophélie, vous êtes prêtes à vous enfuir avec moi ?

— Avec plaisir, Michael.

Il m'a prise par la main et nous nous sommes mis à courir. Je me rappelle cette course échevelée, les poursuivants qui nous talonnaient et leurs cris.

— Arrêtez-les ! Fermez les portes ! Ne les laissez pas partir !

Je me suis vite sentie à bout de souffle mais Michael me tenait la main, m'offrant un soutien autant moral que physique.

J'ai perdu la notion du temps.

Il a ouvert une porte, m'a prise dans ses bras pour m'en faire franchir le seuil. C'était une chambre, c'était sa chambre. Il n'y avait plus rien à craindre. Il l'a refermée avec son pied. Il m'a embrassée à nouveau. C'était doux, c'était sensuel... J'ai senti que la distance entre une star internationale et une jeune femme originaire des Yvelines venait d'être abolie.

Il m'a posée délicatement sur le lit.

Les flashs se sont succédé. Lui, en train d'enlever sa chemise pour dévoiler un torse bronzé et musclé. Puis son corps nu contre le mien, la chaleur de son sexe à l'entrée du mien. Mon corps se tend, anticipant ce qui va venir. Je vois ses yeux bleus qui reflètent l'intensité de son désir au moment où il entre en moi. Je crois défaillir tellement la sensation est forte. Je relève les jambes que je croise dans son dos le plus haut possible pour m'offrir à lui. Son bassin bouge en parfaite harmonie avec le mien, mon plaisir monte. Dans une synchronisation parfaite, il vient en moi et son éjaculation provoque mon orgasme. Mes jambes sont tétanisées, mon souffle est court, je referme mes bras pour le sentir plus près.

Je savais que faire l'amour avec Michael serait la plus belle chose du monde mais je ne pouvais imaginer la force de ce moment.

Je me repose la tête sur la poitrine de Michael quand je sens une boule poilue qui se frotte à mon dos et se met à miauler.

— Roméo, ce n'est pas le moment, je suis avec Michael.

Les miaulements continuent. Dans la pénombre, j'examine les lieux. Nous sommes dans mon appartement. Je me redresse, pas de Michael à côté de moi ! Mon chat, qui continue à se frotter contre moi, me confirme que je viens de rêver.

Les songes peuvent par moments sembler d'une réalité troublante et je pense que les lignes que je viens d'écrire me permettent d'exprimer l'intensité de ce que j'ai cru vivre.

En réfléchissant, on s'aperçoit en repensant à certains détails que l'on rêvait. S'enfuir et être poursuivi par le staff d'un réalisateur hystérique, c'était peu réaliste. Passer d'un plateau de tournage directement dans la chambre de Michael, c'était totalement invraisemblable ! La suite du songe, c'était un mélange de romantisme échevelé et de sexualité contenue. Nous n'avons pas été confrontés aux difficultés du réel : le moment où on se déshabille, celui où on se demande si son partenaire a bien un préservatif. Aucune nervosité, il a même réussi à me faire jouir sans aucun préliminaire uniquement en m'embrassant pendant deux minutes ! Je suis très attirée par lui mais je ne suis pas certaine que ce serait aussi simple dans la vraie vie. Dommage...

Quand je pense que j'ai dû quitter ce monde onirique à cause de mon chat qui réclamait son dîner, je suis verte. En y réfléchissant, la nouvelle de la venue de Michael à Deauville a provoqué cet émoi nocturne. J'en sens d'ailleurs les conséquences en moi. Je suis aussi mouillée que si Michael m'avait réellement embrassée !

J'ai un instant l'intention de me caresser pour atteindre le même orgasme que dans mon rêve mais Roméo est sans pitié et ne me laisse aucun répit. Après m'être levée et avoir respiré l'odeur du pâté Gourmet, il est trop tard pour tirer bénéfice de ce songe merveilleux. Tant pis, je devrais me réserver pour la vraie rencontre avec Michael...

10 août 2013, 16 h 45

Ce soir, c'est *party time*. Ma cousine Sophie, son amie Alexia et moi organisons une grande soirée pour nos anniversaires. Nous sommes trois lionnes (en fait toutes nées sous le signe du Lion). Sophie est du 31 juillet, elle vient d'avoir vingt-huit ans. Alexia est du 13 août, elle a un an de moins que Sophie.

La soirée se passe chez les parents de Sophie au Vésinet. Ils ont une grande maison, avec un immense jardin et un court de tennis.

Il va être bientôt 17 heures, Laure a gentiment proposé de venir me chercher. C'est beaucoup plus simple pour aller là-bas. En transports en commun, c'est l'enfer.

Aujourd'hui, je n'ai pas grand-chose à écrire mais j'ai préféré le faire maintenant car je pense que je ne rentrerai qu'à l'aube et sans doute pas en état de faire quoi que ce soit.

Ma tenue est prête, j'ai une petite robe Victoria Beckham super. En réalité, ce n'est pas une vraie Victoria Beckham : je n'ai pas les moyens de claquer trois mille euros dans une robe. C'est une Victoria Beckham chinoise, que j'ai trouvée sur le site Aliexpress. Je sais que c'est de la contrefaçon et, en général, je suis contre, mais, là, je n'ai pas pu résister. Elle est canon !

J'avais heureusement pensé à la suspendre dans le placard et je ne l'ai sortie qu'au dernier moment, pour la mettre. Je n'ai pas refait l'erreur de l'année dernière où j'avais déposé ma robe sur mon lit dans la matinée. Roméo avait passé la journée allongé sur elle. Quand je m'en suis aperçue, il était trop tard, ce n'était plus qu'un chiffon froissé couvert de poils. Erreur irréparable, j'ai dû prendre une autre robe !

Celle de cette année, elle est bordeaux et noir, avec un ras-du-cou et des manches qui s'arrêtent en dessous du coude. Elle est ultracourte avec une sorte de volant noir qui descend à peine jusqu'à mi-cuisse, ça met mes jambes en valeur. L'effet est renforcé par mes chaussures à talons. Je vais mesurer 1,75 m ! Ce soir, ils vont tous être raides dingues de moi !

11 août 2013, 15 heures

Je termine mon brunch. J'ai bu au moins quatre tasses de thé, trois jus d'orange, un expresso. Je me suis obligée à avaler une biscotte au miel corse. Je n'avais pas hyperfaim mais il faut savoir se forcer. Demain, je travaille…

J'aimerais bien connaître la composition de ce breuvage que préparait Jeeves pour son maître Bertram Wooster dans les livres de P. G. Wodehouse que j'ai lus à la fin de mon adolescence. *A priori*, ce breuvage à base d'œufs crus, de sauce Worcester et de poivre rouge était un remède de cheval contre la gueule de bois. J'en aurais bien eu besoin ce matin.

La soirée, quelle soirée ! Assez étonnante !

Nous sommes arrivées un peu avant 18 heures. Il fallait aider Sophie à tout préparer. Nous avions décidé que la soirée débuterait à 22 heures pour ne pas avoir à nourrir les invités. Deux raisons : la première, économique, la seconde, logistique : c'est long à tartiner les canapés et rapides à manger. Il n'y en a jamais assez, tout le monde est frustré.

Laure et moi nous sommes proposées pour la préparation des boissons et sucreries.

— Sophie, tu veux que l'on commence à mettre en place les bouteilles ?

— Merci, je préférerais que l'on commence par dégager les meubles du salon pour préparer la piste de danse.

— Tu ne penses pas que l'on devrait attendre qu'un mec arrive et s'en occupe ? Je croyais qu'Alexia venait accompagnée ?

— Oui, mais elle ne va pas arriver avant 21 heures. Il vaudrait mieux avancer d'ici là. Si elle est en retard, ça va être le boxon pour finir de préparer la pièce et accueillir les invités.

— Elle ne vient pas avant 21 heures ? Elle ne s'emmerde pas ! C'est qui le mec qui l'accompagne ?

— Je ne sais pas, elle est restée mystérieuse à son sujet. Allez, on enlève les meubles les plus légers. Le piano, on le fera rouler sur le côté. Les meubles lourds, ce sera pour plus tard.

Finalement, en trois quarts d'heure, la pièce est prête. En préparant les bols de cacahuètes, de bretzels, de fraises Tagada et de marshmallows, j'ai fait quelques prélèvements. Pas trop bon pour la forme générale de mon cul mais c'est une drogue, je ne peux pas lutter.

Heureusement, je suis sauvée par Sophie.

— Les filles, on se met à table.

— Tu as préparé à manger ?

— Juste une salade et un peu de saumon fumé. Il vaut mieux manger si on veut boire et profiter.

Ma cousine est vraiment une fille formidable et même une chose simple, comme une salade, elle en fait un plat délicieux.

On dîne dehors dans le jardin, on tchatche, on s'attarde. Il est à peine 20 h 15 quand on termine yaourts et fruits.

— Un café, un déca, un thé ?
— Café pour moi.
— Thé pour moi.

La sonnette retentit, un premier invité déjà ? Sophie est en train de préparer les cafés.

— Ophélie, tu peux y aller ?
— Ok.

Je vais ouvrir, c'est Alexia. Finalement, elle est en avance (ou plutôt en retard mais en avance sur son retard, typique Alexia, incapable de même respecter le retard prévu, il n'est même pas 20 h 30). Elle est fidèle à elle-même, resplendissante en soirée. Normalement, c'est plutôt une rouquine et les rouquines c'est pas forcément très joli. En tout cas, c'est spécial. Mais Alexia, quand elle sort, se fait un brushing de folie qui transforme sa chevelure rouquine en longue crinière rouge feu. Elle a une tenue en cuir avec un haut fermé par une fermeture Éclair. Son décolleté est hypersexy. Pourtant, côté poitrine, elle n'est pas très pourvue. Je la bats à plate couture aussi bien sur la forme que sur le volume. Je le sais, je l'ai vue topless à la plage quand nous passions quelques jours ensemble dans le Pays basque. Mais ce soir, on dirait qu'elle fait un 85C. Elle a dû utiliser un soutien-gorge qui remonte tout. La salope, elle n'a quand même pas mis du rembourrage ? On devrait interdire les artifices. Pour compléter le tableau, elle a des talons de dix centimètres. Alors qu'à plat, elle fait à peine 1,65 m, là elle est presque aussi grande que moi !

Le temps que m'a pris cet examen m'a empêchée de regarder l'individu qui l'accompagne.

Je n'en ai pas le loisir car elle se jette dans mes bras pour m'embrasser.

— Hello, ma belle, bon anniversaire ! Tu es splendide.
— Tu n'es pas mal non plus.

C'est bien, comme cela je respecte les formes de politesse sans lui dire qu'elle est belle. D'ailleurs, je la qualifierais plus de spectaculaire que de belle. Alexia, physiquement comme mentalement, c'est pas mon truc. Elle est toujours *too much*. Je n'ai jamais adoré. Je ne sais pas pourquoi Sophie et elle sont amies. Je crois qu'elles se connaissent depuis l'école primaire. Ça doit être ça la raison, c'est d'abord une histoire de fidélité.

Une fois les effusions terminées, je peux enfin jeter un coup d'œil au garçon qui l'accompagne. Pas mal, mais pas canon. Grand, je dirais, 1,85 m, cheveux bruns, yeux marron. Correctement fringué, jolies chaussures. Pas non plus de quoi s'emballer.

— Ophélie, je te présente Christophe. Christophe, Ophélie.
— Salut.
— Salut.

La bise, c'est normal. Dans la région parisienne c'est deux, une sur chaque joue.

La bise, c'est comme les œufs au plat. C'est un truc totalement standard mais c'est incroyable le nombre de gens qui ne savent pas faire. Certains (et surtout certaines) vous font oreille contre oreille, genre « Ma chérie, ma chérie », le genre prout-prout qui minimise les échanges de bactéries. Il y a aussi, à l'opposé, celui qui vous fait la bise de l'escargot et vous dépose un peu de bave le plus près possible de vos lèvres ; à choisir, je préfère le frottement d'oreilles ! Enfin, pour la grande majorité, c'est un truc insignifiant, qui ne laisse aucun souvenir, qui n'a ni odeur ni saveur.

Christophe fait partie des exceptions. Bises fraîches, délicates, qui retiennent l'attention. En plus, il sent bon, j'aime bien son parfum. Maintenant je peux comprendre pourquoi il est avec Alexia même si je trouve que leur couple c'est un peu le mariage de la carpe et du lapin.

Dans le fond, je m'en fous, il ne me plaît pas vraiment. Ce qui est énervant, c'est de voir que tout le monde est en couple. Tout le monde, sauf moi. Le problème, c'est moi ou c'est les autres ?

Pas le temps d'y penser. Il faut finir de préparer après avoir bu notre expresso.

Alexia et Christophe se joignent à nous dans le jardin. Un homme et quatre bombes (enfin plutôt trois bombes plus Alexia), il en a de la chance le *boyfriend*.

Vers 21 heures, on se remet au travail.

Il semble qu'Alexia ne soit pas décidée à faire trop d'efforts. Je dois m'y coller avec son mec.

— Christophe, tu m'aides pour le piano.
— Bien sûr, on en fait quoi ?
— On le pousse juste dans le coin là-bas.
— D'accord, *let's go*.

Le piano est beaucoup plus maniable que je ne le croyais ou alors Christophe est plus fort qu'il n'en a l'air.

— Mettons-le là.
— Attends, tournons-le si quelqu'un veut jouer ce soir.

Je savais que ce garçon était bizarre. Il croit que l'on va jouer du Chopin pour ma soirée d'anniversaire !

— Tu sais, le style de musique ce soir, c'est plutôt Italo Brothers, Pink ou Lady Gaga. Mozart, c'était bien pour Vienne, pour les bals, dans les salons du roi au XVIIe siècle.

— XVIIIe.

— Pardon ?

— Mozart, XVIIIe siècle, pas XVIIe.

Ce garçon est énervant. Il n'est pas très beau et, en plus, il est énervant.

— Bien sûr, ma langue a fourché. XVIIIe, bien sûr.

— Et c'était un empereur, pas un roi. Il régnait sur le Saint Empire romain germanique. Celui qui a commandé à Mozart son opéra *L'Enlèvement au sérail*, c'est Joseph II. C'est lui aussi qui a autorisé la création des *Noces de Figaro*.

J'ai compris, ce garçon est un poseur. Ça va, moi aussi j'ai vu *Amadeus*. Il a juste dû le revoir plus récemment que moi. Avec Alexia, ils vont vraiment former le couple parfait : M. Prétentieux avec Mme Pétasse.

Dans ces cas-là, je me ferme comme une huître. Pourquoi me laisserais-je humilier par un inconnu ?

Il a senti le malaise. Il cherche à changer de sujet.

— C'est vraiment un beau piano. Un demi-queue Steinway, ils ont de la chance, les parents de Sophie. Tu crois que je peux l'essayer ?

Je hausse les épaules. C'est la réponse la plus éloquente qu'il pourra obtenir de moi. Il continue son monologue.

— Je me lance. Ça fait longtemps que je n'ai pas joué. Je n'ai pas de piano à Paris.

Il s'installe, fait craquer ses doigts avant de dérouler quelques gammes.

— Ok, je suis prêt. Dis-moi si tu connais et si tu aimes. Ce n'est pas récent mais c'est un beau morceau instrumental.

Il s'est mis à jouer, bien, très bien même. Je connaissais le morceau, et je l'aimais beaucoup.

— « Song for a guy » d'Elton John, c'était une des chansons préférées de ma mère, je l'ai écoutée toute ma jeunesse.

— Moi aussi, c'était un des artistes préférés de mes parents. J'ai appris à jouer du piano sur des morceaux de classique mais quand je voulais faire plaisir à ma mère, je jouais du Elton John. Ou bien ça... tu connais aussi ?

— « Candles in the wind ! »

— Une chanson dédiée à... ?

— En hommage à Marilyn Monroe et adaptée par Elton John pour l'enterrement de la princesse Diana à l'abbaye de Westminster !

J'ai répondu comme si j'étais en finale d'un jeu télévisé. « Bip », j'ai appuyé la première sur le buzzer pour donner la réponse. J'étais très fière de moi, j'avais réparé ma bourde sur Mozart. En même temps, c'est normal de savoir ça : la mort de lady Di, j'avais neuf ans, un âge ou les princesses sont encore très importantes pour les petites filles. J'ai regardé la messe funéraire avec maman à la télévision. Je me rappelle très bien, Elton John, assis au piano seul, pour une fois habillé sobrement. Sa voix s'élève dans l'immense abbaye :

Goodbye England's rose
May you ever grow in our hearts.
« Au revoir rose d'Angleterre
Puisses-tu toujours grandir dans nos cœurs. »

C'était absolument magnifique, si émouvant. De temps en temps, quand je n'ai pas le moral, je regarde et j'écoute la chanson sur YouTube. Bizarrement, quand je vois les centaines de milliers d'Anglais qui écoutent Elton John à l'extérieur de l'abbaye, recueillis dans cette douleur collective, cette femme blonde appuyée sur une barrière qui pleure, je ne pense plus à mes propres tourments. C'est une sorte de sublimation de mes problèmes personnels.

L'interprétation de Christophe est magnifique. J'avais oublié où j'étais pendant un instant. Je lève les yeux, il me regarde. Il n'est pas forcément très beau mais il a quand même du charme.

Il va attaquer la fin de la chanson.

— Tu veux chanter la fin ?

Le dernier couplet m'a toujours profondément remuée. Je peux le fredonner mais certainement pas le chanter en public (même si, le public, c'est une seule personne : Christophe).

— Non, je chante comme un canard.

Il me regarde gentiment et enchaîne.

— *And it seems to me you lived your life*
Like a candle in the wind
Never fading with the sunset
When the rain set in
And your footsteps will always fall here
Along England's greenest hills
Your candle's burned out long before
Your legend ever will.

Il a une très belle voix. C'est superémouvant. Cela décrit exactement ce que je voudrais vivre : « Être une chandelle dans le vent ne faiblissant jamais au coucher du soleil lorsque la pluie arrive... ta légende restera à jamais. » C'est tellement fort !

C'est un moment très beau, une sorte de cadeau d'anniversaire de ce garçon que je ne connais que depuis une heure.

Mais la vie, ça peut aussi être comme dans les contes de fées. Quand dans *La Belle au bois dormant*, les gentilles fées ont fini de donner leur bénédiction et leurs vœux pour le berceau du bébé, arrivent Maléfique et sa malédiction. Dans la vie, Maléfique a revêtu la tenue en cuir d'Alexia. C'est pareil, c'est juste une version XXIe siècle, moins classe et plus vulgaire.

— Alors, dès que j'ai le dos tourné, on se met à flirter ? C'est quoi la prochaine chanson au programme ? *Your song* ? Christophe va te dire qu'il a oublié si tes yeux sont verts ou bleus, mais que l'important, c'est que tu as les plus beaux yeux qu'il ait jamais vus[1] ?

La salope ! Elle ne peut pas nous lâcher deux secondes. Il faut admettre qu'elle connaît aussi le répertoire d'Elton John. C'est d'ailleurs incroyable que trois jeunes de moins de trente ans puissent s'écharper en utilisant des paroles écrites quand nos parents n'étaient même pas encore adultes.

Cette réflexion me vient immédiatement à l'esprit. Par moments, on pense des choses qui n'ont absolument

---

[1]. Paroles originales de la chanson « Your Song » (Elton John/Bernie Taupin).
So excuse me forgetting but these things i do
You see i've forgotten if they're green or they're blue
Anyway the thing is what i really mean
Yours are the sweetest eyes i've ever seen
(N.d.E.)

rien à voir avec la situation que l'on vit. Dans le même temps, je me sens gênée comme si j'avais été prise en faute. Ce n'est pas le cas de Christophe qui éclate de rire, visiblement pas impressionné.

— L'idée n'est pas idiote. Elle m'a traversé l'esprit. Tu as raison, Ophélie a de très jolis yeux. Mais la chanson ne colle pas car je connais exactement leur couleur, ils ne sont ni bleus ni verts, ils sont bleu-gris.

Alors là, c'est trop pour moi. Il va la rendre dingue, sa copine, avec cette remarque et ça va nous planter la soirée. Il ne faut pas oublier que c'est, certes, mon anniversaire mais que c'est également celui d'Alexia.

Je baragouine un « Je vous laisse » et je fonce voir Sophie.

Sophie me regarde, amusée, débouler dans la cuisine.

— Le cours de piano est terminé ?

Ah non, pas elle ! Elle ne va pas s'y mettre elle aussi ! J'élude, enfin j'essaie.

— Je ne m'attaque pas aux hommes mariés.

— Ils ne sont pas mariés.

— Oui, bien sûr, je voulais dire que je ne m'attaque pas aux couples établis.

— Je ne sais pas vraiment si c'est un couple établi…

— De toute façon, il ne me plaît pas. Bon, je ne suis pas ici pour disserter façon *Voici* ou *Gala* sur la rubrique sentimentale du Vésinet. Je suis venue te donner un coup de main.

Le temps de faire semblant d'arranger un ou deux bols de confiseries et les premiers invités arrivent.

Nous n'avons pas de DJ pro mais notre copain Max, c'est presque mieux. Il connaît tous les morceaux, il vous fait un mix années 1970, 1980 et 2014 sans aucun problème.

Nous avions précisé qu'il fallait apporter une bouteille de champagne. La plupart ont suivi la consigne. D'autres ont apporté des alcools plus forts ou même du vin.

Moi, je décide de ne pas faire de mélange. La dernière fois que j'ai mixé champagne, vin et gin, j'ai passé mon dimanche dans mes toilettes : une expérience que je ne tiens nullement à revivre. Je vais même essayer de me cantonner aux grandes marques, Laurent-Perrier, Moët, Mumm. Ce n'est pas par snobisme mais certaines marques peuvent provoquer de bonnes migraines.

Vers 22 h 30, il y a assez de monde pour danser. Sophie et moi nous lançons sur la piste. Enfin, piste, c'est un grand mot, on sent bien que l'on n'est pas dans un nightclub d'Ibiza mais dans un salon d'une maison de l'Ouest parisien. Ce n'est pas grave, moi, j'adore danser quand je suis dans le mood. Et ce soir, j'ai envie de m'éclater. L'altercation avec Alexia est oubliée.

Rapidement, le salon est plein. Nous avons laissé la baie vitrée entièrement ouverte (l'avantage d'avoir son anniversaire en août et pas en décembre) et il y a également des danseurs dehors. Comme toujours, il y a plus de filles que de mecs. Un copain m'avait expliqué qu'il ne voyait aucun intérêt à balancer son corps en rythme si ce n'est « pour choper une meuf ». Heureusement, tous les mecs ne sont pas comme ça, mais il faut reconnaître que nous, les filles, nous sommes toujours les plus assidues.

Je m'en fous, ce soir, je ne pense pas aux mecs. D'abord, il n'y en a aucun de vraiment hot et ensuite je n'ai pas envie de me polluer l'esprit pour mon anniversaire.

Vers minuit, c'est l'heure du gâteau. Toujours pénible d'interrompre la soirée, mais les traditions ont la vie dure. Anniversaire implique gâteau d'anniversaire : on n'y coupe pas que l'on ait vingt, trente, quarante ou cinquante ans.

Traditionnel « Happy birthday to you » surtout chanté par les copines (qui ont plus le sens de l'amitié que les mecs). Elles nous entourent toutes les trois, c'est sympa. On coupe le gâteau, une petit part pour chacun et round deux de la soirée. La pause n'a pas duré plus de dix minutes. Insuffisant pour casser le rythme et l'ambiance générale.

Je fais des sauts rapides et réguliers pour attraper une coupe de champagne. Je m'hydrate tout en m'alcoolisant tranquillement. Je suis sur un petit nuage, pas saoule mais un peu pompette.

À un moment, un morceau me semble moins bien. Je décide de faire un break. Déjà 1 h 30 ! Pas étonnant que j'aie un petit coup de pompe. Dans ces cas-là, le remède anti-alcoolémie et anti-fatigue est simple. Il faut un grand verre de Coca avec des glaçons. Pas du Diet ni du Zéro, du vrai, du rouge. De toute façon, je suis plutôt mince, je me remettrai au Diet Coke lundi.

Ce coke, je vais le prendre dehors, profiter du jardin.

En plus des chaises de jardin, nous avons sorti les chaises longues. Le problème, c'est que, à cette heure-ci, elles sont toutes occupées. Quelqu'un m'interpelle.

— Ophélie !

C'est Christophe. Il est paresseusement allongé dans un transat, une cigarette dans une main, un verre à portée de l'autre sur une table basse. Il y a un deuxième transat libre de l'autre côté de la petite table.

Merde, qu'est-ce que je fais ? Je l'avais complètement oublié celui-là depuis la prise de bec avec Alexia. S'il m'invite à m'asseoir à côté de lui, nous sommes bons pour l'acte II du vaudeville « Ménage à trois ».

D'un autre côté, je ne peux pas faire semblant de ne pas l'avoir entendu. Il est à moins de dix mètres. À mon âge, je n'ai pas encore de Sonotone. Il va juste croire que je suis complètement pétée.

Je me décide pour une approche à la fois prudente au niveau de la proximité (je reste à deux mètres de la chaise vide) mais audacieuse, verbalement. Je n'ai pas oublié notre joute oratoire du début de soirée.

— La cigarette et le whisky, c'est pas un peu cliché, genre Humphrey Bogart ? Si on ajoute le piano, on se retrouve plongé dans *Casablanca*. Il ne manque plus que la veste de smoking blanche.

— Sauf que, dans *Casablanca*, ce n'est pas Humphrey Bogart qui joue mais Dooley Wilson.

C'est marrant, ce garçon est un maniaque du détail. Au début, c'est exaspérant mais on s'habitue rapidement.

— Tu veux t'asseoir ?

— Heu, et Alexia, ce n'est pas sa chaise ?

— Alexia, elle est en train de danser pour l'instant.

— Mais tu n'as pas peur qu'elle soit furieuse quand elle reviendra ?

— Il n'y a pas de raison.

— Tout à l'heure, tu me complimentes sur mes yeux, maintenant tu m'invites à m'asseoir à côté de toi. Si tu étais mon copain, tu me rendrais folle.

— Mais je ne suis pas ton copain.

— Je sais, je veux dire qu'Alexia est ta copine et que…

— Alexia n'est pas non plus ma copine.

Alors là, je reste bouche bée. Je dois sûrement avoir l'air idiot. Je dois ressembler à mon poisson rouge (que j'ai appelé Juliette dans un moment d'égarement, imaginant un couple improbable avec mon chat).

Je lâche une pauvre phrase :

— Alexia n'est pas ta copine ?

— Non, c'est une amie, enfin une amie plus.

— C'est quoi, une amie plus ?

— C'est mon amie, et il nous arrive, ou plutôt, il est arrivé que nous couchions ensemble.

— C'est une *sexfriend* quoi ?

— Je n'aime pas l'appellation que je trouve réductrice mais on peut dire ça, en quelque sorte. C'est d'abord une amie. Tu veux bien t'asseoir maintenant ?

Je devrais m'en abstenir mais je suis sous le choc, donc je m'assieds. Ou plutôt, je m'allonge car c'est un transat.

Je me demande d'ailleurs pourquoi je suis choquée. Ce garçon ne me plaît pas, enfin pas vraiment. Il a du charme, une belle voix, il joue bien du piano mais il n'est pas canon.

— Tu veux une cigarette ?

Là, c'est pareil. Normalement, je ne fume pas, mais je dis oui. Je fume environ six cigarettes par an quand je sors et que j'ai bu.

Ce soir, je n'ai pas trop bu mais je fume quand même. Va savoir pourquoi...

En plus, je pense que je crapote plus que je ne fume. Enfin, c'est ce que m'ont dit les copines. Donc, je dois avoir un air bovin. Je m'en fous puisqu'il ne me plaît pas.

— Moi, les *sexfriends*, ce n'est pas mon truc. Je suis plus romantique que ça. Le problème, c'est que c'est le nouveau truc à la mode, les *sexfriends*. Vous, les mecs, avez réussi à faire passer ce concept dans les mœurs. Cela vous arrange bien. Plus de problème d'engagement, plus de problème de séparation. Des petits coups sympas et pas compliqués. La différence entre vous et nous, c'est que nous, nous avons une sexualité subtile, nous mêlons le physique, le sentiment et l'intellect. Cela se joue à trois niveaux. Là, là et là.

Je ne sais pas ce qui me prend. Je lui montre les trois niveaux, mon entrejambe, mon cœur et ma tête. Ça y est, je suis folle, appelez l'asile psychiatrique. Mais je n'ai pas fini.

— Vous les mecs, au-dessus de la ceinture, vous ne connaissez pas. *No comprendo !*

— Tu as un avis très définitif sur le sexe fort. Cela vient d'une étude approfondie ?

Il veut dire quoi, là, que je suis une salope, une marie-couche-toi-là ou bien il sous-entend que je n'ai rencontré que des mecs qui voulaient me sauter ?

Je devrais m'arrêter mais, bien sûr, je continue. Je lui fais une longue sortie sur le genre masculin en prenant différents exemples dans ma vie sentimentale ou dans celle de mes amies et puis, tout d'un coup, je pense à Cyril. C'est un arrêt brutal dans ma diatribe. Je me rends compte que ce que je dis ne tient pas, les hommes ne sont pas tous des obsédés sexuels.

— Ne tiens pas compte de ce que je t'ai dit. Cela n'a aucun sens.

— Non, je ne suis pas d'accord. C'est très exagéré et partiellement injuste pour nous mais ce n'est pas totalement faux. En plus, c'était très distrayant et tu es très jolie quand tu es passionnée.

J'ai horreur quand on mélange un compliment et un défaut dans la même phrase. On ne sait pas comment réagir. Il me fait un compliment sur ma beauté mais, en même temps, il qualifie ma colère de « distrayante ».

Heureusement, avant que je ne décide de la réponse à lui donner, je suis sauvée par Alexia.

— Christophe, on va y aller, il est tard. Ophélie, bonne nuit et bon anniversaire.

Et elle part, visiblement épuisée et maintenant tout à fait pacifique.

Christophe et moi nous levons. Il s'approche de moi. Soudain, je me dis qu'il va m'embrasser sur la bouche. Je ne sais pas pourquoi, cette idée me traverse l'esprit. En ai-je envie ?

Pas le temps de m'interroger longuement. Il m'embrasse sur les deux joues, toujours aussi bien d'ailleurs.

— Bon, eh bien ! bonsoir. On se reverra sûrement à une soirée d'Alexia.

Alors là, c'est le sommet absolu de la goujaterie. Le mec me fait perdre la moitié de ma soirée en me poussant à dégoiser des théories stupides sur les rapports hommes-femmes alors que j'étais tranquillement en train de danser (je sais, c'est une vision assez partiale des choses, mais je ne suis pas obligée d'être objective le soir de mon anniversaire), et, à la fin, il me quitte sur un : « On se reverra certainement. » Et le portable, c'est fait pour les chiens ? Je ne demande pas ton identité complète. Ce n'est pas « liaison fatale » ! Tu pourrais me demander mon numéro quand même !

Je dois faire une drôle de tête car il enchaîne un peu gêné :

— Tu pourrais peut-être me donner ton numéro de téléphone ?

— Non, tu as raison, laissons le destin décider si nous nous reverrons.

J'aurais dû lui répondre ça, ç'aurait été brillant et un juste retour des choses après tous les affronts de la soirée mais je n'ai pas eu la présence d'esprit nécessaire. Je lui donne simplement mon numéro qu'il prend sur son Samsung Galaxy.

Sur ce, il s'en va et me laisse comme une conne. Il faut que j'aille chercher Laure pour rentrer à Paris. Je la trouve en train d'embrasser un garçon que je ne connais pas.

— Laure, désolé de l'interruption, on rentre bientôt ?

— Je comptais rester plus longtemps et je voulais raccompagner Hugo. Ça t'ennuierait de rentrer avec son copain Emmanuel. Il habite dans le 9e, il pourra te dropper chez toi, c'est son chemin.

Ok, j'ai compris, il y en a une qui va faire augmenter le chiffre d'affaires de Durex ce soir. Je n'ai pas le choix, je ne vais pas faire ma chiante.

— Il est où Emmanuel ?

— Il est là-bas. Attends, je l'appelle. Emmanuel !

Il arrive, c'est un garçon assez quelconque, un peu fin de race mais bon, de toute façon, je ne cherche qu'un chauffeur.

Les présentations sont rapides. Ok, marché conclu, on s'en va juste le temps de dire au revoir. Je prends Sophie dans mes bras, quelques bises par-ci par-là et nous sommes dans la voiture, direction Paris.

Mon chauffeur me fait la conversation. Je réponds mollement. Nous faisons le tour de Paris et entrons dans la capitale par la porte de la Chapelle.

Enfin, nous sommes devant chez moi.

— Merci de m'avoir raccompagnée.

Je me penche vers lui pour lui faire la bise. Il tourne le visage et cherche mes lèvres. Je fais un bond de dix mètres dans la voiture. J'avais raison, les mecs sont tous des obsédés !

Il ne s'arrête pas là.

— Je peux monter pour dormir avec toi ?

— Désolée, quand je prends un mec dans mon lit, ce n'est pas pour dormir. En plus, il y a Roméo qui m'attend.

— Ton mec ?

— Non, mon rottweiler. Il a horreur des visiteurs, il est féroce.

Je le plante sur cette magnifique réponse. Visiblement, à 4 heures du matin, j'ai encore de la repartie ! Dommage que je n'aie pas eu autant d'esprit avec Christophe.

Vingt minutes plus tard, je suis dans mon lit avec Roméo. Voilà un mâle, beau et fidèle, pour partager ma couche. Je n'ai pas besoin d'autre chose pour être heureuse.

12 août 2013

Aujourd'hui, retour au travail. Le Festival du film américain de Deauville commençant dans moins de trois semaines, Bertrand a organisé une réunion avec toute l'équipe cinéma.

Cette réunion, qui n'aurait provoqué chez moi qu'indifférence il y a une semaine, est maintenant l'événement le plus important de ma vie.

J'ai forcé Laure à être dans la salle à 10 h 50 alors que la réunion ne commençait qu'à 11 heures. Je ne tenais vraiment pas à être en retard d'autant plus que Bertrand est très à cheval sur la ponctualité.

À 11 heures, il était là, à 11 h 05 il commençait une présentation Powerpoint. C'est nouveau, cette utilisation des nouvelles technologies. L'année dernière, il l'avait fait à l'ancienne, en faisant un speech de quarante-cinq minutes. Comme il est très à l'aise, ça ne nous avait pas paru long du tout.

Cette nouveauté, on la doit sûrement à notre directrice de communication. Bizarrement, au début de la présentation, il a l'air moins à l'aise, il peine avec la télécommande, a du mal à garder un bon tempo.

Nous connaissons déjà beaucoup d'éléments. Le jury sera présidé par Vincent Lindon, il y aura également Pierre Lescure, le créateur de Canal +, et la magnifique Famke Janssen. Famke Janssen, c'était mon personnage préféré dans *X-Men*, le Dr Jean Grey. Elle était juste sublime, belle, intelligente, avec un mélange de force et de fragilité.

C'est amusant, quand on y pense, j'ai vraiment quelque chose qui me ramène au gris, mes yeux, Christian Grey et Jean Grey !

Une autre femme extraordinaire sera présente au Festival, Cate Blanchett, pour la sortie de *Blue Jasmine* de Woody Allen. Ça, c'est un film que j'ai vraiment envie de voir. D'abord, je suis une fan de Woody Allen et de son humour juif new-yorkais. Ensuite, je me demande comment l'actrice qui joue si bien Galadriel dans *Le Seigneur des anneaux* va se comporter dans une comédie.

Autres acteurs honorés, Nicolas Cage, Larry Clark, John Travolta et, on le sait depuis le vendredi précédent, Michael Brown.

Après avoir détaillé le programme jour par jour, du vendredi 30 août au dimanche 8 septembre, Bertrand commence à expliquer comment on va s'occuper des stars et qui va faire quoi.

Finalement, c'est un peu comme des nominations aux césars ou aux oscars. À chaque fois qu'il annonce le nom d'une vedette, on attend avec impatience de connaître le nom de l'attaché de presse qui va s'en occuper. Bertrand joue au maître de cérémonie.

— En ce qui concerne les hommages, Géraldine s'occupera de Nicolas Cage, Marie de Larry Clark, Laure de John Travolta...

Laure fait un bond sur sa chaise et ne peut s'empêcher de prendre le risque de se lancer dans un aparté avec moi malgré la proximité de Bertrand.

— Ouah, je vais aller danser avec lui, comme Uma Thurman dans *Pulp Fiction* !

— Chut, Bertrand n'a pas fini.

— ... et Vincent aura la lourde tâche de s'occuper de Michael.

Attendez, j'ai mal entendu ! Vous pouvez répéter, s'il vous plaît. Bertrand, votre langue a fourché, vous voulez dire : « La délicieuse, la compétente Ophélie s'occupera de Michael. »

Mais Bertrand ne revient pas en arrière, il continue inexorablement. Je suis sous le choc, il me fait venir à

Deauville, il connaît ma passion pour Michael Brown, et il le confie à Vincent, le seul attaché de presse mec.

Heureusement que nous sommes dans la pénombre, il ne peut pas voir ma tête.

— Enfin, Cate Blanchett sera confiée aux bons soins d'Ophélie. Ophélie, vous parlez australien, j'espère ?

Le reste de la réunion se passe dans une espèce de brouillard pour moi. Je retiens juste que je devrai aussi aider pour le jury de la révélation Cartier.

À la fin de la réunion, Laure, qui me connaît bien, m'entraîne rapidement dans notre petit restau pour débriefer. Je suis folle furieuse.

— C'est vraiment un vicieux. D'abord, vendredi, il joue avec mes nerfs pendant une éternité, finalement il me dit oui, et aujourd'hui, il me dit : « Va te faire foutre. »

— Tu exagères. Vendredi, Bertrand t'a invitée à venir au festival, pas à t'occuper de Michael. Aujourd'hui, il te confie Cate Blanchett, ce n'est pas rien. On dit que son rôle dans *Blue Jasmine* pourrait lui valoir un oscar.

— En fait, la seule chose positive, c'est que, en m'occupant du jury de la révélation Cartier, je vais peut-être récupérer un bracelet ou une montre...

— Écoute, Ophélie, ça suffit, l'amertume ne te va pas. Ressaisis-toi, grâce à Bertrand, tu vas quand même rencontrer Michael pour de vrai. Ce n'est pas comme ta pathétique sortie sur les Champs il y a dix ans...

Laure est une vraie amie. Elle est capable de me dire quand je déconne. Je n'ai pas envie de l'admettre mais elle a raison. Je rumine encore dix minutes devant ma salade puis je décide de passer à autre chose.

— Ok, de toute façon, quand il me verra, il va tomber raide dingue et exigera de Bertrand que je m'occupe de lui. Bon, c'était comment avec Hugo ? Ça valait le coup de me larguer et de me confier à un inconnu obsédé sexuel qui aurait pu me violer ?

— Il a voulu te violer !

— Non, enfin, il a quand même essayé de m'embrasser.

— Et… ?

— Je l'ai rembarré… sans ménagement.

— J'imagine sans peine. En réalité, ce n'est pas toi qui étais en danger quand on lui a demandé de te raccompagner, c'était lui !

Elle a réussi à me faire rire. La déception Michael/Deauville est passée.

— Bon, Hugo, tu ne m'as pas raconté ? Vous avez couché ?

— Évidemment, je n'allais pas te planter juste pour échanger un ou deux bisous. Remarque, j'aurais peut-être dû !

— Ah, ce n'était pas bien ?

— Disons que ç'a été mouvementé. Quand nous sommes arrivés dans l'appartement, je l'ai rapidement entraîné sur le lit. Nous avons repris là où nous nous étions arrêtés chez Sophie. Il n'embrasse pas trop mal. Mais, au bout de dix minutes, nous étions encore tous les deux encore totalement habillés : il était quand même 4 heures du matin. J'avais envie d'accélérer le mouvement. Je lui ai pris sa main pour la mettre sur ma poitrine. Il a compris le message et a ouvert mon chemisier. On était sur le bon chemin… Mais la deuxième étape avait l'air de prendre autant de temps que la première. Je me suis levée et j'ai enlevé mon soutien-gorge et mon pantalon. J'étais en petite culotte debout devant lui. Et il ne bougeait toujours pas. Là, je l'ai obligé à se lever pour lui enlever sa chemise. Je commençais à me dire que s'il continuait à être aussi peu actif, j'allais regretter un petit tête-à-tête avec mon lapin.

Son lapin, c'est un sex-toy Rabbit que ses copines lui ont offert pour ses vingt ans. Ce sex-toy Rabbit, c'est le modèle qu'Eva Longoria offrait à toutes ses amies. À l'époque, elle avait déclaré : « Je n'ai pas apprécié le sexe avant de commencer la masturbation. Avant cela, je n'étais pas vraiment sexuelle. C'est dommage que je ne l'aie pas découvert plus tôt. Maintenant, je donne le Rabbit à toutes mes amies. Elles hurlent quand elles ouvrent le paquet. Le plus beau cadeau que je puisse leur faire, c'est un orgasme. »

Depuis cette déclaration de l'actrice de *Desperate Housewives*, j'ai toujours eu peur que Laure ne m'en offre un. J'ai même dû lui faire promettre cette année de ne pas le faire. Elle m'a dit que j'avais tort et que le Rabbit procurait un « orgasme clitoridien et vaginal ». Merci, Laure, pour les précisions. Merci, mais non, je n'en ai pas besoin. En tout cas, je ne suis pas aussi à l'aise dans ma sexualité que Laure, pas assez pour avoir le Rabbit.

Laure regrettait donc son Rabbit.

— Il n'était vraiment pas très dégourdi. Tout d'un coup, je lui ai demandé s'il avait des préservatifs. Il n'en avait pas !

— Tu n'en avais pas, toi non plus ?

— Non, j'avais tout consommé et oublié de me réapprovisionner. En plus, c'est quand même d'abord aux mecs de s'assurer de cet aspect des choses. J'ai commencé à lui reboutonner sa chemise et lui ai expliqué comment aller en chercher en bas dans le distributeur automatique de la pharmacie. Il a essayé de me dire qu'il était safe et que nous n'en avions pas besoin, mais il a vite compris qu'il était inutile de chercher à me convaincre, qu'il n'avait aucune chance. Il est descendu, j'ai attendu pendant dix minutes. Il est remonté la queue entre les jambes (c'est le cas de le dire) car la machine avait avalé sa pièce sans fournir les trois préservatifs promis. Comme il n'avait plus de monnaie, il était remonté pour m'en demander une.

— Énorme, ton histoire !

— Oui, là j'étais vraiment à deux doigts d'abandonner mais comme il avait fait l'effort de descendre (et de remonter) une première fois, je lui ai donné une pièce. La deuxième fois a été la bonne. Il avait ses trois préservatifs. Pendant son absence, j'avais mis de la musique et ajusté l'éclairage pour nous permettre de revenir dans le mood plus facilement. Nous avons recommencé à nous embrasser. Je l'ai déshabillé. Il ne s'était toujours pas approché de ma petite culotte. De son côté, son caleçon orné de clubs de golf n'était pas du meilleur goût. Honnêtement, ce n'était pas non plus loin de la publicité mensongère vu la taille de son sexe. Pas énorme et pas non plus hypervigoureux. Pas du tout compétitif par rapport à mon lapin. Comme je suis une gentille fille, je lui ai fait le plan : « Je t'allonge sur le lit, je t'enlève ton caleçon, je caresse ton sexe avec mes cheveux et je te prends le sexe dans la bouche en te regardant avec mon regard de salope brevetée. » Ça marche à tous les coups, et il n'a pas été l'exception à la règle. J'ai attrapé un préservatif, que j'ai rapidement ouvert avec les dents tout en continuant à le masturber (pour qu'il reste bien droit). Un autre petit coup de langue, j'approche le préservatif pour lui enfiler mais pschitt, trop tard, monsieur jaillit comme un geyser du parc de Yellowstone. J'étais hyper-énervée, fatiguée et frustrée. Il m'a dit qu'il était désolé, que j'étais « trop excitante », qu'il n'avait pas eu de relation sexuelle depuis longtemps mais qu'il était certain que si on attendait vingt minutes, la deuxième fois serait beaucoup mieux. Je pense que s'il n'avait rien dit et s'était concentré sur un bon cunni en cherchant mon point G avec ses doigts, il aurait eu une seconde chance. Mais à 5 heures du matin, les justifications d'un éjaculateur précoce, c'est pas mon truc. Je lui ai dit que j'étais fatiguée et que nous ferions cela une autre fois tout en lui passant pantalon et chemise pour que mon message ne laisse pas la place à l'ambiguïté. Hors de question qu'il reste dormir.

— Tu comptes vraiment le revoir ?
— Euh, à vrai dire, je pense que je me suis trompée quand je lui ai donné mon numéro de téléphone.
— Mais c'est dégueulasse !
— Non, mais seulement d'un chiffre ! Un chiffre sur dix, ce n'est pas une grosse erreur.
— Ça réduit quand même fortement ses chances de te joindre. Tu as calculé combien de numéros de téléphone il doit composer avant de tomber sur toi ?
— Oui, je crois qu'il y a un million de combinaisons. Statistiquement, s'il met trente secondes par appel et qu'il essaie douze heures par jour, il lui faudra environ un an.
— Ça lui laisse peu de chances…
— C'est vrai, mais s'il y arrive, cela prouvera qu'il tient vraiment à moi. Dans ce cas-là, je te promets qu'il aura droit au grand jeu. S'il n'a pas triché, je lui laisserai même mon cul.

Laure, je l'aime bien, c'est ma grande amie, mais elle est souvent vulgaire. Je pense qu'elle le fait exprès pour me choquer.

Je n'avais pas envie de relever. Une discussion sur la sodomie au dessert, très peu pour moi !

Nous sommes rentrées au bureau. Son histoire m'avait détendue, je ne broyais plus de noir. Elle a raison, Laure, le plus important est d'aller à Deauville et de rencontrer Michael.

L'après-midi s'est passé tranquillement. À 18 heures, j'ai reçu un appel d'un numéro inconnu sur mon bel iPhone 6 (que je kiffe grave). Comme j'étais tranquille, seule avec Laure dans le bureau, j'ai pris l'appel.

— Allô.

— Bonjour, Ophélie.

— Bonjour...

J'ai horreur des gens qui ne se présentent pas. La voix ne m'était pas inconnue mais impossible de mettre un nom dessus. Un homme, jeune...

— Tu ne me reconnais pas, je t'aide. Abbaye de Westminster, Diana...

— Christophe ! Tu déranges souvent les jeunes femmes sur leur lieu de travail avec tes devinettes ?

Laure suit la conversation. Le problème au bureau, c'est que l'on n'a pas beaucoup d'intimité, surtout dans douze mètres carrés. Heureusement que Laure est mon amie. Elle intervient d'ailleurs directement en levant un pouce appréciateur. Je n'en tiens pas compte et je me concentre sur ce que Christophe me dit.

— Seulement avec celles qui en valent la peine. Tu es bien rentrée ?

— Sans problème. Et toi, le retour, ok ? Alexia, pas trop difficile de lui retirer son pantalon ? Le cuir, c'est moulant, ça colle. Surtout quand on a des formes. Je ne sous-entends pas qu'elle a de grosses fesses mais bon...

Je ne sais pas ce qui m'a pris, ces propos pleins de fiel qui sortent de ma bouche. Je crois que c'est à cause de Bertrand, de ma déception à propos de Michael mais aussi à cause de la façon dont s'est terminée la soirée samedi, de son départ soudain, de son peu d'empressement pour prendre mon numéro de téléphone...

Même Laure est surprise. Elle me fait de grands signes, genre Obélix « Ils sont fous ces Romains » et aussi des signes d'apaisement.

Mais Christophe est solide et ma sortie ne l'a pas plus impressionné que la colère d'Alexia quelques jours plus tôt. Il rit.

— Non, je suis rentré chez moi. Tu as raison, les pantalons de cuir, c'est difficile à enlever. En revanche, je ne suis pas d'accord avec toi sur son arrière-train. Il est vraiment bien.

« Arrière-train », ce garçon a vraiment un vocabulaire désuet. Il joue du Elton John et parle comme au xxe siècle, voire xixe. En plus, il manque de psychologie féminine : je ne sais pas ce qu'il veut mais il est mal parti s'il commence en faisant l'apologie du physique d'Alexia.

— Si tu veux. Tu m'appelles pour...
— Pour t'inviter à dîner. Mercredi soir, ça te va ?

Je n'ai aucune raison de lui faciliter la vie. Je rechigne.

— Un dîner ? Tu sais, en ce moment, j'ai beaucoup de travail au bureau. Le Festival du film américain approche, je me lève tôt et je rentre tard.

— Justement, mercredi, c'est parfait.
— Pourquoi ?
— Parce que mercredi, c'est le 14.
— Et ?
— Et le 14, c'est la veille du 15. Et le 15, c'est férié, c'est l'Assomption, la fête de la Vierge.

Il ne va pas me faire un cours de théologie ? Pas maintenant, avec Laure qui n'arrête pas de faire l'imbécile en face de moi depuis qu'elle a entendu le mot « dîner ». Elle me fait le signe du cœur avec ses deux mains, elle mime des bisous, un câlin... On ne peut plus l'arrêter ! Finalement, ce serait peut-être mieux d'être avec quelqu'un qui me connaît moins, je serais plus tranquille.

Christophe abat toutes ses cartes pour arracher mon accord.

— À moins que tu ne sois déjà invitée pour la Saint-Val.
— La Saint-Val ?
— Oui, le 14 août c'est juste à six mois du 14 février. C'est donc une demi-Saint-Valentin, la Saint-Val quoi !
— C'est assez pourri comme vanne, si c'en est une.
— Arrête de faire ta diva ! Viens !

Moi, j'aime bien faire ma diva. Pourquoi céderais-je si facilement ? D'autant plus qu'il avait failli ne pas me demander mon numéro de téléphone.

Alors que j'hésite sur la réponse à lui donner, il est sauvé par le gong. Christine entre dans le bureau. Si on ajoute la pression que m'a mise Laure (même si elle a immédiatement cessé ses bêtises quand Christine est entrée), il ne me reste pas beaucoup d'options.

— Ok, c'est bon. Je dois te laisser. On se voit mercredi.

Christine reste avec nous un bon quart d'heure afin de nous donner des consignes sur le travail à préparer pour Deauville : il faut sortir les bios des invités, préparer des fiches...

Dès qu'elle est sortie du bureau, Laure me saute dessus.

— Christophe, à dîner. Ouah, Miss Ophélie va devoir travailler son épilation maillot. Il doit y avoir du boulot.

— Laure, ça tourne pas rond chez toi ! D'abord, j'aurais dû refuser. Si Christine n'était pas arrivée et si tu ne m'avais pas fait un cirque incroyable, je pense d'ailleurs que c'est ce que j'aurais fait. Il ne me plaît pas vraiment.

— Tu plaisantes ! Tu as passé la soirée avec lui ! Je te connais suffisamment pour savoir que tu n'es pas indifférente.

— Ok, mais ce n'est pas pour ça que je dois coucher avec lui !

— Et pourquoi pas ? C'est quand la dernière fois que tu as couché avec un mec ?

— Euh, un moment.

— Oui, un long moment. Tu t'es fait combien de mecs depuis ton Cyril ?

— Trois, peut-être quatre. Ça compte si on n'a pas couché ?

— Bien sûr que non...

— Alors, deux. Tu sais, je ne peux pas coucher avec tout le monde !

— Entre coucher avec tout le monde et coucher avec deux mecs en deux ans, il y a une marge. Les toiles d'araignée doivent commencer à s'installer, en bas, chez toi...

— Laure, c'est vraiment dégueulasse. En plus, tu sais que je suis arachnophobe.

— Fais un effort. Il est mignon, Christophe, et il a un bon sens de l'humour. En plus, son ex, Alexia, a vraiment l'air d'une chaudasse...

— C'est pas son ex, c'est une amie. Enfin pour être exacte, c'est une *sexfriend*...

— Ah ! Une *sexfriend* ! C'est encore mieux qu'une ex, ça veut dire qu'il assure au pieu. Je le sentais. C'est un bon coup. Ça va te faire du bien, un peu d'exercice. Quand je pense que tu ne veux même pas que je t'offre un Rabbit ! Comment tu fais pour rester seule aussi longtemps sans sex-toy ? Tu te masturbes au moins ?

— Merde, Laure, tu ne respectes rien ! On est au bureau, quand même ! Imagine que Bertrand rentre !

— D'abord Bertrand ne rentre jamais, et la masturbation, ce n'est pas sale. Au contraire, c'est très sain, très bon, aussi bien pour le corps que pour l'esprit.

Stop, il faut que je trouve un moyen de l'arrêter, de détourner son attention ou elle va me faire tout un speech sur l'importance d'une sexualité régulière pour une vie équilibrée.

— Si je couche avec Christophe, ce serait un peu tromper Michael.

— Mais tu es une vraie mytho ! Michael ne sait même pas que tu existes !

— Mais ça va changer bientôt...

— Ok, en attendant, tu vas à ce dîner, tu séduis ce mec et tu reprends du service !

« Reprendre du service », c'est vraiment une expression romantique, du Laure dans le texte. C'est marrant que l'on soit si proches en tant qu'amies alors que l'on est si éloignées au niveau du tempérament.

Christine est réapparue à ce moment-là pour nous demander d'autres choses en urgence. Plus possible de divaguer, tant mieux pour moi.

La journée s'est terminée par un gros câlin avec mon Roméo. Il faut avouer que ce coquin ne l'a accepté qu'après avoir fini son pâté Gourmet. Mon chat serait-il vénal ?

13 août 2013

Journée morne au bureau. Morne mais pas morte. Au contraire, il y a eu énormément de choses à faire. Mais j'étais d'humeur maussade. Je pense que c'est à cause du dîner que j'ai accepté demain soir. Ça me gonfle. J'ai fait à moitié la gueule à Laure toute la journée mais je n'ai rien dit. Je n'avais pas envie de me prendre un nouveau sermon.

J'ai déjà eu droit à des consignes sur ce que je devais mettre, sexy, élégant, gnagna, gnagna... Je pensais qu'en quittant Saint-Germain-en-Laye, je me soustrayais à l'autorité maternelle. Apparemment, il n'en est rien. J'ai un substitut au bureau. Ce n'est pas grave, pour les fringues, je déciderai demain matin.

14 août 2013

Une longue journée pas inintéressante.

J'ai commencé par le choix de ma tenue pour le soir. En fait de choix, c'était plutôt un non-choix. Comme je n'étais pas inspirée, j'ai mis mon jean avec un chemisier bleu clair. Pas dément, mais s'il n'est pas content c'est la même chose.

En fait, ce n'était pas forcément une bonne idée. Pas à cause de Christophe, mais à cause de Laure.

— Mais t'es malade ! C'est quoi cette tenue, sac à patates ! Tu veux rester vieille fille toute ta vie ? Tu veux renoncer définitivement à toute forme de sexualité ? Tu vas rentrer dans les ordres ?

— Tu exagères, je n'ai peut-être pas fait un effort particulier mais ça va, quand même.

— Non, ce n'est pas possible. Tu aurais pu au moins mettre une jupe, pour qu'il voie tes jambes. Tu as de superjambes !

— Trop tard, je n'aurai pas le temps de repasser à la maison. Ce n'est vraiment pas grave, tu sais.

— Je te passe ma jupe ce soir, juste avant de partir du bureau.

— Ok, on verra.

J'ai réussi à me tirer des griffes de mon amie la tigresse, en tout cas pour le moment.

La journée a passé à toute vitesse grâce ou à cause de l'organisation de Deauville. Même pas le temps de déjeuner. J'ai juste avalé une compote à boire (comme celle que je prenais en dessert quand j'étais gamine) et bu un Diet Coke.

Vers 18 heures, un SMS tombe : « Hello, c'est Christophe, on se retrouve à 20 heures juste en face du Crillon. Station Concorde. Pour toi, tu changes à Saint-Lazare et tu prends la 12. Au total neuf stations. Pas trop long. J À toute, Christophe. »

Alors là, il tombait mal, j'étais en pleine relecture des bios de tous les membres du jury Cartier pour le dossier de presse de Deauville. Déjà que je n'avais pas envie d'y aller hier soir et ce matin, alors maintenant plus du tout. Plus le temps passe, moins j'ai envie d'y aller.

Coup de bol, Laure n'est pas dans le bureau. Elle n'a pas entendu l'arrivée du SMS de Christophe. Comme cela, je vais pouvoir lui répondre ce que je veux.

« Hello Christophe, problème de charrette au bureau, je dois finir un dossier de presse. On remet ça à une autre fois. Bises, Ophélie. »

Well played, ni vu ni connu ! J'ai repoussé le rendez-vous aux calendes grecques et Laure n'en sait rien. Je vais pouvoir me faire une petite soirée en tête à tête avec Roméo, pâté Gourmet pour lui, saumon fumé et salade pour moi en regardant *True Detective* en streaming sur mon Mac. Je partagerai sûrement mon poisson avec mon amour. Il adore le saumon.

C'est à ce moment-là que j'ai commis une vraie erreur. Une envie pressante. Quand je sors des toilettes pour me laver les mains, Christine entre. Les *ladies rooms* deviennent une annexe du bureau. Elle me demande où j'en suis sur les bios. Je la rassure. Tout sera prêt pour le BAT vendredi soir comme prévu.

Quand je reviens, Laure est là, avec une tête bizarre.

— Tu étais où ?

— Aux toilettes.

— Tu aurais dû m'attendre. J'y serais allée avec toi pour te passer ma jupe.

À ce moment-là, j'ai deux options, soit assumer, jouer la femme forte et indépendante et lui avouer le changement de programme pour la soirée, soit botter en touche.

Je choisis, bien sûr, la seconde option.

— Ah oui, c'est vrai, j'aurais pu t'attendre…

— On peut se changer ici si tu veux. Moi, je m'en fous, cela ne me gêne pas. De toute façon, on n'a pas beaucoup de mecs dans l'équipe et la plupart sont gays.

Je commence à me sentir mal.

— Ici, c'est très bien.

— Tu as toujours besoin de ma jupe ?

Merde, ça sent la question pourrie à plein nez. Elle doit se douter de quelque chose. Comment elle fait, elle est médium ou quoi ? Soudain, le flash, j'ai compris. Je saisis mon iPhone. Merde, il a appelé pendant que j'étais aux toilettes. Comme le numéro n'est pas indiqué « Appel en absence », ça veut dire que Laure a décroché. Je suis morte, elle sait tout, le salopard a bavé sur mon compte. Dans ces cas-là, la meilleure défense c'est l'attaque.

— Tu as décroché mon téléphone ! Il est chié de se plaindre à toi !

— Il ne m'a rien dit sur ton lâche abandon et ta pathétique excuse. Quand il a entendu que ce n'était pas toi, il m'a juste demandé que tu le rappelles. Comme j'ai trouvé cela suspect, j'ai lu votre échange de SMS. Tu pensais renoncer à ce rendez-vous sans me le dire ? C'est une chose que l'on peut faire à sa meilleure amie ?

— Et lire les SMS, ce n'est pas entrer dans la sphère privée des gens ? Je crois que la Cour européenne de justice de La Haye trouverait à redire à ce genre de comportement.

— Oublie. Tu le rappelles et tu lui dis que tu as terminé les bios. D'ailleurs, tu les as terminées, je viens de vérifier.

Décidément, c'est pire que *Secret Story* (ou *1984*, si on préfère George Orwell à la téléréalité). On est espionné de partout !

— Je n'ai aucune envie d'y aller. Tu as lu, c'est un maniaque. Il a compté le nombre de stations de métro depuis le bureau jusqu'à Concorde. Je ne lui ai même pas dit où je travaille. C'est un maniaque du contrôle !

— Je croyais que tu aimais les maniaques du contrôle ? Christian Grey, dans ton livre référence *Cinquante nuances*, c'en est bien un, n'est-ce pas ?

— Ça n'a rien à voir. Christian est beau et milliardaire, Christophe n'est ni l'un ni l'autre. Et d'abord, comment il a su où je travaille ?

— Certainement par Alexia. Elle connaît ton job, non ?

Cette fille est une plaie, je la hais avec ses cheveux roux et ses tenues en cuir.

— Oui, ça doit être ça...

— Bon, ok, maintenant tu l'appelles et tu lui dis que tu arrives.

— Je n'ai pas du tout envie de l'appeler.

— Alors par SMS. Passe-moi ton iPhone.

Et elle le prend, cette fille ne recule devant rien. Pas de chance pour elle, elle ne pourra pas le débloquer, Apple a inventé le système de sécurité par empreinte digitale.

Merde, elle est en train de taper un message. Elle bluffe ou quoi ? C'est pas possible, elle ne peut pas avoir franchi la sécurité Apple. Je commence à me demander si, en prenant mon mug et en appliquant une fine couche de colle, elle a pu décalquer mon empreinte. Non, ce n'est pas possible, j'ai vu trop de *Mission impossible*. Elle doit bluffer. Je ne me ferai pas prendre. Je la laisse faire joujou avec mon iPhone. Je ne risque rien.

— Et voilà ! Tu as bien rendez-vous à Concorde à 20 heures devant le Crillon. S'il a réservé une chambre dans ce palace qui est sans doute le plus cher de Paris, il mérite que tu lui fasses toutes les positions du *Kamasutra*.

Je lui arrache le téléphone des mains. C'est pas vrai, elle lui a envoyé un message ! « Bonne nouvelle, je viens de terminer. Ravie de pouvoir dîner avec toi. Je t'embrasse, on se voit à 20 heures, Ophélie. »

Cette fille est pire que le KGB et la CIA réunis. Elle a réussi à entrer dans mon iPhone !

— J'y crois pas ! Comment tu as fait pour l'empreinte digitale ?

— Tu sais bien qu'Apple te permet aussi d'entrer avec le code confidentiel.

— Mais tu ne l'as pas, mon code !

— Non c'est vrai, mais je me suis dit que quelqu'un née le 8 août pouvait avoir 0808 comme code.

— Ça se fait pas ! Tu ne peux pas forcer mon iPhone !

— Peut-être mais cela ne se fait pas non plus de mentir à sa meilleure amie ! On y va ensemble. Je t'accompagne jusqu'à Concorde. J'irai faire du shopping sur les Champs-Élysées.

Pourquoi ai-je pris ce pitbull comme meilleure amie ? J'y crois pas, elle ne me lâchera pas, au propre comme au figuré. Je capitule, tant pis, je vais aller au rendez-vous avec Christophe.

— Ok, ici.
— Quoi ici ?
— On peut se changer ici.

On procède à l'échange. Il faut avouer que Laure est une vraie amie d'accepter de mettre mon jean alors qu'elle va faire du shopping sur les Champs. Comme je fais sept ou huit centimètres de plus qu'elle, elle ne ressemble à rien.

— Tu es certaine que tu veux me prêter ta jupe ?

Elle est fataliste.

— C'est sûr que ce soir j'ai autant de chances de baiser que toi de te faire un jour Michael. Tant pis, au moins, moi, j'ai mon lapin. Orgasme garanti ! En revanche, toi tu es superbe. La jupe est légèrement trop courte, mais ça te donne le look un peu salope qui te manque.

— Ok, allons-y. Autant être débarrassée le plus vite possible.

Dans le métro, Laure est intarissable.

— Je suis curieuse de savoir comment il sera habillé. Les fringues, ça donne une vraie idée du mec. Parfois, cela peut même te faire changer d'opinion à son sujet. Un jour, j'avais rendez-vous avec un mec que j'avais rencontré en boîte. Comme toi aujourd'hui, je n'étais pas motivée et j'y suis allée habillée comme un sac à patates. Lui, il sortait du bureau, il était en costard-cravate. Normalement, ce n'est pas mon genre mais il était très classe.

Je ne relève pas son attaque sur mes habits du jour. Elle adore vraiment cette expression « sac à patates ». Pas très moderne, ça doit venir de sa grand-mère !

— Il faisait quoi comme job ?

— Il était trader. Pété de thunes !

— Tu en as profité ?

— Pas longtemps. Le premier soir, comme il était trop canon, je me le suis fait debout, en entrant chez lui. Son appartement, c'est un loft avec cuisine américaine. Top !

Je suis allée aux toilettes retirer ma culotte. En sortant, je l'ai regardé droit dans les yeux en la lui mettant dans la main. Effet garanti. L'avantage du caleçon et du pantalon en tissu léger, c'est que, quand le mec bande, tu le vois tout de suite. Et là, je peux te dire qu'il tendait son pantalon façon toile de tente, style Décathlon montée en cinq minutes. Je n'ai pas eu besoin de descendre lui faire une de mes légendaires pipes. Je l'ai embrassé tout en lui défaisant sa ceinture, son pantalon et son caleçon. Il a remonté ma jupe sur mes hanches. Je me suis suspendue à son cou, les jambes autour de ses reins, appuyée contre le bar de la cuisine américaine et hop il était en moi. Dans l'état où j'étais, pas besoin de préliminaires pour la lubrification. J'ai eu un superorgasme en cinq minutes.

Par moments, je me demande si Laure est une nympho ou une mytho. Cette histoire était too much, comme tirée d'un film de cul. Mais enfin, peut-être que ça s'est réellement passé comme ça. Après tout, le vibrateur Rabbit, elle le possède vraiment. Elle en fait juste beaucoup plus que moi en matière d'expérimentation sexuelle.

— Et vous êtes restés longtemps ensemble ?

— Trois mois, le temps de tester toutes les positions dans les plus beaux hôtels de Paris. Plein de fric, bien monté mais pas de cerveau : j'en ai tiré le maximum. Ensuite, ce n'était plus possible ! On n'est pas des bêtes quand même. Il faut un minimum de conversation, on ne peut pas faire que baiser !

Quel aveu de la part de Laure ! Serait-elle aussi une romantique dissimulée sous des dehors de débauchée ?

Après un petit moment à se remémorer cette aventure, elle est revenue à son sujet du jour : Christophe.

— Et Christophe, il fait quoi ?

— Aucune idée, nous n'en avons pas parlé.

— C'est sympa, c'est comme une *blind date*. Ça me donne envie d'essayer adopteunmec.com. C'est marrant les *blind dates*.

— Ça n'a rien à voir avec une *blind date*, je l'ai rencontré à la soirée samedi.

— Oui, je sais, c'est presque comme une *blind date*, tu ne sais même pas ce qu'il fait dans la vie. En plus, tu as l'avantage de savoir qu'il est mignon. C'est pour ça que je m'étais désinscrite de Meetic. Il y a tellement de mecs qui utilisent des photos qui ne sont pas d'eux. L'enfer. À la réflexion, je ne vais peut-être pas me mettre sur adopteunmec.com.

— Tu n'en as pas besoin. Tu rencontres des mecs tout le temps ! Combien cette année ?

— Baisés ? Huit.

— Huit en moins de huit mois, c'est plus d'un par mois. C'est énorme !

— Bravo, tu es forte en calcul arithmétique ! Mais enfin, si j'en ai eu huit, c'est parce que je n'ai pas rencontré le bon.

Aïe, je l'ai vexée, elle croit que je la prends pour une nympho. Elle boude. Tant pis, je ne vais pas me justifier. Ça ne ferait qu'empirer les choses. Heureusement, nous arrivons à Concorde.

Le temps de sortir de la station et Laure a de nouveau le sourire de Laure. Elle est d'un bon tempérament et elle est impatiente de rencontrer Christophe. Beaucoup plus que moi de le revoir ! C'est elle qui devrait avoir le rendez-vous.

Ça y est, je le vois, en face du Crillon comme prévu. Il nous faut attendre que le feu piéton passe au vert pour traverser. La place de la Concorde, on ne peut pas traverser quand les voitures roulent : il y en a au moins cinq mille à la minute ! L'avantage, c'est que je peux l'examiner de loin, sans en avoir l'air.

Pas de costard-cravate. Ouf, ce n'est pas un trader ! Comme je me rappelle qu'il adore expliquer les choses, je n'avais pas du tout envie d'un cours sur les matières premières ou sur le taux de change yen/dollar.

Il a une chemise en denim (ou simili) bleu clair, un pantalon beige retroussé au-dessus des chevilles, et des espadrilles assorties à sa chemise. Il a un pull léger noué autour de la taille.

Laure l'a examiné comme moi.

— Il est mode, tu ne trouves pas ?
— Oui, le pantalon retroussé, je ne suis pas sûre...
— Si, il est trop chou !

Nous traversons. Christophe nous a vues. L'espace d'un instant, il fronce les sourcils. Il doit être surpris de nous voir toutes les deux ensemble. Visiblement, il n'a pas l'intention de se faire un plan à trois ! Le voir stresser ainsi m'amuse et me détend. En même temps, cela signifie clairement qu'il a des intentions à mon égard. Remarque, ce n'est pas une surprise : entre les compliments sur mes yeux et l'invitation à dîner, il faudrait être folle pour ne pas sentir qu'il y a anguille sous roche (ou comme le disait Sophie pour les cas d'évidence extrême « baleine sous gravillon »).

Laure, avec sa perspicacité légendaire, a compris le malaise potentiel et cherche à le dissiper immédiatement, avant même de l'embrasser.

— Hello, Christophe, t'inquiète, je ne reste pas avec vous. Je te fais un bisou et je pars faire du shopping. Je suis une folle d'H&M. C'est une drogue, je dois y aller au moins une fois par semaine !

— Bonjour, Laure, en te voyant, j'avais peur que tu ne serves de chaperon !

— Non, je craignais juste qu'Ophélie ne se perde... Je ne voulais pas que vous manquiez ce dîner. C'est gentil de l'inviter pour son anniversaire.

Laure est à fond. Il ne m'a pas du tout invitée pour mon anniversaire ! Pour couper court au délire, je double Laure pour être la première à embrasser Christophe.

— Salut, Christophe.

Incroyable, je confirme, c'est le roi de la bise. En plus, il est frais et il sent bon. Il sort de la douche ou quoi ?

— Bonjour, Ophélie.

Il embrasse Laure à son tour.

— Bonjour, Laure, dommage que tu ne puisses pas rester avec nous.

— Quel faux cul ! Tu serais bien embêté si je changeais de plan ! Et puis, regarde la chance que tu as, tu dînes avec les plus belles jambes de Paris.

Je me sens vaguement femme-objet. Un objet que Laure essaie de vendre. Je pourrais lui lancer un regard noir pour la faire taire mais, avec Laure, j'ai déjà essayé, ça ne marche pas. Elle est imperméable à toute pression. Je décide de kidnapper Christophe.

— Christophe, on y va ?

Laure s'autorise un dernier commentaire, bien lourd :

— Salut, les tourtereaux. Bonne soirée. Soyez sages.

Tant pis pour elle. Je ne l'embrasserai pas avant de partir. Je cherche à m'éloigner aussi vite que possible. Je lui fais un vague signe de la main.

Je me sens un peu gênée de me retrouver seule avec Christophe. Ça doit être à cause de Laure. Ou bien, est-ce à cause de Christophe ? Il me plaît ou il ne me plaît pas ? Je suis plus indécise qu'avant. Je n'irai pas, comme Laure, jusqu'à le qualifier de « trop chou », mais il est pas mal.

Je décide de lancer la conversation sur un mode factuel.

— On va où ?

— On traverse la place et on va dans le jardin des Tuileries.

— Tu as prévu un pique-nique ?

Ma blague le fait rire. Ce garçon a du goût en matière d'humour. Un bon point pour lui.

— Non, mais si tu veux savoir où nous allons dîner, je ne te le dirai pas, c'est une surprise.

Je ne déteste pas les surprises, mais pour le restau, j'aurais bien aimé savoir. Un point négatif. Il revient à zéro. Ah, j'oubliais : la bise. Ça valait bien trois points. Plus deux autres pour la tenue. Ok, il est à plus cinq. Au fait, il lui faut combien de points pour me plaire vraiment ? Cinquante ? Cent ?

Nous arrivons dans le jardin.

— Tu connais le jardin des Tuileries ?

Visiblement, Christophe a également décidé de commencer la soirée par une conversation légère, non impliquante.

— Oui, j'ai dû venir une ou deux fois. Pour aller au Louvre et une fois avec des amis pour les manèges.

Les manèges, c'est moins classe que le Louvre, mais je suis une fille honnête, je ne cache rien. Christophe est plus sur le registre culturel.

— Tu sais pourquoi il s'appelle le jardin des Tuileries ?

— Non.

Je n'aime pas trop les quiz culturels ! J'espère que cela ne va pas durer trop longtemps.

— Parce que, avant, il y avait une fabrique de tuiles...

Une fabrique de tuiles ?!? Il se fout de ma gueule ou quoi ? S'il commence comme ça, il est mal barré... J'ai un bon sens de l'humour mais je n'aime pas trop qu'on se moque de moi. Surtout quand c'est un mec et, qu'en plus, c'est notre première sortie.

Néanmoins, je ne peux rien dire. Si c'est vrai, j'aurai l'air d'une conne. Je le laisse poursuivre.

— ... Le palais des Tuileries a été érigé par Catherine de Médicis au XVIe siècle. Les jardins à la française ont été créés un siècle plus tard par Le Nôtre.

— Le Nôtre ou le vôtre ?

— André Le Nôtre, le jardinier de Louis XIV.

Ce garçon n'a pas d'humour ou alors il n'a aucune connaissance de la culture cinématographique populaire. *La vérité si je mens 2* est sorti en 2001. Il n'y avait pas de cinéma là où il habitait ? Il commence à m'inquiéter. Ce garçon a-t-il été élevé dans la brousse ? Il va falloir corriger les choses. Je ne peux pas passer pour une inculte. En tout cas cinq points négatifs. Il revient à zéro.

— Merci, je connais, le jardinier qui a conçu les jardins de Vaux-le-Vicomte. Je ne parlais pas de ça. « Le Nôtre, le vôtre » ça ne te dit rien ? Au cinéma ? Une comédie ?

— Ah oui, *La vérité*, très drôle !

— Trop tard ! Tu n'as pas des soucis d'écoute ? Dans la vie perso ? Au boulot ? On ne t'a pas fait de feedback à ce sujet ?

Cela le fait rire. Au moins il n'est pas susceptible.

— En plein dans le mille. C'est effectivement un de mes défauts. « Qualité d'écoute insuffisante notamment en période de stress et de pression. »

C'est intéressant à savoir. Il a l'air cool mais, en fait, il est un peu nerveux. Je me rengorge. C'est moi qui lui fais cet effet-là ! Ça me plaît et, par voie de conséquence, je le trouve plus mignon. Je vais le rassurer.

— Ce n'est pas grave. C'est intéressant quand même. Je ne savais pas pour les tuiles.

Nous sommes maintenant arrivés devant un bassin.

— Il a huit côtés, c'est le bassin octogonal.

Là encore, je me demande pendant quelques dixièmes de seconde s'il se moque de moi mais je crois, que, en fait, quand il fait le guide, il est très sérieux.

Il me fait visiter tout le jardin. Nous allons voir le buste de Le Nôtre. Je lui propose d'aller voir *Le Baiser* de Rodin.

— J'adore Rodin. L'original de cette sculpture, c'est un marbre magnifique qui est exposé au musée Rodin. J'aime beaucoup ce musée. Tu y es déjà allé ?

— Non, mais j'aimerais bien. Tu m'amèneras ?

— Oui, si tu veux.

La conversation est plus intime. Les vannes ont cessé tout comme le cours magistral. Nous remontons tout le jardin par l'allée centrale. C'est très beau. Il y a même un arc de triomphe. Je ne m'en souvenais pas. Pour être exacte, ce n'est pas un arc de triomphe, c'est plus petit, c'est l'arc du Carrousel. Christophe et moi jouons les touristes.

Nous arrivons au grand bassin rond. Christophe met la main dans l'eau et en envoie dans ma direction, mais sans aller jusqu'à m'atteindre. Pas mon genre de jeu.

— Si tu fais ça, t'es mort !
— Il fait chaud, tu ne veux pas que je te rafraîchisse ?
— Cela dépend, si tu veux dîner seul ou pas...

Il capitule. Enfin, nous arrivons au bout du jardin. De l'autre côté de la chaussée, il y a la pyramide du Louvre.

— C'est par là ton restau ?
— Oui, c'est le Café Marly. Tu connais ?
— Non, je n'y suis jamais allée.
— Tu verras, c'est sympa...

Pour être sympa, c'est sympa. Même mieux que cela, c'est beau. Le restaurant est juste en face de la pyramide. Il y a une terrasse sous les arcades, de petites tables de bois et de jolis fauteuils avec tissu blanc et liseré bordeaux. Une jeune femme plutôt pas mal avec une jolie robe noire très courte nous accueille. Elle fait un grand sourire à Christophe.

— Vous avez réservé ?
— Oui, Christophe Marquet.

Tiens, « Marquet », je connais son nom maintenant. Je me dis que, si je l'épouse, je m'appellerai Ophélie Marquet, Mme Marquet. Bof, moyen. Dans le dixième de seconde suivant, je m'interroge sur ma capacité à mettre la charrue avant les bœufs. Nous ne nous sommes même pas embrassés (et il n'est pas du tout sûr que cela arrive un jour) et je teste déjà son nom de famille. Un peu rapide ma fille, non ?

— Vous voulez une table sur la terrasse ? Côte à côte face à la pyramide, ou face à face ?
— Face à face.

L'hôtesse nous installe. Christophe m'a laissé la meilleure place, il fait face au restaurant. Je suis un peu embêtée.

— Tu es sûr ?

— Tu plaisantes, c'est moi qui ai la plus jolie vue !

C'est un compliment tartignolle mais, en même temps, très gentil. Je ne peux m'empêcher de rougir. Quand je rougis, ça commence toujours par les oreilles. Merde, je sens qu'elles chauffent. Je n'aurais pas dû me faire une queue-de-cheval. Il a le bon goût de faire semblant de ne rien remarquer. Il sourit quand même légèrement. Bon, un compliment qui me fait rougir, c'est un point positif ou négatif ? Je décide que c'est positif. C'est marrant, ce garçon est différent des autres. Il est un tantinet désuet dans son attitude mais ce n'est pas forcément désagréable.

La soirée se passe mieux que prévu. Pourtant, j'aurais pu m'en douter car ce n'est pas une première. Samedi, le contact s'était aussi établi très naturellement.

Je lui envoie néanmoins une petite pique à propos de son SMS sur le nombre de stations de métro entre mon travail et Concorde.

— Comment connais-tu le trajet entre mon job et Concorde ? Tu travailles pour les RG ou quoi ?

— Non, pas vraiment. C'est Alexia qui m'a donné l'info.

— Elle ne s'est pas demandé pourquoi tu la voulais ?

— Je lui ai dit que j'avais l'intention de t'inviter à dîner, tout simplement. C'est une vraie amie, nous partageons beaucoup.

— Elle était contente ?

Il rit. J'aime bien son rire, Christophe est visiblement un garçon très positif.

— Honnêtement, pas trop !

— Elle a fait des commentaires ? Elle a dit des choses sur moi ?

Il a l'air plus hésitant.

— Euh, elle a dit que ce serait une bonne chose pour toi.

— Une bonne chose pour moi ? C'est-à-dire ?

— Elle a dit que tu ne sortais pas souvent avec des garçons, que tu étais un peu vieille fille.

La salope ! Je n'en reviens pas. Quelle salope !

— Ça ne t'ennuie pas trop de sortir avec une vieille fille un peu coinços ? C'est vrai que, par rapport à elle, tout le monde fait vieille fille. Elle a un abonnement chez Durex, non ? Et Meetic lui a fait une page spéciale, genre : « Si vous vous sentez seul, appelez Alexia, cent pour cent de chances de conclure dès ce soir » !

— Tu n'es pas juste avec elle mais je reconnais que ses remarques à ton égard n'étaient pas sympas. Regarde le bon côté des choses, elle doit être jalouse. De plus, je ne pense pas du tout ça de toi.

Elle est jalouse ! Ça, j'aime bien, c'est sympa. Ai-je déjà été en compétition sur un mec avec elle ? Je ne crois pas. Mais nous ne sommes pas vraiment en compétition sur Christophe. Je reviens aux renseignements qu'il a obtenus sur moi.

— Elle t'a dit autre chose ?

— Que tu étais avec un mec il y a environ quatre ans, Cyril, je crois. Et que, depuis, tu étais célibataire.

Je vais la tuer, lui arracher les yeux (ce qui ne sera pas vraiment une perte, car ils sont marron et un peu globuleux). Non seulement elle raconte ma vie privée à tout le monde, mais en plus les renseignements qu'elle donne sont inexacts : avec Cyril ça n'a pas duré !

— Tu ne devrais pas te renseigner auprès de Miss Concierge, c'est n'importe quoi ! Et pas fair ! Moi, je ne sais rien sur toi !

— Vas-y. Shoot.

— Ok, on va commencer par du facile : tu sais ce que je fais comme travail, mais toi, tu fais quoi ?

— En fait, je ne sais pas vraiment quel est ton job, je sais juste où tu travailles...

— Je te le dirai plus tard, alors ?

— Je bosse chez un éditeur de jeux vidéo, Ubisoft, tu connais ?

— Je ne suis pas trop jeux vidéo. Ils font quoi comme jeu ?

— Assassin's Creed, Tom Clancy, Les Lapins crétins...

— Les Lapins crétins, je connais de nom.

— Tu dois connaître Just Dance ?

— Ah oui, Just Dance, j'y ai joué chez ma petite cousine sur Wii. Et tu fais quoi pour eux ?

— Je suis graphiste. En ce moment, je travaille sur le dernier Assassin's Creed qui se passe au XVIIIe siècle dans les Caraïbes. C'est sur les pirates, les marines britannique et espagnole. Moi, je modélise La Havane de l'époque, j'ai déjà terminé Kingston et Nassau.

— Ça a l'air sympa. En résumé, tu fais du Stevenson en jeux vidéo ?

— Exactement. Et toi, tu fais quoi ?

— Je suis attachée de presse. J'aide les films français pour leurs sorties.

— Tu fréquentes les stars !

— Les stars françaises. En plus, comme je suis nouvelle, je n'ai pas les gros films, donc pas non plus les grandes stars. Tu vas beaucoup au ciné ?

— Pas tellement. Je regarde plutôt des séries américaines. Je télécharge...

— Mais c'est du vol !

— Euh, ça me gonfle d'attendre plusieurs mois pour voir les dernières séries US.

— Tu exagères, OCS les diffuse dès le lendemain de la diffusion américaine.

— Il faut être abonné à Canal et à OCS si on veut pouvoir tout voir. C'est trop compliqué...

— Tu réagirais différemment si c'était ton assassin et ses galions que l'on piratait.

— Tu veux dire si on piratait mes pirates ?

Il me fait rire. Je lui fais la leçon et il me désarme en me faisant rire. Comme disait ma grand-mère : « Femme qui rit est femme à moitié dans ton lit. » Une étude américaine récente de la Stanford School of Medicine a vérifié ce dicton : les femmes sont plus sensibles que les hommes à l'humour et seraient donc plus facilement séduites par des hommes drôles.

Attends, mon coco, ne te crois pas déjà arrivé, Ophélie rit mais n'est pas encore dans ton lit ! Le dicton dit « à moitié dans ton lit », il te reste donc cinquante pour cent du chemin à faire !

Je décide de l'attaquer sur le perso.

— Et toi, à part Miss sexfriend-de-tout-mâle-à-proximité, tu avais une copine ?

— J'ai été avec quelqu'un pendant six ans. On s'est séparés il y a un an.

— Six ans ! Mais tu as quel âge ?

— Vingt-sept.

— Tu ne les fais pas. Je pensais que tu avais vingt-cinq, comme moi.

Il a l'air vexé. Ah, le garçon a des points faibles ! Il n'aime pas faire jeune...

— Je sais. On me le dit tout le temps.

— Ça t'énerve ?

— C'est pénible. Au bureau, ils me prennent toujours pour un stagiaire. Pour les filles, avant d'être avec Noémie, c'était très dur pour moi. Les filles veulent sortir avec des garçons qui font plus vieux. J'étais très défavorisé, j'ai beaucoup ramé.

— Et comment tu te débrouillais ?

— J'avais le choix entre les filles moches et les folles...

L'imaginer en pleine galère me fait rire. Il a le sens de l'autodérision quand il raconte son passé amoureux.

— Tu choisissais les moches ?

— Non, les folles, jusqu'au jour où, après avoir couché avec une fille, j'ai noté qu'elle avait des cicatrices au poignet...

— C'est horrible ? Tu l'as larguée ?

— Je n'osais pas. Elle avait un appartement d'étudiante au treizième étage de son immeuble. J'avais la trouille qu'elle ne saute...

— C'est un peu prétentieux, non ? Elle couche avec toi et, après ta performance, elle se suicide parce que tu romps ?

— Peut-être, mais je ne voulais pas prendre ce risque. En plus, elle avait de très jolis dessous, je voulais la garder comme petite amie. C'est rare, une étudiante qui met des dessous.

Les hommes sont vraiment basiques ! Même celui-ci que l'on pouvait croire un peu plus évolué. Il est avec une foldingue et il reste avec elle parce qu'elle met des guêpières et des porte-jarretelles ! Je rêve ! Je devrais songer à devenir homosexuelle, comme cela, je pourrais sortir avec un être évolué, pas quelqu'un dont le cerveau se trouve juste en dessous de la ceinture.

— Donc, tu restes avec une nympho suicidaire pour ses talents au lit ?

— Ce n'était même pas ça. Elle avait de jolis vêtements, que j'avais rarement la permission de lui enlever. Par moments, quand on devait sortir, elle se baladait en culotte et soutien-gorge mais il était interdit de toucher...

De plus en plus dingue. Il devait être mort de faim pour endurer ça ! Il est marrant, Christophe, de tout me raconter de but en blanc, sans retenue. Je suis impatiente de connaître la chute.

— Alors, tu as fait quoi ?

— Je me suis débrouillé pour qu'elle me largue. Un soir, je me suis mis à zapper sur sa télé. Ça l'a énervé, elle s'est mise en colère, nous nous sommes disputés. Comme elle avait un très mauvais caractère, elle m'a demandé si je voulais qu'on se sépare. Elle ne le proposait pas réellement, c'était juste une menace. Manque de chance pour elle, j'ai sauté sur l'occasion et j'ai accepté. Elle était trop fière pour revenir en arrière.

— Mais c'est dégueulasse, c'est pervers !

— Pervers non, machiavélique sûrement. Tu aurais fait quoi à ma place ?

— Ok et c'est pour cette raison que, quand tu as trouvé Noémie, tu l'as gardée six ans ?

Il rit jaune.

— Peut-être. C'était la première à la fois normale et jolie.

— Pourtant vous n'êtes plus ensemble.

— Oui.

— Et ?

— C'était triste.

— C'est elle qui t'a quitté ?

— Non, c'est moi. Elle était parfaite, jolie, intelligente, bonne éducation... mais elle n'était pas pour moi, pas pour la vie.

— Pourquoi ?

— Pas assez d'humour, nous ne partagions pas assez de choses. Après cinq ans, je me suis aperçu que nous ne pourrions pas faire notre vie ensemble.

— Mais ça a duré encore ?

— Il m'a fallu ce temps-là pour avoir le courage de m'en aller.

Cette histoire me rapproche de Christophe car elle ressemble beaucoup à celle que j'ai vécue avec Cyril. Finalement, j'ai pris la bonne décision.

— Moi, il m'a fallu une heure entre le moment où je me suis dit qu'il fallait rompre et le moment où ça s'est fait.

— Une heure ! C'est expéditif ! Ce n'est peut-être pas plus mal...

Cet échange nous renvoie dans le passé et nous laisse songeurs. Je suis troublée par la similitude de nos expériences. Cette candeur et cette simplicité chez Christophe m'ont débarrassée de mon agressivité de début de soirée. Je pourrais creuser cette histoire d'amitié sexuelle avec Alexia mais je n'en ai plus envie. Nous profitons de nos plats respectifs, carré d'agneau pour lui, bar grillé pour moi. La conversation tourne maintenant autour de nos goûts en littérature, cinéma, télé, musique... Puis dessert : je choisis un moelleux au chocolat et lui une tarte citron-framboise. Entre parenthèses, c'est pas donné, trente euros pour le plat, quatorze euros pour le dessert. Avec la coupe de champagne à l'apéritif (pour mon anniversaire), le verre de vin et la Badoit, il va y laisser son salaire du mois ! À condition qu'il m'invite… S'il me propose de partager, il aura vu la couleur de mes yeux bleu-gris pour la dernière fois ! Après tout, c'est lui qui a organisé le rendez-vous, non ?

À un moment, il s'absente pour aller aux toilettes. Nous prenons notre café et notre thé (au lait) puis il me propose de partir.

— On y va ?

Et il part. Cela me rappelle Laurent me poursuivant au Hyatt à la porte Maillot. Sauf que, là, ce sera plus embarrassant si le serveur nous arrête.

— Euh, il faut payer peut-être ?

— Ne t'inquiète pas, c'est bon.

Alors là, c'est vraiment très élégant de sa part. J'aurais dû m'en douter, c'est ce qu'il est allé faire tout à l'heure. Sans doute parce que je ne sors pas assez, j'avais oublié ce genre de geste… Je suis plutôt féministe mais cela ne m'empêche pas d'apprécier la galanterie old school !

Nous retraversons la rue.

— Dépêchons-nous, il est 22 h 15 ! Le jardin ferme à 22 h 45.

— Il ne nous faudra pas trente minutes pour traverser le jardin.

— Nous avons un arrêt à faire.

Je regarde devant nous les lumières de la fête foraine. Ça y est, j'ai compris ! La grande roue ! Il veut que l'on monte dans la grande roue. C'est pas un peu kitsch comme activité ? En même temps n'est-ce pas romantique ?

Je ne sais pas, je n'ai pas le temps de me poser la question. Il a déjà pris les billets et nous sommes dans une nacelle. Je m'assieds en face de lui. Christophe me semble embarrassé. Je suis la direction de son regard. Merde, j'avais oublié que j'avais la jupe de Laure. Comme elle est trop courte pour moi et que le siège me fait remonter les genoux, il a une vue qui va bien au-delà de mes « jolies jambes ». Il doit apercevoir le haut de mes cuisses, presque ma culotte. Le pauvre garçon va avoir une attaque ou une indigestion. Bizarrement, il est beaucoup plus gêné que moi.

Je prends l'initiative.

— Je me mets à côté de toi. Nous aurons une meilleure vue...

Il acquiesce sans dire un mot. Visiblement, il est troublé. Laure avait raison, mes longues jambes fines sont les plus belles de Paris. Je suis ravie.

J'ai donné mon verdict sur la grande roue : c'est beaucoup plus romantique que kitsch. En plus, maintenant, je suis assise contre Christophe.

Il sent toujours aussi bon. Il fait un peu frais. La température et la présence de Christophe à mes côtés me font frissonner.

— Tu veux mon pull ?

— Non, Christophe, c'est gentil mais tu n'as qu'une chemise.

Il ne dit rien, enlève son pull et le met sur mes épaules. Je sens sa main qui passe derrière mon cou et qui va sur mon épaule gauche pour y déposer le pull. Va-t-il la laisser là et me prendre dans ses bras ? Je pense que je ne serais pas contre mais il retire sa main. Nous observons Paris illuminé, l'obélisque de la Concorde, l'Arc de triomphe, le Sacré-Cœur, l'arche de la Défense... C'est superbe et c'est trop court.

Christophe m'a pris la main. Les siennes sont très belles. Je suis contente. Nous ne nous regardons pas, nous regardons Paris. C'est tendre, un moment très mignon.

Quand nous descendons de la roue, il me lâche. Il n'ose pas marcher avec moi main dans la main. La grande roue, c'était différent.

Nous arrivons à la station de métro. Trop vite. C'est déjà l'heure de se séparer.

— Au revoir Christophe. Merci beaucoup. J'ai passé une excellente soirée.

— Tu crois que je vais te laisser prendre le métro seule après 23 heures ?

— Mais enfin, Christophe, je prends souvent le métro le soir pour aller dans le 18e. Ce n'est pas dangereux !

— Eh bien ! ce soir, tu le prends avec moi. Pas la peine de discuter.

C'est amusant, il me rappelle le héros de *Cinquante nuances*, Christian. Lui aussi est très protecteur.

C'est définitivement romantique. Je décide donc de ne plus protester. À l'arrivée au métro Jules-Joffrin, il m'accompagne jusque devant ma porte.

— Bonsoir, Ophélie. Merci pour la soirée.

Il se penche, me fait la bise sur les deux joues. Je réagis en une fraction de seconde, j'attrape sa tête avec mes deux mains et je l'embrasse sur la bouche. Pas un baiser fougueux et vulgaire, juste une petite pression de mes lèvres mais de mes lèvres très légèrement entrouvertes, suffisamment pour qu'il puisse goûter de l'Ophélie : c'est peut-être le roi de la bise traditionnelle mais moi je suis la reine du baiser. Je pense que, si Rodin m'avait connue, il aurait appelé sa statue, non pas *Le Baiser* mais *Ophélie.*

Je suis montée dans mon appartement où j'ai été accueillie par un Roméo qui attendait au moins autant son pâté Gourmet que sa maîtresse.

— Roméo, mon cher, nous allons peut-être bientôt être trois.

15 août 2013

Ce matin, day off, j'ai fait la grasse matinée jusqu'à 10 heures. J'ai été réveillée par Roméo qui miaulait sur mon lit. Monsieur avait de nouveau faim !

— N'oublie pas que le vétérinaire t'a interdit de manger plus d'une boîte par jour. Si je t'en donne une moitié maintenant, tu n'auras l'autre moitié que ce soir.

Il a poussé un petit miaulement pour me donner son assentiment : je vous le dis, ce chat comprend l'humain ! Il est très intelligent.

Je me suis préparé un thé et une biscotte au miel. En prenant mon portable, je me suis demandé immédiatement si j'aurais un SMS de Christophe. Il y en avait bien un mais il y en avait aussi deux de Laure.

« Alors, c'était comment ? Il est à côté de toi ? J'avais raison ? C'est un bon coup ? »

Insupportable, pas une once de romantisme ! Le second était pire.

« Si tu peux, tu m'envoies une photo de lui en caleçon sur Snapchat, je suis certaine qu'il est bien foutu, avec des abdos comme des tablettes de chocolat. »

Là, j'ai compris qu'elle se foutait de moi. Avant de lui répondre, j'ai regardé le SMS de Christophe.

« Merci pour la soirée. J'ai beaucoup aimé la petite surprise finale. Tu es libre cet aprèm ? Tu veux te balader ? Christophe. »

Je lui ai répondu en premier.

« Heureuse que ma surprise t'ait plu ! Ok pour la balade. Où et à quelle heure ? »

Puis j'ai envoyé un SMS à ma cops.

« Malheureusement, il est nu en train de dormir sur le ventre à côté de moi. Je ne crois pas qu'il apprécierait que je le photographie pendant son sommeil et que j'envoie la photo à une copine. Mais il a de très belles fesses. »

À peine le temps de terminer ma biscotte au miel corse (un vrai régal, le meilleur) que j'entends deux bips sur mon iPhone.

Laure en un, Christophe en deux. Elle dégaine plus vite que son ombre Calamity Jane quand on la chauffe !

Je décide de lire celui de Christophe d'abord.

« Je te prends en bas de chez toi à 15 h 30, ça va ? »

« Parfait. À toute. »

Maintenant je peux m'occuper de Laure. Que m'a écrit ma chère amie ?

« Génial. Please, envoie-moi la photo. Snapchat, c'est pas Instagram, ça s'efface au bout de dix secondes ! En plus, je ne suis pas une copine, je suis ta meilleure amie ! Please... »

Je voulais la faire marcher, elle a sprinté, plus vite qu'Usain Bolt aux cent mètres. Je crois d'ailleurs que je n'essayais pas vraiment de lui faire croire que j'avais couché avec lui. C'était juste un petit trait d'humour. Mais

Laure est tellement à fond, elle y a cru. Je vais continuer un peu, c'est tellement drôle.

« Tu es sûre ? Ok, je te l'envoie sur Snapchat. »

Bien entendu, je n'envoie rien puisque le sujet du portrait et les fesses dudit sujet ne sont pas là mais dans leur propre appartement.

Cinq minutes plus tard, un iMessage arrive. Ah ! Miss Laure a changé de technologie mais la pression demeure.

« Elle arrive ta photo ? »

« Tu ne l'as pas eue ? »

« Non. »

« Ok, j'en fais une autre. Il vient de se lever. Il est nu devant moi mais je peux prendre une photo discrètement. »

J'ai alors pensé à cette expo qui va se tenir au musée d'Orsay à partir du 24 septembre, l'exposition « Masculin/Masculin ». Un événement consacré à l'art du nu masculin de 1800 à nos jours. *Cosmo* vient de publier un article sur cette exposition. Je crois qu'ils ont fait leur propre sélection de photos de nus. Vite, il me faut trouver le *Cosmo* dans ma pile de journaux. Yes, je l'ai. Regardons. Ouah, c'est mieux que prévu : ils ont sélectionné quinze photos. La plupart ne vont pas du tout pour ma blague mais je trouve une photo d'Alberto Coto, intitulée *Jeune homme nu*, qui conviendra parfaitement. Comme son nom l'indique, il s'agit d'un homme nu de dos photographié depuis le bas des fesses jusqu'au-dessus des omoplates. Il a sa main gauche sur sa hanche. Parfait pour mon plan. Je photographie la photo et l'envoie à Laure. Je choisis une durée de cinq secondes pour qu'elle n'ait pas trop le temps de voir que le décor ne correspond pas à chez moi. Ça y est, c'est parti.

Laure me répond trente secondes plus tard, toujours sur Snapchat.

« Merci, tu es une vraie amie. Il est pas mal du tout. Pourquoi tu n'as pas mis une durée de dix secondes ? »

« Erreur de manip. »

Deux minutes de silence. Un nouveau message.

« Depuis quand les murs sont marron dans ta chambre ? »

Aïe, même cinq secondes, c'était trop long pour Miss Sherlock Holmes. Elle devait être très forte au Memory !

« Tu as sûrement mal vu. Cinq secondes, ce n'est pas long. Tu regardais ses fesses donc tu t'es trompée sur la couleur des murs ! »

« Miss Grosse Maligne, tu me prends pour une amateur ? J'ai fait une capture d'écran avec mon iPhone. J'ai la photo devant moi, les murs sont bien marron. »

Merde, elle est forte. À quoi ça sert d'utiliser Snapchat si vos destinataires enregistrent les photos !

Nouveau message.

« Je viens de faire une recherche d'image sur Google, tu as piqué une photo de *Cosmo*, sale traître ! Tu lis *Cosmo* maintenant ? Donc, tu as fait chou blanc ? Tu vas battre le record mondial du célibat ? Je peux t'appeler sœur Ophélie maintenant ? »

Je dois la calmer. Je lui envoie le selfie que l'on a fait au Café Marly devant la pyramide du Louvre.

« Celle-là, tu préfères ? »

« Oh, vous êtes trop chou tous les deux ! Alors, c'est pas mort ? »

Je lui renvoie notre selfie sur la grande roue quand nous étions tout en haut.

« Et celle-là, on n'est pas mignons ? »

« Trop ! Mais tu as son pull sur tes épaules ? »

« Tu l'as enregistrée aussi cette photo ? »

« Non, mais j'observe. Remarque, j'aurais dû ! Je pourrais la ressortir pendant le mariage... Il t'a embrassée quand vous vous êtes quittés ? »

« Sur la bouche ? »

« Oui, pas sur les joues, crétine ! »

« Non. »

« Dommage. »

« Mais moi, oui. »

« Tu l'as embrassé ? Sur la bouche ? »

« Yes, indeed. »

« Ouah, là ! Je suis trop fière de toi ! Vous vous revoyez bientôt ? »

« Cet aprèm. »

« Ça, c'est mon Ophélie. Bravo. Vous concluez aujourd'hui ? Tu es épilée ? »

Merde, elle a raison. Il me faudrait quand même aller chez l'esthéticienne. Mais ce n'est pas grave. On ne sort pas encore vraiment ensemble. On a juste échangé un bisou hier, on ne va pas coucher ce soir.

« Pas certaine de conclure. De toute façon, je ne couche pas le premier soir. »

« Ce ne sera pas le premier soir, vous vous êtes vus samedi et hier. Techniquement, c'est le troisième soir. »

« Non, on compte à partir du moment où on sort ensemble. »

À ce moment-là, mon téléphone s'est mis à sonner, ma mère.

« Laure, je te laisse, je dois répondre à ma mère.

« Ok, tu me racontes tout demain. Amuse-toi... »

C'est la différence entre notre génération et celle de mes parents, nous chattons, ils téléphonent. Enfin, ce n'est pas tout à fait vrai. Moi aussi, je téléphone. Je peux même avoir des conversations d'une longueur exceptionnelle avec Laure. Mais aujourd'hui, c'était chat.

Avec maman ça a duré comme d'habitude, un peu moins d'une demi-heure. Elle m'a également passé papa : lui, c'est plus court, entre deux et cinq minutes.

Après, j'ai commencé à penser à ma tenue. Le pantalon, c'est facile, je vais mettre mon jean pastel rose orangé que j'ai acheté chez H&M. Pour le haut, j'ai envie de mettre mon top en soie de chez DDP Paris. Bon, peut-être légèrement transparent mais si je mets de la lingerie blanche, il n'y aura pas de problème. En plus, comme la soie c'est léger, ça donne plus de relief à ma poitrine. Il va être dingue... Si on se balade, je prendrai mon chapeau, un véritable panama en fibres végétales. Aujourd'hui, je ne me fais pas de queue-de-cheval, je laisserai mes cheveux libres. Avec le panama, c'est très classe. En plus, il ne verra pas mes oreilles si je rougis.

Je me photographie dans la glace et j'envoie une photo à Laure.

« Alors, tu en penses quoi ? »

« Sublime, il va complètement craquer. Vous allez faire quoi ? »

« On va se promener. Je ne sais pas où, il ne m'a pas dit. Il passe me chercher. »

« Attention, vous risquez de marcher beaucoup, ne mets pas de talons, tu vas te ruiner les pieds et le rendez-vous par la même occasion. »

Il faut avouer que cette fille a la tête sur les épaules. C'est une vraie pro du dating, elle pense à tous les détails.

« Merci, je mettrai mes petites tropéziennes. »

J'ai traînassé jusqu'à 15 h 30. À l'heure exacte, j'ai reçu un SMS de Christophe qui m'avertissait qu'il était là. Je suis descendue immédiatement. Je ne suis pas le genre de fille à faire attendre un mec juste pour lui signifier que je suis une petite chose précieuse : je sais combien les places sont difficiles à trouver dans le quartier ! De plus je suis, je l'avoue, assez impatiente de le voir. Quand je pense que, hier, je ne voulais pas aller à son rendez-vous... Une soirée très réussie au pied de la Concorde m'a fait changer d'état d'esprit du tout au tout ! Peut-être aussi que mon long célibat et la pression de ma meilleure amie y ont contribué.

En sortant, pas de voiture devant la porte mais un coup de klaxon sur ma droite. Christophe est dans une petite Mini noire, garée sur un passage clouté. C'est très curieux comme voiture pour un mec !

Je monte.

— Salut.

— Salut.

On échange une bise. Sur la joue : on ne pouvait pas reprendre les choses où nous les avions laissées. Ce petit retour en arrière n'a rien d'illogique. Seule Laure pourrait croire que l'on peut directement se rouler une pelle le deuxième jour !

En revanche, je confirme : ses bises sont fantastiques et il sent toujours aussi bon !

— C'est quoi ton parfum ?

— Cool Water de Davidoff. Tu aimes ?

— Oui, ça sent superbon.
— Et toi, tu mets quoi ?
— Nina de Nina Ricci. Alors ?
— J'aime bien.

Conversation de début de date assez légère pour retrouver notre niveau de relation de la soirée précédente. Hier nous avons échangé sur nos goûts culturels, aujourd'hui nous parlons parfums et odorat. En fait, si on y réfléchit, c'est un retour à nos instincts primaires, à l'homme de Cro-Magnon : on se renifle pour savoir si on se plaît !

Je reviens sur le sujet de notre moyen de locomotion :
— Tu l'as depuis longtemps ta voiture ?

Il a l'air gêné.
— Elle n'est pas à moi.
— Elle est à qui ?
— À ma sœur, ma grande sœur Isabelle.
— Je me disais aussi, une Mini noire, ça ne colle pas trop avec ton style.

Il rit et je l'accompagne.
— C'est quoi mon style ?
— Un peu geek branché.
— Moi, geek ? Comment peux-tu dire ça ?
— Il y a des signes, le côté autiste de celui qui n'écoute pas les autres et qui aime donner toutes les explications même quand elles ne sont pas nécessaires.

Je l'ai scotché.
— Je suis comme ça, moi ?
— Yes, you are.
— Et toi, tu es comment ?
— Moi, jolie, intelligente, douce, beaucoup d'humour. Ah oui, j'oubliais, assez modeste également !

Je le fais rire encore une fois. Nous sommes dans la voiture, il m'emmène je ne sais où mais ce n'est pas important. Nous flirtons déjà.

Tiens, à propos, c'est vrai, où me conduit-il ? Nous sommes sur les Champs-Élysées. La place de la Concorde et le jardin des Tuileries sont maintenant derrière nous. Tant mieux, c'est bien de changer de cadre. Nous allons donc dans l'Ouest parisien.

Tout en conversant, je surveille la route. J'ai décidé de ne pas lui demander où nous allons. J'ai retenu la leçon d'hier et je sais qu'il aime faire des surprises.

Après avoir descendu l'avenue de la Grande-Armée, nous traversons la porte Maillot pour pénétrer dans le Central Park de l'agglomération parisienne : le bois de Boulogne. Enfin, qualifier le bois de Boulogne de Central Park, c'est une exagération et un fantasme de ma part. D'abord, je ne suis jamais allée à New York donc je serais bien en peine de pouvoir comparer. Je sais néanmoins que Central Park est au cœur de Manhattan alors que le bois de Boulogne est à la périphérie de la capitale.

Un jour, peut-être quand je serai avec Michael, j'irai me balader pour de vrai dans Central Park...

Pour l'instant, nous nous garons devant Bagatelle. Un autre jardin ! Ce garçon est un jardinier dans l'âme, au moins un écolo ! Remarquez, je n'ai rien contre, c'est joli et romantique, c'est plus sympa que de se faire un ciné, surtout avec un temps comme celui d'aujourd'hui.

De plus, les jardins de Bagatelle, je ne connais pas, je n'y suis jamais allée. C'est payant, huit euros la visite guidée, cinq euros l'entrée simple, tarif réduit jusqu'à vingt-six ans.

Christophe a la courtoisie de me demander mon avis.

— On n'a pas besoin de guide, n'est-ce pas ?

— Le guide, ce n'est pas toi ? Tu n'as pas tout pompé sur Wikipédia ce matin ?

— Si, tout à fait. Deux entrées simples à tarif réduit s'il vous plaît.

Il n'a pas lu la pancarte à l'entrée ou quoi ? Tarif réduit jusqu'à vingt-six ans ! Je croyais que vous en aviez vingt-sept, cher monsieur ! Il a proféré son mensonge en regardant la caissière avec l'air le plus honnête du monde. Si elle lui demande un justificatif, il est fait.

Mais non, son regard direct, franc et sincère a produit son effet. Je commence à être embêtée : restau, grande roue, jardins. Il a tout payé depuis que nous nous connaissons. Je n'aime pas donner l'idée que je suis une femme entretenue !

En attendant, je le remercie à ma façon. Je le prends par le bras, le tire vers moi et l'embrasse gentiment. Sur la joue mais quand même pas très loin de la commissure de ses lèvres. Pas un baiser de petite amie mais plus un bisou de copine. Un baiser qui promet beaucoup...

— Merci, espèce d'escroc charmant.

— Escroc charmant ? Charmant, je crois comprendre mais escroc ?

— C'est simple, soit tu t'es vanté auprès de moi et tu n'as pas vingt-sept ans comme tu l'as prétendu, soit tu as abusé cette pauvre caissière. Je te préviens que, dans le premier cas, si tu as vingt-quatre ans ou moins, je te largue sur-le-champ. Je n'ai pas du tout le fantasme de la cougar qui se fait des petits jeunes !

Il rit.

— Tu serais bien jeune pour une cougar. Je n'ai pas non plus le fantasme de la cougar, mais si tu en es une, je pourrais changer d'avis. Non, j'ai bien vingt-sept ans, je t'ai dit que je faisais jeune. J'ai bien le droit d'en tirer quelques avantages de temps en temps, non ?

— C'est bien ce que je disais alors, tu es un escroc.

La pique fait partie du flirt. C'est comme ça que ça marche. Il ne suffit pas d'être gentille, il faut passer à l'offensive. Je continue :

— En tout cas, maintenant, je sais à qui j'ai affaire. Tu mens avec un redoutable aplomb. Je saurai à quoi m'en tenir la prochaine fois que tu me diras que j'ai de beaux yeux !

— Mais tu as de beaux yeux ! Et hier, j'ai vu que tu as également de très jolies jambes. Tu es très jolie, Ophélie.

Ça y est, il me fait rougir ! Deux fois en deux jours, il commence à devenir agaçant ce garçon.

Heureusement, aujourd'hui, j'ai mon panama et mes cheveux pour dissimuler ma gêne. Mais qu'est-ce qui lui prend ? C'est quoi ces compliments directs ? Je ne suis pas habituée ! D'abord, cela fait longtemps que je n'ai pas eu de vraie date et, ensuite, il ne suit pas les règles. Il devrait faire comme moi, m'envoyer de petites piques, créer une joute verbale. Mais non, monsieur me complimente et, le pire, c'est qu'il a l'air absolument sincère.

— Christophe, tu ne peux pas me dire ça !
— Pourquoi ?
— On se connaît depuis moins d'une semaine, on n'a même pas passé dix heures ensemble en temps cumulé !
— Je n'ai pas le droit de te dire que tu as de beaux yeux ?
— Non.
— Même si je le pense ?

— Surtout si tu le penses. Si tu ne le penses pas, tu ne peux d'ailleurs pas non plus car ce serait méchant.
— Et te dire que tu as de jolies jambes ?
— Non plus. C'est même pire. Tu n'es pas supposé regarder mes jambes...
— Tu es sûre ? Ç'aurait été grossier de ne pas remarquer alors qu'elles étaient si bien mises en valeur par la jupe que tu portais hier...

Je rougis de plus belle.
— Christophe !
— Quoi ?
— Ce n'est pas possible ! Tu n'as jamais appris à draguer correctement ?
— Non.

Il se tait. Moi aussi. Les jardins sont magnifiques. C'est très vert, il y a un chemin principal et de petits chemins de traverse. Soudain, un petit cours d'eau sur la droite. Un sentier le longe. Christophe me prend la main.
— Passons par là.

Ma main est dans sa main, mon cœur bat soudain plus vite. Merde, je ne maîtrise vraiment pas la situation. J'avais oublié qu'un geste aussi simple pouvait provoquer tant d'émotion.

Le cours d'eau fait une courbe et descend en une petite cascade de trois mètres. Il y a des marches taillées dans la roche qui nous amènent à son pied. Il y a une petite grotte derrière le rideau d'eau. On peut y accéder par le côté. Christophe m'y entraîne. Maintenant, nous sommes isolés du reste du monde et de la vue des autres promeneurs.

Il reprend avec une voix très douce, juste assez forte pour être audible par rapport au bruit de l'eau.

— Et simplement dire que tu es très jolie ? C'est possible ?
— Non !
— Que tu me plais ?
— Non, c'est trop tôt. Ça, tu pourras le dire plus tard.
— Donc je ne peux rien dire ! Dans ce cas...

Il me prend dans ses bras et m'embrasse. Ses lèvres sont sur les miennes, sa langue vient à la rencontre de la mienne.

Vu l'endroit où nous sommes et la teneur de la conversation depuis un quart d'heure, je ne devrais pas être surprise. Pourtant, mon esprit est pris au dépourvu. Heureusement, mon corps, lui, ne l'est pas. Par une sorte de réflexe, je me cambre, je me love dans ses bras. Mes lèvres répondent aux siennes, ma bouche goûte la sienne, nos langues entament une valse merveilleuse. Je ne me rappelais plus que c'était aussi bon. Nous nous embrassons pendant plusieurs minutes. C'est lui qui arrête le premier.

— Et ça, je peux ?
— Ça, tu peux. Tu peux même continuer...

Et je prends l'initiative. Il sent bon, j'aime son goût, il embrasse bien... Nous nous embrassons maintenant de façon plus passionnée, à pleine bouche. C'est un moment doux, un moment mouillé, un moment d'intimité, un moment rare...

Au bout de ce qui paraît être à la fois un instant et une éternité, nous nous écartons l'un de l'autre. C'est amusant de sentir que nous n'avons plus conscience de la vitesse du temps. Je pourrais définir une autre théorie de la relativité selon Ophélie. Quand on embrasse quelqu'un, quand l'émotion nous submerge, le temps n'a plus cours, c'est lent, c'est rapide, c'est une sorte de trou noir. Qu'en dirait Einstein ?

Nous marchons en silence dans les jardins. La seule différence, c'est qu'il m'a prise par l'épaule. Je suis dans une sorte de brouillard. Je pense que je souris, je n'en suis pas sûre. Ce doit être un sourire un peu bête, le sourire de quelqu'un qui est en train de tomber amoureux.

Les jardins sont magnifiques. Il y a beaucoup de fleurs, quelques animaux, des oies, des paons. Christophe me regarde avec un regard amusé.

— Si on devait te comparer à un animal de ce parc, l'oie n'irait pas du tout...

Effectivement, je le prendrais très mal, « bête comme une oie » cela ne me correspond absolument pas !

— Tout à fait d'accord. Même pour Alexia, ce serait un peu dur !

Ma remarque le fait rire.

— En revanche, le paon, il y a une certaine ressemblance...

Je m'étrangle. Il continue.

— Tu sais, quand tu t'es qualifiée de « jolie, douce et intelligente ».

— C'était une plaisanterie !

En même temps, je pense qu'il y a beaucoup de vrai dans mon affirmation.

— Tu es orgueilleuse ?

— Non, pas spécialement.

— Sensible aux compliments ?

— Oui, mais pas plus qu'une autre. Je suis du signe du Lion. Tu es déjà sortie avec quelqu'un de ce signe ?

— Non, jamais, c'est dangereux ?

— Très pour ceux qui ne savent pas les caresser dans le sens du poil !

— Et moi, tu penses que je ne sais pas ?

— En me comparant avec un paon, tu es mal parti.

— Mais, tout à l'heure, tu m'as expliqué que le flirt commençait par une joute verbale et tu m'as reproché les compliments que je t'adressais.

— Oui mais tu fais tout à l'envers. Les petites piques c'est avant de sortir ensemble. Après, quand tu sors avec ta petite amie, tu dois la complimenter.

— Parce qu'on sort ensemble ?

— Ça, au moins, j'espérais que tu l'avais compris ! Ne compte pas sur moi pour être une sexfriend !

— Je ne veux pas de toi comme sexfriend...

Et là, il m'a prise dans ses bras et m'a embrassée de nouveau. Comme il est plus grand que moi, je me suis dressée sur la pointe des pieds, j'ai saisi son visage avec mes mains et j'ai laissé ma langue jouer avec la sienne pendant plusieurs minutes. J'étais toute chose, je ressentais un trouble physique que je n'avais plus ressenti depuis longtemps. À cette minute, je me suis même demandé si j'avais déjà connu cela. Était-ce le fait d'avoir été célib aussi longtemps ou était-ce vraiment différent des autres fois ?

J'ai voulu l'inviter à prendre un thé au restaurant de Bagatelle mais il m'a dit qu'il avait d'autres plans. Décidément, ça ne va pas être facile de payer quelque chose : ce garçon est l'inverse d'un radin.

Il est passé prendre un sac dans la voiture puis nous nous sommes dirigés vers le lac inférieur, le plus grand lac du bois de Boulogne. J'étais méfiante après la grande roue la veille : le côté old school de Christophe lui donne des idées un peu kitsch.

J'étais inquiète et j'avais raison de l'être : après la grande roue, balade en barque !

— Ophélie, tu es déjà montée dans une barque ?

— Non, j'ai quelquefois été menée en bateau, mais c'est le plus près que je me sois approchée de ce genre d'embarcation.

Je n'étais pas mécontente de mon petit jeu de mots. Je ne dirais pas que c'était la vanne de l'année mais c'était mignon. Il n'a pas relevé. Rien, pas l'ombre d'un sourire. Ce manque d'écoute, ce côté geek, c'est un peu agaçant. S'il ne m'écoute pas alors que l'on ne sort ensemble que depuis trente minutes, cela va rapidement être un problème.

Il est en train de louer le bateau. Deux heures, il a réservé la barque pour deux heures ! Mais qu'est-ce que l'on va faire pendant tout ce temps ? Faire le tour du lac trois fois de suite ? Il s'entraîne pour la compétition d'aviron des JO ? J'espère qu'il ne compte pas sur moi ! Moi, j'aime beaucoup mes bras, ils sont très beaux, pas trop fins comme ceux des top models des défilés, mais ce ne sont pas non plus ceux d'une nageuse ! Je suis très bien foutue mais je n'ai rien dans les bras : voilà, c'est dit. S'il voulait quelqu'un pour ramer, il n'avait qu'à sortir avec Laure Manaudou !

La transaction effectuée, nous nous dirigeons vers une barque. Il m'installe à l'avant. Ouf, il va s'occuper seul de la partie propulsion de l'embarcation. Je l'interpelle.

— C'est une sortie genre impressionnistes ?

— Oui, sauf que c'est toi qui portes un canotier, pas moi...

— Ce n'est pas un canotier, c'est un panama ! Tu ne connais rien aux chapeaux ?

Il ne répond pas, nous glissons au rythme des rames. Je dois avouer que c'est très agréable. Je laisse ma main traîner dans l'eau. Finalement, on peut comprendre tous ces vieux clichés romantiques : au XXIe siècle, c'est toujours aussi plaisant, comme si rien n'avait changé en deux siècles. Pendant un instant, on oublie les iPhone, les ordinateurs, les voitures, la pollution... Il y a la barque, le lac et l'île en son milieu.

L'île, justement, semble être la destination de Christophe. Tiens, il n'avait donc pas l'intention de ramer pendant deux heures. Je suis presque déçue, cela ne fait que vingt minutes et je commençais à vraiment apprécier ce loisir anachronique.

Nous débarquons, lui en se mouillant les chevilles (mais il a retiré ses chaussures), moi totalement au sec. C'est l'avantage d'être avec un garçon galant, cela évite d'abîmer ses chaussures. Merci pour mes tropéziennes : j'y tiens ! Ce n'est pas pour le prix mais parce que c'est une de mes meilleures affaires sur vente-privee.com, j'ai eu exactement la paire que je voulais à moins cinquante pour cent !

Christophe a tiré la barque au sec. C'est un garçon prudent, au moins nous sommes certains de rentrer au port.

Nous nous baladons quelques minutes, il n'y a pas grand monde sur l'île en cette fin d'après-midi. Nous sommes sur une belle pelouse en pente douce avec une belle vue sur le lac (et sur notre barque !). Soudain, il s'arrête, prend son sac et en tire une couverture en tissus écossais rouge et gris qu'il étale sur le gazon. Puis il sort une thermos et des gâteaux. Je n'en reviens pas !

— C'est vraiment *Déjeuner sur l'herbe* !

— En l'occurrence, une nouvelle version, « goûter sur l'herbe ». Si je me souviens bien, tu aimes le thé. Je t'en sers une tasse ?

Incroyable, il a également des tasses ! Certes, elles sont en plastique mais c'est quand même très sympa. De plus, il se rappelle que j'aime le thé : un bon point pour lui. Son écoute n'est peut-être pas son point fort mais il fait suffisamment attention pour retenir mes goûts.

Nous prenons tous les deux notre thé accompagné de *shortbreads* (c'est en accord avec le tissu écossais) tout en devisant. C'est un bel après-midi.

À la fin, il range tout dans son sac, y compris les détritus comme un citoyen responsable qui se soucie de l'environnement. Encore un point positif pour lui, je n'aurais pas supporté quelqu'un qui néglige l'écologie.

Pendant ce temps, je m'allonge sur la couverture et regarde le ciel.

— Il nous reste combien de temps avant de rendre le bateau ?

— Environ cinquante minutes. Cela veut dire encore une demi-heure sur l'île. Tu veux faire quoi ?

— Ça.

Et, sans autre avertissement, je le saisis par la chemise et l'attire vers moi. Je suis en dessous mais je domine puisque c'est moi qui décide du programme. Il n'a pas eu besoin d'une explication de texte. Nous recommençons à nous embrasser. Embrasser quelqu'un qui le fait bien, je pourrais pratiquer pendant des heures et Christophe embrasse bien. Il ne vous enfourne pas sa langue vingt centimètres à l'intérieur de votre palais comme s'il voulait vous arracher les amygdales. Il n'est pas non plus de ceux dont on ne sait qu'ils ont une langue que parce qu'ils s'en sont servis pour vous conter fleurette et vous conduire justement dans cette situation d'échange intime. Christophe, son baiser est un délicat équilibre de sensualité et de douceur : j'adore. C'est l'égal de ses bises, sauf que, là, on a la version réservée à la petite amie (enfin, j'espère !).

Christophe n'est pas sur moi, il est plutôt à côté. C'est un avantage car je ne subis pas son poids mais c'est aussi un risque. Il a toute liberté pour me caresser avec sa main droite.

Comme je n'ai pas de jupe, il ne peut pas tenter une approche trop directe. Sa main est sur ma hanche au niveau de mon pantalon. C'est un moment de suspense, va-t-il aller au sud ou au nord ? J'espère qu'il ne sera pas tenté d'aller au sud : ce serait grossier. Nous ne nous connaissons pas encore assez et nous sommes dans un lieu public. Après quelques minutes, sa main remonte et se glisse sous mon chemisier flottant. Quand il touche ma peau nue, je ne peux m'empêcher de sourire car il me chatouille involontairement. C'est néanmoins fort agréable. Il caresse ma hanche avec son pouce et je pense qu'il va maintenant remonter vers mon soutien-gorge, le survoler pour s'insérer délicatement et toucher mon sein. Vais-je autoriser ce geste ou vais-je l'empêcher avec douceur et fermeté ? Je n'hésite pas très longtemps, je le laisserai faire. Il embrasse vraiment bien, sa main est douce et cela fait trop longtemps qu'un homme ne m'a pas touchée.

Le temps passe, il me caresse délicatement le ventre mais ne s'approche d'aucune zone érogène. Je craignais qu'il ne soit trop entreprenant, or il ne l'est pas assez ! Je vais l'encourager par un de ces baisers secrets qui embrasent les hommes : l'Ophélie Kiss. Mes lèvres et ma langue ont entamé un véritable ballet, semblable à une démonstration aérienne de la patrouille de France. Il ne pourra pas résister plus longtemps...

Et soudain... il s'écarte de moi et il se lève !

— Il est l'heure, il faut y aller.

Ce n'est pas vrai, cet homme est incroyablement frustrant. Mon Ophélie Kiss a été inefficace !

Tout de même, quand il se lève, je constate à la tension de sa braguette que c'est plus son esprit que son corps qui m'a résisté ! Mon honneur est sauf.

Le problème de mon OK (Ophélie Kiss), c'est que c'est un peu la bombe H. il provoque des victimes de tous les côtés sans se soucier de leur nationalité. Là, c'est la même chose. Je suis dans un état pas possible, je me sens ouverte et mouillée. L'avantage d'être une fille, c'est que, contrairement aux garçons, chez nous, ça ne se voit pas ! C'est une maigre consolation parce que, au niveau de la frustration, je dirais que c'est égalité.

Nous retournons sans prononcer un mot à la barque au débarcadère. Dans la voiture, la conversation a du mal à redevenir aussi légère qu'en début d'après-midi. Il y a comme un ange qui passe... Est-ce à cause de mon baiser fougueux ? Maintenant, je regrette de m'en être servie. De toute façon, nous ne pouvions rien faire alors à quoi cela sert de se mettre dans un tel état ? Merde, à vingt-cinq ans, je devrais être capable d'anticiper ce genre de problème. On aurait pu flirter gentiment. Est-ce qu'il m'en veut ? En tout cas, il n'est pas très loquace. Pendant le trajet, il m'explique qu'il doit rapporter sa voiture à sa sœur et qu'il dîne avec elle, son mari et ses parents qui sont venus à Paris pour le week-end. Bon, je vais me retrouver seule.

Ce n'est pas la première fois mais quand il m'a laissée devant chez moi sur le trottoir, et malgré le gentil baiser sur la bouche et la promesse de m'appeler, je me suis sentie seule comme rarement. J'étais au bord des larmes et même Roméo avait du mal à me remonter le moral.

Une heure plus tôt, j'étais hyperexcitée et je crois que si je m'étais retrouvée seule dans mon appartement, je me serais masturbée (sans Rabbit), activité assez rare chez moi. J'aurais imaginé les mains de Christophe sur moi, j'aurais fermé les yeux, et je pense que je n'aurais pas eu trop de mal à atteindre l'orgasme. Mais là, non merci, la masturbation triste ce n'est pas pour moi. De plus, je cours à l'échec au niveau orgasme.

Alors, j'ai pris un reste de salade et j'ai mangé du saumon fumé. Roméo a eu droit non seulement à sa moitié de boîte de pâté Gourmet mais également à des bouts de saumon et enfin au reste de mon yaourt (un de ses petits péchés mignons). Après, il s'est installé sur mes genoux en ronronnant. Lui, c'est un mâle que je satisfais totalement. Nous avons regardé deux épisodes de *Pretty Little Liars* sur mon MacBook puis nous nous sommes couchés.

Vendredi 16 août

Aujourd'hui, à peine arrivée au bureau, Laure s'est jetée sur moi.
— Alors, ça y est, c'est bon ?

— C'est bon, enfin peut-être pas dans le sens où tu l'entends.

— Vous n'avez pas couché ensemble !

— Non, mais je pense que l'on sort ensemble.

— Comment ça « tu penses que vous sortez ensemble ». Soit vous êtes ensemble, soit vous ne l'êtes pas, c'est assez noir ou blanc ce genre de chose.

Je lui ai tout raconté en détail. Parce que c'est mon amie, mais aussi parce que j'en avais besoin. Et, à la fin, quand je lui ai parlé de ma soirée saumon avec Roméo, j'ai pleuré.

Laure, qui a habituellement plutôt la sensibilité d'un char russe, m'a prise dans ses bras.

Si Bertrand était entré à ce moment-là dans la pièce, il aurait sans doute été fort surpris. Heureusement, il était tôt et il y avait encore peu de monde à l'agence et ceux qui étaient là travaillaient sur leurs dossiers. Personne ne nous a dérangées.

— Mais pourquoi tu pleures ma grande ? Elle me semble très bien partie votre affaire.

— Oui, mais j'ai ressenti un vide quand nous nous sommes quittés...

— C'est plutôt bon signe.

— Et aussi une sorte de gêne quand nous avons quitté l'île.

— C'est normal, vous avez eu un rapport très intime, très fort mais que vous avez interrompu. C'est lui qui a arrêté le premier ?

— Oui.

— Alors soit il est homo, soit c'était trop pour lui ! Tu as pu vérifier s'il bandait ?

Toujours aussi crue mais je ne vais pas relever.

— Oui, il avait une forte érection.

— Tu parlais de gêne quand vous êtes retournés au bateau. Imagine, lui. Marcher avec une barre de métal en fusion, serré dans son jean.

L'image me fait rire. Laure continue :

— Tu vois, j'avais raison : il vaut mieux coucher, c'est beaucoup plus sain. Imagine ce pauvre garçon. Tu l'embrasses passionnément, il charge son arme et ne peut pas tirer. Il a fallu qu'il attende de rentrer chez lui pour se soulager !

J'éclate de rire.

— Même pas ! Il allait chez sa sœur pour dîner avec ses parents.

— C'est affreux ! Je comprends la tension entre vous. Tu verras, ça aura passé quand vous vous reverrez. Mais, cette fois, il faudra conclure, hein ?

— Je ne sais pas, je n'ai pas de nouvelles.

À l'instant exact où je prononce ces paroles, le bip d'un iMessage retentit comme par magie sur mon iPhone. C'est Christophe.

« Bonjour, Ophélie, j'ai passé un super aprèm hier. Je suis désolé de t'avoir laissée seule. Tu m'as manqué. J'aimerais te voir ce soir. C'est possible ? Christophe. »

Laure me saute dessus. Elle a lu par-dessus mon épaule.

— Yes, yes, yes ! Tu lui as manqué ! Yes, il t'a dans la peau. Réponds vite.

« Ok tu veux faire quoi ? »

« Ciné ? »

« Ok, pour voir quoi ? »

« *Insaisissables*, un thriller avec des magiciens. »

« Très bien. »

« Il y a une séance à 20 h 10 au Gaumont Marignan. On se retrouve à 19 h 45 devant ? »

« Ok. »

L'avantage de travailler dans le cinéma, c'est que l'on connaît bien la qualité des films. Je crois qu'*Insaisissables* c'est moyen mais il y a une superdistribution avec des acteurs que j'adore : Woody Harrelson, Mark Ruffalo et Jesse Eisenberg. Que de très bons acteurs ! Et en plus il y a Mélanie Laurent. Elle, c'est sûrement mon actrice française préférée du moment : elle joue hyper-bien et elle est sublime. Même si le film est moyen, je suis contente de le voir.

La journée s'est passée tranquillement. Laure avait une conférence de presse en début d'après-midi. Elle a été absente tout le reste de la journée ce qui m'a enlevé un peu de pression et m'a permis de bien avancer dans mon travail. J'ai pu quitter le bureau à 19 heures.

À 19 h 45, j'étais à l'heure au rendez-vous. Christophe était déjà là.

C'est amusant, je l'ai trouvé plus beau que dans mon souvenir. Plus je le vois, plus il embellit à mes yeux : c'est certainement bon signe.

Cette fois, j'ai pris l'initiative du baiser, un baiser sur la bouche avec juste ce qu'il faut de lèvres pour lui indiquer clairement que nous sommes ensemble. Un baiser pas trop fougueux, sans chercher sa langue, pour éviter de reproduire les erreurs de la veille. Il a eu l'air d'apprécier et d'être sur la même longueur d'onde que moi.

Pour le cinéma, j'ai confirmé mon leadership en lui grillant la politesse pour payer les places.

Vingt euros, c'est hors de prix ! Il faut dire que je n'ai plus l'habitude de payer mes places de cinéma. C'est l'avantage de mon métier, je suis tout le temps invitée.

Dans la salle, j'étais curieuse de savoir comment Christophe allait se conduire. Je suis rarement allée au cinéma au commencement d'une liaison et, dans mon esprit, j'ai l'image d'amoureux qui s'embrassent pendant toute la durée du film.

Le problème, c'est que moi, quand je vais au cinéma, c'est pour voir le film ! Un baiser pendant l'apparition des logos des sociétés productrices du film passe encore mais dès le début du générique, stop ! Pas question de manquer une seule image. Même pendant la pub, je ne veux pas être dérangée.

En me rappelant sa retenue de la veille dans les jardins de Bagatelle, je me dis que ce serait un comble s'il se rattrapait pendant le film. Je ne pourrais pas faire autrement que de le rabrouer et ce ne serait pas une bonne chose pour nous deux.

Je me rappelle être allée voir un film avec Cyril et un couple d'amis. J'étais assise à côté de la fille et son mec n'a pas cessé de lui caresser la main pendant tout le film. J'étais tellement perturbée par ces mouvements que percevait la vision périphérique de mon œil gauche que, après leur avoir, sans succès, demandé d'arrêter à plusieurs reprises, j'ai finalement changé de place et même de rang ! À la fin du film, je pensais qu'ils seraient embarrassés ou fâchés contre moi. Même pas ! Mon attitude les faisait rigoler. Je ne suis plus jamais allée au cinéma avec eux.

En ce qui concerne Christophe, il a été parfait. Il ne m'a pas embrassée, ne m'a parlé que pendant les pubs et encore très peu et ne m'a même pas pris la main pendant la projection. 20/20 pour notre candidat.

À la sortie, c'est moi qui l'ai pris par la main.

— On fait quoi. On va dîner ?

— Ok, tu as une idée ?

— Cette fois, c'est moi qui propose. Écossais, ça te va ?

— Écossais ? Ça existe à Paris ? Un pub ?

— Non, un fast-food.

Il me regarde intensément, cherchant à lire dans mes pensées. Quand il voit mon petit sourire, ses yeux se mettent à briller. Il a compris.

— McDonald's ! Ça y est, je commence à saisir le sens de l'humour ophélien !

Nous rions ensemble. J'aime bien son rire. Il accepte et nous nous dirigeons vers la galerie des Champs pour descendre au McDo.

Menu Maxi Best Of Big Mac pour lui, Caesar Salade pour moi. Après une courte bataille, j'arrive à payer ça aussi. Il a vu que ce qu'Ophélie veut, Ophélie l'obtient !

On se trouve une table et je lance la conversation sur le film.

— Ça t'a plu ?

— Oui, beaucoup, et toi ?

— Moyen. Le scénario est un peu superficiel mais les acteurs sont vraiment top. Quelle distribution !

— La petite Française, elle te ressemble un peu, en moins jolie.

Aïe, petite différence entre nous : il ne connaît pas Mélanie Laurent et il aime le film, ça veut dire qu'il n'est pas cinéphile ! Embêtant mais pas rédhibitoire. Il est intelligent, je lui ferai connaître les réalisateurs et les acteurs, et différencier un bon film d'un film moyen.

Bon, dit comme cela, cela semble prétentieux mais je n'y peux rien. Le cinéma, c'est une passion et je m'y connais vraiment pas mal.

Puis, de but en blanc, il change de sujet :

— Je suis content que tu aies pu passer cette soirée avec moi.

— Oui, moi aussi, je suis contente de te voir...

Il me coupe.

— Parce que je pars demain.

— Tu pars ? Où ça ?

— À Montréal, pour le boulot.

— Longtemps ?

— Deux semaines.

Je suis sous le choc.

— Deux semaines, cela veut dire que tu reviens le... ?

— J'atterris le 4 au matin à Charles-de-Gaulle.

— Merde, moi je serai à Deauville.

— Deauville ?

— Pour le festival du film américain.

— Qui se termine... ?

— Le 8, je serai de retour à Paris le 9 dans la soirée.

Silence, grand silence. Nous nous rendons compte tous les deux que nous n'allons pas nous voir pendant plus de trois semaines... Tu vas faire quoi à Montréal ?

— Travailler sur Assassin's Creed. Je vais intégrer les villes que j'ai créées dans le corps du jeu et on doit tester les missions du personnage *in situ*.

— Tu parles latin ? J'ai de la chance, je tombe sur un geek qui parle latin et qui se barre à l'autre bout du monde vingt-quatre heures après avoir commencé une liaison avec moi !

Je suis amère et l'amertume me rend agressive. Je sais, c'est idiot, il n'y peut rien s'il doit partir pour son boulot.

Dans ma tête, c'est un peu comme dans celle du capitaine Haddock, une partie « ange » et une partie « démon ». Elles dialoguent en permanence et me conseillent. Comme je suis une jeune femme gentille et positive, cela veut dire que la partie « ange » a le plus souvent le dessus. Malheureusement, ce soir, l'ange est allé au cinéma à la séance de 22 heures et a laissé le démon en charge des opérations :

— Et tu y vas seul à Montréal ?

— Non, il y a mon boss et deux autres programmeurs. Et aussi...

Il fait une pause et me regarde de façon énigmatique. Il reprend :

— ... Svetlana et Nadia.

Ma bouche est sèche tout à coup.

— Qui sont ?

— Deux top models. Svetlana est russe et Nadia, tchèque. Elles vont me servir de modèles pour deux personnages que je dois créer dans le jeu.

— Elles sont jolies ?

— Ce sont des top models. Mais, pas du genre qui font des défilés. Elles n'ont pas seize ans et ne pèsent pas quarante kilos. Pour le jeu, nous avons besoin de filles qui ont des formes.

— Oui, j'imagine qu'il faut procurer des sensations aux boutonneux accros aux consoles qui n'ont pas de filles à portée de main. En fait, la manette, c'est une sorte de sex-toy pour eux ?

Il ne réagit toujours pas à mes attaques, il continue, imperturbable :

— Oui, elles sont vraiment bien foutues. Svetlana a une poitrine incroyable et Nadia ce seraient plutôt les jambes et les fesses, ses points forts. Mais, sa poitrine, bien que moins imposante que celle de Svetlana, n'est pas mal non plus. Pourtant, tu sais, ça ne va pas être très drôle pour moi.

Je fulmine intérieurement et il ne peut pas ne pas le remarquer.

— Ah bon, c'est difficile à imaginer...

— Oui, nous avons nous aussi des restrictions budgétaires. Nous allons être obligés de partager nos chambres. Deux semaines dans la même chambre avec ces deux filles, je vais finir épuisé. Les filles d'Europe de l'Est sont très libérées au niveau sexuel...

Il a un grand sourire. Ce salopard, ce mufle infâme s'est foutu de ma gueule ! Je n'y crois pas. Je suis fâchée, je suis amusée, je ne sais plus. Les deux à la fois peut-être. Je fais quoi, je lui jette le fond de mon Diet Coke à la figure ou je décide d'en rire. Heureusement, mon ange a fini sa séance de ciné et prend vite le dessus sur le diablotin.

— Dans tes rêves, ta Svetlana et ta Nadia. Et si tu continues, tu vas aussi pouvoir faire une croix sur Ophélie. On ne t'a jamais dit qu'il ne fallait pas dire du bien d'autres filles devant sa petite amie ?

— Peut-être mais c'était trop tentant... Ophélie, je vais à Montréal pour travailler, pas pour m'amuser. Moi et mes trois collègues, on sera sur nos ordinateurs quinze heures par jour. Je n'exagère pas.

Son ton devient soudain très sérieux.

— Tu sais, Ophélie, ça ne me fait pas plaisir de te quitter alors que notre histoire commence. Je ne veux pas que ce voyage gèle ce bourgeon de relation naissante.

« Gèle ce bourgeon de relation naissante », c'est très joli. Un peu cucul mais très joli. Il vaut mieux qu'il me dise ça à moi plutôt qu'à Laure. Avec elle, il se serait pris un retour...

Je le regarde, il sourit gentiment. Sa phrase kitsch, c'était du second degré au niveau de la forme mais sur le fond c'était sincère. Il a raison, si ça doit être sérieux entre nous, nous devons être capables de résister à trois semaines de séparation.

— Ok, je pense que je pourrai survivre. Mais tu me promets d'éviter toute Canadienne de plus de quinze ans et de moins de soixante et surtout de moins de quatre-vingts kilos, ok ?

— Yes ? I promise. Et les mecs, je peux les approcher ?

— Si tu veux, ça tombe bien, je ne suis jamais sortie avec un bi.

Il rit, et moi avec lui. Ouf, il y a de nouveau une bonne ambiance entre nous.

Quand nous sommes sortis du McDo, il m'a prise par l'épaule. Nous nous sommes dirigés vers le métro.

Il m'a alors posé la question cruciale, celle à laquelle je m'attendais et à laquelle je n'étais pas certaine de savoir répondre.

— Ophélie, tu veux venir chez moi ce soir ?

J'en avais envie mais je ne voulais pas coucher avec lui alors que nous n'allions pas nous voir pendant si longtemps. C'est bizarre, la veille, sur l'île du bois de

Boulogne, j'avais été frustrée de ne pas pouvoir aller plus loin et maintenant j'avais peur de franchir le cap. Je pourrais dire que c'est très féminin mais je ne peux pas généraliser : ce genre de problème ne se poserait jamais à Laure. La question était surtout de savoir si Christophe allait, lui, comprendre et accepter ce que j'allais lui dire. C'était difficile, je ne voulais pas qu'il croie que je le punissais de son absence à venir, ni que je n'avais pas envie de lui, ni même que je ne pouvais pas.

— J'aimerais beaucoup mais je voudrais seulement dormir avec toi. Tu penses que c'est possible ?

— Tu veux dire, comme frère et sœur ?

— Oui. Tu comprends, nous n'allons pas nous voir pendant longtemps et coucher avec toi ce soir ne ferait qu'amplifier l'impression de vide après ton départ.

Il s'est arrêté et m'a fait face avec un gentil sourire.

— Dormir avec une aussi jolie fille sans la toucher, ça va être une première pour moi. Heureusement, je suis allé au Tibet l'année dernière et j'y ai appris la méditation bouddhiste qui permet de séparer le corps de l'esprit et de maîtriser ses instincts. Je vais en avoir besoin !

Il me fait rire. C'est autant de soulagement que parce que je suis en train de l'imaginer assis dans la position du lotus dans une lamaserie. Il reprend.

— Mais il y a une condition.

— Laquelle ?

— Ne m'embrasse pas trop passionnément. Pas comme sur l'île hier, sinon, je ne pourrai pas respecter mes engagements. Tu sais, je ne suis resté que très peu de temps au Tibet. Pas assez pour résister à la fougue amoureuse de la jeune Ophélie.

— Mais, j'aime bien t'embrasser !

— Moi aussi, mais il ne faut pas exagérer, parce que la frustration engendrée serait trop difficile à supporter. Qu'en penses-tu ?

Nous avons donc ressenti la même chose la veille ! Voilà une bonne nouvelle !

— Ok, j'avoue. Mais j'aurai quand même le droit à un ou deux baisers ?

— Deux, trois maxi.

— Deal !

Il me reprend par l'épaule et nous descendons dans le métro. Je suis curieuse de savoir s'il y a une once de vérité dans ce qu'il m'a dit.

— Tu es vraiment allé dans une lamaserie au Tibet ?

— Oui.

— Et tu es resté longtemps ?

— Environ deux heures.

— Ah oui, niveau formation en zénitude, c'est assez léger !

— C'est pour cela que je préfère que tu ne me chauffes pas trop.

— Que je te chauffe ? Quelle horrible expression ! Que veux-tu dire ? Comme ça ?

Je le prends par son blouson et je l'attire à moi pour l'embrasser. Je lui prends sa lèvre supérieure avec mes lèvres, je l'aspire avec délicatesse, je sors ma langue pour la lécher. On a dépassé le baiser classique. Ce n'est pas non plus l'Ophélie Kiss. On est dans une version moins ardente mais très érotique. C'est un baiser qui ne me ressemble pas, un baiser un peu salope. Je ne sais pas pourquoi mais c'est ce que j'avais envie de faire à ce moment précis. C'est sensuel mais il y a aussi un message, un message d'humour et de complicité. Mon corps s'est collé contre le sien et je sens que je ne le laisse pas indifférent. Il se détache de moi avec douceur et me regarde, amusé et troublé à la fois.

— Exactement comme cela. Je te préviens, un de plus et je ne réponds plus de rien, promesse ou pas promesse. Ou si j'arrive à résister ce soir, demain je sauterai sur mon collègue dès notre arrivée à Montréal.

J'explose de rire, satisfaite de ce que j'ai provoqué.

— Je savais que tu étais bi ! Tu peux sauter sur ton camarade, si cela peut te soulager.

Je suis curieuse et impatiente de savoir où il habite. Comme la veille, je ne lui pose aucune question, ce sera une surprise. Nous changeons à Hôtel-de-Ville pour prendre la ligne 11 direction Mairie-des-Lilas. Nous descendons à Goncourt. Cinq minutes de marche et nous arrivons dans la rue Dieu. Nous passons devant l'Inseec, l'école de commerce. Son immeuble est presque en face. Je fais une grimace.

— L'Insec, ce n'est pas l'école où ils recrutent toutes les petites bourges du 16e ?

— Aucune idée.

— Tu n'as jamais regardé les filles à la sortie des cours ?

— Non, tu sais, je travaille. Je ne passe pas mon temps à draguer les filles…

Je ne sais pas pourquoi ce soir je suis jalouse de tout. C'est ridicule et ça ne me ressemble pas. Est-ce à dire que ce garçon est devenu quelqu'un de spécial pour moi. Dans ce cas, je devrais laisser tomber car je risque de l'agacer. Je change de sujet.

— Ton appart, il est à quel étage ?

— Au cinquième, le dernier. L'ascenseur s'arrête au quatrième.

Nous arrivons devant chez lui. Je suis stressée et émue. Il ouvre la porte, allume la lumière et me laisse entrer la première dans l'appartement. L'impression initiale est très positive. D'abord, considérant que c'est un appart de mec, je dirais qu'il mérite 18/20 en termes de rangement et de propreté. C'est important, je n'aurais pas aimé entrer dans un taudis ou dans un gros bordel. En ce qui concerne le plan de l'appart, il est sympa. Après l'entrée et ses nombreux placards, on arrive dans un grand salon avec cuisine américaine. La déco est assez dépouillée, canapé blanc, écran de TV HD, table basse. Au fond de cette pièce principale, il y a un autre couloir qui doit mener à la chambre.

— Ophélie, tu veux finir la visite ou tu préfères boire un thé ?

— Je prendrai un thé.

Je suis intimidée par l'idée d'entrer dans la dernière pièce. Est-il vraiment possible de dormir avec un mec sans qu'il vous touche ? C'est vrai que c'est plus facile à quinze ans qu'à vingt-cinq. Ophélie, ma grande, par moments, je me demande à quoi tu penses.

Nous avons pris un thé. Il s'est assis à côté de moi sur le canapé. J'étais tendue. Il a dû le sentir.

— Ça va ? On va se coucher ? Demain, je pars tôt.

— À quelle heure ?

— L'avion est à midi à Roissy. Je pense partir à 8 h 30.

— C'est très tôt pour un samedi ! Tu veux qu'on se lève à... ?

— 7 h 30, ce serait bien. Le temps de prendre une douche. Remarque, si on la prend ensemble, on peut gagner du temps.

Je sais qu'il plaisante. Tant mieux, ça me déstresse.

— Tu rigoles, ça nous en fera perdre ! Quand tu auras vu mon corps de déesse, tu seras subjugué et ensorcelé comme Ulysse par les Sirènes. Tu ne pourras jamais prendre ton avion.

— Je croyais qu'Ulysse, c'est par la beauté du chant des Sirènes qu'il était envoûté ?

— Moi, c'est par ma beauté, pas par ma voix !

— Ah oui, tu as refusé de chanter le soir de ton anniversaire. Est-ce parce que les fées n'ont pas souhaité te donner le don du chant après t'avoir donné celui de la beauté, estimant que ce serait bien suffisant ?

Il a entièrement raison mais je dois quand même le punir de tant d'impudence. Comme nous venons d'entrer dans sa chambre, je saisis un oreiller et lui assène un coup formidable sur la tête. Il fait semblant de s'effondrer sur le lit, mais, ce faisant, il m'entraîne dans sa chute (pour les fans du *Seigneur des anneaux*, c'est exactement comme quand Gandalf tombe dans le gouffre au pont de Khazad-Dûm, la jambe entravée par le fouet de feu du Balrog).

Il fait semblant d'être à ma merci. J'attrape ses poignets et les tiens au niveau de sa tête. Je suis sur les genoux à califourchon sur lui.

L'espace d'un instant, je me dis que si j'étais nue et lui aussi, ce serait une position parfaite pour faire l'amour. Je ferais glisser ma main derrière mon dos pour prendre son sexe bien dur (enfin j'espère !). Je le caresserais doucement avec ma main, l'amènerais à l'entrée de mon sexe, le frotterait contre mon clito pour faire monter notre plaisir mutuel. Le moment venu, je me lèverais, positionnerais son sexe à la verticale, l'introduirais en moi et, dans un mouvement d'une lenteur délicieuse, je redescendrais, l'enfonçant très profondément en moi. Je resterais le buste droit, pour qu'il profite de la vue de ma jolie poitrine. J'imagine qu'il caresserait mes seins avec ses mains. Il ferait tourner mes tétons entre ses doigts, les faisant durcir. Ce serait si excitant ! Je monterais et descendrais toujours très droite, de plus en plus vite. Je regarderais son regard s'égarer, sa concentration pour ne pas jouir trop vite. Sans pitié, je viendrais alors chercher sa bouche avec mes lèvres. La douceur de ma langue dans sa bouche, le contact de mes seins sur sa poitrine auraient raison de sa résistance. Je sentirais un jet de sperme au fond de moi, un jet multiple qui déclencherait mon orgasme, un orgasme profond. Alors je m'effondrerais sur lui, dans ses bras. Je le garderais en moi pendant qu'il me caresserait les cheveux...

Stop Ophélie, ma grande, tu es en plein delirium tremens ! Est-ce à cause de ta trop longue abstinence ? Ophélie, rappelle-toi que tu as décidé de ne rien faire que dormir avec lui ce soir !

Je suis bien à califourchon sur lui, et nous sommes tous les deux habillés. Je décide de faire quelque chose de moins sexuel que ce que je viens d'imaginer à l'instant. Je laisse tomber mes cheveux en cascade sur son visage. Puis je me penche vers lui et l'embrasse. Des baisers gentils, des baisers amoureux. Il répond, ses lèvres dansent avec les miennes. Cela commence à m'échauffer les sens, j'oublie ma promesse et ma langue transforme ces doux baisers en une fusion sensuelle.

Il réagit très rapidement, me fait rouler sur le dos et m'immobilise par le poids de son corps. À son tour, il tient mes poignets avec ses deux mains. Il a éloigné sa tête de la mienne, je ne peux plus l'embrasser. En revanche, nos bassins sont collés l'un à l'autre et je sens son érection. Je me débats et je cherche à l'embrasser. Mais il est trop fort, son visage est trop loin. Il me gronde.

— Ophélie, je t'avais demandé d'être sage ! Tu avais promis !

— Mais c'est juste des petits bisous... s'il te plaît, encore cinq minutes.

— Ophélie, une minute de plus, et je t'arrache tes vêtements et je te fais l'amour que tu le veuilles ou non ! Alors, cinq minutes, c'est plus de cinq fois trop !

Cela me calme instantanément. Je me rappelle ce que m'a dit Laure sur la frustration d'une érection non aboutie. L'espace d'un instant, je me dis que je pourrais échanger notre ballet lingual contre une petite branlette, mais je m'abstiens. Ce ne serait vraiment pas romantique, je ne sais pas ce qui me prend. Je suis hyperchaude et en même temps très réservée sexuellement : le mélange de la glace et de la lave ! Il faudra que j'aie une petite conversation avec mon ange et mon diablotin : j'ai besoin de faire le point sur la direction à prendre !

Je fais un peu la tête mais j'essaie de ne pas le montrer.

— Tu veux qu'on se couche ? Je peux aller dans la salle de bains ?

— Oui, bien sûr. Tiens, j'ai une brosse à dents toute neuve que je peux te donner.

— Tu as un kit pour chaque maîtresse ou tu l'as achetée pour moi ?

Il rit.

— Ni l'un ni l'autre. Je l'avais juste achetée dans un lot de deux. J'en utilise une, il m'en reste une. Si j'avais un kit pour mes maîtresses, ce ne serait pas très élégant et si je l'avais achetée pour toi aujourd'hui, ç'aurait été prétentieux de ma part, tu ne trouves pas ?

Bon point pour lui. Évidemment, cela aurait voulu dire qu'il avait anticipé ma réponse positive à son invitation. Finalement, je préfère qu'il ne l'ait pas choisie pour moi. Je suis toujours un peu fâchée. Je vais me venger l'air de rien.

Après m'être lavé les dents, j'enlève mon pantalon et ne garde que ma culotte (très jolie), mon soutien-gorge assorti (ravissant) et j'ouvre mon chemisier, ne laissant que deux boutons attachés. Je vérifie mon image dans la glace. Parfait, on voit juste ce qu'il faut de mon soutien-gorge et de la naissance de mes seins en haut, et on aperçoit à peine ma culotte en bas. En revanche, cette tenue montre intégralement mes jambes. Comme le dirait Laure, « les plus belles jambes de Paris ».

C'est dans cette tenue, étudiée et planifiée avec soin que j'apparais devant Christophe. Je me sens vengée quand je vois sa tête : on dirait qu'il a avalé une noix de coco, il a du mal à déglutir, ses yeux sont écarquillés. Pour ma part, j'arrive à garder ma contenance et je lui demande s'il a un tee-shirt et un caleçon à me prêter. Sa réponse est une suite de borborygmes qui semble signifier : « Là, dans ce placard. » Je m'y dirige lentement et lui tourne le dos pendant que je choisis un caleçon à rayures bleu et blanc et un tee-shirt « Just Dance ». Il a une vue imprenable sur la naissance de mes fesses. J'ai imperceptiblement accentué ma cambrure pendant que je prenais mes vêtements de nuit pour mettre mes formes en valeur.

En retournant dans la salle de bains, je défais les deux derniers boutons de mon chemisier et le laisse tomber par terre. Je ne peux pas observer sa réaction mais j'imagine sa tête maintenant qu'il peut me contempler uniquement vêtue de dessous. Pour augmenter sa frustration et parfaire mon petit numéro, je ferme la porte. Il n'aura fait que m'entrapercevoir. Quelle salope ! Je pense que Laure aurait été fière de moi.

Il gronde.

— Ophélie, ne me prends pas pour un débutant, je sais parfaitement ce que tu es en train de faire ! J'ai promis de ne pas te faire l'amour, mais de ne pas te donner la fessée si tu en méritais une !

Qu'est-ce qu'ils ont tous avec la fessée de nos jours, les hommes ? Christian, le héros de *Cinquante nuances* et maintenant Christophe.

Je mets son caleçon, son tee-shirt, sors de la salle de bains, dépose un baiser chaste sur ses lèvres et me glisse sous la couette. Tout ça, sans prononcer un mot.

Il me jette un regard lourd de reproche puis se dirige à son tour vers la salle de bains. Il ressort quelques minutes plus tard. Il n'a plus qu'un caleçon, il est torse nu. Il éteint la lumière centrale, ne laissant que la liseuse pour éclairer la pièce.

Nous sommes dans la pénombre. Je l'étudie discrètement, il n'est pas mal du tout. Un peu blanc, il n'a pas pris beaucoup de bains de soleil cette année mais au niveau abdos, pectoraux, épaules et bras, je mettrais un bon 15/20 (je note sévère !). Cependant, le spectacle le plus amusant se déroule un peu plus bas. Je comprends pourquoi il a éteint la lumière principale en entrant dans la chambre. Ma petite exhibition et mes baisers ont produit un effet qu'il ne parvient pas à dissimuler même en laissant pendre négligemment ses bras devant lui. Laure avait raison, les mecs sont très désavantagés à ce niveau par rapport aux filles. Le caleçon de Christophe n'arrive pas à cacher son érection. Contrairement au jean, il ne comprime pas le membre récalcitrant. La seule solution aurait été une douche froide. Tout compte fait, vu l'étendue des dégâts, cela n'aurait pas été suffisant : je pense qu'une préparation à base de glaçons aurait été préférable !

Je fais semblant de ne rien remarquer pendant qu'il se dépêche de se mettre au lit.

À ce moment-là, j'ai deux solutions, soit reprendre les bisous et, dans ce cas, je ne pourrais pas décemment le laisser dans cet état, ce serait inhumain, soit être sage.

J'ai, cette fois, le cran et la détermination de prendre la décision qui nous évitera tout risque de dérapage de mon côté comme du sien. Nous nous sommes endormis gentiment après un tout petit baiser de grande tendresse.

Pour la première fois depuis très longtemps, j'ai passé la nuit dans les bras d'un homme presque nu, un homme très charmant, très mignon, un peu geek mais touchant, qui pouvait devenir quelqu'un de très important dans ma vie.

Lundi 19 août

Je n'ai pas eu le courage d'écrire ce week-end. Il faut dire que ces dernières quarante-huit heures ont été bien tristes.

Samedi, lever à l'aube avec Christophe, douche (l'un après l'autre, pas ensemble), petit-déj expédié en quatre minutes chrono et descente pour attendre son taxi.

Je ne me rappelle pas avoir ainsi laissé partir mon amoureux pour l'étranger. Le baiser d'adieu (en l'occurrence un baiser d'au revoir) pendant que le taxi attend et que le compteur tourne, c'est juste le contraire d'un moment romantique. Nous nous sommes quand même embrassés et il m'a dit que j'allais lui manquer. Ça s'est passé très vite. C'est moi qui ai refermé la porte du taxi de son côté comme si je contrôlais les événements.

En fait, en la matière, c'était vraiment le minimum syndical ! Le taxi a démarré, a tourné trente mètres plus loin et a disparu de ma vue. Je me suis retrouvée seule, comme une conne, sur le trottoir. J'ai marché jusqu'au métro pour rentrer chez moi. Je pense que j'ai pleuré pendant la moitié du trajet.

Au moins, une fois réfugiée dans mon chez-moi, j'ai pu faire une grosse sieste avec Roméo (après son demi-pâté Gourmet). Je me suis finalement levée à 13 h 30.

L'après-midi, je me suis fait cinq épisodes de *Homeland* sur mon MacBook Air p. 25.

Vers 23 heures, j'ai reçu un iMessage de Christophe.

« Hello, je suis arrivé à mon hôtel. Le vol s'est bien passé. La chambre est sympa. »

« Tu dors seul finalement ? »

« Oui, j'ai dit à Svetlana et Nadia d'en trouver une autre parce que mon cœur était pris. »

« Attention, ces filles n'ont pas de sentiments, elles pourraient très bien se contenter de ton corps. »

« Pas faux. D'autant qu'il a subi un horrible supplice hier soir. »

« Je sais, je suis désolée ! Je me rattraperai quand nous nous reverrons. »

« Ah, une promesse que j'attends avec impatience de voir se réaliser. Je dois descendre dîner, je te laisse. Bonne nuit. I miss you. »

C'était court, trop court. C'est bizarre comme l'absence d'une personne que je connais depuis si peu de temps peut laisser un aussi grand vide. Notre échange n'a pas apaisé mon sentiment de solitude. Il l'a plutôt exarcerbé. C'est dur le célibat mais je découvre que ça l'est plus encore quand la personne avec qui vous sortez n'est pas là.

Au bureau, j'appréhendais les questions de Laure. En même temps, je dois avouer que j'avais assez envie de voir la tête qu'elle ferait en apprenant que j'avais juste dormi avec Christophe : elle allait frôler la crise d'apoplexie.

Quand je suis arrivée au bureau, elle était déjà en ligne avec les États-Unis. J'ai attaqué la première dès qu'elle a raccroché.

— Hello, tu es bien matinale. Ça va ?

Elle est venue m'embrasser.

— Très bien. J'étais en ligne avec L.A. Ils bossent comme des dingues là-bas. Tu te rends compte, ils ont organisé un conference call avec Bertrand et l'agence à 7 h 30 ce matin. Pour eux, il est 22 h 30 dimanche soir.

Lorsque j'ai compris qu'elle était conviée à un conference call avec les States et pas moi, ça m'a fait un petit pincement au cœur. Je trouve aussi que Laure se la raconte un peu quand elle parle de L.A. « L-é » comme elle le prononce. Elle pourrait dire Los Angeles, cela ferait moins : « Je me la joue relations publiques directement en contact avec les studios. »

— C'était quoi ce conference call ?

— Notre coordinateur à L.A. nous a donné des indications sur l'arrivée des invités. En ce qui te concerne, Cate Blanchett arrivera à Roissy-Charles-de-Gaulle le vendredi matin. Elle prendra le même avion que Soderbergh et Michael Douglas. Des limousines les attendront à l'aéroport. Tu devras l'accueillir là-bas et faire le voyage avec elle et son attachée de presse jusqu'à Deauville. Elle ira au dîner du gala d'ouverture le vendredi soir et l'hommage qui lui est consacré est le samedi soir. Elle repartira le dimanche.

— Très bien. Et les autres invités ?

— J'ai le planning de tout le monde. Tu es intéressée par quelqu'un en particulier ?

Laure arbore un grand sourire. Non seulement je n'ai pas été invitée à participer au conference call mais en plus elle se moque de moi et me fait mariner avant de me donner l'information la plus importante de ma vie ! Qu'est-ce qu'elle peut m'énerver !

— À ton avis ?

— Laisse-moi deviner : c'est un homme, entre quarante et cinquante ans, acteur… Un oscar ou non, je dirais plutôt deux oscars. Il est marié à une actrice qui a également eu un oscar. Cet homme au summum de la gloire, symbole du charme masculin, heureux en mariage ne sait pas encore qu'il va tomber fou amoureux d'une petite Française. « Love at first sight », le coup de foudre absolu...

Elle a beau se foutre de ma gueule, je suis quand même entrée dans son histoire. J'aimais bien cette idée d'un coup de foudre de Michael : le rêve de toute une vie.

— Exactement, je l'envoûterai par mes yeux, par mon regard, par mon humour, mon intellect et je le rendrai esclave de mon corps, je lui ferai découvrir un plaisir sexuel qu'il n'imaginait pas atteindre un jour, dont il ne soupçonnait même pas l'existence.

— À propos du plus bel orgasme jamais atteint, tu n'as rien à me dire ? Sur une échelle de un à dix, il valait combien Christophe ?

— Tu me fais rêver en me parlant de Michael et maintenant tu me ramènes sur terre sans prévenir. Tu ne peux pas faire ça ! Il arrive quand Michael à Deauville ?

— Tu ne le sauras que lorsque tu m'auras parlé de ce week-end. Tu as vu ma délicatesse, je ne t'ai ni appelée ni envoyé de SMS. Pourtant, je peux te dire que j'en crevais d'envie ! Donc, maintenant, il est temps de passer au confessionnal. Ma fille, je vous écoute ? Avez-vous péché avec Christophe ? Vous a t-il fait grimper au septième ciel ?

— Tu ne serais pas en train de blasphémer par hasard ? Associer le sexe au paradis ? Par ailleurs, je ne suis pas certaine que tu puisses prétendre à la prêtrise...

— C'est ça, essaie de changer de sujet... Christophe contre Michael, échange d'otages...

— Christophe n'est plus là.

— Comment ça ? C'est déjà fini ? Que s'est-il passé ?

— Non, ce n'est pas fini mais il est parti. Pour son boulot. Au Canada.

— Ah merde, vraiment pas de bol ! Vous avez quand même eu le week-end pour vous éclater ?

— Il est parti samedi matin.

— On ne peut pas imaginer pire ! Tu as partagé la nuit de vendredi avec lui au moins ?

— Euh, oui.

— Ah, enfin ! Je commençais à désespérer !

Je ne dis rien, je ne la regarde pas, je range mes dossiers. Au bout de quelques minutes de silence, je relève la tête. Elle est en train de me fixer.

— Donc tu étais chez lui vendredi soir ?

— Oui.

— Et vous avez pris le petit-déjeuner ensemble le lendemain matin ?

— Oui, en vitesse car il devait prendre son taxi pour aller à Roissy.

— Pour tout être normalement constitué, quand on arrive le soir chez son petit ami et que l'on ne ressort que le lendemain matin, c'est que l'on a procédé à l'échange de fluides, habituellement dans cet ordre : salive puis sperme...

— Oh, tu es immonde, pas romantique pour un sou.

— Je reprends, nous parlons d'une jeune femme vivant au XXIe siècle. Ophélie, es-tu cette jeune femme, moderne et sexuellement libérée ?

— Si la question est : est-ce qu'on l'a fait, la réponse est non.

— Ce n'est pas possible ! Rassure-moi, tu avais tes règles ?

— Non.

— Tu ne vas pas me dire que c'est lui qui avait les siennes, c'est physiologiquement impossible ! Alors, raconte, que s'est-il passé ?

— Pas grand-chose en fait. Comme il partait pour Montréal, quand il m'a proposé de venir passer la nuit chez lui, je lui ai posé comme condition qu'on ne couche pas ensemble.

— Et s'il t'avait répondu que ce n'était pas possible, tu serais rentrée chez toi ?

— Oui.

— Donc il a accepté ?

— Oui.

— Jusqu'ici, je peux le comprendre. Il te dit ce que tu veux entendre pour t'attirer dans son antre. Mais, une fois chez lui, quand vous vous êtes couchés, vous avez fait comment pour vous déshabiller ?

— Chacun son tour dans la salle de bains.

— Je rêve ! Enfin non, c'est un cauchemar. Donc je suppose que tu n'as pas dormi nue... ce qui veut dire que tu lui as emprunté un tee-shirt. Exact ?

— Oui, et un boxer short.

— Ok, continuons dans le délire. Lui, il était... ?

— Torse nu et en caleçon.

— Et vous ne vous êtes pas embrassés ?

— Si, c'était très chaud.

— Et il ne t'a pas sauté dessus ?

— Non, il m'avait promis.

— Ce n'est pas vrai, j'ai affaire non pas à une dingue mais à *deux* dingues. On est au bord d'ouvrir un asile ! Mais il était dans quel état ?

— Disons qu'il ne fallait pas être bien experte pour voir que je ne lui étais pas indifférente.

— Je vais poser la question juste pour la forme même si je pense connaître déjà la réponse : pas de pipe pour faire plaisir à ton amoureux ?

— Non.

— Une petite branlette au moins pour le soulager et peut-être lui suggérer de te rendre la pareille ?

— J'avoue que l'idée m'a traversé l'esprit mais non, nous nous sommes endormis gentiment.

Cet échange avec mon amie est une sorte de jeu où s'exprime toute notre complicité. Ça m'amuse de voir comment sa tête se décompose au fur et à mesure de mes réponses de plus en plus navrantes à ses yeux.

— Mais tu es amoureuse ?

— Je crois, oui.

— Et tu me promets de consommer votre union avant le mariage ?

— Promis.

— Parce que je te jure que je ne viendrai pas si tu n'as pas expérimenté au moins vingt positions du *Kamasutra* avec ce garçon si mignon.

— C'est embêtant car je voudrais que tu sois mon témoin à l'église et à la mairie.

— C'est vrai ?

Elle a l'air tout émue. Ce sont toujours celles qui paraissent les plus coriaces qui sont les plus sensibles. Elle se jette sur moi et m'embrasse. Je suis obligée de calmer ses effusions.

— Eh ! doucement, on n'en est pas encore là ! Alors, Michael, il arrive quand à Deauville ?

— Je ne peux pas te le dire.

— Comment ça ?

— En tant que témoin de ton mariage à venir avec Christophe, je ne tiens pas à susciter le doute dans votre amour naissant en introduisant le loup dans la bergerie !

— Mais tu m'as promis ! En plus, tu doubles les chances que je me marie. Si Michael succombe et divorce, je me marie avec lui, sinon, j'épouse Christophe.

— Et après on dit que c'est moi qui ne suis pas romantique. Tu es bien plus tordue que moi ! Ok, je te donne son programme mais je ne serai pas responsable de ce qui pourra arriver. Michael arrivera exactement à Paris vingt-quatre heures après Cate Blanchett. Il sera à Deauville dans l'après-midi et participera au dîner après l'hommage rendu à Cate. Michael, lui, sera honoré le mardi soir. Il repartira le mercredi.

— Il reste donc quatre jours à Deauville.

— Si tu arrives à le séduire en deux, il te restera deux nuits avec lui...

— Tu plaisantes, je compte en avoir au minimum trois, sinon quatre !

— Alors là, je ne te suis plus. Christophe n'a le droit qu'à de malheureux bisous alors que tu sors avec lui officiellement et Michael aurait droit à la totale dès le premier jour ? Elle est où, la logique, là-dedans ?

— Ça n'a rien à voir ! Michael et moi, cela dure depuis longtemps, depuis des années. Ce n'est pas parce qu'il ne le sait pas encore que ça change quoi que ce soit.

— Tu veux dire que quand tu utilises ton vibro, tu penses à Michael.

— Tu sais très bien que je n'en ai pas ! Ce n'est pas mon truc !

— Ah oui, c'est vrai, je n'arrive pas à m'y faire. C'est tellement moyenâgeux comme attitude... C'est comme si tu n'avais pas de micro-ondes.

— Je ne vois pas le rapport. En plus, mon lien à Michael est surtout sentimental.

— Et tu feras quoi pendant les quatre nuits que tu comptes passer avec lui ? Lui écrire des poèmes et les lui lire ?

— Euh non, pas vraiment.

— Tu vois ! tu es une vraie hypocrite ! Tu es protestante ?

— Non, drôle de question, catholique. Tu sais, c'est une remarque qui frôle l'intolérance religieuse. C'est basé sur quoi ?

— Sur mon expérience personnelle avec quelques Anglais et quelques Américains. Ils font les puritains et ce sont toujours les plus chauds.

— Et moi, je suis de ce genre-là ?

— Très clairement. Remarque, ce n'est pas une mauvaise chose, ça laisse beaucoup de bonnes surprises et ouvre des perspectives. Tu sais, Alfred Hitchcock préférait les Anglaises et les Américaines aux Italiennes car il leur reprochait d'avoir le « sexe affiché sur le visage ». C'est pour cela qu'il a tourné avec Grace Kelly ou Eva Marie Saint plutôt qu'avec Sophia Loren ou Marilyn Monroe. Hitchcock, niveau approche sexuelle protestante dans son œuvre, c'est un maître ! Tu me diras, c'était la seule façon de contourner la censure. Le summum, c'est le train qui entre dans le tunnel à la fin de *La Mort aux trousses* alors que les deux héros sont sur une couchette !

Laure, on peut la critiquer sur son côté cash et sur sa propension à ramener tout au sexe, mais on ne peut pas nier que, culturellement, c'est une pointure. Je pense que c'est cela que j'apprécie dans sa personnalité. En dehors de son amitié et de sa vraie gentillesse, elle m'apporte aussi beaucoup sur le plan intellectuel.

Donc, maintenant, je sais que je suis à douze jours de faire la rencontre la plus importante de ma vie. C'est étrange, j'ai l'impression que ma vie va complètement changer. Même si les chances qu'il se passe quelque chose entre Michael et moi sont très faibles, je n'arrive pas à m'enlever la certitude absolue que c'est pourtant ce qui va arriver. C'est comme l'homéopathie, ce n'est pas parce que les doses sont infinitésimales, que les médicaments n'ont aucune vertu curative.

Avec Christophe, nous n'avons pas pu nous parler, il était sur répondeur. Je lui ai envoyé un court message pour lui souhaiter une bonne nuit. Il ne m'a pas répondu avant que je me couche. Saloperie de décalage horaire !

Mardi 27 août

Pas le temps ni l'envie d'écrire depuis plus d'une semaine. Je travaille beaucoup.

Nous échangeons avec Christophe par SMS. Sa présence s'éloigne, je ne me souviens plus de lui avec précision. Je ne sais même plus pourquoi nous sortons ensemble.

Je ne devrais pas écrire ça, ce n'est pas juste. Cette séparation, c'est un manque de chance incroyable alors que nous venions de nous rencontrer.

En revanche, Michael va bientôt arriver en France. Bizarrement, plus les jours passent, plus je doute. Et si je n'avais pas l'occasion de lui parler ? S'il ne me calculait pas, s'il me trouvait quelconque ? Merde, j'ai oublié de demander si sa femme allait l'accompagner. Il faut que j'en parle à Laure.

Jeudi 29 août

Ça y est, c'est la veille de mon départ pour Deauville. Ma valise est prête, tout est bien rangé dans ma valise. C'est moins le cas dans ma tête où règne un vrai bordel ! Entre Michael, Christophe, Cate, Bertrand...

C'est marrant, j'ai l'impression d'être sur des montagnes russes. Vous montez dans votre petit wagon, vous attachez votre ceinture et le wagon commence à grimper tout doucement. Plus vous approchez du sommet, plus vous voyez les descentes et les loopings infernaux qui vous attendent. Vous montez, vous montez, il y a un court moment où les wagons de tête commencent la descente alors que ceux de derrière finissent de monter. À ce moment-là, vous vous demandez ce que vous faites là et pourquoi vous n'êtes pas en bas en train de manger une barbe à papa.

Eh bien, moi, c'est exactement mon état d'esprit. À partir de demain, les grandes descentes et les loopings vont s'enchaîner. Mon wagon arrive en haut de la première montée... je me demande comment je vais dormir ce soir !

Vendredi 30 août

Le jour le plus long !

Nous ne sommes plus en 1944 mais nous sommes toujours en Normandie et le résultat est le même. Grande victoire ! Ophélie, générale en chef, victorieuse à Deauville. J'exagère mais, honnêtement, la journée s'est vraiment bien passée et je me suis bien débrouillée.

Le vol de Los Angeles devait atterrir à 11 h 35. Nous avions décidé que la limousine passerait me prendre à 9 h 30 pour avoir une vraie marge de sécurité. Je m'attendais à monter dans une voiture de dix mètres de long avec vitres fumées comme on en voit pour les premières des films. En fait, c'était juste une Espace noire. C'était le modèle luxe avec sièges en cuir mais j'étais quand même nerveuse à l'idée que Cate Blanchett s'attende à quelque chose de plus prestigieux.

À 9 h 15, j'attends la voiture en bas de chez moi. Elle arrive dix minutes en avance. Le chauffeur s'appelle Richard, il doit avoir une quarantaine d'années. Il ne parle presque pas anglais, ce qui n'est pas bon signe. Je monte devant à côté de lui. Nous discutons, il est sympa.

Quelques embouteillages, mais pas trop. Nous arrivons à 10 h 20 à Roissy 2. Nous avons obtenu l'autorisation de laisser la voiture à l'extérieur de l'aérogare. Un policier nous escortera entre la sortie de l'espace des arrivées et la sortie de l'aérogare. Il doit y avoir moins de cinquantes mètres à parcourir mais l'agence et les autorités n'ont voulu courir aucun risque et les trois célébrités seront protégées jusqu'à ce qu'elles montent dans les voitures.

À 10 h 30, je suis en poste devant la sortie. Il me reste un peu plus d'une heure à attendre.

Une heure, c'est long, encore plus lorsque l'on est stressé. J'ai une petite pancarte « Festival de Deauville – Cate Blanchett ». À 11 h 20, un policier vient me trouver. C'est lui qui va assurer la sécurité de Cate Blanchett. Il a accès à l'espace. Une autre personne nous aidera à transporter les valises de la star et de son attachée de presse.

L'avion atterrit avec un peu de retard à 11 h 45. À partir de ce moment-là, mon stress augmente considérablement. Je surveille les passagers qui descendent l'escalator vers les tapis de livraison de bagages à travers les grandes vitres de cinq mètres de haut. Tout à coup, je vois une grande blonde élégante avec d'énormes lunettes noires accompagnée d'une petite brune assez sèche. Je la reconnais d'après la photo que Ciné Organisation m'a fournie. C'est l'attachée de presse de Cate, Clara Ferlani. Ce sont bien elles.

Le policier les a reconnues lui aussi et il se dirige vers elles. Ils échangent quelques mots. Il leur présente le bagagiste puis il se retourne dans ma direction. Il leur dit sûrement que je les attends à l'extérieur. Je fais un petit signe de la main. Elles ne répondent pas et je me sens cruche, en train de gesticuler seule avec ma pancarte. Ils reprennent leur conversation et commencent à se diriger vers la sortie. Soudain, le groupe se divise en deux, d'un côté l'attachée de presse et le bagagiste, de l'autre Cate et le policier. Les premiers s'arrêtent devant un tapis de livraison tandis que les seconds continuent leur chemin. Ils disparaissent quelques secondes de mon champ de vision. Ça y est, c'est l'heure du premier looping, le moment du premier contact.

Cate sort de la zone d'arrivée et se dirige vers moi.
— Bonjour, je suis Cate Blanchett.
Elle m'a parlé en français. Un accent charmant, une voix incroyable que je connais par les films. Quelle classe ! Un instant, ça me trouble. Je ne sais pas si je dois lui répondre en anglais. Un dixième de seconde d'hésitation et je lui réponds dans ma langue pour ne pas paraître insultante.
— Bonjour madame Blanchett, je suis Ophélie. Enchantée de vous rencontrer. C'est étrange je lui réponds en français mais j'ai utilisé un anglicisme. Au lieu de dire « je m'appelle », je lui ai dit « je suis ».
— Please to meet you Ophélie. Enchanté de vous rencontrer Ophélie. Je préfère vous parler en anglais si cela ne vous dérange pas.
— Bien entendu, madame Blanchett. Venez par là, la voiture vous attend à l'extérieur.
— S'il vous plaît, Ophélie, appelez-moi Cate.
Oups, cela ne va pas être simple. Elle est très gentille et ne se la joue pas du tout star mais elle est quand même hyperimpressionnante.
Nous arrivons à la voiture. Je lui présente le chauffeur qui lui ouvre la porte. Elle monte puis se tourne vers moi.
— Ophélie, pourriez-vous avoir la gentillesse de retourner aux arrivées pour indiquer à mon attachée de presse où nous sommes ?
— Mais bien entendu, madame… Cate.
C'est amusant, elle m'a posé une question qui en fait est un ordre. C'est une manière très élégante de me manager. Son charisme agit et j'obéis sans discuter.

J'attends une dizaine de minutes que le bagagiste sorte avec un chariot qui contient trois valises, deux énormes Louis Vuitton et une autre de marque moins prestigieuse et de taille plus normale.

— Bonjour, je suis Clara Ferlani.

— Bonjour, madame Ferlani, je suis Ophélie.

Elle m'a parlé en anglais mais, contrairement à Cate, elle me serre la main. Pas courant pour une Américaine. Elle doit être d'origine européenne. Sa poignée de main est inversement proportionnelle à sa taille. Elle a l'air d'être une sacrée bonne femme. Ça va être chaud avec deux personnalités aussi fortes que celles de Clara et de Cate. Pas intérêt de faire des boulettes.

— Bonjour, Ophélie, appelez-moi Clara. Cate est déjà installée dans la voiture ?

— Oui, je vous y conduis.

Nous arrivons à la voiture. Le chauffeur ouvre le coffre et le bagagiste y dépose les énormes valises. La mienne me fait honte. Heureusement, Clara n'y fait pas attention et m'entraîne sur le côté. Elle me montre un billet de vingt euros.

— Ça suffit comme pourboire ?

Merde, première question piège après moins d'une demi-heure. Nous avons tout préparé à Ciné Organisation, évoqué tous les problèmes possibles mais nous n'avons pas parlé des pourboires. Je suppose que les organisateurs du festival n'ont pas jugé nécessaire de nous briefer sur ce point assez trivial.

Eh bien, je n'en ai aucune idée, Clara ! Je ne sais même pas si c'est obligatoire. Tant pis, je vais dire ce que je pense être un pourboire décent.

— C'est bien, dix euros pourraient même suffire.

— Merci, Ophélie.

Une fois le coffre fermé, elle tend le billet de vingt au bagagiste qui ne doit sûrement pas recevoir de pourboire de ce montant très fréquemment. Elle accompagne son geste d'un « Merci » en français avec un très fort accent américain. Puis elle s'engouffre dans la voiture à côté de Cate.

Pour ma part, je monte à côté du chauffeur à l'avant. Ça y est, nous sommes partis. Clara m'interpelle :

— Ophélie, nous sommes loin de Deauville ?

— À mon avis deux heures trente de route. Quarante-cinq minutes pour rejoindre l'autoroute de l'Ouest puis une heure quarante-cinq pour arriver à Deauville.

— Nous sommes dans quel hôtel ? Le Royal ou le Normandie.

Je suis certaine qu'elle connaît déjà toutes ces réponses. Je ne sais pas si elle me teste ou si elle cherche juste à lancer la conversation.

— Vous êtes au Royal. Je crois que vous avez une suite avec une chambre communicante pour vous.

— Vous croyez ou vous en êtes sûre ?

Aïe, la gaffe. Il ne faut pas afficher d'incertitude. Je le savais ; ça va être très chaud !

— Euh… j'en suis sûre.

Pourvu qu'il n'y ait aucun problème à l'arrivée ! Soudain, Cate rit.

— Ne vous inquiétez pas, Ophélie. Tout se passera bien. Clara est perfectionniste. Clara, tu ne devrais pas traumatiser cette jeune femme. Vous avez quel âge, Ophélie ?

— J'ai vingt-cinq ans, je vais sur mes vingt-six.

Qu'est-ce que c'est que cette réponse à la noix que je viens de lui sortir : « Vingt-cinq, je vais sur mes vingt-six » ? Comme lapalissade, on ne fait pas mieux ! Pourquoi cette volonté de me vieillir ? Ce n'est pas avec ce genre de réponse puérile que je vais y arriver.

— Ah, c'est bientôt votre anniversaire ?

Merde, chopée. Qu'est-ce que je peux être conne par moments.

— Pas vraiment.

— Vous êtes née quand ?

— En août, le 8.

Dans la réalité, je n'ai donc que vingt-cinq ans et vingt-trois jours. Encore très loin des vingt-six ! Elle a l'extrême gentillesse de ne pas faire de commentaires.

— Vous êtes donc du signe du Lion. Tu vois, Clara, il ne faut pas la brusquer, les lions c'est comme les gros chats, il ne faut pas les prendre à rebrousse-poil.

Clara grommelle quelque chose que je ne saisis pas.

Cate ne relève pas et s'enquiert du programme à venir.

— Ce soir, c'est le dîner d'ouverture ? C'est après le film ?

— Oui, vers 23 heures Pour vous, cela ne devrait pas être trop gênant grâce au décalage horaire avec Los Angeles.

— Et le film, c'est le Soderbergh ?

— Oui, *Ma vie avec Liberace*.

— En anglais il s'appelle *Behind the Candelabra*. Vous l'avez vu ?

— Non et vous ?

— Non plus. Je peux le voir ce soir ?

— Si vous voulez, je vais demander des invitations pour Clara et vous.

— La projection de *Blue Jasmine* est demain ?

— Oui à 21 heures, juste après l'hommage qui vous est consacré.
— Vous l'avez vu ?
— Oui.
— Et vous avez aimé ?

La question à mille dollars. Je dis la vérité ou je fais une réponse politique ? Allez, je me lance. De toute façon, dès que je commence à ne pas dire exactement ce que je pense, ça se voit comme le nez au milieu de la figure.

— C'était un Woody Allen un peu à part. Moi, je préfère le Woody Allen plus optimiste et plus drôle des années 1980, celui de *Manhattan*. *Blue Jasmine*, c'est un film plus amer, plus sombre. Mais, sans vouloir vous flatter, vous, vous êtes fantastique ! C'est un de vos meilleurs rôles, une super interprétation.

— Merci, Ophélie, pour moi en tout cas. Pour Woody, je ne pense pas qu'il serait très content.

Et elle rit, de ce beau rire d'une élégance et d'une prestance incroyables. Elle s'adresse ensuite à Clara.

— Tu as vu Clara, Ophélie est jeune mais elle a de vrais avis tranchés. Et un très bon goût en ce qui concerne les actrices !

Clara grommelle encore.

— Heureusement que M. Allen n'est pas là et qu'Ophélie ne partage pas ses avis avec la presse, parce que celle-ci s'empresserait de les relayer en les attribuant à Cate Blanchett. Ça ficherait une sacrée pagaille !

— Mais Ophélie ne parlera pas à la presse, n'est-ce pas, Ophélie ?

— Non, bien entendu. C'était juste une réponse pour vous.

Clara, ça ne va pas être simple ! Je risque de me faire des cheveux blancs. Si elle raconte à Bertrand ce que j'ai dit sur *Blue Jasmine*, il m'étripe sur place !

Cate se met à discuter à Clara. Au moins je ne risque plus de faire de gaffes. Nous roulons tranquillement sans rencontrer d'embouteillages.

Arrivée à Deauville, nous traversons la ville. Cate regarde les jolies maisons à colombages et s'extasie. Pour la première fois, Clara se détend et partage l'enthousiasme de l'actrice. Nous arrivons à l'hôtel Royal.

Bertrand attend devant la grande entrée. Je l'ai prévenu de notre arrivée il y a dix minutes par SMS.

Il accueille Cate et Clara. Visiblement, il les connaît toutes les deux. L'échange est courtois mais bref. Le directeur de l'hôtel nous attend à l'intérieur. Il nous conduit aux ascenseurs, trop petits pour nous permettre de monter tous dans le même. Bertrand en prend un avec Cate et le directeur. Clara aurait sans doute eu aussi la place mais elle décide d'attendre le suivant avec moi. En fait, elle en profite pour me briefer.

— Ophélie, je compte sur vous pour gérer ce séjour au mieux. C'est un hommage à Cate mais c'est également le moyen de promouvoir le film de M. Allen. Je veux votre aide pour maximiser nos relations avec la presse.

— Bien entendu, Clara, je vous aiderai à tout organiser au maximum de mes capacités.

Sans la présence de Cate pour me soutenir, je ne fais pas la maligne. Je suis comme une petite fille devant son institutrice. Heureusement, l'ascenseur s'annonce avant qu'elle ne me donne une nouvelle consigne.

Mon cœur bat à tout rompre quand nous nous dirigeons vers la suite de Cate et la chambre de Clara. Arrivée à la porte, je reste à l'entrée. Clara entre et rejoint Cate pour connaître son avis sur la chambre.

— Tout va bien, Cate ? La chambre est à ton goût ?

— Très bien. Clara, regarde cette vue !

Elle se retourne et m'aperçoit à l'extérieur.

— Vous pouvez entrer Ophélie, ne soyez pas timide. N'est-ce pas splendide ?

Elle a raison, la vue sur l'océan avec ce magnifique ciel bleu et ce soleil, c'est fantastique. La suite doit faire à peu près trois fois la taille de mon appartement. Mais je ne suis pas jalouse. Je suis même plutôt soulagée. Clara est souriante elle aussi. Ouf, la pression s'atténue.

Clara s'adresse au directeur :

— Quelqu'un peut-il me montrer ma chambre ? Ophélie, vous pouvez attendre les bagages avec Kate ?

Encore une question qui n'en est pas une. Elle ne me laisse pas le temps de répondre. Elle suit le chasseur qui va lui indiquer où elle dormira. Quelques minutes plus tard, les bagages arrivent.

Clara revient. C'est au tour de Cate de s'enquérir de l'installation de son attachée de presse.

— Alors, ta chambre te convient ?

— Pas de vue sur la mer, mais sur le centre-ville. Et je ne suis pas loin de toi. De toute façon, les suites ne communiquent pas avec les chambres.

En disant cela, elle me regarde. Un regard un peu accusateur.

Gloups, difficile de déglutir. Merde, j'aurais vraiment dû vérifier au départ. Décidément, je n'ai pas le niveau pour m'occuper de stars de ce niveau.

Mais Clara n'en rajoute pas. Quand elle s'adresse à moi, c'est en grande professionnelle.

— Ophélie, j'ai votre numéro de portable. Vérifions, pour être sûres. C'est bien le 00 33 7 14 65 36 99 ?

— Oui, c'est cela.

— Voici ma carte. Vous pouvez me téléphoner ou m'envoyer des SMS quand vous le souhaitez. Ce soir, pour la projection du film de Soderbergh, vous vous occupez de la voiture. À quelle heure faut-il partir ?

— À 20 h 40, le film est à 21 heures.

— Ce n'est pas un peu juste ?

— Non, la salle est à côté. Cinq minutes pour y aller et quinze pour le tapis rouge et pour s'installer.

— Très bien, attendez-nous dans le hall de l'hôtel à partir de 19 h 30. À tout à l'heure, Ophélie.

— À 19 h 30, Clara. J'y serai. À tout à l'heure, madame Blan... Cate.

Avant d'entendre sa réponse, je sors. Le premier round se termine : je suis encore vivante.

Je redescends par l'escalier. Il est aussi large que les ascenseurs sont petits. Dans le hall, c'est l'arrivée de Soderbergh et de Michael Douglas. Ils étaient dans le même avion que Cate mais comme je ne les ai pas vus à l'arrivée, je les ai complètement oubliés.

Soudain, une voix autoritaire dans mon dos me fait sursauter.

— Alors, vous jouez à la touriste qui vient regarder les stars ? Vous n'avez rien de mieux à faire ?

Je me retourne, c'est Laure. Elle m'a fait trop peur, cette abrutie.

— Ça va pas de crier comme ça dans le dos des gens !

Elle me prend dans ses bras et m'embrasse.

— Cool, on peut bien plaisanter. Ça s'est bien passé avec Cate ?

— Oui, ç'a été. Sa suite ne communique pas avec la chambre de son attachée de presse mais à part ça, tout va bien.

— Bon, si tu as fini, on peut aller à l'hôtel pour poser tes affaires.

Laure me tire par le bras. Nous récupérons ma valise puis nous prenons une voiture du festival, direction le Pierre et Vacances Castel le Normand. Cette résidence n'est qu'à quelques centaines de mètres des deux hôtels principaux qui hébergent les membres du jury et les stars invitées, le Royal et le Normandy. C'est pratique pour nous, nous pourrons nous rendre de notre logement à notre lieu de travail à pied.

Ce n'est pas un hôtel, nous ne sommes pas dans des chambres mais dans des appartements. Il y a un séjour et une chambre avec un grand lit. Laure me fait la visite :

— Tu vois, on est toutes les deux, comme promis.

— On dort dans le même lit ?

— Non, je ne couche pas avec mes amis et même en général je ne couche pas avec des femmes : trop de formes en haut et pas assez en bas. Tu vois, je suis finalement old school.

Elle me fait rougir.

— Je n'ai pas dit « coucher », j'ai dit « dormir » !

— Non, même pas. Le canapé dans le salon est un canapé-lit. Tu seras très bien.

Elle ne manque pas d'air de m'envoyer dans le salon.

— Parce que tu t'es auto-attribué le lit ? Pour quelle raison ? Et d'abord, comment tu sais qu'on est très bien ?

— J'y ai couché l'année dernière quand je partageais l'appart avec Christine. Au bout de dix jours, j'avais un peu mal au dos mais c'était très supportable. De toute façon, tu n'es pas là pour dormir. Tu as vingt-cinq ans, tu fais ton premier Deauville, tu ne vas quand même pas te plaindre pour ton petit confort...

Elle n'a pas tort. Elle poursuit.

— Le plus pénible, c'est que, comme Christine était ma boss, je n'ai pas pu ramener de mecs et que je ne pouvais même pas découcher.

— Pourquoi ? Tu as fait des conquêtes ?

— Oui, deux. D'abord un attaché de presse américain puis, quand il est parti, un jeune journaliste de la région. Tu vois, tu es drôlement avantagée par rapport à moi. Toi, tu pourras soit ramener un mec soit découcher sans que personne ne te fasse de remarque. Je te promets même de te laisser la chambre si tu as un coup un soir.

— Merci, c'est très généreux de ta part.

— Oui, je ne voudrais pas qu'il se nique le dos pendant qu'il te...

Par moments, elle est vraiment hypergrossière. Parfois elle est drôle, parfois elle dépasse les bornes. Je décide de la faire taire avant qu'elle me sorte une nouvelle horreur.

— Ok, ça va, j'ai compris. Tu ne prends pas trop de risques avec moi, n'est-ce pas ?

Elle sourit.

— Non, c'est vrai. En plus si tu réalises ton rêve avec Michael, je pense que ça se passera plutôt dans sa suite que dans notre appart...

J'éclate de rire. Je ne l'imagine pas dans notre chez-nous avec ce mobilier très Ikea, ses murs peints en bleu pâle.

Après ce petit échange, j'ai rangé mes affaires. La suite de la journée s'est passée comme dans un rêve. Je suis allée récupérer les invitations de Cate et Clara pour la projection du film de Soderbergh. Après le briefing de Bertrand, je suis repassée à la chambre pour me changer. J'ai choisi une petite robe noire supermignonne que j'ai trouvée en solde chez Maje. Normalement, Maje ce n'est pas dans mes cordes. Je boxe plutôt dans la catégorie H&M. Mais là, quand je l'ai vue, elle m'a vraiment fait de l'œil. Moins cinquante pour cent et encore quinze pour cent avec la carte Printemps. Prix de départ : deux cent quatre-vingt-quinze euros, prix payé : un peu plus de cent vingt euros. Honnêtement, qui résisterait à une affaire comme celle-là ? Elle me va tellement bien avec son décolleté croisé stretch qui épouse parfaitement ma silhouette. Elle souligne ma poitrine sans rien montrer. En revanche, son décolleté carré dans le dos est beaucoup plus suggestif. Son plissage au bas qui s'arrête à mi-cuisse met mes jambes en valeur. Avec mes chaussures Elizabeth Stuart dont les talons ne sont pas trop hauts, je me sens à l'aise pour ma première grande soirée dans le monde.

À 20 h 15, je suis dans le hall de l'hôtel Royal. À 20 h 40 précises, Cate sort de l'ascenseur avec Clara. Elles se dirigent vers moi. Cate est sublime dans une robe longue sûrement dessinée par un grand couturier. Je me sens tout à coup beaucoup moins à mon aise dans ma robe mi-cuisse. Clara a également une robe longue mais plus ordinaire.

— Bonsoir, Cate, bonsoir, Clara, la voiture vous attend.

Nous sortons par l'entrée côté mer. La voiture ne roule que sur quatre cents mètres car la salle de cinéma est toute proche. La voiture était néanmoins nécessaire car Cate a de très hauts talons.

Nous arrivons sur le tapis rouge juste derrière Soderbergh. Comme c'est son film qui est projeté ce soir, les photographes le mitraillent et nous obligent à patienter quelques minutes. Pendant ce temps, Clara regarde ma tenue d'un air critique.

— Ophélie, vous ne craignez pas que votre robe ne soit un peu courte ?

Je reste sans voix, je ne sais que répondre. Je suis mortifiée. Mais Cate vient à ma rescousse.

— Clara, elle a vingt-cinq ans ! Si elle ne montre pas ses jambes maintenant, elle ne les montrera jamais ! Ophélie, cette robe vous va très bien, vous êtes superbe.

Clara bougonne.

— Heureusement que Michael Brown n'arrive que demain !

Cate éclate de rire.

— Oui, ce soir avec Soderbergh, on est tranquilles.

Je suis la conversation dans un état de choc. Après l'attaque sur ma robe, elle a parlé de Michael. Qu'a-t-elle voulu dire par : « Heureusement, Michael Brown n'arrive que demain » ? Est-ce une vacherie sur Michael ? Veut-elle dire qu'il mate les jeunes femmes ? Qu'il va me regarder et peut-être m'apprécier ? Mon cœur bat la chamade. De toute façon, tous les hommes regardent les jolies femmes. Mais suis-je assez jolie ? La première réflexion de Clara prend un sens positif grâce à sa seconde remarque.

C'est dans une sorte de brouillard que je conduits Cate vers le photocall après l'entrée de Soderbergh. Photos puis entrée dans le palais, installation de Cate et Clara à leurs places.

Je dois rester près d'elles pendant la projection pour le cas où elles auraient besoin de quelque chose, mais je peux quand même rejoindre Laure. Il faut absolument que je lui raconte.

Elle est à l'entrée de la salle. Je dois attendre tous les discours de début de festival. Lionel Chouchan, créateur du festival de Deauville puis Vincent Lindon, président de l'édition 2013. Malgré mon envie urgente de parler à Laure, j'écoute les discours qui sont passionnants.

Enfin, les lumières s'éteignent, je peux entraîner Laure dans le couloir. Je lui raconte l'échange entre Cate et Clara.

— Alors, tu en penses quoi ?

De façon surprenante, Laure n'est pas aussi enthousiaste que moi.

— Pas grand-chose. C'était juste une petite vacherie contre Michael.

— Mais quand même, il doit y avoir un fond de vérité !

— Rien d'original, tous les hommes de plus de quarante ans regardent les jolies femmes. Je pense d'ailleurs qu'ils n'attendent pas cet âge-là et qu'ils ne regardent pas que les jolies.

Elle a un petit rire cynique. Je voulais qu'elle contribue à alimenter mon rêve et elle piétine mes illusions. En même temps, elle dit exactement ce que je pensais un quart d'heure plus tôt. Il n'empêche que j'aurais aimé qu'elle épouse un point de vue différent, qu'elle m'ouvre un horizon d'espoir. Ce n'est pas le cas. On ne peut vraiment pas compter sur les amies.

— Donc tu penses que je ne dois pas y voir la possibilité que je lui plaise ?

— Non. D'ailleurs tu n'arrêtes pas de me répéter qu'il est marié et heureux dans son couple avec la sublime Carolina.

Là, elle m'enfonce un couteau dans le cœur. Elle a raison mais je ne comprends pas pourquoi elle se montre. Ce n'est pas son genre. Je l'observe. Elle a le regard dans le vide. Il y a quelque chose qui ne va pas.

— Ça va ? Tu n'as pas l'air dans ton assiette.

— Ça va, mais je viens de croiser Éric. Il est marié.

— C'est qui Éric ?

— C'est mon journaliste de l'année dernière. Envolé mon plan cul ! L'année dernière, il souhaitait m'accompagner à Paris, lâcher son boulot et vivre avec moi. Un an plus tard, il est marié ! Les hommes ne sont pas fiables.

— Mais tu ne voulais pas de lui !

— À Paris, non, mais à Deauville, oui. C'est pas une lumière mais c'est plutôt un bon coup. En plus, il a fallu qu'il me montre les images de son mariage ! Imagine, il a épousé une bonne Normande blondasse avec une robe de mariée qui la faisait ressembler à une grosse meringue. Je croyais qu'il avait meilleur goût ! Tu vois, non seulement il ne se passera rien avec lui cette année mais en plus il a réussi à bousiller mon souvenir de l'année dernière. Quel con !

Je comprends mieux pourquoi elle était si peu encourageante pour mon histoire Michael. Ça me remet un peu de baume au cœur.

Nous sommes retournées dans la salle pour voir le film. Nous n'avions pas manqué plus de cinq minutes. Je me suis régalée, c'est un excellent Soderbergh et Michael Douglas interprète son rôle avec beaucoup de finesse.

J'avais retrouvé un état d'esprit très positif. La fin du film et le reste de la soirée se sont passés sans anicroche. J'ai conduit Cate et Clara au dîner d'ouverture qui avait lieu au Casino de Deauville. Je ne savais pas si les attachés de presse étaient invités mais nous avions bien une table. En dehors de Laure qui faisait un peu la gueule, tout le monde était d'excellente humeur. Vers 1 heure du matin, nous avions fini de boire nos cafés. J'ai raccompagné Cate et Clara à leur hôtel. Cate m'a très gentiment remerciée.

— Ophélie, vous avez été formidable, merci beaucoup. J'ai passé une excellente journée, je vais me coucher.

— Merci, Cate, bonne nuit. Bonne nuit, Clara.

Clara n'a pas pu s'empêcher d'ajouter son petit grain de sel.

— La journée difficile et importante, c'est demain, pas aujourd'hui. Je compte sur vous Ophélie. Je vous conseille de vous coucher tôt pour être en forme.

En disant cela, elle me scrute intensément. Merde, on pourrait jurer qu'elle était présente dans la chambre quand Laure m'a fait son exposé sur les nuits deauvillaises.

J'ai pris congé rapidement. Il me fallait maintenant expliquer à Laure que je ne pouvais pas sortir ce soir. Pas gagné...

C'était oublier que Laure est toujours capable de me surprendre. Quand je suis rentrée, elle était déjà couchée ! Incroyable, la reine de la nuit était au lit. Elle n'a même pas répondu à mon « Bonne nuit ».

Tant mieux, pas de bataille à livrer pour pouvoir aller me coucher tranquillement. Pour finir une journée presque parfaite, j'ai reçu un gentil SMS de Christophe. Ça m'a fait plaisir mais ma réponse n'était pas au niveau. Je n'y peux rien, mon esprit est ailleurs. Michael est en ce moment en train d'embarquer à Los Angeles direction Roissy-Charles-de-Gaulle puis Deauville. Dans vingt-quatre heures exactement, nous nous rencontrerons enfin. J'espère que Clara a raison et qu'il me remarquera !

Samedi 31 août

Je crois que si je pouvais tuer Clara, je le ferais. Elle a peut-être définitivement ruiné la chance de ma vie. Pourquoi a-t-elle fait ça ? Ce n'était pas à elle de décider !

La journée avait pourtant bien commencé en dehors de l'humeur toujours maussade de ma room-mate. J'avais choisi avec soin une tenue élégante mais sobre. Cette fois pas de robe mi-cuisse mais un pantalon noir, un chemisier blanc et une petite veste noire. J'avais attaché mes cheveux en queue de cheval. On me dit souvent que c'est une coiffure qui me va bien. J'ai juste peur qu'elle ne me donne l'air d'être encore moins âgée que je ne le suis.

Mais aujourd'hui, l'enjeu était double : conférence de presse pour l'hommage à Cate d'une part, arrivée de Michael de l'autre.

La conférence est prévue à 11 heures dans une salle de réception du Royal. Idéal niveau organisation : pas besoin de se déplacer.

Il doit y avoir une cinquantaine de journalistes, beaucoup de Français, quelques Européens et une poignée d'Américains.

Je suis stressée quand Cate s'installe, l'interprète à ses côtés. Clara s'approche de l'estrade tout près de moi. Je sens que la pression monte.

Première question pour Cate :

— Miss Blanchett, pensez-vous que votre rôle dans *Blue Jasmine* peut vous permettre d'obtenir un deuxième oscar ?

Le journaliste qui l'a posée est américain. C'est un petit brun d'une trentaine d'années, peut-être trente-cinq. Il a des lunettes élégantes. Comme le disent les jeunes, il n'est pas forcément beau mais il est stylé. Question en anglais, réponse en anglais, c'est plus simple, pas besoin d'interprète.

Je sens que Clara est très attentive à la réponse de Cate. Il faut éviter de tomber dans le piège. Il n'est pas question de parler d'oscar, les jurés ont horreur de lire dans la presse des déclarations des acteurs évoquant la possibilité de gagner la statuette dorée.

Cate évite le piège sans problème. On dirait un félin. Elle répond avec élégance à côté de la question tout en adressant son plus beau sourire à son interlocuteur. Elle lui parle de son rôle et de sa joie de travailler avec Woody Allen.

Le journaliste la relance :

— Mais vous êtes bien consciente que ce rôle et votre interprétation peuvent vous valoir l'oscar ?

— Voyons, David, vous savez que je suis une actrice, pas un bookmaker. Je ne suis aucunement qualifiée pour spéculer sur les chances des uns et des autres de gagner tel ou tel prix.

Elle est forte. Elle lui adresse un nouveau grand sourire. Elle l'a appelée par son prénom pour créer une proximité mais, sur le fond, elle n'a même pas utilisé le mot « oscar ». Il ne pourra même pas réinterpréter sa réponse et la tourner à sa sauce pour faire croire qu'elle s'imagine pouvoir l'obtenir.

Je vois que le journaliste hésite à revenir une troisième fois à l'assaut. Il est tenace ! Moi, à sa place, je me serais écrasée.

Mais sa seconde d'hésitation lui est fatale. Clara intervient et donne la parole à un autre journaliste, français, du *Figaro*. La question est posée dans notre langue, le traducteur doit remplir sa mission : David ne repartira pas avec la réponse qu'il attendait.

La suite se passe sans problème. Les questions se succèdent, inégales, sur le film, sur sa carrière, sur l'hommage qui lui est consacré et même sur la France. Cate répond de bonne grâce à chacune avec un grand sourire.

La conférence de presse se termine vers 12 h 15, heure à laquelle Cate retourne dans sa chambre pour y déjeuner et se reposer. Les interviews « one to one » n'auront lieu qu'à 16 heures.

De mon côté, je dois aller au briefing de Bertrand. J'y retrouve Laure dont le visage est plus souriant. Elle m'adresse la parole pour la première fois de la journée.

— Tu es contente de la conférence de presse ?

— Oui, ça s'est bien passé, à part la première question.

— Celle de David Rubinstein ?
Elle me surprend. Visiblement, elle était présente...
— Tu y es allée ? Je ne t'ai pas vue.
— Oui, juste au début, le premier quart d'heure. Il est mignon David, tu ne trouves pas ?

Voilà l'explication de son sourire. La mante religieuse a trouvé une nouvelle proie. Elle est incroyable, Laure, je ne sais pas avec combien d'hommes elle a couché dans sa vie. Je pense que je devrais lui demander. Je ne sais pas si je l'envie mais il faut avouer que cela lui simplifie la vie de pouvoir switcher comme ça.

Avant que je puisse lui répondre, Bertrand prend la parole. Vu la tête qu'il fait, pas question de faire des messes basses pendant son débrief. Je fais signe à Laure que nous reprendrons notre discussion après notre réunion.

Bertrand casse l'ambiance. Il a beaucoup de reproches à nous faire, il est pratiquement négatif sur tout ce qui s'est passé dans les premières vingt-quatre heures du festival. Il nous demande de redoubler d'attention et de « tutoyer l'excellence ». À la fin de quarante-cinq minutes de speech et de questions/réponses, il met fin à la réunion.

Mon moral en a pris un coup. Cela doit se lire sur mon visage car Laure me prend le bras et cherche à me réconforter.

— Ne t'en fais pas, il nous a déjà fait le coup l'année dernière. Il nous pourrit pour nous mettre la pression. Ça va être comme ça pendant les dix jours et, au retour à Levallois, il nous invitera à célébrer « une magnifique réussite grâce à un formidable travail d'équipe ».

— Mais c'est injuste ! Moi qui étais tellement contente de la façon dont tout s'est déroulé. Même Clara était satisfaite à la fin de la matinée. Elle m'a remerciée, tu te rends compte ! C'est quoi ce management préhistorique ? On n'est plus au xxe siècle !

— Tu as tort. Bertrand a toujours eu comme référence la Nouvelle Vague, Truffaut, Godard... C'est un pur produit du xxe siècle. Mais assez parlé de Bertrand, viens, on va manger un bout. On n'a qu'à se faire un croque au bar de l'Hôtel. Comme ça, on sera sur place s'il se passe quelque chose.

Laure a un grand sens pratique. Clara a beau avoir mon numéro de portable, je pense que je vais rester dans le hall de l'hôtel jusqu'au début des interviews à 16 heures.

Nous prenons des tabourets au bar. Le menu n'est pas très gastronomique, croque accompagné d'un Perrier pour moi, hamburger-Coca pour elle. Comment fait-elle pour ingurgiter autant de junk food et rester aussi mince ? Elle ne doit pas peser plus de quarante-six, quarante-sept kilos.

Dès qu'on nous apporte notre commande, elle attaque sur son nouveau sujet préféré du moment : le petit journaliste américain de la conférence de presse.

— Alors, dis-moi, tu ne trouves pas qu'il est chou, David ?

— Pas mon genre. Il est trop petit pour moi, il ne doit même pas faire 1,70 m.

— Pas grave, je mesure 1,62 m. De toute façon, comme le disait un grand philosophe, je crois que c'était Archimède, « quand deux corps sont allongés, il n'y a plus de différence de taille ».

J'éclate de rire.

— Archimède, il n'était pas plus physicien et ingénieur que philosophe ?

— Ingénieur, philosophe, on s'en fout...

— Et le principe d'Archimède, ça ne concerne pas plutôt des corps plongés dans un fluide qui subissent une poussée verticale ? Ton principe sur les corps allongés, ce n'est pas plutôt le « principe de Laure » ?

— Peut-être... Remarque, j'aimerais bien essayer le principe d'Archimède avec David. Je prendrais son corps et quand son sexe entrerait en contact avec le fluide dégagé par le mien, il opérerait une poussée verticale qui serait égale à la somme de nos orgasmes respectifs ! Qu'en penses-tu mademoiselle la scientifique ? L'équation te semble-t-elle exacte ?

— Laure, j'essaie d'apprécier mon croque. Je n'ai vraiment pas envie de t'imaginer en train de copuler avec ce David. Sans compter que je le trouve arrogant.

— Un peu d'arrogance n'est pas pour me déplaire. Cela donne de l'assurance au lit. En plus, en ce qui concerne David, j'ai assez envie d'essayer son pénis circoncis...

Là, je m'étrangle vraiment, ce n'est pas une figure de style.

— Quoi ? Qu'est-ce que tu en sais ?

— Enfin Laure ! David Rubinstein... il est juif... comprende ? Juif égale circoncision !

— J'avoue que quand je l'écoutais poser sa question assez agressive à Cate, je ne cherchais pas à m'imaginer la forme de son pénis !

— Tu aurais dû. Moi, j'aime beaucoup les pénis circoncis. C'est plus joli, on dirait des glaces à la fraise.

— Alors là, tu es en plein délire !

— Pourtant, il y a aussi un avantage pratique. Comme il n'y a pas de prépuce, il y a moins de frottement et le monsieur peut durer plus longtemps et t'amener plus facilement à l'orgasme. J'ai expérimenté les deux, les circoncis et les pas circoncis, et mes statistiques personnelles ne me permettent pas de vérifier ou d'invalider cette théorie. Et toi, tu aimes les pénis circoncis ?

— Laure ! J'aime surtout déjeuner en évitant de penser à des prépuces. Je préfère...

Tout à coup, je m'arrête en plein milieu de ma phrase ce qui surprend Laure.

— Qu'est-ce qui se passe ? Pourquoi tu as cet air bizarre, la bouche ouverte et les yeux exorbités.

— Michael ! Michael est en train de rentrer dans l'hôtel !

Il est là, enfin là, à moins de vingt mètres de moi. C'est la première fois que je peux le voir aussi bien ailleurs que sur des écrans de cinéma et dans des magazines. Il est si beau ! Ses cheveux poivre et sel, ses beaux yeux bleus, d'un bleu profond. En même temps, là, je délire un peu, car il porte des lunettes noires. Sinon quelle stature, quelle élégance, même avec un jean, une chemise cow-boy, et des santiags.

Laure s'est retournée pour suivre mon regard. Elle l'observe quelques instants puis se retourne vers moi.

— Ok, c'est bien M. Michael Brown. Pas mal mais dans le style plus de quarante ans, je préfère George Clooney. Dommage qu'il ait choisi d'aller à la Mostra de Venise pour présenter *Gravity*.

— Tant mieux, je vais pouvoir garder Michael pour moi. Tu te rends compte qu'il est à côté de moi et qu'il peut me voir à tout moment...

— Il n'est pas à côté de toi, il est à l'entrée de l'hôtel et, toi, tu es au bar. En plus, à ta place je n'aurais pas envie qu'il me voie...

— Pourquoi, j'ai une tache sur mon chemisier ?

— Non, mais avec la bouche ouverte façon groupie de base, tu fais tellement gourdasse que tu le ferais fuir. Jolie gourdasse mais gourdasse quand même.

C'est comme un électrochoc. Merde, si j'ai vraiment l'air idiote, je vais foutre mes chances en l'air. Je me redresse, sors la poitrine, un peu mais pas trop et essaie de prendre un air réfléchi.

Pas si facile que ça ! Quand on n'y pense pas, ça va, mais quand on veut donner cette impression d'intelligence, c'est une vraie galère. Mon prof d'expression orale à la fac nous disait qu'il fallait être spontané. C'est quand même le conseil le plus stupide que j'ai entendu de toutes mes années d'étude. Si on essaie d'être spontané, par définition, on ne l'est pas !

Enfin, oublions et essayons juste d'avoir un meilleur look. Je vérifie auprès de Laure.

— C'est mieux ?

— Oui, au niveau du regard, mais ne surjoue pas : il n'est pas Bogart et tu n'es certainement pas Bacall. Question poitrine, tu n'arriveras pas à donner le change : ton 90B ne passera jamais pour un 90D.

— Je ne fais pas un 90B, je fais un 85C !

Je suis néanmoins son conseil. Pendant cet échange, j'ai quitté Michael des yeux pendant quelques secondes. J'entends soudain le son de sa voix. À distance, je ne peux pas comprendre ce qu'il dit mais je sens au ton qu'il a l'air fâché. Vincent, l'attaché de presse, a l'air de se justifier. Il est en train de se faire sacrément engueuler. Michael se dirige vers l'ascenseur suivi de Vincent qui semble être au fond du trou.

Pendant une fraction de seconde, Michael se tourne vers le bar. J'ai l'impression qu'il m'observe, que nos regards se croisent. Mon cœur s'arrête de battre. C'est très cliché cette expression mais c'est exactement ce que je ressens.

Le temps que je réalise, il s'est engouffré dans l'ascenseur.

— Laure, Michael m'a regardée, enfin je crois.
— Comment ça, tu crois ?
— Il a des lunettes noires.
— Ah oui, il t'a peut-être regardée. Ptêt ben qu'oui, ptêt ben qu'non. C'est parfait, nous sommes en Normandie, la patrie de l'incertitude.
— Ton expertise sur les comportements régionaux, je m'en passerais bien alors que je viens de te parler de l'événement le plus important de ma vie.
— Ouh mais c'est qu'elle est drôlement agressive, la petite jeune fille quand on plaisante sur l'être aimé, l'objet du désir. Bon, si c'est comme ça, je m'en vais.
— Mais non, ne sois pas vexée, reste.
— Ne t'inquiète pas, je ne le suis pas. Mais je dois passer rapidement à l'appartement. Je te laisse.

Nous réglons la note puis je l'accompagne jusqu'à la sortie de l'hôtel. J'ai décidé de rester dans le hall et d'y attendre Cate pour les interviews de 16 heures. Je vais faire mes emails sur mon iPhone. Peut-être que j'essaierai de faire un tchat avec Christophe. Avec un peu de chance, il sera dispo. Ce ne serait pas un luxe de ranimer la flamme…

Je n'ai pas fini de répondre à mon deuxième mail que j'entends des éclats de voix. Cette voix, je ne la connais que trop bien, une belle voix grave et riche, en anglais avec un accent new-yorkais, pas trop marqué mais hyperclasse : Michael ! L'ascenseur s'ouvre, il descend suivi de Vincent. Ce dernier est dans un état lamentable, ce n'est plus qu'une épave qui essaie désespérément de suivre la star dont il a la charge. Je ne sais pas ce qui se passe mais je n'aimerais pas être à sa place. Ça chauffe vraiment !

Je parviens maintenant à entendre ce que dit Michael :

— Pourquoi suis-je toujours aussi mal entouré ? Pourquoi faut-il que l'on m'attribue l'attaché de presse le plus attardé mental qui existe ? N'ai-je pas le droit à un peu de considération ? Je parcours la moitié du monde pour aller dans une petite ville française qui organise un festival américain et je suis reçu de cette façon ! Je n'ai pas demandé à venir, n'est-ce pas ? C'est bien le festival qui m'a invité ? J'ai même le droit à un hommage ou ai-je rêvé ? Peut-être lié à mes deux oscars ? Alors, répondez ? Vous parlez anglais, n'est-ce pas ? Pas très bien, je vous l'accorde, mais vous baragouinez assez pour vous faire comprendre.

Je ne pensais pas cela humainement possible mais Vincent s'est encore plus ratatiné sous la charge de Michael. Il a perdu dix centimètres depuis tout à l'heure.

Il tente de se défendre.

— Michael, je vous en prie, bien sûr, vous êtes un hôte important et nous sommes prêts à tout pour vous satisfaire.

Michael le coupe. Je le regarde, il est furieux mais même dans sa colère et sa violence, il est magnifique, incroyablement sexy.

— Vous pourriez commencer par me trouver une attachée de presse digne de ce nom ! Pourquoi ai-je toujours droit à UN attaché de presse ? Si vous pensez que je suis gay, vous vous trompez. Je sais qu'un certain nombre de mes camarades acteurs le sont et qu'ils le cachent par des mariages bidon mais moi je peux vous assurer que je suis cent pour cent hétéro. La profession d'attaché de presse nécessite du doigté, une finesse féminine que vous ne possédez pas, mon cher Vincent ! Le Ciné Organisation doit bien avoir des attachées de presse femmes, non ?

À ce moment-là, je ne sais pas ce qui me prend. Sans réfléchir, je me lève. Je suis à une dizaine de mètres de Michael. Je me suis mise debout comme une élève lors d'un appel. Je sais, c'est assez stupide, mais c'est une sorte de réflexe. Mon corps a agi sans consulter mon cerveau.

Je ne sais pas si Michael a perçu mon mouvement mais il tourne la tête vers moi. Mon Dieu, qu'il est beau. Cette fois, contrairement à tout à l'heure, je suis certaine qu'il me regarde. Longuement et intensément. Il a cessé d'incendier Vincent et son visage s'est adouci. Je crois même discerner l'esquisse d'un sourire.

Il se dirige vers moi. Son sourire s'élargit, il avance avec la souplesse d'un félin. Enfin, c'est ce que je ressens, je suis la gazelle, subjuguée par la progression du lion, qui n'ose plus bouger. Mon cœur s'emballe, au moins cent quatre-vingts pulsations minute. Je rougis, je tremble, j'ai chaud, je me sens mal... je vais défaillir, je vais m'évanouir comme une merde à ses pieds. Pitié, pas ça, je vais être ridicule. Pourquoi Laure n'est-elle pas avec moi ?

En quelques secondes, il est face à moi. Je sens son parfum, son odeur, un mélange de Bleu de Chanel et de sueur. Chez tout homme normal, ce mélange serait déplaisant, chez lui, c'est envoûtant. Pas le temps d'en profiter, il s'adresse à moi.

— Bonjour, vous travaillez à Ciné Organisation ?
— Oui, monsieur.
— Vous êtes attachée de presse ?
— Oui, monsieur.
— Laissez-moi me présenter, je m'appelle Michael. Et vous ?
— Moi, c'est Ophélie, monsieur.

Chacune de mes réponses est ponctuée d'un « sir » en marque de respect. Si je m'en tiens à des phrases courtes, je devrais m'en sortir honorablement.

— Vous savez qui je suis, Ophélie ?
— Oui, monsieur.
— Appelez-moi Michael, Ophélie.

Décidément, les Américains aiment les rapports sans chichi. Merde, Cate hier, Michael aujourd'hui, je vais bientôt appeler toutes les stars de Hollywood par leurs prénoms ! Heureusement qu'en anglais, il n'y a pas de différence entre tutoiement et vouvoiement. Je ne sais pas si j'aurais été capable de franchir le cap.

— D'accord, Michael.

J'ai accepté d'utiliser son prénom mais pas question de dépasser les deux mots par réponse. Comme cela, je peux garder le contrôle de mes émotions et éviter de parler avec une voix chevrotante. « *Chi va piano va sano*[1] ».

---

1. Textuellement : « Qui va doucement, va sûrement. » *(N.d.A.)*

— Vous connaissez un peu ma carrière, Ophélie ?
— Oui, vous avez eu deux oscars...

Une phrase entière est sortie de ma bouche. Pas forcément très intelligente mais pas stupide non plus. Il a un grand sourire amusé, un sourire qui se reflète dans ses yeux.

— Effectivement, deux moments de gloire dans ma carrière. Vous avez vu certains de mes films ?
— Oui, Michael.
— Combien environ ?
— Tous, Michael.

Ses sourcils se sont froncés. Il est surpris.

— Vous avez vu tous mes films ?
— Oui, Michael.
— Même *Panique extraterrestre sur Broadway* ?

C'est son premier film, tourné quand il avait dix-neuf ans. Un vrai navet mais il était déjà superbeau et il jouait vraiment bien, enfin, pour être exacte, il joue correctement si l'on considère que le script est horrible.

— Même celui-là. J'ai le DVD.

Il se marre.

— J'aurais préféré qu'on détruise toutes les copies. Enfin, bonne nouvelle, Ciné Organisation n'emploie pas que des attachés de presse au profil de comptable de banlieue, ils emploient aussi des cinéphiles. Non seulement des cinéphiles, mais de jolies cinéphiles.

Et là, il me lance un regard qui vient titiller le plus profond de mon être. Et merde, ça y est, il me fait rougir. Je dois être aussi rouge que sa Ferrari.

— Ophélie, voulez-vous faire quelque chose pour moi ?
— Bien sûr, Michael.

— Voulez-vous vous occuper de moi pendant ce festival ?

— Pardon ?

Je ne suis pas certaine d'avoir bien entendu. Il n'a pas l'air de plaisanter.

— Ophélie, je vais avoir beaucoup d'interviews pour cet hommage et j'ai vraiment besoin de quelqu'un pour m'aider. Je ne parle pas français. Vous, vous vous débrouillez aussi bien dans la langue de Molière que dans celle de Shakespeare. S'il vous plaît, Ophélie, acceptez-vous de vous occuper de moi ces prochains jours ?

Oh Michael, je veux bien m'occuper de toi non seulement pour ces prochains jours mais aussi ces cinquante prochaines années. En anglais, il a dit « Do you want ». Si j'accepte, je devrais répondre « I do », comme je répondrais à un prêtre le jour de mon mariage.

Je suis dans un rêve éveillé, je vais vraiment dire « I do » à Michael Brown. L'improbable, l'inconcevable est en train de se produire.

Mais la vie n'est pas un rêve et l'arrivée de Christine, l'adjointe de Bertrand, me le rappelle brutalement.

— Hello, Michael, puis-je faire quelque chose pour vous ? Il semble que vous ayez un problème.

Non, Christine, non, il n'a plus de problème, il est avec moi maintenant !

Michael est tout à coup plus froid.

— Il y en avait un effectivement au niveau de mon attaché de presse mais je pense l'avoir résolu. Ophélie s'occupera très bien de moi.

Merci Michael, je suis totalement d'accord, je vais vous choyer.

Mais Christine n'est pas de cet avis :

— Vous savez, Michael, ce n'est pas si facile. Ophélie s'occupe déjà d'autres invités ainsi que de certains membres du jury. Je ne crois pas que cela soit possible.

— Je crois au contraire que tout est possible, si vous souhaitez satisfaire un de vos invités de marque. Je veux Ophélie.

En disant cela, il fait un truc incroyable : il me prend par la main.

Moi, Ophélie Delacour, vingt-cinq ans, de Saint-Germain-en-Laye, j'ai la main de Michael Brown dans la mienne. C'est trop bon, c'est un orgasme émotionnel qui me submerge. Je ne me suis jamais sentie aussi bien en tenant la main de quelqu'un. Il ne me regarde pas, il affronte Christine mais, le plus important, c'est le lien qui nous unit, un lien physique. Je perds le fil du combat qu'il mène. La discussion est virulente mais je sens que Christine est en train de céder du terrain : il est difficile de résister au charisme et à la volonté de Michael.

Malheureusement, dans un combat, l'issue est souvent décidée par l'arrivée des renforts. Comme Napoléon à Waterloo, j'aurais souhaité voir arriver Grouchy mais c'est bien Blücher qui surgit. Et à Deauville, en 2013, Blücher est un petit bout de femme énergique : Clara !

— Michael, Christine, y a-t-il un problème ? Puis-je vous proposer mon aide ?

De façon incroyable, je sens immédiatement Michael plus hésitant quand il réexplique à Clara qu'il a besoin de moi comme attachée de presse. Sa demande est moins impérative, plus suppliante. Même sa main me paraît moins assurée.

Clara, elle, est solide comme un roc.

— Michael, Ophélie ne peut pas s'occuper de vous, elle s'occupe déjà de Cate.

— Clara, elle peut très bien s'occuper de nous deux. Je laisserai, bien entendu, la priorité à Cate. Priorité à la beauté et au talent.

Il lui adresse le sourire qui a fait craquer toutes les femmes qui l'ont vu dans les salles obscures. Toutes les femmes, non. Toutes, sauf une, et malheureusement, cette femme, c'est Clara.

Elle regarde Michael avec un petit sourire, un sourire froid de femme à qui on ne la fait pas.

— Michael, vous savez mieux que moi qu'Ophélie ne peut pas s'occuper de vous. Ce ne serait pas raisonnable.

Elle se tourne vers moi.

— Ophélie, montez au deuxième étage. Je vous rejoins dans une minute, nous devons préparer les interviews de Cate.

Je suis prête à dire non, à l'envoyer au diable mais, soudain, je sens une chose incroyable : Michael me lâche la main ! Ce n'est pas possible, en deux phrases, Clara l'a terrassé ! Il m'abandonne. Il tente néanmoins un dernier baroud d'honneur :

— Clara, je ne peux pas toujours avoir des attachés de presse hommes, ils ne connaissent rien à la presse.

— Très bien, Michael, Christine peut certainement s'occuper de vous. Christine, avant d'être l'adjointe de Bertrand, vous étiez bien attachée de presse, n'est-ce pas ? Vous voulez bien vous occuper de Michael ? Il suffit de demander à Bertrand. Le voilà qui arrive justement.

Je n'attends pas de connaître l'avis de Bertrand car je pressens déjà sa réponse. Cette affreuse femme a brisé le rêve de ma vie. Je suis déçue par Michael. Pourquoi a-t-il renoncé si rapidement ? Comment a-t-elle eu le dessus avec autant de facilité ?

Je rumine ces pensées en l'attendant devant les ascenseurs au deuxième étage.

Elle arrive quelques minutes après. Elle me jette un regard et juge de mon état psychologique en un instant.

— Ressaisissez-vous, Ophélie. Il vaut mieux pour vous que vous ne vous occupiez pas de M. Brown, croyez-moi.

Believe me, my ass, tiens. D'abord pour moi, ce n'est plus M. Brown, c'est Michael. Vous ne pouvez pas comprendre, Clara, ce qui a pu se passer entre Michael et moi pendant ces quelques minutes où nous nous sommes tenu la main. Vous êtes une vieille fille aigrie qui ne pourra jamais attirer un homme comme lui, contrairement à moi.

J'aimerais lui balancer tout ça, mais, lâchement, j'opine du chef et la suis dans sa chambre. Je me trouve dans un état second et je passe l'après-midi dans une sorte de flou. Je reste professionnelle pendant le brief de Clara puis pendant les interviews de Cate mais je me sens détachée. Je ne sais même pas si c'est perceptible pour les gens car je suis capable de faire des sourires. Des sourires factices mais qui ont le mérite d'exister. Seules Clara et, peut-être, Cate qui m'a jeté un regard interrogateur savent que je ne suis pas dans mon état normal.

Cate est fantastique, souriante pendant les deux heures d'interviews. Ses réponses sont intelligentes, drôles. Tout se passe à merveille. À la fin, Cate me remercie. Plus surprenant, Clara me dit : « Well done

Ophélie. » Je devrais être au top, félicitée par une des plus grandes actrices au monde. Je réussis magnifiquement ce premier Deauville, ma carrière est lancée mais j'ai surtout l'impression que ma vie sentimentale vacille.

Nous avons un break d'une heure et demie avant d'aller à la cérémonie d'hommage consacrée à Cate. Je repasse me changer à l'appartement.

Laure est là. Je la salue d'un mot. Il semble que, depuis le début de l'après-midi, je me spécialise dans les phrases succinctes.

— Hello.

— Salut, Ophélie, ça va ?

— Ça va.

— Tu as une mine pas possible ! Ça s'est mal passé les interviews de Cate ?

— Non, au contraire, très bien.

— Tu es sûre ? Tu devrais être ravie...

— Non, ça s'est déroulé comme sur des roulettes. J'ai même eu les félicitations de Clara.

— Ouah, ça c'est exceptionnel. Depuis que je suis dans le cinéma, c'est la première fois que j'entends quelqu'un dire qu'il a été félicité par la sorcière Ferlani !

— La sorcière Ferlani ?

— Oui, c'est son surnom à Hollywood « The Ferlani Witch », parce qu'elle est à la fois capable de faire des choses magiques mais que c'est aussi une sale vache.

— Tu ne me l'avais pas dit !

— Non, je ne voulais pas te décourager.

— Tu as peut-être bien fait... C'est effectivement une sale sorcière !

— Je ne comprends pas : tu m'as dit qu'elle t'avait félicitée ?

— C'est une longue histoire. En bref, elle a cassé mon histoire avec Michael. Tu te rends compte, il me tenait la main !

J'ai parlé de façon un peu hystérique. Je le vois dans les yeux de Laure, elle se demande si je ne suis pas en train de péter un câble.

— Attends, Ophélie, que je sois sûre de bien comprendre. Michael t'a tenu la main... Michael Brown ?

— Oui ! Pendant cinq minutes ! Jusqu'à ce qu'elle dise que je ne pouvais pas m'occuper de lui !

— Mais tu ne peux pas t'occuper de lui, tu t'occupes de Cate.

— Merci, ce couplet, Clara me l'a déjà sorti.

— Mais elle a raison, pourquoi t'occuperais-tu de Michael alors que c'est Vincent qui en est chargé ?

Elle va me rendre folle, elle aussi. C'est pas possible, ils se sont ligués contre moi ou quoi ? Ma voix est montée d'un cran. Je hurle presque.

— Michael me voulait, il m'avait choisie !

Plus je crie, plus elle parle doucement et calmement.

— Ophélie, ce n'est pas aux acteurs de choisir leurs attachés de presse. Ils ne doivent pas se comporter comme des enfants gâtés.

Elle a raison, bien sûr. Mais le fait qu'elle ait raison est d'autant plus énervant que, puisqu'elle est mon amie, elle devrait me soutenir. Je craque et cette fois je me mets à hurler :

— Je m'en fous, il a dit que j'étais une cinéphile, que j'étais compétente, qu'il voulait travailler avec moi ! Pourquoi es-tu de leur côté ? C'est dégueulasse ! J'ai laissé passer la chance de ma vie !

Laure me prend les mains et me regarde avec un air pénétrant. Sa réponse est en volume presque aussi forte que mon éclat mais elle garde son calme.

— Ophélie, ça suffit ! Je ne suis pas contre toi, je cherche à garder une certaine objectivité ! Tu ne pouvais pas quitter Cate le jour de son hommage, ce n'est pas possible. Tu dois être raisonnable...

Et là, soudainement, c'est trop. Toute l'émotion que j'ai réussi à refouler pendant tout l'après-midi, mon magnifique flegme britannique pendant les interviews, tout s'effondre. Je me mets à pleurer, tout doucement. Mon hystérie a laissé la place à un abattement plein de tristesse.

Laure me prend dans ses bras.

— Vas-y, pleure un bon coup. Je reconnais que tenir la main de Michael et être forcée de la lâcher, c'est vraiment un sale coup. Il t'a dit autre chose Michael ?

— Que j'étais jolie, que j'étais une jolie cinéphile.

— Ouah ! Michael Brown, un des cinq plus beaux mâles de la planète a dit que tu étais jolie ! Et tu pleures... Tu ne crois pas que c'est plutôt une belle journée ? Ce matin, il ne te connaissait pas, et cet après-midi il t'a complimentée sur ton physique ! Je vais peut-être être jalouse...

— Non, tu ne peux pas, tu préfères Clooney.

En disant cela, j'esquisse un petit sourire. Elle est vraiment bien, ma copine, elle a réussi à me recadrer et à me remonter le moral en cinq minutes.

— Allez, il est temps de se changer pour la soirée.

Elle a raison, il faut se faire belle. Michael va certainement venir à la cérémonie. Je veux lui montrer que je ne suis pas seulement jolie, mais que je suis sublime.

Ce soir, j'opte pour une robe Zara dont la longueur ne dépasse pas celle d'hier. Tant pis si ma robe trop courte déplaît à la sorcière Ferlani. Ou plutôt tant mieux. Si elle peut s'étrangler en voyant mes jolies jambes et le regard subjugué de Michael quand il me verra. Je me fais un maquillage hypersophistiqué, je n'ai jamais été aussi femme fatale que ce soir. Quand Laure me voit, elle s'extasie.

— Oh, la bombe ! Michael Brown risque la crise cardiaque.

— Ce n'est pas grave, je lui ferai du bouche à bouche.

— You're my girl ! J'aime que tu aies cet esprit de combat.

Laure et moi allons retrouver nos stars respectives à l'hôtel Royal. J'ai rendez-vous dans la suite de Cate. Quand j'arrive, Clara est déjà là. Elle me regarde mais ne fait pas de commentaire sur ma tenue. Je les salue toutes les deux. Elles me répondent un peu distraitement. Je ne suis pas parano et je sais que ce n'est pas à cause du problème de Michael. Elles parlent toutes les deux de la cérémonie et du discours que Cate doit prononcer. Pour la première fois, elle me semble un peu nerveuse.

Le trajet confirme cette impression. La concentration donne au visage de Cate un air très sévère. C'est incroyable, ce n'est plus la même personne. Le stress est contagieux, je suis atteinte. Dire que dans quelques minutes c'est le photocall. Ça va être un désastre !

La voiture s'arrête, je descends la première et je fais le tour de la voiture pour rejoindre Cate. Le chauffeur lui ouvre la portière. Bertrand est là également et il lui tend la main pour l'aider à sortir. Bertrand, c'est quand même la classe quand il veut, tout smart dans son smoking !

La femme qui sort de la voiture ne ressemble en rien à celle qui était à l'intérieur. Cate est rayonnante maintenant. Elle avance seule sur le tapis rouge, suivie de Bertrand et de Clara, puis de moi. La reine et ses sujets. Son allure est tout à fait royale : elle porte une magnifique robe blanche Armani. Quand elle s'arrête au photocall, c'est la folie, tous les photographes essaient d'attirer son attention.
— Cate, s'il vous plaît, Cate !
— Cate, ici sur votre droite !!!
— Cate, Cate !!!
— Cate, Cate, ici à gauche !!!

Elle se tourne vers chacun d'eux avec ce sourire incroyable, ce sourire qu'elle rend unique pour chacun. Une grande leçon de professionnalisme. Pendant quelques instants, j'oublie Michael et mon vague à l'âme.

Mais la tentation n'est pas loin. Alors que les flashes crépitent pour saisir la beauté et la classe de Cate, une autre voiture arrive trente mètres plus loin. Christine en descend ce qui veut dire que Michael arrive si l'on suppose que Bertrand a bien entériné le changement d'attaché de presse.

Effectivement, il est là. Cette fois, plus de santiags ni de chemise de cow-boy. Il est en smoking, tout simplement. C'est l'image parfaite de la classe et de la beauté, c'est le mariage réussi entre James Bond et Gatsby...

Pendant quelques trop courtes secondes, je le fixe avant de détourner les yeux pour retourner à mes obligations d'attachée de presse de Cate. Lui n'a pas semblé me voir. En même temps, je ne peux pas le blâmer car il est à une certaine distance et je me tiens en retrait dans la pénombre.

Je me force à regarder devant moi alors que je sais qu'il va s'avancer vers nous. Je résiste comme je peux. Au bout d'un moment, je compte les secondes : si à 100, nous sommes toujours bloquées, je jetterai un coup d'œil vers lui.

Non 100, ce n'est pas assez, il faut au moins aller jusqu'à 200.

1, 2, 3, 4,... 47, 48, 49, 50. J'ai l'impression de sentir sa présence dans mon dos, juste derrière moi. Je ne vais pas tenir jusqu'à 200. 51, 52, 53, 54,..., 98, 99, 100. Peut-être est-il en train de m'observer, d'admirer mes jambes. Je suis contente d'avoir mis cette robe. Merde, j'espère qu'il ne la trouve pas trop courte. C'est sûr que, comparée à Cate, je fais un peu pétasse... C'est si difficile de le savoir si près et de résister à l'envie de me retourner. 101, 102, 103,... 164, 165, 166. Je n'en peux plus, d'un coup je me retourne. J'ai atteint 166, c'est beaucoup mieux que les 100 que je m'étais fixés au début. Je ne sais pas si 166 est en rapport avec le nombre 666 qui représente le diable mais mon petit diable à moi m'a dit qu'il était temps d'affronter son regard et mon destin.

Pour ne pas avoir l'air de la groupie moyenne qui mate la star, j'essaie de prendre un air de grande professionnelle qui embrasse l'organisation du tapis rouge d'un seul regard.

Michael est, comme je m'y attendais, à quelques mètres. Il attend tranquillement que Cate soit sortie de la zone du photocall pour lui succéder. Il discute avec Bertrand, les mains derrière le dos, l'image même de la patience. Ce n'est plus le fauve qui rugissait quelques heures plus tôt. Il est souriant. Une fraction de seconde, j'ai l'impression qu'il a cillé quand il m'a vue. Mais je n'en suis pas certaine...

Avant que je puisse m'en assurer, le caporal-chef Clara bat le rappel des troupes.

— Come on Ophélie, let's go.

Il faut entrer dans le palais. Je guide Cate et Clara jusqu'à leurs places. Elles s'asseyent à la place d'honneur. Je vois sur le siège à côté de Cate une étiquette « Michael Brown ». La salle est déjà pleine. Je rappelle rapidement à Cate le déroulement des opérations.

— Lionel Chouchan, le président du festival, va faire un petit speech d'introduction puis invitera le président du jury, Vincent Lindon, à vous rendre hommage. Ensuite il vous demandera de le rejoindre sur scène. Vous prononcerez votre discours et vous sortirez par la coulisse.

Clara intervient :

— Avant de quitter la scène, Cate, n'oublie pas les photographes qui seront au pied de l'estrade.

— Clara a raison, vous devez encore faire les photos. Clara et moi nous vous rejoindrons backstage.

À ce moment-là, je sens une présence dans mon dos. Je sens également un parfum, un parfum que j'ai senti quelques heures plus tôt : Michael !!!

En prenant place dans son fauteuil, son bras droit frôle ma hanche. Ce contact à peine perceptible me fait l'effet d'une décharge de cent mille volts.

Si je lisais dans un roman qu'un si faible contact peut provoquer un tel effet sur l'héroïne, je pense que je jetterais immédiatement le livre à la poubelle en me demandant comment l'auteur peut écrire de telles inepties ! Et pourtant, désolée, c'est la stricte vérité. J'ai ressenti un truc incroyable.

En même temps, mon cerveau marche à deux mille à l'heure. Je me demande s'il l'a fait exprès, s'il aurait pu s'asseoir en passant plus loin de moi. Pas le temps de m'appesantir, les lumières s'éteignent, Lionel Chouchan entre en scène. Je m'éloigne de quelques mètres pour ne pas être dans le champ de vision des stars et je m'accroupis pour ne pas gêner les spectateurs.

Lionel Chouchan est comme d'habitude clair et concis. C'est fou ce que j'aimerais être aussi à l'aise quand je m'exprime en public. On dit que c'est une question d'habitude mais je pense qu'il faut surtout une grande assurance naturelle.

C'est ensuite au tour de Vincent Lindon, président du jury. Il rend hommage à Cate. La force de Vincent Lindon, c'est qu'il écrit ses discours lui-même et qu'on sent que c'est un acteur, un très bon acteur.

Il commence de façon amusante en imaginant une conversation avec Bertrand. La salle rit beaucoup. Puis vient la partie plus sérieuse sur Cate. D'abord, un film retraçant sa carrière est projeté sur un écran. Il illustre l'incroyable richesse de son parcours et son talent. Talent dont Vincent Lindon fait brillamment l'éloge. Il dit qu'elle est la grâce, l'intelligence, l'élégance, le charme et combien elle a du goût dans ses choix, en résumé qu'elle a la classe.

C'est bête mais, en entendant son discours, je suis fière de m'occuper de Cate et d'être française, d'avoir un compatriote qui peut écrire un hommage aussi simple et aussi touchant.

Il invite Cate à le rejoindre sur scène. Michael se lève le premier de son fauteuil pour lui tendre la main. Quel gentleman ! Il a un sourire gentil et, sans lâcher sa main droite, il pose sa main gauche sur son bras dans un geste amical. Il lui dit un petit mot. J'arrive à lire sur ses lèvres « break a leg ». Cela peut paraître surprenant pour un non-initié mais ce n'est pas mon cas. Je sais que dans le monde du théâtre aux États-Unis, cela signifie bonne chance.

J'ai du mal à faire le lien entre ce Michael si gentil et celui qui a littéralement détruit Vincent !

Cate monte sur scène aidée par Vincent Lindon qui est venu à sa rencontre. Elle fait son discours. On sent qu'elle est touchée même si elle maîtrise bien son émotion. Son discours est très beau, il parle de chance d'être actrice, de la beauté du métier. Elle remercie Deauville, Ciné Organisation, Vincent Lindon. Ensuite elle dit quelques mots sur le film de Woody Allen puis souhaite une bonne soirée aux spectateurs.

Elle se dirige vers la coulisse en oubliant les photographes. Cela valait bien la peine de lui rappeler le déroulement des opérations quelques minutes plus tôt. En même temps, je suis injuste : pendant le briefing, moi aussi, j'avais oublié les photographes. C'est Clara qui en avait parlé...

Heureusement, Vincent Lindon retient Cate par le bras et la conduit vers les photographes. Il se met en retrait de quelques pas avant qu'elle ne l'appelle à ses côtés. Le président et Miss Cate, ça pourrait faire un très bon titre de comédie américaine...

Soudain Michael se lève et passe devant moi suivi de Christine. Ils quittent le palais. Il ne verra pas le film, il est juste venu assister à l'hommage rendu à Cate. J'aime ce Michael-là, gentil et respectueux. Plus que celui qui s'est mis violemment en colère même si celle-ci lui donnait une certaine beauté vénéneuse.

Clara et moi rejoignons Cate en coulisse.

— Clara, comment c'était ?

— Très bien, Cate. Tu as été excellente sur l'hommage qui t'était consacré. Sur le film, ce que tu as dit sur ton rôle et sur ton plaisir de tourner pour Woody Allen, c'était parfait. Tu as juste oublié de parler des autres acteurs comme nous l'avions décidé.

Je trouve Clara très exigeante, Cate a été formidable. Mais Cate n'est pas du même avis que moi et accepte la critique de Clara.

— Damned, c'est vrai, j'ai oublié. Ce doit être l'émotion. Tu sais, Clara, après avoir reçu mon oscar, je ne pensais pas pouvoir être touchée autant par un hommage dans une petite ville française. Mais revoir toutes ces images de mes films, c'était très bizarre, comme si j'étais morte et que je voyais défiler ma vie devant moi. Et puis ce discours de Vincent Lindon, d'abord amusant puis si personnel. C'était original, c'était le french style ! Vous pouvez être fière de votre compatriote, Ophélie.

Un large sourire apparaît sur mon visage. Je suis contente de son commentaire. Au début, je n'avais pas apprécié ce qu'elle disait sur Deauville, « une petite ville », une appréciation assez réductrice. Mais elle est pardonnée.

— Je l'ai trouvé formidable Vincent Lindon, c'est le meilleur discours du festival !

Clara semble choquée et Cate, surprise.

Merde, c'est pas vrai, comment je peux me mettre dans de telles situations ?

— Heu, je voulais dire qu'il a été à la hauteur de sa mission. Je ne le compare pas avec vous Cate.

J'entends Clara bougonner.

— Encore heureux, sinon il faudrait lui décerner un oscar d'honneur !

Cate rit et me rassure.

— Ne vous inquiétez pas Ophélie, je ne suis pas susceptible, enfin pas sur ce genre de choses. Ne prenez pas cet air de chien battu. Il n'y a aucun problème. No hard feelings... Néanmoins, je vous invite à faire attention, tous les acteurs ne sont pas comme moi. Dans votre métier, il faut tourner sa langue sept fois dans sa bouche avant de parler.

Elle s'est exprimée en français avec son accent australien pour prononcer cette dernière phrase. Visiblement, elle est contente de son effet.

— C'est bien ce que vous dites, n'est-ce pas, Ophélie, dans ce genre de circonstance ? J'ai toujours aimé cette expression, c'est tellement plus imagé que le « You should think long and hard before talking » que l'on utilise en anglais. C'est une des rares choses que j'ai retenues dans votre langue.

Clara nous rappelle à l'ordre.

— Il faut y aller, nous avons rendez-vous à l'hôtel dans une demi-heure. Une voiture nous emmènera au restaurant. Nous avons à peine le temps de nous changer.

Ah, première nouvelle, je croyais que nous dînions au restaurant de l'hôtel.

Nous arrivons au Royal, j'accompagne Cate dans sa suite et l'attends dans le salon avec Clara. Elle ne se change pas. Cate se renseigne sur la soirée.

— Clara, tu sais qui vient au dîner ?

— Non, pas vraiment, c'est Bertrand qui l'a organisé. Je sais que nous ne serons pas nombreux. Il y aura certainement Michael et Vincent Lindon.

Michael Brown, quelques invités seulement !!! Ces deux informations réunies provoquent un nouvel électrochoc. Peut-être serais-je assise à côté de lui… ou en face !!! Je ne sais pas ce que je préférerais… En face, il aurait la possibilité de me faire du pied, à côté faire en sorte que son genou caresse le mien ou, mieux, mettre sa main sur ma cuisse !

Ça y est, ma pauvre fille, tu débloques encore à plein tube. J'ai une capacité incroyable à me faire des films ! Parfois, je me demande si je suis la seule dans mon cas à imaginer des trucs comme ça ou si c'est une manie partagée par tous les membres de l'espèce humaine. Si ce n'est pas partagé, si c'est unique, on pourrait peut-être trouver une dénomination psychiatrique pour définir mon type de folie : « Syndrome d'Ophélie. » C'est classe, non ? Définition : « Forme de mythomanie qui pousse le sujet à s'imaginer des scénarios sentimentaux ou sexuels au moindre stimulus. »

Revenons sur terre, même si je ne suis pas très proche de lui, je n'en serai pas très éloignée. J'ai une forte probabilité de pouvoir lui parler.

Cate sort de sa chambre. Pour s'être changée, elle s'est changée ! Elle est en tailleur pantalon noir. Ce qui ne change pas, en revanche, c'est la classe avec laquelle elle peut porter n'importe quelle tenue.

Il est temps de partir. Nous prenons l'ascenseur toutes les trois.

Deux étages plus bas, Cate sort, suivie de Clara. Je ferme la marche.

Il est là dans le hall, il nous attend. Il est seul. Il vient à notre rencontre. Pour l'instant, je suis dans l'ombre des deux Anglo-Saxonnes.

Michael prend Cate dans les bras et l'embrasse. Il la félicite chaleureusement pour son discours. Puis il salue Clara avec plus de retenue. Ces deux-là n'ont pas l'air de s'apprécier particulièrement.

Cate se tourne vers moi dans l'idée de me présenter à Michael.

— Michael, je vous présente Ophélie, la formidable attachée de presse que Ciné Organisation a chargé de s'occuper de moi pendant ce festival.

Michael me regarde en souriant. Il sourit autant par les yeux que par la bouche : il a vraiment un charme incroyable.

— Nous nous sommes déjà rencontrés. Bonsoir, Ophélie.

Le compliment de Cate, le regard de Michael, c'est beaucoup trop pour ne pas devenir rouge comme une pivoine. Je n'ai pas le temps de répondre que Cate lui renvoie une petite pique.

— C'est vrai, j'avais oublié. J'ai même appris que tu l'avais confondue avec Hélène de Troie et que tu avais essayé de l'enlever.

— Si je dois jouer le rôle de Pâris, quel est le tien, Aphrodite ou Athéna ?

Qui a dit que les acteurs de cinéma n'étaient pas cultivés ? Cate Blanchett joue aussi au théâtre ! Pour ma part, je dois rassembler mes souvenirs pour suivre l'échange et essayer de comprendre le rôle de chacun. Heureusement, j'ai fait un exposé sur la guerre de Troie en cours de grec.

Si je me rappelle bien, Pâris est un prince troyen qui se voit offrir par Aphrodite l'amour de la plus belle femme de Grèce, à savoir Hélène. Le problème est qu'Hélène est déjà mariée. Pâris l'enlève, ce qui va déclencher la guerre avec les Grecs et provoquer la destruction de Troie.

Donc, si je suis Hélène, c'est que je suis la plus belle femme du monde. C'est un bon début. Si Michael est Pâris, il va donc m'enlever et me faire trois enfants. Là, ça devient carrément le kif, je suis même prête à lui en faire cinq. De toute façon, même quand on ne sera pas en train de faire des bébés, on pourra toujours se faire des petits câlins ! Petite différence entre Deauville et Troie : Pâris était célibataire et Hélène mariée alors que, dans notre cas, c'est le contraire. Ce n'est pas grave, on ne va pas s'attarder à ce genre de détail.

Pour Cate, si elle est Aphrodite, c'est grâce à elle que je serai dans les bras de Michael. Si elle est Athéna, elle s'opposera à notre union.

Un autre personnage arrive à qui j'ai du mal à attribuer un rôle : Bertrand.

— Bonsoir, nous allons pouvoir y aller. Certains des invités nous attendent déjà au restaurant.

Christine se penche vers Bertrand et lui glisse quelques mots à l'oreille. Bertrand a l'air ennuyé.

— Nous avons un petit problème de places. Nous avons réservé une table de douze et il y a déjà huit personnes au restaurant. Nous sommes donc un de trop. Cate, cela ne vous ennuie pas trop si nous vous privons de votre attachée de presse pour le dîner ?

Je n'en crois pas mes oreilles. Ce salaud est en train de me virer de mon premier dîner avec Michael.

Cate me regarde. Elle voit mon trouble et décide d'essayer de me sauver :

— Ils pourraient ajouter un couvert ?

— Ça va être difficile Cate. De toute façon, certains convives n'accepteront pas d'être treize à table. Ils sont superstitieux.

J'hallucine, il y a cinq minutes, on était dans la Grèce antique, maintenant on a le droit aux superstitions nées à cause de la mort du Christ ! Eh, les amis, il faut se réveiller, on est au XXIe siècle !!! En tout cas, j'ai trouvé le rôle de Bertrand, il incarne Judas à merveille.

Cate est indécise, Michael ne dit rien. Clara prend la parole :

— Bien entendu, Bertrand, nous pouvons nous passer d'Ophélie pour ce soir. Elle nous a déjà tellement aidées aujourd'hui. On se voit demain, Ophélie.

Et elle se dirige vers la sortie, problème réglé !

Les autres commencent à la suivre. Ce n'est pas possible : tout le monde me laisse seule comme une merde !

Cate m'embrasse gentiment.

— Merci, Ophélie, pour tout ce que vous avez fait aujourd'hui. Je suis désolée pour ce soir. J'aurais vraiment aimé que vous veniez dîner avec nous.

Je ne peux pas prononcer un mot tellement j'ai le cœur lourd. Je fais juste un petit signe de tête pour lui montrer que je lui suis reconnaissante de son attention.

Une minute plus tard, je suis seule dans le hall du Royal. Cinq minutes plus tard, je suis dans ma chambre. Laure n'est pas là. Même ici, je suis seule…

Retour sur terre, pauvre gourde. Tu pensais que tu pouvais frayer avec des acteurs. Quel rêve stupide. Tu n'es qu'une petite attachée de presse, rien de plus.

Pas la peine de se tourmenter plus longtemps. Je finis ces quelques lignes puis je vais me coucher.

Quelle affreuse femme que cette Clara.

Nuit du samedi 31 août au dimanche 1er septembre, 2 heures du matin

Cate est vraiment une femme extraordinaire. En plus d'être talentueuse, c'est une merveilleuse personne qui s'intéresse aux gens, même à ceux qui travaillent pour elle.

Ce qu'elle vient de faire me pousse à écrire un deuxième chapitre pour cette journée incroyable de samedi.

Il y a quelques heures, j'étais seule et désespérée, maintenant je suis toujours seule mais dans un état d'euphorie.

Je vais reprendre les choses dans l'ordre.

Après avoir fini d'écrire mon journal, je me suis allongée sur mon lit tout habillée. Petit à petit, le soleil s'est couché, la pénombre a gagné la chambre. Je ne faisais rien, je ne dormais pas, je ne lisais pas, je restais simplement à regarder le plafond faiblement éclairé par un lampadaire de la rue.

Plus tard, beaucoup plus tard, j'ai entendu une clé dans la porte, Laure. Avant qu'elle n'allume, je l'ai interpellée :

— Laure, n'allume pas, s'il te plaît.

— Ophélie ! Tu m'as fichu une sacrée frousse, je croyais qu'il n'y avait personne ! Tu veux que j'aie une crise cardiaque ou quoi ? Qu'est-ce que tu fais dans le noir d'abord ?

Et elle allume. Je prends la lumière en pleine figure. Je peux vous assurer que ce n'est pas une ampoule à faible consommation ! Celle-là, elle me balance environ dix mille watts au bas mot. J'attrape un oreiller que je me plaque sur les yeux. Pourquoi les gens font toujours l'inverse de ce qu'on leur demande ?

— Laure, pas de lumière, please, je dors.

— Comment peux-tu dormir, il est à peine 22 h 30. D'ailleurs, tu es toujours habillée. Tu as dîné ?

— Non, je n'ai pas faim.

— Tu es malade ?

— Non, mais je n'ai pas faim.

— Tu dois te sustenter. Viens avec moi, je vais au restau avec David.

Sur ce, elle s'avance vers moi et, avec fermeté, me retire mon oreiller protecteur.

— Laure, je t'en supplie, laisse-moi !

— Pas question. Je suppose qu'il s'agit encore d'un problème avec Michael. Peut-être même avec Clara ? Vos histoires pourraient émouvoir une ménagère de moins de cinquante ans consommatrice de telenovelas mais pas moi. Hop, debout, tu viens. Il n'y a pas à discuter.

Quand Laure est comme cela, résister est aussi efficace que la cavalerie polonaise face aux chars allemands pendant la Seconde Guerre mondiale.

— J'ai pas envie d'y aller ! C'est qui David d'abord ?

— David Rubinstein, le journaliste de *Variety* !

— Celui qui a essayé d'emmerder Cate ?

— Mais non, il est trop mignon. Intelligent en plus...

— Je vois, je vais tenir la chandelle. Il y aura d'autres personnes avec nous ?

— Non, je ne crois pas. Allez, arrête de discuter. On y va. Il nous attend en bas.

Quelques minutes plus tard, nous rejoignons David dans une voiture du festival. C'est une Renault comme tous les autres véhicules. Ciné Organisation a passé un accord de partenariat avec la marque française.

— David, je te présente Ophélie. Ophélie, David.

Je baragouine un *good evening* sans enthousiasme. Il me répond bonsoir en français avec un très lourd accent new-yorkais.

Laure a décidé de prendre les choses en main.

— Je vous emmène au Central à Trouville. Vous connaissez ?

— Oui, j'y vais chaque année au moins une fois. C'est un endroit incontournable de Trouville comme Les Vapeurs.

Il ne serait pas un peu frimeur ce David ? Moi, c'est la première fois que je viens, même le McDo, je ne sais pas où il est. Je ne réponds pas.

Seuls quelques kilomètres séparent les deux villes normandes. La voiture nous dépose au Central.

Nous sommes rapidement installés à une table. Je me mets à côté de Laure, David en face d'elle. C'est le problème d'être trois à table. Il y en a toujours un qui se trouve isolé. De toute façon, ce n'est pas grave, je n'ai pas envie de faire la conversation.

Et même si je voulais en placer une, ce serait difficile. Laure est en mode « paon qui fait la roue ». Elle devrait savoir que, normalement, c'est le mâle qui utilise sa queue pour impressionner la femelle…

David a bien essayé de m'intégrer dans la conversation mais sans succès. Je pense que la seule fois où il a entendu le son de ma voix, c'est quand j'ai commandé mon bouquet de crevettes.

J'alterne entre crevettes roses et crevettes grises en écoutant la conversation d'une oreille distraite.

Le seul moment un peu amusant est quand Laure porte à sa bouche les pattes de langoustine pour aspirer la chair coincée à l'intérieur. En faisant cela, elle lance un regard à David tellement chargé de sous-entendus que le malheureux garçon a failli s'étrangler en avalant une moule !

À la fin du repas, David nous laisse seules à table pour aller payer.

Laure est dans un état pas possible, c'est de la guimauve liquide.

— Ophélie, il est tellement classe de nous inviter...

— Tu parles, c'est *Variety* qui paie. Qu'est-ce que tu crois ? Il va faire une note de frais.

— Quand même, c'est une délicate attention. Il est vraiment chou, tu ne trouves pas ?

C'est quoi cette expression pourrie ? Je crois que je préfère quand elle est vulgaire.

— Chou ou trop chou ? Tu penses que c'est un bon coup ?

— Ophélie, qu'est-ce qui t'arrive ? Cela ne te ressemble pas ! On dirait qu'on a échangé nos personnalités. Je crois que je suis en train de tomber amoureuse...

— Ça veut dire quoi ? Que tu ne vas pas coucher avec lui ce soir ?

— Non, pas ce soir...

David est revenu. Laure veut aller prendre un verre en boîte. Pitié, je veux rentrer, mourir tranquillement seule dans mon lit. Mais elle est intraitable et me force à les accompagner. Nous montons dans la voiture du festival qui nous a attendus et nous retrouvons au Brummel

Club, la discothèque du groupe Barrière. L'avantage est qu'elle est accolée au casino donc à quelques centaines de mètres de notre chambre. Je pourrai rentrer à pied si j'arrive à m'éclipser.

David prend une table et commande une bouteille de champagne. Je me demande si elle aussi sera remboursée par *Variety*... Il est assis entre Laure et moi ce qui veut dire que, à cause du volume de la musique, je ne peux pas du tout suivre leur conversation. Ce n'est pas grave, je m'en fous. Laure profite honteusement de la situation et se penche de plus en plus sur David pour « discuter ». Pendant ce temps, moi je sirote mon champagne. Après la deuxième coupe, je m'en ressers une troisième sans attendre que David le fasse. Ce n'est pas très classe mais il est aux prises avec une mante religieuse, donc trop occupé et moi j'ai un chagrin d'amour à soigner. Le champagne est un bon remède mais qui me pousse rapidement à faire un saut aux toilettes. L'endroit est plutôt propre pour une boîte. Quand je reviens quelques minutes plus tard à la table, je trouve un enchevêtrement de bras, de jambes, de bouches, de langues à la place des deux personnes qui étaient là tout à l'heure. C'est marrant comme ça peut être répugnant deux personnes qui se roulent des pelles quand on n'est pas dans le mood. Pourtant, c'est une activité que j'ai largement pratiquée pendant des années mais là, je trouve cela écœurant. Je ressentais la même chose jusqu'à treize ans quand je voyais deux acteurs s'embrasser dans un film.

C'est la goutte d'eau qui fait déborder le vase. Je décide de partir sans même leur dire au revoir. J'avertirai Laure par SMS.

Je sors, il fait maintenant un peu frais. L'avantage d'être à Deauville et pas à New York c'est qu'une jeune femme peut se déplacer seule sans danger en pleine nuit.

Au moment où je sors mon portable, un petit bip m'avertit de l'arrivée d'un message. Je regarde le numéro, c'est un numéro américain qui n'est pas dans mon répertoire.

J'ouvre, il est signé de Cate : quelle surprise !

« Je voudrais visiter les cimetières américain et canadien demain matin sur les plages du débarquement avant de quitter la France. J'irai avec Michael. Clara ne souhaite pas venir. Voulez-vous nous accompagner et réserver une voiture pour nous trois ? Rendez-vous dans le hall de l'hôtel à 9 heures. »

Je lis le message trois fois pour être bien certaine de ne pas rêver. Cate a organisé une sortie juste pour Michael, elle et moi ! Cette femme est incroyable, je l'adore.

Quelle belle fin de journée. Oubliés tous les tourments précédents.

Il faut que j'aille dormir. Il est déjà 2 heures du matin. Je dois me lever dans six heures.

Dimanche 1er septembre

Je n'aurais jamais parié que samedi soit battu au niveau des émotions. En fait, dimanche le pulvérise complètement. Incroyable !

Ça a commencé par un réveil matinal. Comme j'avais eu beaucoup de mal à m'endormir tellement j'étais excitée à l'idée de passer la matinée avec Michael, je n'ai pas dormi plus de trois ou quatre heures. Or, pour être pleinement opérationnelle, il me faut mes huit heures de sommeil. À moins de sept, je ne suis pas à mon top, à moins de six, je suis aussi fraîche que les poissons d'Ordralfabétix (pour ceux qui, comme moi, sont des fans d'*Astérix* et de Goscinny, son génial scénariste).

Quand mon iPhone sonne, j'ai l'impression que je viens de me coucher, ce qui n'est jamais bon signe. Je me précipite sous la douche brûlante. Dans les livres ou les films, les héros fatigués se prennent toujours une douche glacée au petit matin pour retrouver leur forme optimale. Moi, je ne peux pas. Je sais que l'eau brûlante est mauvaise pour la peau et que je serai une petite vieille avant l'âge mais prendre une douche froide est pour moi une chose impossible.

Au sortir de la douche, il me faut choisir une tenue. Ce n'est pas si facile, je veux plaire sans être overdressed. En plus, nous allons visiter des cimetières, il ne faut pas des vêtements trop courts. Je vais copier la tenue de Cate de la veille, j'opte pour un tailleur-pantalon bleu marine avec un petit haut blanc col en V. La différence, c'est que, pour elle, c'était du Armani, pour moi c'est du H&M. Je porte tellement de H&M que l'on pourrait croire qu'ils me sponsorisent. Ce n'est pas le cas mais il se trouve que j'aime beaucoup le design de leurs collections et que leurs prix sont parfaits pour ma bourse : je me fais plaisir sans mettre mes finances en danger !

Tout d'un coup je m'aperçois que, malgré tout le bruit que j'ai pu faire pendant ces vingt minutes de préparation, je n'entends toujours rien du côté de la chambre de Laure. Je décide de frapper à la porte.

— Laure, tu es réveillée ? Laure ?

Si elle ne l'était pas, je pense que, maintenant, c'est le cas.

Pas de réponse. Deux hypothèses, soit elle est encore saoule de la veille, soit... elle n'a pas dormi là ! Je frappe une nouvelle fois puis j'entre. Personne, le lit n'est pas défait !

À cet instant précis, la porte d'entrée de l'appartement s'ouvre : Laure est de retour, en pleine forme.

— Salut la compagnie, ça boume ?

— Ça boume ? C'est quoi ce vocabulaire ? Où étais-tu ?

La question est de pure forme car je sais très bien où elle a passé la nuit. À question idiote, réponse idiote...

— J'étais à l'église pour la première messe, mauvaise catholique. Tu aurais dû venir avec moi.

— La messe de 7 heures, c'est nouveau ! Au lieu de blasphémer, dépêche-toi de te changer, il est déjà 8 h 15 et j'ai rendez-vous à 9 heures au Royal. Tu ne peux pas passer la journée dans tes vêtements de la veille, c'est immonde.

— Ok, ça va aller vite, j'ai déjà pris ma douche. Je suis propre comme un sou neuf. Je n'ai pas de mérite, j'avais un assistant pour me nettoyer. Je peux t'assurer qu'il n'a oublié aucune partie de mon corps.

— Laure, je ne veux pas savoir, je ne suis pas prête à entendre tes récits graveleux, je n'ai pas encore déjeuné !

— Moi si, j'ai déjà avalé mes vitamines.

Je ne dis rien, je fais la grimace. Laure reprend.

— Ne fais pas ta mijaurée ! C'est pas comme si tu n'avais jamais pratiqué ! De temps en temps, on te croirait vierge comme toutes ces héroïnes de tes romans à l'eau de rose.

— D'abord, sache que je n'ai lu que *Cinquante nuances* qui est très sympa, pas du tout un roman de gare mais un vrai roman. Maintenant, dépêche-toi, j'aimerais prendre au moins un café avant de partir.

Douze minutes plus tard, Laure est changée et nous sommes au bar du Royal.

Laure me force à commander un croissant et un jus d'orange en plus de l'expresso. Même chose pour elle mais elle y ajoute un pain au chocolat.

— Quel appétit ! Tu n'as pas peur de grossir.

Elle me regarde avec un œil brillant.

— Avec la nuit que j'ai passée, je pense que j'ai perdu au moins un kilo. Je pourrais encore prendre trois pains au chocolat sans risque.

— Donc tu as couché avec lui ?

— Ben oui, grosse maligne. Tout le monde ne dort pas avec des garçons sans rien faire avec eux...

Merde, ça me fait penser que, ce matin, j'ai reçu un SMS de Christophe. Je n'ai pas encore eu le temps de répondre. Pas grave, je répondrai dans la voiture sur le trajet pour Omaha Beach. De toute façon, Christophe doit être endormi, il est plus de 3 heures du matin à Montréal.

— Pourtant tu m'as dit hier que tu étais en train de tomber amoureuse et qu'il ne se passerait rien ? Ça ressemble fort à un serment d'ivrogne !

Elle prend un air hautain.

— En réalité, nous n'avons pas couché, nous avons fait l'amour. Je pensais que quelqu'un d'aussi romantique que toi pourrait percevoir la différence.

Je ne réponds pas à cette provocation.

— Je suppose que rien ne pourra te convaincre de ne pas me raconter tes exploits avec David ?

— Non rien.

— Tu sais, le *Kamasutra*, au petit matin quand on a peu dormi, c'est limite hardcore. Tu peux rester dans les grandes lignes, éviter les détails ?

— À quoi ça sert d'avoir une amie si on ne peut pas partager avec elle ses moments les plus perso ? En plus, cela va te rappeler des choses que tu as connues dans un passé lointain. Donc hier, nous avons commencé à sortir ensemble en boîte. Il embrasse très bien. Il m'a mise dans un état pas possible, j'étais terriblement excitée. J'ai commencé à lui frotter son entrejambe avec ma cuisse. Je me suis vite rendu compte, malgré l'épaisseur de son jean, qu'il était dans le même état que moi. Nous avons donc interrompu nos ébats pour sortir de la boîte. C'est à ce moment-là qu'on s'est aperçus que tu avais disparu.

— Ah parce que vous vous chauffiez comme des obsédés alors que vous ne saviez pas que j'étais partie ? Vous êtes exhibitionnistes à ce point ?

— Non, enfin oui, enfin je ne sais plus, je n'étais pas en état de réfléchir. Tout mon sang avait quitté mon cerveau pour se réfugier dans mon clitoris !

— Visiblement...

— Bref, par respect pour toi, nous sommes allés à son hôtel.

— Merci, c'est trop gentil.

— Enfin, c'est aussi parce qu'il est logé au Normandy. L'hôtel est quand même un million de fois mieux que notre petit appart. Dans l'ascenseur, j'ai fait en sorte que son sexe garde une bonne vigueur.

— Tu lui as fait une pipe ? Dans l'ascenseur du Normandy ?

— Mais non, je ne suis pas folle. Imagine que je tombe sur Bertrand ! Il loge au Normandy, il en aurait fait une crise cardiaque ! J'ai continué à l'embrasser en caressant son érection à travers le jean. C'est suffisant si tu veux garder un mec en état. Arrivés dans la chambre, je lui ai dit que j'avais un cadeau pour lui. Tout en le regardant tranquillement dans les yeux, j'ai glissé ma main droite sous ma robe et j'ai fait descendre ma culotte le long de mes jambes. Quand elle était au niveau de mes chevilles, j'ai dégagé ma cheville gauche et j'ai levé le pied droit pour l'amener au niveau de sa main. Il l'a prise, puis l'a laissée tomber par terre. À la manière dont il s'est excusé, j'ai vu que son geste était volontaire. Visiblement le monsieur était aussi joueur que moi. Il s'est accroupi pour la ramasser mais en se redressant, il a commencé à m'embrasser le genou, en remontant sur la cuisse. En fait, pas juste au-dessus du genou mais plutôt à l'intérieur de la cuisse. À la fin, ce n'était plus tellement des baisers, il était plutôt en train de me lécher.

Il faut avouer que Laure, quand elle parle de sexe, on s'y croit. Je pense que D. H. Lawrence peut aller se rhabiller et que Pauline Réage verrait en elle un digne successeur. Je suis troublée par son récit. Et pourtant, ce n'est que le début... Elle continue.

— Il est arrivé au niveau de mon entrejambe. Il a fait deux petits bisous tout gentils en haut des cuisses et d'un coup il m'a profondément léché le sexe, tout le sexe, pas juste le clito. J'ai ressenti une onde de plaisir qui a dû me faire râler. Je lui ai pris la tête entre mes mains pour le diriger. À la réflexion, je ne pense pas vraiment qu'il avait besoin d'être guidé. En terme de cunni, je le mets direct dans mon top trois. Mes mains dans sa chevelure, c'était surtout pour m'accrocher alors que je sentais l'orgasme venir. Ç'a été très fort, une force de sept ou huit sur dix sur mon échelle d'orgasme. C'est rare pour une première fois surtout avec un cunnilingus seulement !

— Donc, après ton orgasme, vous êtes allés vous coucher ?

— Mais non, voyons ! D'abord lui n'avait pas joui et, par ailleurs, je me sentais bien pour un ou deux orgasmes supplémentaires. Après son cunni, je l'ai pris par les mains pour qu'il se relève puis je l'ai doucement poussé en arrière pour le faire asseoir sur une jolie chaise en tapisserie. Tu sais une chaise genre chauffeuse ?

— Non, je ne sais pas ce qu'est une chauffeuse.

— Une chauffeuse, c'est une chaise basse à haut dossier, avec une assise rembourrée et confortable de l'époque Régence. On l'installait près du feu, d'où son nom. L'assise basse mettait l'occupant au niveau du foyer et le haut dossier cambré l'abritait des courants d'air.

Elle me fait un cours sur les meubles Régence en plein milieu d'une séquence pornographique ! Cette fille est soit folle soit géniale... ou peut-être les deux à la fois !

— Et c'est intéressant en quoi, sexuellement, une chauffeuse ? Dans ton cas, ce n'était pas très utile puisque tu avais déjà le feu aux fesses.

Par moments, je ne peux pas m'empêcher de glisser un mot d'esprit. Celui-là n'est pas mal, je suis assez fière de moi. Laure n'a pas l'air de l'apprécier à sa juste valeur.

— Très drôle ! Le niveau ne s'améliore pas ! Pour une fois que je te raconte le début d'une histoire d'amour...

— J'avais plutôt l'impression qu'il s'agissait d'un plan cul… Tu me diras, je ne suis pas spécialiste.

— Tu as raison, tu n'es pas spécialiste, alors tais-toi et écoute. La chauffeuse, c'est donc une chaise assez basse. Je l'ai fait asseoir puis je lui ai demandé s'il avait des préservatifs. Il m'a dit qu'il en avait dans sa trousse de toilette dans sa salle de bains. Enfin un garçon bien organisé. Cinq secondes plus tard, j'avais la boîte dans la main. Une boîte bleue. J'ai pu lire « Love sex », ça tombe bien, moi aussi, « Durex », la marque, puis « XL, Comfort XL, extra Large for greater comfort ». Là, soit le monsieur était prétentieux, soit j'allais au-devant d'une belle surprise. Quand je suis revenue dans la chambre, je me suis précipitée vers lui pour lui enlever son pantalon et son caleçon. Je pense que je n'avais pas été aussi impatiente depuis mes 11 ans le jour où je m'étais précipitée au pied du sapin de Noël pour ouvrir mes cadeaux. À l'époque, j'avais eu la maison Playmobil avec tous les meubles à l'intérieur, mais hier je crois que la surprise a été encore plus belle. Son sexe était le sexe le plus large que j'aie vu dans ma vie. Pas forcément très long, mais bien épais, fort comme un chêne. Je me suis demandé si j'allais pouvoir le prendre dans ma bouche. Je me suis aperçue que j'avais vraiment une grande bouche ce qui m'a été bien utile pour le prendre complètement. La pipe, c'est un plaisir psychologique. J'ai profité du moment mais visiblement pas autant que lui. Je le surveillais car je n'avais pas l'intention de le faire jouir dans ma bouche. J'avais trop envie de le sentir en moi. J'ai donc ouvert le sachet du préservatif et je lui ai enfilé. Tu sais mettre des préservatifs avec la bouche ?

— Avec la bouche ? Non, je n'ai aucune envie de mâchouiller du plastique. Soit je lui mets avec les mains soit il se débrouille tout seul, comme un grand.

— Ce n'est pas du plastique, c'est du latex. Je t'accorde que le goût n'est pas formidable mais ça leur fait tellement plaisir. La taille XL était une nécessité et pas une vantardise. Sinon le pauvre aurait été serré à mort ! Après, je me suis assise sur lui en le faisant lentement entrer en moi. Heureusement que j'étais très excitée car déjà là, c'était chaud ! Je crois que je n'avais jamais été remplie comme cela par un homme. Il a voulu commencer un va-et-vient mais je lui ai dit de ne pas bouger. Rien qu'en étant immobile la sensation était saisissante. Il a tiré ma robe vers le haut pour me la retirer. J'étais presque nue, je ne portais plus que mon soutien-gorge. J'ai décidé d'ajouter un peu de mouvement. C'est cela, l'avantage de la chauffeuse. Grâce à sa faible hauteur, je contrôlais très facilement le rythme et la profondeur de la pénétration. C'est une position idéale quand on a un amant bien pourvu par la nature. Je sentais l'orgasme monter. Il a dégrafé mon soutien-gorge et a commencé à lécher mes seins. C'était la touche finale pour entrer en fusion. Tout d'un coup, je me suis déchaînée sur lui. Je pense que je criais comme une folle. Son sexe n'était plus aussi imposant en moi, il était juste d'une taille idéale. Il n'a pas pu résister à mon rythme effréné et malgré l'épaisseur du préservatif, j'ai pu le sentir éjaculer ce qui a également déclenché mon orgasme. Et à ce moment-là, j'ai dit un truc incroyable. J'ai dit : « Je t'aime. »

Là, je n'ai pas pu m'empêcher de l'interrompre :

— Tu lui as dit « Je t'aime » ? En français ? Il a compris ?

— Oui, en français, mais il a compris. Son faible niveau dans notre langue a été compensé par sa culture générale. En même temps, ce n'est pas très difficile à comprendre dans beaucoup de langues...

— Mais cela ne te ressemble pas de dire ce genre de choses... surtout avec quelqu'un que tu viens de rencontrer !

— Je ne sais pas ce qui m'a pris, si c'était l'alcool ou la fatigue mais je me suis aperçue qu'au moment où je le disais, je le pensais vraiment.

— Et il t'a répondu quelque chose ?

— Il m'a regardée avec un gentil sourire et il m'a dit avec un accent très fort « Je t'aime moi aussi ». Trop chou !

— Ouah, ça c'est fort. La partie sexe de ton histoire ne m'a pas étonnée mais alors la conclusion, c'est vraiment une surprise. Comme on dit dans les films américains, c'est un twist. C'est presque aussi fort que quand l'on découvre que Kevin Spacey à la fin d'*Usual Suspect* n'est pas l'infirme qu'il prétend être mais qu'il est en fait le cerveau criminel de l'histoire. Donc, en résumé, tu as rencontré le grand amour ?

— Je ne sais pas, peut-être, tout est possible... Tiens, à propos de grand amour, ne te retourne pas mais je t'annonce que M. Michael Brown vient d'arriver. Il est à dix mètres derrière toi. Il a l'air de chercher quelqu'un...

J'ai soudain envie de jouer un petit tour à ma meilleure amie.

— S'il cherche quelqu'un, ce ne peut être que moi...
— Dans tes rêves...
— Qu'est-ce que tu paries qu'il va venir vers moi ?

— Une bouteille de champagne. Du Mumm ou du Roederer.

— D'accord. Il fait quoi ?

— Merde, j'ai l'impression qu'il vient vers nous. Oh, merde, il arrive !

Je ne me retourne pas, j'attends de sentir sa présence. Soudain, il se met en face de nous, toujours aussi classe et élégant, cette fois en habit sombre. Ce qui ne change pas, ce sont les effluves de Bleu de Chanel qui l'accompagnent.

— Bonjour, Ophélie, comment allez-vous ? Vous êtes prête pour notre petit périple ?

— Bonjour, Michael, oui, je suis à votre disposition. Michael, je peux vous présenter mon amie Laure qui est également attachée de presse à Ciné Organisation ?

— Bonjour, Laure. Comment allez-vous ?

Les Américains utilisent le « How are you » à tout bout de champ. C'est plus une façon de dire bonjour que de réellement s'enquérir de la santé de leur interlocuteur. En ce qui concerne Laure, on peut dire que je tiens ma revanche sur ses remarques vachardes de la veille. En la voyant la bouche ouverte, le regard un peu hagard, on se rappelle qu'on a vu beaucoup de poissons dans des aquariums qui avaient un air plus intelligent.

Elle arrive à baragouiner une réponse.

— Très bien, merci.

Je ne la laisse pas reprendre son souffle.

— Allons-y, Michael. À plus tard, Laure.

Et nous quittons le bar. Michael me laisse galamment passer la première. La voiture attend à l'extérieur de l'hôtel. Je laisse Michael s'installer.

— Michael, je vous fais patienter quelques instants dans la voiture. Je vais chercher Cate, je ne serai pas longue.

— Ophélie, nous ne sommes pas pressés. Vous pouvez aussi l'attendre avec moi dans la voiture. Elle ne devrait pas tarder, je pense. Cela nous donnera l'occasion de faire connaissance...

En disant cela, il me lance le regard intense qui m'a toujours fait craquer. Ce n'est pas vraiment un regard de séduction, c'est plus subtil que cela. C'est un envoûtement, une expression de son charisme qui rend difficile tout refus.

Pourtant, à mon propre étonnement, je reste sur mon idée première.

— Merci, Michael, je vais aller chercher Cate, ce sera mieux.

Et sur ce, je le plante et je ferme la portière de la voiture. Une seconde plus tard, je me demande pourquoi, comme une imbécile, j'ai refusé ce tête-à-tête dont je rêve depuis si longtemps.

Parfois, on fait exactement le contraire de ce dont on a vraiment envie. En terminale, il y avait ce garçon très mignon, Emmanuel. Il était en terminale scientifique et moi en littéraire mais je voyais bien pendant les intercours qu'il me regardait souvent. Après le bac, il y a eu une grande soirée et Emmanuel était là. Il était vraiment mignon. Il me regardait et me suivait de loin mais il n'osait pas m'approcher. Moi non plus, je n'allais pas vers lui. Plus tard dans la soirée une de mes amies est venue me dire qu'Emmanuel avait très envie de sortir avec moi. C'était une confirmation qu'il n'attendait que ma décision pour que tout commence entre nous. Je ne suis néanmoins pas allée le voir pendant le reste de la soirée. À la fin, il a proposé de me raccompagner. Il me suffisait de dire oui et il m'aurait embrassée au moment de me déposer. J'en avais très envie et pourtant je lui ai répondu que ce n'était pas la peine, que Caroline avait une voiture et que c'était sur son chemin. Caroline, ce n'était même pas une amie, rien qu'une copine... Au mépris de toute logique et contre mon propre désir, j'ai refusé sa proposition ! Quelques jours plus tard, j'ai appris qu'il était avec une autre fille, nous n'avons jamais eu d'autre opportunité de sortir ensemble. Quand je raconte cette histoire à des amies, elles me disent que si je n'ai pas accepté sa proposition je ne le kiffais pas vraiment. En réalité, il me plaisait beaucoup. Je sais, cela n'a aucun sens mais c'est comme ça.

Refuser l'opportunité de discuter avec Michael sans Cate, c'est un peu le même genre de non-sens. J'aurais dû dire oui, j'ai dit non. Il est trop tard pour changer d'avis, j'espère que, contrairement à l'histoire avec Emmanuel, cette fois, j'aurai une seconde chance.

En retournant dans le hall, Laure m'intercepte.

— C'est quoi ce plan ? Vous allez faire quoi avec Michael ? Et d'abord, vous allez où ?

— Je te le dis mais tu ne le répètes à personne. Michael veut coucher avec moi mais il pense que sa chambre au Royal n'est pas un endroit suffisamment discret. Alors, j'ai réservé dans un Relais Château, la ferme Saint-Siméon à Honfleur. J'ai réservé à mon nom. Mais ne t'inquiète pas, c'est lui qui paiera, en cash pour ne pas laisser de trace. Je dois te laisser, il est si distrait qu'il a oublié les préservatifs dans sa suite. Je vais les chercher.

Je regrette de ne pas avoir un appareil photo pour fixer son expression. Elle est sciée. D'ailleurs, elle ne dit rien.

Quand je frappe à la porte de la suite de Cate, elle ouvre immédiatement.

— Bonjour, Ophélie, vous allez bien ? Michael est arrivé ?

— Bonjour, Cate, Oui, il est dans la voiture.

— Très bien, descendons tout de suite.

Quand nous repassons dans le hall, Laure est toujours là. Son air interdit se transforme en air suspicieux quand elle me voit avec Cate. Elle aimerait me parler, mais c'est impossible. Elle me montre son téléphone pour me faire comprendre qu'elle va me texter. J'acquiesce avec un petit clin d'œil.

Nous arrivons à la voiture. J'ouvre la portière à Cate. J'ai un serrement au cœur quand Michael se penche pour l'embrasser – ce qui est complètement idiot puisqu'il lui a juste fait une bise et que je prétends à beaucoup plus dans le futur. Mais pour l'instant je me contenterais bien d'un petit kiss sur la joue...

Mon vague à l'âme est interrompu par Cate.

— Quel est le programme Ophélie, on commence par le cimetière américain ou par le cimetière canadien ?

— Par le cimetière américain car c'est le plus loin. Le cimetière canadien est près de Caen sur le retour vers Deauville. Nous pourrons ainsi mieux contrôler notre emploi du temps. Il ne faut pas prendre le risque que vous ratiez votre avion ce soir, Cate.

Michael intervient.

— Cate, tu rentres aujourd'hui à Los Angeles ?

— Non, je reste en Europe. Je présente le film de Woody demain à Berlin. À quelle heure faut-il que nous quittions l'hôtel Ophélie ?

— L'avion est à 20 h 50, il faut quitter Deauville à 17 heures.

À ce moment, je reçois un SMS : Laure !

« Hello, mon amie la grosse maligne. C'est un plan à trois avec Cate et Michael ou tu vas juste tenir la chandelle ? »

« Pourquoi ce ne serait pas Cate qui tiendrait la chandelle ? »

« Et pourquoi pas Michael ? Tu te fais une petite partie gazon maudit avec Cate ? En tout cas, je dois l'avouer : bien joué. Tu m'en as bouché un coin. »

« Et c'est moi qui vais déboucher la bouteille de champagne ! »

« Ok, c'est pas vraiment fair dans la mesure où c'était un coup monté mais un pari est un pari. Vous faites quoi en vrai ? Visite du cimetière américain ? »

Elle est loin d'être bête, mon amie Laure. Il ne lui a pas fallu longtemps pour découvrir la vérité.

« Oui, je te laisse, je dois m'occuper d'eux. »

« Ok, amuse-toi bien. »

Michael et Cate sont en pleine conversation à propos d'agents que je ne connais pas. J'en profite pour écrire un petit mot à Christophe. Ça me fait un effet bizarre, comme si j'étais en train de le tromper. C'est idiot car nous sommes à peine sortis ensemble et, en ce qui concerne Michael, je suis encore très loin de coucher avec lui.

Pour l'instant, je profite de cet instant privilégié. Il fait beau, Michael et Cate discutent maintenant de films qu'ils ont faits ou de films qu'ils ont aimés. Moi, j'écoute. Que pourrais-je dire du haut de mes vingt-cinq ans ? Je me rends compte que je suis extrêmement privilégiée.

Nous arrivons au cimetière à 10 h 20. J'ai envoyé un mail hier à Christine pour qu'elle prévienne de notre visite. Connaissant sa conscience professionnelle, je ne suis pas surprise de voir quelqu'un arriver à notre rencontre. C'est la responsable du cimetière, elle est américaine.

Après les présentations d'usage, nous nous dirigeons vers le site.

— C'est votre première visite ?

Pour Cate et pour moi, c'est le cas.

Michael, à ma grande surprise, est quant à lui un visiteur régulier.

— Je suis déjà venu trois fois. Mon grand-père maternel est enterré ici. Peu de gens le savent et je préférerais que ça continue.

Michael a un air grave, j'acquiesce d'un hochement de tête. Qu'il nous parle ainsi de sa famille me donne un sentiment particulier, l'impression que notre relation évolue, qu'elle devient plus profonde.

Nous commençons la visite par le mémorial où s'élève une statue de sept mètres de haut. Le mémorial fait face au cimetière proprement dit. Une multitude de croix blanches sont alignées.

Michael se rapproche de moi.

— Ophélie, vous savez combien de soldats sont enterrés ici ?

Aïe, je vais essayer de lui donner une réponse intelligente. J'embrasse le cimetière d'un regard. Il ne faut pas compter en centaines, mais en milliers, c'est sûr. Il n'y en a quand même pas cinquante mille, c'est impossible ! Je me lance.

— Peut-être dix mille ?

— Bravo, vous êtes très proche, il y a neuf mille trois cent quatre-vingt-dix-huit tombes. Il y a également un monument qui rend hommage aux disparus que nous verrons tout à l'heure. Le cimetière est situé au-dessus d'Omaha Beach, une des cinq plages du débarquement, là où a eu lieu la bataille la plus sanglante. On l'a surnommée « Bloody Omaha ».

Je suis extrêmement fière d'avoir si bien répondu. Je suis également impressionné par Michael qui connaît presque autant de choses qu'un guide professionnel. D'ailleurs, il semble avoir décidé d'endosser ce rôle pour moi. Je ne sais pas si c'est volontaire de la part de Cate mais nous sommes maintenant séparés en deux groupes, celui que nous formons, Michael et moi et, vingt mètres derrière, celui de Cate et de la responsable du cimetière.

Visiter ce cimetière seule avec Michael, c'est d'une intensité émotionnelle rare pour moi. Il me parle du débarquement, de l'opération Neptune, la première phase de l'opération Overlord. Nous marchons entre les croix, certaines sont surmontées d'une étoile de David.

Soudain, Michael s'arrête devant une tombe. Sur la pierre, je peux lire « Theodore Roosevelt Jr ».

— Vous savez qui c'est ?

Oh merde, encore une question ! Pourquoi tous les hommes que je fréquente se croient obligés de jouer à « Qui veut gagner des millions ? » avec moi ? J'ai une tête de candidate ou quoi ? Je sais que Roosevelt était le président des États-Unis. Cela ne peut pas être lui donc je donne la réponse la plus logique possible.

— Un parent du président des États-Unis ?

— Exact mais lequel ? Il y a eu deux présidents Roosevelt...

De plus en plus dur ! Je préfère ne pas répondre. C'est mon dernier mot, Jean-Pierre ! Michael a pitié de moi et me donne la réponse :

— C'est le fils aîné de Theodore Roosevelt qui fut président des États-Unis juste avant la Première Guerre mondiale. Il était également un lointain cousin de Franklin Delano Roosevelt qui fut président pendant la Seconde Guerre mondiale. Il est un des trois soldats de ce cimetière à avoir obtenu la Medal of Honor, la plus haute distinction militaire américaine.

J'écoute religieusement, je sais si peu de chose comparé à Michael. En ce qui concerne Franklin Delano Roosevelt, je pourrais juste lui dire que je sais que l'avenue qui porte son nom est située en bas des Champs-Élysées et qu'on y trouve un des plus grands salons de coiffure Dessange de la capitale. C'est pauvre comme apport culturel...

Nous sommes devant une autre tombe, celle de « Robert Niland ». Cette fois, je décide d'anticiper avant qu'il ne me pose une autre question.

— C'est votre grand-père ?

Il rit. J'adore son rire.

— Non, Robert Niland est un des quatre frères dont l'histoire a inspiré le film de Steven Spielberg *Il faut sauver le soldat Ryan.*

Vous vous souvenez dans le film. Trois frères sont morts et le gouvernement décide de rapatrier le quatrième pour éviter que toute la fraterie ne soit décimée. Dans la réalité, un des quatre était prisonnier des

Japonais et seuls deux sont morts. Vous avez aimé Tom Hanks dans le film ?

— Oui, il était très bien. Mais, dans le film, j'aime surtout la première partie sur le débarquement lui-même.

— Spielberg m'avait contacté pour jouer le rôle avant de choisir Tom.

— C'est dommage, ç'aurait été formidable pour vous à cause de votre grand-père. Pourquoi ne vous a-t-il pas pris ?

— Je n'avais pas l'âge. Vous savez, Tom est beaucoup plus âgé que moi. Vous ne pensiez quand même pas que nous étions des camarades de promotion ?

Il me fait rougir.

— Non, Michael, je sais que vous êtes jeune.

— Ah, tant mieux ! j'ai eu peur que vous ne me rangiez dans la catégorie des vieux !

Il rit. Je ne me lasserai jamais de ce rire.

Nous continuons notre visite.

— Tenez, Ophélie, regardez, voilà la tombe de mon grand-père.

Je lis « Preston Grant 6/6/1944 ».

— Quel âge avait-il ?

— Vingt-cinq ans, il était né juste après la fin de la Première Guerre mondiale en 1919.

— Vingt-cinq ans, c'est jeune. Il avait mon âge.

— Oui, il n'a pas eu beaucoup de temps pour profiter de la vie. Juste celui de rencontrer ma grand-mère et de lui faire un enfant. Il n'a même jamais vu ma mère, il est mort avant qu'elle naisse.

Difficile de faire un commentaire. Je suis sciée qu'il partage tant de choses personnelles avec moi. Quand je pensais à la relation que nous pourrions avoir, je n'aurais jamais imaginé ce genre d'échange...

Cate nous a rejoints. Michael lui montre la tombe de son aïeul.

Nous terminons la visite tous ensemble. La responsable du site a repris le rôle du guide jusque-là dévolu à Michael. Il est silencieux, perdu dans ses pensées. Une sorte de lien avec ce grand-père qu'il n'a jamais connu.

Nous visitons le jardin des disparus où un gigantesque mur en arc de cercle recense 1 557 soldats dont on n'a pas retrouvé les corps.

Nous terminons par la chapelle. À l'intérieur, quatre drapeaux, français, américain, canadien et britannique, encadrent un autel sur lequel sont gravés ces mots : « Je leur donne la vie éternelle et ils ne périront jamais. »

Nous avons tous un air grave quand nous sortons. Je suis contente d'être venue, d'avoir partagé ce moment avec Michael même si c'est loin d'être une balade romantique !

Nous remercions la responsable du site puis nous remontons dans la voiture, direction le cimetière canadien à Bény-sur-Mer. Il est déjà 11 heures, il ne faut pas traîner. Dans la voiture, c'est le silence. Cate et Michael sont penchés sur leurs iPhone. Ils s'occupent tous les deux de leurs mails. J'en profite pour faire de même. Rien de très important. Christine et Clara s'inquiètent chacune de leur côté de notre petite expédition. Elles veulent être sûres que nous partirons bien à l'heure pour l'aéroport de Roissy-Charles-de-Gaulle. Je les rassure, nous devrions être rentrés à Deauville pour 14 heures au plus tard, soit près de trois heures avant notre départ de l'hôtel.

À midi moins le quart, nous arrivons au cimetière canadien. Là encore, nous sommes attendus. Le cimetière est plus fleuri, plus petit. Il est moins grandiose, plus mignon pour autant que l'on puisse qualifier un cimetière de « mignon ».

Je me sens moins impliquée que pour la visite précédente. Est-ce parce qu'il n'y a pas de lien avec Michael ? Peut-être suis-je simplement fatiguée de voir tant de tombes ? C'est le problème pour ma génération, nous sommes si loin de la Seconde Guerre mondiale... Elle peut parler à des gens de la génération de mes parents ou de Michael qui ont eu leurs grands-parents impliqués mais, pour nous, c'est trop loin.

Je retiens qu'il y a juste plus de deux mille tombes de soldats, principalement tombés sur la plage de Juno et dans un combat sévère avec une division de panzers près de Caen. Pour le reste, je me contente d'écouter le dialogue entre Cate et le guide. Elle a l'air plus intéressée que moi. Elle est australienne et a fait ses études en Australie.

À 12 h 30, la visite est terminée, nous pouvons rentrer à Deauville. J'envoie un texto à Clara et à Christine pour les informer.

Soudain, Michael nous interpelle.

— Dites, mesdames, vous n'auriez pas une petite faim ?

— Michael, nous devons rentrer au Royal, Clara attend Cate.

— Ophélie, vous m'avez bien dit que vous deviez quitter Deauville à 17 heures. Nous avons quatre heures et demie devant nous ! Si nous prenons une petite heure pour déjeuner nous serons rentrés à 15 heures.

Je ne sais pas trop quoi dire. J'aimerais bien accepter. Parce que j'ai faim, mais surtout parce que j'ai envie de prolonger ce moment avec Michael.

— Je ne sais pas si c'est très raisonnable, Michael. Christine risque de me virer en arrivant.

Cate intervient avec un petit sourire amusé.

— Elle n'aura pas l'occasion de le faire car je pense que Clara vous aura écorchée vive avant cela !

— Oui, j'en ai peur.

Michael cherche alors l'appui de Cate.

— Cate, je vous invite à déjeuner ! Vous n'allez quand même pas refuser ?

— Michael, si nous pouvons vraiment être à Deauville vers 15 heures, je suis d'accord. Mais il faut laisser la décision à Ophélie. C'est elle qui a le plus à perdre. Ophélie, je vais être franche avec vous, je peux vous couvrir par rapport à Clara car elle travaille pour moi mais, en revanche, je ne peux rien vous garantir avec votre employeur. Je pourrai juste lui dire que j'étais d'accord pour ce déjeuner. Ophélie, quelle est votre décision ?

Ophélie, ma grande, tu es en train de jouer ta carrière ! En même temps, ce déjeuner, c'est aussi un tournant dans ta vie sentimentale ! C'est, en tout cas, un moment que tu attends depuis si longtemps...

— Il vaudrait mieux rentrer...

En disant cela, je me retourne. Cate est impassible mais Michael, lui, semble déçu. J'ai déçu Michael Brown ! Cela me déchire le cœur. Mon petit diable tentateur décide de faire irruption dans ma prise de décision. Je fais un virage à cent quatre-vingts degrés en un dixième de seconde.

— Et puis non, allons déjeuner. Nous avons le temps.
Cate est interrogative, presque inquiète.
— Vous êtes sûre, Ophélie ?
— Oui, oui, pas de problème. Je vais prévenir Clara et Christine.
— Prévenez Christine, je m'occupe de Clara.
— D'accord, merci.

Je rédige un SMS à Christine. Je suis fébrile. Pour me rassurer, je tente de trouver une justification à ma décision.

— Ça leur apprendra à ne pas m'avoir invitée au dîner.

Au moment où je dis cette phrase, je m'aperçois de son côté enfantin, puéril même. La réaction de Michael est immédiate, il éclate de rire.

— Vous avez raison Ophélie. Œil pour œil, dent pour dent. Où allons-nous déjeuner ?

Merde, un problème pratique auquel je n'avais pas pensé. Je demande au chauffeur s'il connaît un restaurant pas trop loin. Heureusement, il est du coin.

— Il y a le Bistro du Port. C'est petit mais excellent. Je connais les patrons, Marcel et Véronique. Je peux leur téléphoner si vous voulez.

Je lui donne mon accord. Nous voici partis pour un autre cimetière canadien.

Soudain, mon portable sonne. Merde, c'est Bertrand, ça va être chaud !

— Oui, Bertrand.
— Ophélie, Christine vient de me dire que vous déjeunez au cimetière américain. Compte tenu du départ imminent de Cate, il ne me semble pas que ce soit une très bonne idée.

Dans la dialectique de Bertrand, « Il ne me semble pas que ce soit une très bonne idée », ça veut dire que c'est une très mauvaise idée. En anglais, on appelle cela un *understatement*, en français un euphémisme.

— Vous savez, je crois que cela fait plaisir à Michael. Et à Cate également.

— Si Cate rate son avion ce soir, ce sera un plaisir coûteux !

Michael me fait signe de lui passer le téléphone.

— Bertrand, Michael souhaite vous parler.

— Bonjour, Bertrand, j'aimerais pouvoir passer un moment avec Cate. Vous savez, nous n'avons pas beaucoup d'opportunités de nous voir.

Je ne peux entendre la réponse de Bertrand mais elle est courte.

— Oui, Bertrand, Cate est d'accord. Nous rentrerons à temps. Elle ne ratera pas son avion.

— …

— Oui, je vous repasse Ophélie.

— Oui, Bertrand ?

— Ophélie, je ne peux pas faire autrement que de vous laisser faire cette petite dînette mais vous êtes responsable du retour de Cate à Deauville dans les temps : vous avez intérêt à être à l'heure.

— Oui, Bertrand, nous serons à l'heure.

Il a raccroché sans même me dire au revoir. Il est salement énervé. J'ai vraiment intérêt à nous faire rentrer pour 15 h 15, 15 h 30 maxi.

Nouvel appel, cette fois Clara pour Cate. La teneur est très similaire à la discussion que je viens d'avoir avec Bertrand mais en moins violent. C'est normal, Cate est quand même la boss de Clara. Il faut néanmoins la plus grande fermeté à Cate pour mettre un terme à la conversation.

— Écoutez, Clara, je suis majeure, je sais ce que je fais. Je peux déjeuner avec Michael, si ça me fait plaisir quand même ! Nous serons à l'heure pour l'avion, Clara. Ne t'inquiète pas. À tout à l'heure.

Elle raccroche. Il y a un moment de silence puis Cate propose une conclusion à cette passe d'armes.

— Ils veulent tous régenter nos vies mais nous avons encore le droit à notre libre arbitre. J'étais sincère, je suis contente de déjeuner avec vous deux, un déjeuner informel.

Nous arrivons à Courseulles-sur-Mer très rapidement. Tant mieux. Notre chauffeur se gare et nous conduit au Bistro du Port. C'est un endroit vraiment minuscule, il doit y avoir une vingtaine de places. J'espère que cela va convenir à Michael et à Cate. Le chauffeur nous précède. Notre arrivée n'est pas passée inaperçue et nous sommes attendus par les propriétaires du lieu, Véronique et Marcel. Ils nous saluent dans un anglais approximatif. Le restaurant est plein mais ils nous ont réservé une petite table ronde à l'entrée.

Véronique nous installe, s'éloigne puis revient avec une assiette de charcuterie avec andouille, chorizo et saucisson au programme. Michael et moi nous jetons sur l'assiette. L'andouille est vraiment délicieuse, c'est une de mes charcuteries préférées. Pas très glamour, mais Michael semble d'accord avec moi.

— C'est délicieux, comment vous appelez ça, Ophélie ?

— De l'andouille.

Il répète avec un accent charmant.

— *Anduille.*

— Non Michael, « andouille » pas « anduille ». Il faut prononcer « ouille ».

— *Anduille.*

Bon, pas la peine, il n'y arrivera pas, les « ou », les Anglo-Saxons ne peuvent pas les prononcer.

— Vous savez, c'est aussi une insulte qui signifie « idiot ». On peut dire par exemple : « Quelle andouille ! »

L'arrivée de la patronne interrompt mon cours de vocabulaire français. Michael la complimente.

— Bravo pour votre *anduille*.

Elle est ravie et visiblement c'est une bavarde. Elle nous apprend qu'elle vient de la maison. Les charcuteries de la Trappe. Comme aucun de nous ne connaît, elle nous explique que c'est une fabrique artisanale de Normandie créée par un moine, le père Marc. Nous avons le droit à toute l'histoire depuis la création. Finalement, elle se débrouille beaucoup mieux que je ne le pensais en anglais. J'aurais préféré que ce ne soit pas le cas car le temps passe et je suis sous pression à cause du timing. Au bout d'un moment, Cate, avec la délicatesse nécessaire, lui demande si nous pouvons avoir les cartes. Elle revient accompagnée de son mari. Marcel, c'est le chef. Véronique nous apprend fièrement qu'il a été cuisinier chez Maxim's et que tout est fait maison. Marcel nous décrit les différents plats. Nous optons tous les trois pour la même chose, foie gras maison suivi de Saint-Jacques à la courseullaise.

Le temps que Véronique rapporte la carte des vins et que Michael choisisse, il est déjà 13 h 15. Il a opté pour un chablis. C'est un connaisseur.

— C'est un premier cru Fourchaume de chez Jean-Marc Brocard de 2009. J'ai visité la cave de ce vigneron avec Carolina il y a quelques années...

Le choc ! Ce prénom me fait l'effet d'une douche glacée. Cette escapade dominicale m'avait complètement fait oublier qu'il était marié ! Pendant ce temps, Michael a continué à raconter sa visite de la Bourgogne. Cate a l'air intéressée. Moi, beaucoup moins depuis qu'il a prononcé le prénom de son épouse.

— ... et il a une vraie cave creusée dans le sol argileux. Jean-Marc Brocard est un vigneron formidable. Il nous a fait une dégustation verticale et horizontale. Vous savez ce que c'est ?

Je ne suis plus vraiment d'humeur à jouer aux devinettes. Je n'arrive pas à m'ôter de la tête que si Carolina a bénéficié d'un rapport horizontal avec Michael, moi je n'ai eu le droit qu'à une relation verticale : c'est une énorme différence !

Il nous explique qu'une dégustation horizontale concerne tous les crus d'une même année alors que, lors d'une dégustation verticale, on remonte le temps pour tester toutes les années d'un même cru.

Après une relance de Cate, Michael revient à raconter son magnifique voyage en Bourgogne, le Morvan, Château-Chinon dont le maire est devenu le premier président de la République française socialiste, l'abbaye romane de Vézelay. Il se rappelle avoir visité au moins une dizaine d'églises romanes ou gothiques. Cate intervient.

— Carolina est catholique ?

— Oui, elle est même assez pratiquante. C'est pour ça que je connais beaucoup de cathédrales et d'églises dans le monde, je crois que je pourrais écrire un guide !

Cette remarque le fait rire ! Il rit de sa propre blague ! Il a beau être une star, il devrait savoir que l'on ne rit pas de ses propres blagues. Non, je suis trop dure, c'est juste un effet de ma mauvaise humeur liée à l'irruption de Carolina dans la conversation. Cate l'interroge :
— Mais, toi, tu es protestant ?
— Oui, cela a créé un petit souci avec mes parents car Carolina tenait à se marier dans une église catholique.

Moi, honnêtement, son catholicisme ne m'intéresse pas puisque ça ne l'a pas poussée à devenir nonne. C'est con, ça lui aurait évité de divorcer quand Michael voudra m'épouser. Merde, je n'avais pas pensé que j'allais devoir me marier avec un divorcé : notre union ne pourra pas être consacrée. Mes parents et mes grands-parents seront déçus. Tant pis, au moins les parents de Michael, eux, n'auront pas à retourner dans une église.

La conversation porte maintenant sur la famille de Cate. Michael connaît visiblement son mari, Andrew Upton, un dramaturge, scénariste et réalisateur, et leurs trois fils. Après quelques minutes où tout le monde a été passé en revue, Cate décide qu'il est temps de s'intéresser à moi.

— Et vous, Ophélie, vous avez un boyfriend ou un fiancé ?

C'est une question très simple et pourtant la réponse est très difficile à donner pour deux raisons. D'abord, je ne sais pas vraiment si je peux dire que Christophe est mon boyfriend, ensuite, je ne sais pas si je n'ai pas le désir de faire savoir à Michael que je suis disponible.

— Euh, vous savez, à Paris, maintenant, les jeunes ne se fiancent plus vraiment... J'ai plus ou moins un boyfriend.

Une étincelle éclaire le regard de Michael.

— Plus ou moins ? Cela veut dire quoi ? C'est l'amour libre ?

Il a dit « amour libre » en français. Il veut dire quoi ? Que je suis une hippie ou une marie-couche-toi-là ? Il a beau être mon Michael, je ne peux pas laisser passer ça.

— Non, Michael, nous ne sommes plus dans les années 1960 et je ne suis pas non plus une adepte des sex-friends. C'est compliqué, vous ne pouvez pas comprendre.

Michael est interloqué. Cate regarde son visage et explose de rire.

— Pan sur la truffe ! Mon cher Michael, tu aurais dû me demander, j'aurais pu te dire que, contrairement à ce que pourrait faire penser son apparence délicate, Ophélie est une jeune femme de caractère.

Aïe, effectivement, je viens de gifler Michael verbalement. Ophélie, tu es idiote ou quoi, tu ne pouvais pas lui expliquer gentiment ton histoire avec Christophe ? Ma réponse a fusé sans que je contrôle la teneur de mes propos. Bravo pour la façon dont tu appliques le conseil de Cate. Elle t'avait pourtant prévenue qu'il fallait faire ménager l'ego des acteurs. Je viens de me griller avec Michael professionnellement et personnellement. Qu'est-ce que je dois faire maintenant ? M'excuser ?

Michael me regarde avec un air énigmatique. Il ne semble pas vraiment fâché si je compare avec la tête qu'il avait quand il a détruit Vincent.

— Effectivement, Cate, tu as raison. Je devrais être plus prudent. Ophélie, je vous présente toutes mes excuses si je vous ai offensée.

En me présentant ses excuses, il a un petit sourire qui tempère le sérieux de son propos. Mais malgré ce second degré, il a quand même fait marche arrière. Le 1ᵉʳ septembre 2013 à 13 h 30, Ophélie a obtenu la reddition complète de Michael Brown. C'est encore plus impressionnant que la victoire des Alliés sur les Allemands en 1945 !

Enfin, je fais la bravache maintenant en écrivant ces lignes plusieurs heures après cet échange. Sur le moment, je crois que j'ai plutôt rougi.

Il a rajouté une petite phrase en français qui m'a fait complètement craquer.

— *Je suis une anduille.*

Quand il a dit ça, ses yeux rayonnaient d'intelligence et d'humour. Cate a explosé de rire et moi j'ai fondu devant tant de beauté et de classe. Si j'en avais jamais douté, je suis maintenant convaincue que c'est le seul homme que je pourrais aimer à cent pour cent !

La conversation a continué sur mes parents, mon chat Roméo, mes envies dans la vie. Michael ne me regardait plus de la même façon. J'ai presque eu l'impression que, à partir de ma petite mise au point, nous avons discuté comme trois adultes égaux. Nous avons beaucoup parlé de cinéma et j'étais contente de pouvoir partager ma passion et leur montrer que mes connaissances dans ce domaine n'étaient pas superficielles. Bien sûr, eux avaient l'avantage du vécu, ils partageaient des anecdotes sur des réalisateurs, des acteurs, des agents. Évidemment, il y a beaucoup moins de tournages à Saint-Germain-en-Laye qu'à Hollywood... Après le foie gras, nous avons eu nos Saint-Jacques et, en dessert, Michael et moi avons opté pour la mousse au chocolat de Véro, Cate s'est abstenue.

Au moment du café, Michael a demandé l'addition. Il a payé en cash, un billet de cent et un de cinquante. Il avait une liasse dans sa poche. Je me demande combien il pouvait avoir sur lui ! Moi, je ne crois pas avoir jamais utilisé un billet de cent, de temps en temps un billet de cinquante... La légende urbaine qui dit que les acteurs n'ont jamais un sou sur eux en prend un coup !

Michael n'a pas voulu prendre la monnaie. Véronique lui a dit que le service était compris mais il a répondu que la qualité du déjeuner méritait ce prix. Il a laissé plus de vingt euros en pourboire. Marcel et Véronique nous ont accompagnés à la porte du bistro et nous ont chaleureusement remerciés.

À ce moment-là, j'ai regardé ma montre, il était déjà 14 h 45. C'était très juste, au mieux, nous serions à Deauville à 16 heures. Nous sommes montés dans la voiture. Le chauffeur écoutait la radio.

— Nous pouvons y aller. Nous ne sommes pas en avance.

Il a mis le contact. Enfin, il a essayé. Il a appuyé sur le bouton. Rien. Une goutte de sueur glacée a dévalé dans mon dos plus vite que n'importe quel schuss que je peux faire quand je suis aux Arcs. Et pourtant Dieu sait que je suis une bonne skieuse.

— Qu'est-ce qui se passe ?

— Je ne sais pas, mademoiselle. Ça ne peut pas être la batterie car la radio fonctionne.

Michael et surtout Cate se sont immédiatement inquiétés de la situation.

— La voiture a un problème ? Que peut-on faire ? On peut la dépanner ? Appeler une autre voiture à Deauville ?

J'étais blême. J'ai imaginé Bertrand en train de me virer, je me suis vue m'inscrire à Pôle Emploi. Mais cela n'a duré qu'une seconde et j'ai pris le taureau par les cornes.

— Henri, vous allez contacter le numéro de l'Assistance. Moi, j'appelle Christine pour avoir une autre voiture. Cate, peut-être pouvez-vous demander à Clara si elle peut obtenir du personnel de l'hôtel qu'ils commencent à rassembler vos affaires.

J'ai appelé Christine. Je n'avais plus peur. Très exactement, je n'avais plus le temps d'avoir peur.

— Christine, nous avons un problème de voiture. Nous sommes en panne.

— Où êtes-vous ?

— À Courseulles-sur-Mer.

— Vous devez partir de Deauville à quelle heure ?

— 17 heures.

— Si je vous envoie une autre voiture, vous ne serez pas de retour avant 17 h 30. Ça va être très juste pour le vol de Cate.

— Il faut tenter le coup. Tu nous envoies une voiture. Tu m'enverras le portable du chauffeur par SMS pour que je me coordonne avec lui. Nous allons peut-être pouvoir faire dépanner la voiture si ce n'est pas trop grave.

Nous raccrochons. Je vais aux nouvelles auprès du chauffeur.

— Alors Henri ?

— J'ai eu l'assistance. Ils m'ont dit que sur ce modèle, il peut arriver que l'électronique se bloque quand on utilise la batterie sans faire rouler la voiture.

Autrement dit, la voiture est en panne parce qu'il a écouté la radio. Cela ne sert à rien de s'énerver, c'est trop tard de toute façon.

— Et ils vont nous envoyer quelqu'un rapidement ?

— On est dimanche ! Ils ne peuvent rien promettre. Si on a de la chance, nous pourrons avoir un dépanneur dans une heure et demie.

Donc cela ne sert à rien !

Cate est muette, prostrée à l'arrière de la voiture. Michael vient aux nouvelles. Je lui explique le problème de l'électronique. Il réfléchit quelques instants.

— Ophélie, accompagnez-moi.

Nous retournons au bistro pour expliquer ce qui nous arrive. Marcel est désolé.

— Nous vous aurions bien ramené mais notre voiture n'a que deux places, c'est une voiture de livraison.

— Ce n'est pas grave. Avez-vous des câbles de batterie ?

— Oui.

— Pouvez-vous approcher le plus rapidement possible votre véhicule du nôtre ?

— D'accord.

Bien sûr, j'ai fait la traductrice pendant tout cet échange. Je ne sais pas trop bien ce que Michael veut faire étant donné que ce n'est pas un problème de batterie mais je ne veux pas compliquer les choses.

Cinq minutes plus tard, la camionnette de livraison est en place. Michael a tombé la veste et a pris la direction des opérations. Pendant ce temps, Cate est au téléphone, visiblement très contrariée. Elle doit être en communication avec Clara.

Je décide de tenter d'appeler la cavalerie à l'aide. Un petit appel à mon papa chéri pourra peut-être nous aider à rentrer dans les temps.

Et le miracle a lieu : Michael a demandé à Henri, le chauffeur, de remettre le moteur en marche et il démarre ! Moi qui suis amatrice de belles voitures, jamais je n'aurais imaginé que le vrombissement du moteur d'un véhicule de tourisme puisse me donner plus de plaisir que le rugissement d'un V12 de Ferrari.

Michael nous fait signe de monter à bord. Il débranche les câbles, ferme le capot, remercie Marcel et remonte dans la voiture.

— Ça marche, mais il faut éviter d'arrêter le moteur jusqu'à Deauville car nous risquerions de rester bloqués une nouvelle fois.

— Michael, comment avez-vous fait ?

— Je me suis dit que si l'on débranchait la batterie et la relançait avec l'aide d'une autre batterie, on aurait une chance de faire repartir l'électronique. En somme, c'est comme quand on fait un reset quand son ordinateur est bloqué.

Cet homme est un génie. Non seulement il est bon acteur et incroyablement séduisant mais en plus il est d'une intelligence remarquable.

— Michael, vous êtes un génie !

Cate a également retrouvé le sourire. Elle est tellement soulagée qu'elle embrasse Michael !

Eh, moi aussi, je veux l'embrasser !

— Michael, je vous embrasserai à Deauville.

— J'y compte bien Ophélie, j'y compte bien.

L'euphorie est grande dans la voiture. Il n'y a pourtant pas de quoi crier victoire si vite. Au mieux, nous serons vers 16 h 40 à Deauville, 16 h 30 si Henri oublie les limitations de vitesse.

Il semble qu'il ait choisi la seconde option. Il fonce.

Au moment où nous arrivons sur le périphérique de Caen, Henri se tourne vers moi dans un grand état de stress.

— Derrière nous, deux motards, des gendarmes !

— Vous étiez au-dessus de la vitesse autorisée ?

— Oui, environ cent vingt au lieu de quatre-vingt-dix !

Michael a compris.

— Henri, vous ne pouvez en aucun cas vous arrêter, la voiture ne redémarrerait pas !

L'inquiétude s'est rapidement diffusée dans notre véhicule. Je suis la seule à rester zen.

— Ne vous inquiétez pas, Henri, ça va bien se passer.

J'espère que je sais ce qui est vraiment en train de se passer. De toute façon, nous serons fixés dans quelques secondes.

Un motard approche et nous double par la gauche. Quand il est à notre niveau, il nous fait signe non pas de nous arrêter mais de le suivre. Et il repart à cent cinquante kilomètres heure.

Tout le monde dans l'Espace est interloqué. Tout le monde, sauf moi.

— Allez-y, Henri, foncez ! Il nous ouvre le chemin.

Effectivement, le second motard a pris place derrière nous.

Michael est le premier à comprendre.

— C'est vous, ce tour de magie, Ophélie, n'est-ce pas ? Vous avez oublié de nous dire quelque chose ? Votre parrain, c'est François Hollande ?

— Non, mais le plus vieux copain de mon père est commandant de gendarmerie dans le Calvados. J'ai tenté le coup quand nous étions en rade.

Cate a retrouvé le sourire.

— Rappelez-moi de vous embrasser en arrivant.

Michael entre dans le jeu :

— Cate, moi aussi, j'embrasserai Ophélie.

— Michael, ne profite pas de la situation. De toute façon, une jeune femme comme Ophélie n'a pas envie d'être embrassée par un vieux barbon comme toi.

— Tu me prends pour M. de La Souche et tu assimiles Ophélie à Agnès ?

C'est pire que le Trivial Pursuit leurs conversations. Pour l'instant, j'arrive à suivre. Il cite *L'École des femmes*. J'ajoute une autre qualité à Michael, il connaît Molière donc je coche la case répertoire classique français. Décidément, cet homme est parfait.

Pendant cet échange, nous fonçons à près de cent quatre-vingts kilomètres/heure. Le premier gendarme fait s'écarter toutes les voitures. Si nécessaire, il s'approche des véhicules qui n'obtempèrent pas suffisamment vite. C'est un véritable numéro d'équilibriste, très impressionnant.

À 16 h 05, nous sommes devant le Royal. J'ai prévenu Christine par SMS. Nous avons le droit au comité d'accueil au grand complet, Bertrand, Clara et Christine.

Cate descend la première et rassure tout le monde.

— Tout va bien. Michael et Ophélie ont sauvé la situation. Nous avons plein de temps. Ophélie, je redescends dans une grosse demi-heure le temps de boucler mes bagages. Venez, Clara, accompagnez-moi.

Clara me jette un regard lourd de reproche puis suit sa patronne.

Michael nous gratifie d'un « See you later » et s'esquive également. Il aurait quand même pu rester avec moi pour affronter la tempête. C'était de lui, l'idée du déjeuner.

Bertrand a l'air assez calme. Je me demande si je vais prendre cher.

— Ophélie, j'espère que cet épisode vous servira de leçon. Il faut toujours laisser de la place aux imprévus. Vous ne pouvez pas compter sur la chance pour vous en sortir à chaque fois. Vous comprenez, Ophélie ?

En fait, il est vraiment très calme. Surprenant.

— Oui, Bertrand.

Le problème, c'est que, partir au dernier moment, c'est vraiment le fond de ma personnalité. Pour moi, arriver deux minutes en avance dans ma vie perso, c'est deux minutes de perdu. Je ne prends jamais de marge. Maintenant, dans ma vie professionnelle, je le jure, j'en prendrai. Les deux dernières heures m'ont fait vieillir de cinq ans. Le seul avantage est que je me suis rapprochée de Michael.

Bertrand reprend.

— Je dois également vous féliciter pour votre calme dans la gestion de cette crise et pour votre esprit d'initiative. Bravo pour l'escorte de gendarmes.

— Merci, Bertrand.

— Mais je vous préviens que si vous me refaites un coup pareil, ce sera votre fête.

Je déglutis difficilement. Je ne dis rien. J'ai déjà échappé à la grosse engueulade, je ne m'en tire pas trop mal.

En attendant Cate et Clara, je remercie les gendarmes. Ils sont autorisés par leur hiérarchie à nous accompagner jusqu'à Roissy. Top, nous sommes certains d'être à l'heure pour l'avion de Cate.

À 16 h 45, Cate est en bas accompagnée par le chasseur et par Clara. Le temps de dire au revoir à Bertrand, nous sommes partis. Nous avons quatre minutes d'avance sur l'horaire !

Pendant le trajet, j'écoute distraitement la conversation puis, certainement fatiguée par les émotions, je m'endors.

Quand je me réveille, nous entrons sur le périphérique parisien. Vingt-cinq minutes plus tard nous sommes devant le Terminal 2 de Charles-de-Gaulle. Cette fois, les motards de la gendarmerie nous quittent pour de bon. Cate les remercie personnellement.

Après le passage rapide à l'enregistrement où nous déposons les bagages, c'est le temps des adieux. Cate me prend dans ses bras pour un classique « hug » anglo-saxon. C'est la différence entre eux et nous : nous embrassons joue contre joue, ils préfèrent une étreinte plus virile ou peut-être plus hygiénique !

— Merci, Ophélie, pour tout. Vous avez été formidable. Ç'a été un plaisir de travailler avec vous sur ce festival.

Puis elle se tourne vers Clara qui lui tend un paquet. À ma grande surprise, elle me le donne. C'est un parfum ! Intuition d'Estée Lauder. Un cadeau de Cate, je suis touchée !

— Cate, merci beaucoup, il ne fallait pas. Moi aussi, j'ai passé un excellent moment. Je suis contente que le festival vous ait plu. J'espère que vous ne m'en voudrez pas trop pour les émotions d'aujourd'hui.

— Mais Ophélie, voyons, ce n'était pas votre faute. C'est Michael qui souhaitait déjeuner sur place. Remarquez, c'est peut-être parce qu'il voulait passer du temps avec vous... Dans ce cas-là, vous êtes indirectement responsable !

Comme elle sourit, je ne sais pas si elle plaisante ou pas. Michael aurait-il vraiment voulu passer du temps avec moi ? Ce n'est pas possible ! Je rougis comme une adolescente tout en me perdant en dénégations.

— Cate, non, il l'a dit, il voulait déjeuner avec vous, pas avec moi.

— D'accord, on fera semblant de le croire. Prenez soin de vous, Ophélie, ne vous laissez pas éblouir par les feux de la rampe.

Les feux de la rampe, c'est une jolie expression. Ne pas être attirée par la célébrité, voilà une chose plus facile à dire qu'à faire. Pour Cate, ce n'est plus un problème car elle est déjà célèbre ! Enfin, je pense qu'elle sait ce qu'elle dit...

Après le hug de Cate, j'ai droit à la poignée de main de Clara. Clara me remercie mais il n'y a pas la même chaleur qu'avec sa boss. Je ne sais pas si elle m'en veut pour les péripéties de notre cavalcade d'aujourd'hui ou si elle est comme ça avec tout le monde.

Un dernier signe de la main et elles disparaissent de ma vue.

Il est temps de rentrer à Deauville. Dans la voiture, je me sens vidée. Mon travail pour ce festival est terminé. Je me sens orpheline. J'ai un peu de vague à l'âme.

Soudain, un SMS de Laure.

« Tu fais quoi ma grande ? »

« Je viens de raccompagner Cate. »

« Ah, tu n'es donc pas à Deauville ? »

« Non, je suis sur l'autoroute. »

« Tu arrives à quelle heure ? »

« Vers 21 h 30. »

« Tu nous rejoins au restau ? »

« Je suppose que le nous, c'est David ? »

« Non, c'est Michael Brown ! Bien sûr que c'est David, patate ! »

« On verra. Je suis fatiguée. »

« Pas de "on verra". RDV aux Vapeurs. On te garde une place. »

Ce nouvel ordre de Herr General m'énerve pendant une seconde. Puis je me dis qu'elle a raison, que je suis jeune, que je ne vais pas aller bêtement dormir en rentrant alors que je peux profiter de mon premier Festival du film américain.

Je me laisse bercer par la voiture et je repense à ce que m'a dit Cate : « Michael voulait déjeuner avec vous. » Cette phrase, je me la suis répétée un million de fois ces dix dernières années. Ah, si elle pouvait avoir raison... Michael... Où peut-il se trouver en ce moment ? Il reste encore deux jours, j'espère que je le reverrai... Probablement...

La voiture me dépose directement au restaurant à Trouville. J'aperçois Laure et David au fond de la salle. Elle se penche par-dessus la table pour l'embrasser à pleine bouche. Décidément, c'est la passion ! Je n'aurais jamais pu imaginer cela de Laure. Je mets les pieds dans le plat, en français pour ne pas embarrasser David.

— Bonsoir. C'est bientôt fini ces cochonneries ?

Laure se lève pour m'embrasser. Elle a l'œil brillant mais ma remarque ne l'a pas désarçonnée.

— Hello, Ophélie, je peux t'assurer que ces cochonneries, comme tu dis, ne font que commencer. Je te raconterai mais on est en train de battre tous les records...

Comme elle m'a répondu également en français, David n'a pas compris mais je pense qu'il a deviné qu'il était question de lui. Il m'embrasse sur les joues, à la française. Nous sommes assis exactement dans la même disposition que la veille mais, cette fois, Laure m'inclut dans la conversation. En fait, elle veut que je lui fasse le récit de ma journée.

— Alors c'était comment ce « ménage à trois » avec Cate et Michael ?

Elle a encore utilisé notre langue mais l'expression « ménage à trois », bien que française, est couramment utilisée par les Anglo-Saxons pour désigner les relations entre un mari, une femme et la maîtresse ou l'amant. D'ailleurs, en jetant un coup d'œil vers David, je vois qu'il a un air intrigué.

Or, comme David est journaliste, je ne sais pas trop quelle attitude adopter. Laure a très vite senti le malaise. Elle se retourne vers David.

— David, nous sommes entre amis. Ce qu'Ophélie va nous raconter, c'est « off ».

« Off », sûrement le terme le plus important pour un journaliste, le moment de confiance avec son interlocuteur, celui où on va lui raconter des choses qu'il ne pourra pas reprendre dans son papier.

David fait une sorte de grimace.

— C'est dommage, j'ai l'impression que je vais rater un gros scoop ! Mais je suis corruptible, j'accepte les pots-de-vin…

Laure a compris le message.

— D'accord, paiement en nature, ça te va ? On négociera plus tard. Ophélie, nous t'écoutons.

Je raconte toute la journée en détail. Laure et David ont les yeux écarquillés. Je n'omets qu'une seule chose, le commentaire de Cate selon lequel Michael Brown souhaitait passer un moment avec moi. Je ne veux pas que David ou Laure douchent mon enthousiasme et mon envie d'y croire.

— … Et Cate m'a offert un flacon de parfum.

Laure a un air un peu dégoûté.

— C'est quoi, comme parfum ?

— Intuition d'Estée Lauder.

— Quel cadeau ! Tu m'étonnes, elle est sous contrat avec la marque ! Elle l'a eu gratos ton parfum.

— Jalouse ! Ce n'est pas important, ce qui compte c'est l'intention.

C'est rare de voir Laure se montrer aussi mesquine. Enfin, chacun a le droit à une petite faiblesse de temps en temps. D'ailleurs, elle s'en rend compte toute seule.

— Oui, tu as raison. Je dois, en effet, être un peu envieuse. Je suis depuis longtemps dans le métier et je n'ai jamais entendu parler d'une journée comme celle que tu viens de vivre. Et toi David ?

— Non, effectivement. Je ne suis pas forcément surpris que Michael Brown passe un long moment avec deux femmes mais je ne l'aurais pas imaginé visiter un cimetière avec elles…

Propos lourd de sous-entendus. Après la jalousie féminine, nous avons droit à la version masculine !

Pendant le reste du dîner, nous parlons de choses et d'autres. Cette fois, nous payons chacun notre part. Si j'étais aussi étroite d'esprit que ma camarade, je dirais que maintenant que David a mis Laure dans son lit, il n'a plus besoin de lui. C'est vache de penser ça mais c'est un juste retour des choses après sa remarque sur mon cadeau.

Le reste du programme de la soirée est très semblable à celui de la veille. Retour au Brummel Club. Décidément, cela devient une sorte d'annexe du bureau...

La différence est que, ce soir, nous dansons au lieu de rester vautrés dans les fauteuils. David n'est pas un grand danseur. Après deux morceaux, il est retourné s'asseoir. Il a voulu faire plaisir à Laure qui, elle, est déchaînée sur la piste. Elle n'est pas la seule et je suis presque à son niveau. Nous avons une pêche d'enfer, nous sommes les reines de la nuit ! Au bout d'une trentaine de minutes, nous retournons nous reposer un peu à côté de David. Je suis trempée de sueur.

David semble avoir envie de rentrer et négocie avec Laure. Bonne chance, mon cher David.

Moi, j'aimerais bien que David nous offre une bouteille de champagne comme hier. La danse m'a donné soif. Je ne peux pas demander, ça ne se fait pas. Merde, commander une coupe, ça va me coûter une blinde. Je ne peux pas la passer en note de frais... Je ne suis pas radine mais je n'aime pas l'idée de dépenser cinquante euros dans une boîte de nuit pour étancher ma soif. Je soumets mon problème à Laure.

— Laure, tu crois que l'on commande à boire ou tu penses que ton prince charmant va nous abreuver ?

— Abreuver, quel horrible terme ! Nous ne sommes pas des bêtes ! Je ne peux pas lui demander, ce ne serait pas délicat de ma part.

Laure est devenue une jeune femme délicate ! C'est bien ma chance !

— Alors on fait quoi ? On va au bar se prendre une coupe ? On séduit un richard qui acceptera de payer un verre à deux jeunes femmes désargentées ?

Laure est indécise un instant puis, soudain, son regard accroche un point précis à l'entrée de la boîte.

— Je crois que ton richard vient d'arriver…

Je suis la direction de son regard mais, avant de le voir, j'ai deviné de qui elle parle : Michael !

Il est de nouveau habillé à la cool, chemise de cow-boy et jean. Contrairement au premier jour, il ne porte pas des santiags mais des mocassins noirs. Je suis surprise de le voir ici, seul, passé minuit !

— Qu'est-ce qu'il fait là ?
— Il te cherche, voyons.

Et sans me laisser le temps de réagir à cette assertion stupide, elle se met à agiter frénétiquement le bras droit.

— Mais tu es malade, il va te voir !
— J'espère, c'est le but. Tu la veux ta coupe de champagne ou pas ?

J'essaie de lui faire baisser le bras. Peine perdue ! Elle se dégage. De toute façon, c'est trop tard, Michael l'a vue et se dirige vers nous. Oh merde, la honte ! Je suis hypergênée. David n'a pas l'air trop à son aise non plus. Seule Laure est tranquille. Quand Michael arrive à notre table, c'est elle qui prend la parole la première. Elle lui tend la main.

— Bonsoir, Michael, vous vous souvenez de moi ? Je suis Laure, l'amie d'Ophélie.

— Bien sûr, Laure. Comment allez-vous ? Vous faites une petite sortie entre amis ?

— Oui, nous célébrons le premier Deauville d'Ophélie et aussi son anniversaire. Je suppose que vous connaissez déjà David ?

— Bonsoir, David.
— Bonsoir, Michael.
L'échange n'est pas très chaud, à peine tempéré.
Laure a senti le léger malaise et elle enchaîne rapidement.
— Ophélie, je ne vous la présente pas ? Je crois que vous visitez des cimetières ensemble...
— Non, effectivement, Ophélie et moi nous connaissons bien. Bonsoir, Ophélie.
Je lui tends la main. Mais, pour Michael, nous avons dépassé cette étape un peu trop formelle. Il se penche vers moi et m'embrasse. Deux bises ! Je suis sous le choc. Je n'ai même pas eu le temps de profiter de ce moment tellement je suis étonnée. J'aimerais bien mettre le DVD en arrière et revivre ce baiser. Merde, c'était tellement inattendu que je ne suis même pas troublée, je suis juste surprise.
— Bonsoir, Michael.
— Donc vous fêtez votre anniversaire ? Mais vous n'avez déjà plus rien à boire ? Je vais remédier à cette aberration. Attendez-moi un instant, je reviens.
Il s'éloigne pour appeler un serveur. Laure me fait un clin d'œil. Je la gronde.
— Tu n'as pas honte ? On « célèbre le premier Deauville d'Ophélie et son anniversaire » ?
— Mais il était tellement content de pouvoir t'offrir un verre. De plus, comme ça, tu l'as ton verre ! De quoi tu te plains... Il t'a même embrassée...
Michael revient quelques instants plus tard suivi d'un serveur avec un seau à glace et une bouteille de Cristal Roederer. Merde, il a dû payer ça une fortune ! Michael fait signe au serveur qu'il veut ouvrir la bouteille

lui-même. Il lui dit quelque chose que je ne peux pas entendre. Une minute plus tard, le serveur revient avec un sabre ! Michael va sabrer le champagne ! C'est totalement nouveau pour moi. Ça me fait un peu peur, l'arme est assez impressionnante. Michael me rassure avec un grand sourire.

— Ne vous inquiétez pas, je suis le plus grand spécialiste de Hollywood. Mettez-vous là, Ophélie. Laure, David plus par ici.

Il saisit la bouteille dans sa main gauche, le pouce enfoncé dans le cul de la bouteille. Il prend le sabre dans la main droite, l'appuie contre le verre, le fait glisser une ou deux fois lentement et hop, d'un geste vif, il la sabre ! Presque aucune goutte du précieux liquide ne s'est échappée, c'est un bel exploit. C'est en tout cas beaucoup mieux que de secouer la bouteille et de faire jaillir le champagne comme le font, un peu vulgairement, les champions sportifs : quel gâchis ! La méthode de Michael est plus classe et il s'y est pris avec tellement d'élégance... Je ne peux pas m'empêcher de l'applaudir comme une gamine. Laure se joint à moi avec plus de retenue, David s'abstient.

Michael fait un petit signe de tête pour nous remercier de nos applaudissements puis il remplit quatre coupes.

— Ophélie, à vous, bon anniversaire !
— Merci, Michael.
— Vous êtes assez jeune pour que je me permette de vous demander combien il y a de bougies ?
— J'ai vingt-cinq ans, Michael. Vous êtes surpris ?
— Je vous aurais donné plutôt un peu moins de trente ans, vingt-sept ou vingt-huit. Je ne vous vieillis pas pour vous offenser mais j'ai trouvé aujourd'hui que

vous aviez fait preuve d'une grande maturité. Je dois ajouter que votre culture n'est pas commune pour une aussi jeune femme.

Ces propos me ravissent, je suis aux anges. Pour une fois, on ne me croit pas plus jeune que je ne le suis ! Juste derrière Michael, Laure, qui a entendu ces compliments, mime un vomissement pour signifier que c'est « too much ». Puis elle se retourne et se met à parler avec David. Perso, les propos de Michael m'ont fait très plaisir, je ne les trouve pas verbeux. Je suis heureuse mais un peu embarrassée. Michael a l'air très à l'aise. Nous parlons littérature. Il lit beaucoup, surtout des romans policiers américains, Michael Connelly, James Ellroy, Dennis Lehane et d'autres encore. Il m'explique que c'est à la fois par plaisir et pour raison professionnelle. Pour jouer dans des films policiers, il préfère lire les œuvres originales plutôt que les adaptations du scénario. Et puis, comme il est devenu producteur, il cherche aussi quels romans il pourrait adapter. C'est un homme incroyable. Selon le vieux cliché, je bois ses paroles et je dévore l'homme des yeux.

Il a également la courtoisie de me demander quelles sont mes lectures. Je m'aperçois que nous partageons la passion des écrivains suédois, notamment Henning Mankell et Stieg Larsson. Michael m'apprend qu'il a failli jouer dans *Millénium* le rôle finalement tenu par Daniel Craig.

— Pourquoi n'avez-vous pas eu le rôle ? Daniel Craig et vous devez être de la même génération, ce ne peut être une question d'âge cette fois ?

— Non, c'est une question de nudité. Vous avez vu le film ?

— Oui, j'ai beaucoup aimé.

— Vous vous rappelez la scène d'amour entre Lisbeth Salander et Mikael Blomkvist ? C'est une scène en nu intégral avec Rooney Mara qui chevauche son partenaire. Je ne pouvais pas jouer cette scène...

— Vous refusez les scènes de nu ?

— Non, c'est Carolina, ma femme, qui n'était pas enthousiaste. Elle m'a poussé à refuser.

— Elle est jalouse à ce point ?

— Ça dépend, pas toujours, mais, là, la scène avec la jeune et gracile Rooney Mara, elle ne la sentait pas. Elle a utilisé son droit de veto !

Il dit cela avec humour. Je réfléchis à cette histoire. Je m'aperçois que je ne peux pas blâmer l'épouse de Michael. Je me rappelle que, curieusement, je m'étais demandé, en regardant cette scène, ce que la femme de Daniel Craig pouvait ressentir en voyant son mari chevauchée par cette jeune beauté. Parce que, honnêtement, même avec sa coiffure de geek, ses piercings au nez et à la lèvre et ses tatouages, Rooney Mara, c'est une bombe. Superfine et en même temps avec des fesses et une jolie poitrine... le cauchemar des femmes mariées !

Michael me fait une confidence :

— Ophélie, je peux vous confier un secret ? J'écris moi-même un roman policier. J'ai écrit environ deux cents pages. Je ne l'ai jamais fait lire à personne... Vous accepteriez de me donner votre avis ?

Je suis flattée et surprise de cette confiance. Pourquoi me parler de quelque chose d'aussi personnel, d'une œuvre qu'il n'a partagée avec personne ?

— Merci, Michael, avec plaisir mais vous êtes sûr de vouloir me le faire lire ?

Avant qu'il ne puisse répondre, Laure se lève et fait le tour de la table pour me parler.

— Nous rentrons, j'ai un pot-de-vin à honorer. Tu viens avec nous ? David est embêté de te laisser seule.

— Je ne suis pas seule, je suis avec Michael.

— Justement... tu es sûre que tu veux rester ?

— Oui, bien entendu. Ne t'en fais pas, Michael est très gentil. Il apprend à connaître sa future femme...

En disant cela, je lui fais un petit clin d'œil. Elle rit.

— Bon, la nuit de noces, tu la gardes pour plus tard.

Puis elle rejoint David, ils saluent tous les deux Michael et s'en vont. Je me sens soudain vulnérable. Il y a une petite gêne. C'est curieux parce que, même avant le départ de mes amis, Michael et moi discutions en tête à tête. La différence n'est que psychologique, je n'ai plus mon chaperon. Michael fait un petit signe en direction du disc-jockey ou du bar. C'est quoi ce nouveau truc, il ne m'a quand même pas commandé un gâteau ? Si c'est le cas, je crois que je vais regretter l'imposture de Laure.

Il ne se passe rien. Nouvelle chanson, en public, une longue introduction du chanteur :

We're so glad to see so many of you lovely people here tonight, and we would especially like to welcome all the representatives of Illinois' Law Enforcement Community[1].

Michael me regarde, interrogatif.

— Vous connaissez ?

---

1. « Nous sommes si contents de voir tant de gens adorables ici ce soir et nous voudrions particulièrement remercier tous les représentants des forces de l'ordre de l'Illinois. »

— Oui, c'est tiré des *Blues Brothers*. C'est l'intro de Dan Aykroyd au début du titre « Everybody Needs Somebody to Love ».

— Vous êtes d'accord ?

— Avec quoi ?

— Avec le fait que nous avons tous besoin d'avoir quelqu'un à aimer.

La conversation prend un tour un peu bizarre, je ne vois pas trop où il veut en venir. C'est un message codé ? Enfin, si c'est un code, il n'est pas trop difficile à décrypter. Je rêve où Michael est vraiment en train de me faire un plan ? Étrangement, cela me gêne plus que cela ne m'excite. Il doit le sentir car, immédiatement, il se lève et me tend la main.

— Voudriez-vous danser avec moi ?

Je ne réponds pas, la musique est entraînante, je me lève dans un état un peu second et je l'accompagne sur la piste. J'ai juste le temps de me dire que « Everybody... », c'est un rock assez rapide et qu'il va falloir assurer. J'espère que Michael est un bon cavalier et qu'il connaît les mêmes passes que moi.

Michael n'est pas un bon cavalier, il est excellent ! Il doit avoir pris des cours avec John Travolta. Immédiatement, je trouve le bon rythme avec lui. Il me fait tourner, me rattrape, nous sommes dos à dos puis face à face, il me prend dans ses bras pour me lancer au loin avant de m'attirer à nouveau à lui... tout cela en parfait synchronisme avec le rythme endiablé de la chanson. Je pense que Uma Thurman et John Travolta dans *Pulp Fiction* n'étaient pas meilleurs danseurs que nous. Je m'éclate comme jamais. C'est le cavalier idéal, en plus, c'est Michael, mon Michael. Je vis un conte de fées, je suis Cendrillon, il est le prince charmant, nous dansons, tout le monde nous admire... Et, en plus, pas de douzième coup de minuit, pas de carrosse qui risque de redevenir une citrouille... j'ai toute la soirée pour moi, toute la nuit si je le souhaite et même toute la vie si Dieu le veut.

À la fin de la chanson, un autre extrait de la bande originale de *Blues Brothers* « Jailhouse Rock ». Sans nous concerter, nous prolongeons notre prestation sur cette chanson puis sur une autre et une autre encore.

Après un quart d'heure de rocks endiablés, nous sommes tous les deux en nage. Michael dégouline, mais, contrairement à la plupart des hommes qui en deviennent repoussants, la sueur ne fait qu'augmenter son sex-appeal.

Après ce quatrième rock, j'entends maintenant la voix de crooner de Frank Sinatra, c'est « My Way ».

Aïe, un slow ! Je ne peux quand même pas danser un slow avec Michael Brown ! D'abord, les garçons et les filles de notre génération ne dansent plus les slows, et puis c'est tellement intime, un slow. C'est étrange, j'ai souvent imaginé faire l'amour avec Michael mais jamais danser un slow langoureux avec lui. Je fais mine de battre en retraite vers notre table.

Il me tient la main et m'empêche de fuir.

— Ophélie, « My Way », « Comme d'habitude », une chanson de Claude François, votre compatriote, vous ne pouvez pas refuser !

Il est tard, il est beau, il est sexy, je ne lui résiste pas.

Même si j'essayais, il me tient fermement. Il me ramène à lui, me fait tourner comme si nous attaquions un cinquième rock, au ralenti, cette fois-ci.

Puis rapidement, il me prend la main droite avec sa main gauche. Son autre main est maintenant sur ma hanche. Les choses sérieuses commencent...

Très rapidement, ma nervosité disparaît. Je suis quand même dans les bras d'un des plus beaux hommes de la planète. Et encore, là, je me réfère aux sondages de la presse féminine car, pour moi, il est clairement le plus beau ! Je crois qu'un journal féminin, je ne sais plus si c'est *Cosmo* ou *Elle* l'avait classé juste après George Clooney et Brad Pitt.

Et puis, le slow, c'est quand même une danse formidable quand c'est bien exécuté. Contrairement à ce qu'on croit, ce n'est ni basique, ni très facile. Comme le rythme est lent, il faut de la précision. On ressent le moindre écart avec son partenaire, bien plus que sur une danse rapide. Il y a aussi la façon dont les deux corps se positionnent. Il ne faut être ni trop distants ni trop collés. Sauf si, bien sûr, vous en êtes au stade où vous vous roulez des pelles d'enfer.

Michael et moi, nous n'en sommes pas là. Il me guide avec douceur et fermeté. Et soudain, il se met à chanter. J'ai droit à un duo Michael Brown/Frank Sinatra. N'importe qui me ferait cela, j'arrêterais immédiatement de danser avec lui, le côté karaoké, très peu pour moi. Mais là, c'est divin. Michael transforme une danse ringarde, le slow, que plus personne n'ose pratiquer, en un moment d'exception.

Il est beau, il a une belle voix, je suis dans ses bras... Je pense que je n'ai jamais connu de moment d'aussi grande plénitude. Une magnifique journée suivie d'une soirée encore plus fantastique. Contrairement à ce que tout le monde pouvait penser, Michael et moi développons une vraie relation. Ce n'est pas encore une relation amoureuse mais c'est un grand pas dans la bonne direction.

Vite, trop vite, la musique s'arrête. Le DJ revient à un morceau plus actuel car je m'aperçois que nous étions les seuls à danser sur « My Way ».

Nous retournons à notre table. Il est tard, Michael sent une petite incertitude chez moi.

— Ophélie, vous voulez une autre coupe ou vous souhaitez partir ?

— Je suis un peu fatiguée, je préférerais rentrer si cela ne vous ennuie pas.

Nous sortons de la boîte et prenons la direction du Royal. Une question me brûle les lèvres.

— Michael, « Everybody Needs Somebody to Love », c'était vous ?

— Non, Ophélie, je vous ai dit que j'écris un roman mais je ne compose pas...

À sa tête, je vois bien qu'il fait l'idiot, qu'il prétend ne pas comprendre le sens de ma question.

— Non, Michael, je parle du choix de la chanson. Le petit signe au DJ, c'était pour ça ?

Il fait une grimace.

— J'avoue.

— Mais pourquoi ?

— Parce que j'avais très envie de danser avec vous et j'aimais bien les paroles de la chanson. Elles vous correspondent...

Tu parles qu'elles correspondent ! Tout le monde a besoin d'avoir quelqu'un à aimer... Moi, j'ai trouvé celui que je veux aimer. Depuis dix ans et, ce soir, il se tient juste à côté de moi.

Je ne dis rien pendant un instant. Une autre idée m'est venue à l'esprit.

— Et le slow, c'était vous aussi ?

— Oui, c'était moi.

— Mais un slow, c'est très délicat, assez intime. Il faut bien connaître la personne. J'aurais pu refuser de danser avec vous !

— Oui, vous auriez pu...

Il a une façon de dire ça qui me tue ! Je crois que l'on ne peut pas imaginer un mec plus craquant que Michael à ce moment-là.

Je ne dis rien. Nous approchons de l'entrée de l'hôtel. Michael change de sujet.

— Alors, vous acceptez d'être la première lectrice de mon roman ?

— Oui, Michael, avec plaisir.

— Si vous voulez, je vous le donne tout de suite. Je l'ai avec moi.

— Vous l'avez sur vous ?

— Oui, enfin non, il est dans ma suite. Venez avec moi, je vais vous le donner.

Là, je suis contente d'avoir vingt-cinq ans et plus quinze. Je rêve ou il est en train de me proposer de voir ses estampes japonaises ?

Que faire ? Je botte en touche.

— Il est peut-être un peu tard Michael. Vous pourrez me le donner demain.

— Ophélie, il n'y en a que pour deux minutes. Par la même occasion, vous pourrez me dire si ma suite est aussi belle que celle de Cate.

Je sens confusément que j'aurai certainement l'occasion d'en tester la literie. En une seconde, mon cerveau traite un million d'informations, pèse le pour et le contre. Contre : on ne couche pas avec un homme marié, on ne couche pas dès le premier soir. Pour : il est trop beau, trop séduisant, je l'ai toujours voulu. Bonus : j'ai vingt-cinq ans, je n'ai pas couché avec un garçon depuis des mois. Le bilan est simple, large victoire du pour.

— Très bien, Michael, je vous suis.

La décision prise, je suis sereine. Aucune nervosité. Sauf si je me fais des idées, il y a maintenant de fortes chances que je fasse l'amour avec Michael. Je souris intérieurement : peut-être que dans quinze, vingt minutes, je serai en train d'embrasser Michael, que nous serons nus, l'un contre l'autre. Je veux sentir sa bouche partout sur mon corps, sur mes seins. Je le veux entre mes jambes, je veux qu'il m'embrasse là... J'ai de jolis dessous, en dentelle blanche. Pas du La Perla mais du Aubade très mignon. Je suis également contente d'avoir suivi le conseil de Laure et d'être allée chez l'esthéticienne avant de venir à Deauville.

Michael m'interrompt.

— Ça va, Ophélie ?

— Très bien.

— Vous aviez l'air ailleurs. Attendez-moi une minute, je vais chercher la clé.

Il s'éloigne vers la réception. Dans le hall, il y a Vincent, l'attaché de presse renvoyé par Michael. Il me regarde, il regarde Michael et, soudainement, comme s'il avait vu un boa constrictor, il s'enfuit vers les ascenseurs. Décidément, ce garçon est bien curieux. Michael n'avait peut-être pas tort...

Ma star revient. Nous nous dirigeons vers les ascenseurs. Il appuie sur le bouton d'appel. En les attendant, nous sommes tous les deux silencieux. C'est le silence qui précède la tempête... Cette fois, je suis pratiquement certaine de ne pas me tromper... Ophélie, ma grande, je crois que Michael et toi allez faire l'amour !

Michael appuie à nouveau sur le bouton. Aucune des deux cabines ne veut descendre, elles sont toutes les deux au quatrième étage.

— Ophélie, vous pensez que l'on est en train de faire descendre une personne âgée ou bien est-ce un jeune couple qui cherche un endroit original pour faire l'amour ?

Il me fait rougir.

— En parlant de personnes qui se réfugient dans les ascenseurs, je viens de voir Vincent il y a quelques minutes.

— Vous pensez que Vincent... avec un employé de l'hôtel ?

Je grimace et je ris.

— Non, je n'espère pas !

— Voyons, Ophélie, soyez ouverte d'esprit. Vincent a également le droit à une vie sexuelle. Bon, je vous propose d'attendre deux minutes supplémentaires. Si les ascenseurs sont toujours bloqués, nous monterons à pied.

Je pourrais utiliser ce prétexte pour m'éclipser et rentrer dans mon Pierre et Vacances mais je n'y pense même pas. J'ai décidé que, s'il me le propose, ça se passera ce soir.

Au bout d'un court laps de temps, Michael me prend par la main.

— Allons-y, prenons les escaliers.

— Combien d'étages, Michael ?

— Trois.

Je gémis.

— Trois, mes jambes ne peuvent plus me porter...

— Je vous promets de vous faire un massage pour vous remettre d'aplomb.

Massage des jambes ou massage entre les jambes... Mon esprit devient grivois. Michael a l'air impatient. Nous ne montons pas les marches en marchant normalement, nous sommes plus dans une allure de footing. Il me tient toujours la main et je ne sais pas s'il me lâchera avant que nous ayons joui ensemble. Mon délire mythomaniaque habituel est revenu, mais, cette fois, il semble qu'il est en train d'annoncer avec un peu d'avance ce qui va arriver.

Ça y est, nous sommes au troisième étage. Toujours au petit trot, nous nous engageons dans le couloir pour nous retrouver devant une magnifique double porte : la suite de Michael.

Il me lâche la main pour trouver sa clé. Poche de devant droite, rien. Poche gauche, rien. Ces quelques secondes d'inspection avant de pouvoir entrer dans ce qui va être notre alcôve et le début d'une nouvelle vie pour moi me semblent interminables. Poche arrière : yes ! La clé ! Il la glisse dans la fente. Un petit déclic, la porte s'ouvre sur la suite mais pour moi, plus symboliquement, sur une nouvelle dimension de la vie. Encore deux mètres, et je serai entrée dans la quatrième dimension.

Michael s'efface et m'invite de la main à franchir le seuil de son antre.

Soudain, une voix à une dizaine de mètres dans le couloir.

— Michael, vous avez un problème ? Je peux faire quelque chose pour vous.

Christine ! C'est pas vrai, Clara est partie et maintenant, c'est Christine qui joue au caporal-chef ! Ils ne vont pas me faire ça chaque jour ! C'est incroyable, c'est pire qu'*Un jour sans fin* !

— Non, merci Christine, tout va bien. Je donne juste un document à Ophélie.

— Très bien. Allez-y, Ophélie, je vous attends.

Je suis Michael. L'atmosphère est moins chargée sexuellement que cinq minutes auparavant. La fatigue se lit maintenant sur le visage de Michael. Je pense que ce doit être la même chose en ce qui me concerne. Michael se dirige vers son bureau, prend un script et me le tend.

— Tenez, Ophélie, vous me direz ce que vous en pensez.

Ah, il a vraiment un manuscrit ! Était-il sincère quand il disait vouloir me le remettre ? La liaison sexuelle que je pressentais était-elle juste le fruit de mon imagination ? Je suis épuisée, je ne suis plus sûre de rien.

Je m'apprête à m'en aller.

— Bonsoir, Michael.

— Ophélie, vous n'oubliez pas quelque chose ?

— Je ne crois pas Michael.

— Quand j'ai réparé la voiture, vous aviez promis de m'embrasser...

C'est vrai, il a raison. Je m'approche de lui, il me prend dans ses bras et je l'embrasse. Je l'embrasse sur les joues car la porte de la suite est ouverte et Christine est juste à l'extérieur. J'aurais tant aimé l'embrasser sur la bouche... D'ailleurs, il s'en est fallu de peu car, pour la deuxième bise, nos lèvres se sont effleurées... L'a-t-il fait exprès ou est-ce encore mon imagination qui se joue de moi ?

Si on m'avait dit ça il y a vingt-quatre heures, j'aurais sauté de joie mais maintenant ce n'est qu'une faible compensation par rapport à ce que j'attendais.

— Merci, Michael, pour cette soirée.

— Merci à vous Ophélie pour cette soirée et pour la journée. Je n'aurais jamais imaginé vivre un moment aussi charmant en venant à Deauville. Et puis, n'oubliez pas, je vous dois également un baiser ! Pour les gendarmes... et je vous promets que le mien sera bien mieux que le vôtre... Bonsoir, Ophélie.

Il referme la porte en me délivrant un merveilleux sourire. Il va me donner un baiser mieux que le mien ? Vu que nos bouches ont failli se toucher, cela ouvre des perspectives... et me redonne le sourire.

Sourire de courte durée car je me retrouve face à Christine.

— Merci, Ophélie, allez vous coucher, il est tard.

Je n'ai aucune envie d'engager la conversation.

— Bonne nuit, Christine.

Brusquement, mon esprit suspicieux se met en marche et mon côté Sherlock Holmes resurgit. Que faisait-elle dans le couloir des suites en plein milieu de la nuit ? Nous n'avons vraiment pas eu de chance. À cinq minutes près, ou plutôt, à une minute près je serais entrée dans la suite de Michael ni vu ni connu. Et en ce moment, je suis certaine que je ne m'apprêterais pas à dévorer son manuscrit mais à déguster son sexe... Ophélie, attention à toi ! Tu fréquentes trop Laure, tes pensées deviennent aussi lubriques que les siennes. Si les ascenseurs n'étaient pas tombés en panne tous les deux en même temps...

À y réfléchir, c'est vraiment bizarre, cette histoire d'ascenseurs. Malgré ma fatigue, je remonte l'escalier quatre à quatre jusqu'au dernier étage. J'arrive sur le palier. Les deux ascenseurs sont là, portes ouvertes. J'entre dans l'un puis dans l'autre. Quelqu'un a appuyé sur le bouton stop dans les deux ascenseurs ! Ils ne risquaient pas de venir nous chercher Michael et moi ! Je comprends maintenant que ce n'est pas le fait du hasard. Vincent, même s'il ne s'occupe plus de Michael, devait être chargé de l'attendre. Quand il nous a vus dans le hall, Michael et moi, il a couru prévenir Christine. Comme il lui fallait gagner du temps, il a imaginé le coup des ascenseurs. Quelle ingéniosité chez ce salopard ! Je redescends marche après marche les quatre étages. Je n'ai pas débloqué les ascenseurs. Tant pis pour les autres festivaliers, ils n'auront qu'à se démerder.

Je rentre dans mon appartement. Il est vide, ce qui ne me surprend pas : Laure doit être en train de faire des galipettes avec son journaliste.

Je n'en reviens toujours pas : le rêve de toute ma vie allait s'accomplir ! Je suis néanmoins beaucoup moins désespérée que la veille : je pense que ce qui vient de se passer avec Michael, la visite des cimetières, nos danses, notre tête-à-tête, l'émotion que nous avons partagée main dans la main en montant les étages du Royal, tout cela ne peut pas s'effacer. C'est le début de notre aventure. Les pathétiques manœuvres de Vincent et Christine ne font que reculer une échéance inéluctable.

Je vais prendre le manuscrit de Michael, en lire quelques pages, le déposer à côté de moi et m'endormir. Demain, on pose la deuxième pierre...

Lundi 2 septembre

La nuit dernière, après avoir rédigé le récit de la journée, j'ai fait quelque chose qui ne me ressemble pas du tout.

Après un passage éclair par la salle de bains, je me suis mise au lit. Comme j'étais un peu énervée, j'ai commencé à lire le livre de Michael. J'aime bien les livres policiers et j'en ai lu un certain nombre mais aucun ne commence comme celui-là... Son livre se passe dans une université de Louisiane. Dans la scène d'ouverture, une étudiante en littérature américaine vient faire lire son essai à son professeur. En fait, c'est un prétexte et, dès la quatrième page, ils sont en train de baiser comme des malades sur le bureau ! Le roman de Michael est plus pornographique que policier ! J'avance rapidement dans le livre en lisant en diagonale : il y a du sexe toutes les dix pages. Il est chaud, mon Michael ! Il ne pourra jamais publier sous son vrai nom, il devra choisir un pseudo !

Mais je dois avouer que son style n'est pas mal du tout, particulièrement quand il décrit avec moult détails la façon dont sa jeune héroïne et son professeur dépravé s'envoient en l'air.

Ajoutée à mes émotions de la soirée et à ma frustration, cette lecture a un effet immédiat sur ma libido. Contrairement à mes habitudes, je décide de suivre les conseils de Laure et de m'adonner à l'onanisme. Je choisis un passage particulièrement chaud où les héros sont à la plage et où ils font l'amour dans la mer pour commencer à me caresser. Je tourne les pages de la main gauche et me caresse de la droite. Ça me fait drôle car je ne suis pas habituée. Je passe rapidement sur mes seins et je descends directement à mon sexe. Je caresse mon clitoris. Je prends du plaisir, je suis toute mouillée. L'image de Michael se superpose à celle du professeur me laissant le rôle de l'étudiante. Très rapidement, je ferme le livre, éteins la lumière.

Je suis maintenant complètement avec Michael sans truchement de personnages de fiction. Mes doigts s'insèrent dans mon sexe, cherchent mon point G. En remontant, je titille mon clito. Puis je joins mes doigts pour imaginer le sexe de Michael me pénétrant. Ma main entre et ressort comme si j'étais sous lui et qu'il était en moi. Dans mon imaginaire, j'ai choisi la position du missionnaire. Il est au-dessus de moi, en appui sur ses bras musclés. Son bassin est collé au mien et mes jambes sont refermées sur ses reins pour qu'il s'enfonce plus profondément en moi. Par moments, il fléchit les bras pour m'embrasser passionnément, nos bouches se trouvent, nos langues ont un langage commun. Ma main sur mon sexe ne m'appartient plus, c'est Michael qui me fait l'amour... Et, surprise délicieuse, l'orgasme dans la vie réelle arrive au même moment que celui avec Michael dans mon fantasme !

Un orgasme solitaire, ça ne m'est pas arrivé souvent dans mes vingt-cinq ans de vie ! Ce n'est pas que je n'y arrive pas, c'est simplement que la masturbation n'est pas une pratique que j'ai adoptée dans ma vie. Ce n'est pas que je sois une vieille réactionnaire qui considère ça comme quelque chose de honteux mais ça ne m'a jamais vraiment attirée.

Après ce moment extatique, je me sentais merveilleusement détendue et optimiste. Je me suis dit que le sexe toute seule n'était pas aussi triste qu'on pouvait le croire, au contraire ! Expérience à renouveler.

Ce matin, en me levant, j'étais en pleine forme alors qu'il n'était que 7 h 30 et que j'avais encore dormi moins de cinq heures.

Visiblement, ces quelques heures de sommeil n'avaient pas rassasié mon appétit de sensualité. Mais ce matin, je voulais partager quelque chose avec Michael dans le réel.

J'ai alors eu une idée folle. Michael n'a pas pu finir la nuit avec moi, je vais lui offrir de commencer la journée ensemble ! Je m'habille rapidement. Ce matin, ma lingerie sera noire. Je pense qu'il va apprécier. De toute façon, je ne compte pas la garder longtemps... Juste avant de partir, je fonce dans la salle de bains pour m'asperger de parfum, sur tout mon corps même aux endroits les plus intimes. Je n'oublie pas de me laver les dents et de frotter ma langue avec ma brosse à dents : je n'ai aucune envie d'avoir une haleine de coyote au moment où j'embrasserai l'homme de ma vie !

Je n'ai pas mangé. Ce n'est pas grave, mon breakfast, c'est Michael. Nous partagerons des mets plus terrestres après son deuxième orgasme et mon cinquième...

Je cours jusqu'au Royal. Je n'ai aucun doute sur le fait qu'il sera ravi de me voir. De plus, question sexe, les hommes sont plutôt du matin. Il pourrait même déjà avoir une petite érection matinale tendant son bas de pyjama. Sinon, ce n'est pas grave, je plonge à ses pieds et je le prends dans ma bouche jusqu'à ce qu'il soit plus dur qu'une barre de métal en acier trempé !

Comme la veille, je monte par l'escalier, quatre à quatre. Aujourd'hui, les escaliers, c'est un choix, comme pour prolonger mon attente du grand moment. Ou peut-être est-ce pour revivre notre montée de la veille, main dans la main ?

Deuxième étage, j'attaque le troisième escalier. Il ne me restera que le couloir avant de frapper à la porte de la suite 307.

J'arrive sur le palier du troisième étage et, là, je tombe sur un spectacle surprenant : une jeune fille est en train de pleurer ! Sa tenue me révèle que c'est une hôtesse du festival. Elle est dans un sale état, ses cheveux sont défaits, son maquillage a coulé à cause des larmes.

Merde, qu'est-ce que je fais ? Je ne peux quand même pas la laisser juste en face des ascenseurs de l'étage où logent les stars. D'ici peu, tout le monde va commencer à descendre et tomber sur cette pauvre créature désespérée, ça va faire désordre !

C'est un véritable dilemme, entre conscience professionnelle et désir personnel. Finalement, je me dis que je peux concilier les deux. Je vais m'occuper de la jeune femme cinq minutes puis j'irai rejoindre Michael. Une sorte de sixième sens me dit que ce n'est pas prudent, que je devrais la planter là et me diriger directement vers la suite 307 mais je décide de ne pas lui obéir.

Je m'approche d'elle. Je la regarde. En temps normal, elle est sûrement jolie mais là, elle ne ressemble pas à grand-chose !

— Ça va, vous allez bien ?
— Ça va, ça va aller...

Elle éclate de nouveau en sanglots. Tu parles que ça va aller... Merde, je risque d'y passer plus de temps que prévu.

— Qu'est-ce qui ne va pas ?

— C'est Michael... il y a un problème pour la signature...

Michael ! Mon cœur s'est arrêté de battre quand j'ai entendu ce prénom. J'essaie de me ressaisir.

— Michael ? Michael Brown ?

— Oui, Michael... La signature...

Sa crise de larmes redouble. Ce qu'elle dit n'est pas très intelligible mais, visiblement, elle parle effectivement de Michael Brown. Quant à ce problème de signature, je n'y comprends rien.

Que faire ? Appeler Christine, Bertrand ? Si je choisis cette option, je peux oublier mon petit-déjeuner coquin avec Michael. J'appelle la réception de l'hôtel avec mon portable.

— Oui, bonjour, Ophélie Delacour de Ciné Organisation. Il y a un problème au troisième étage. Vous pouvez faire monter le responsable ?

J'espère sauver la situation en lui confiant la jeune femme. Ensuite, je fonce frapper à la porte de Michael.

— Vous vous appelez comment ?

— Chrystelle.

— Essayez d'arranger votre tenue. Quelqu'un va venir vous aider.

Je viens de m'apercevoir que son corsage est ouvert, révélant un décolleté profond. On voit son soutien-gorge qui peine à contenir une poitrine généreuse. Pas vraiment classe... La fermeture de sa jupe n'est pas complètement fermée. Je le lui indique d'un signe et elle se rajuste.

L'ascenseur s'ouvre : c'est le directeur en personne qui s'est déplacé. Il me reconnaît immédiatement.

— Bonjour, vous êtes l'attachée de presse qui s'est occupée de Cate Blanchett ? Qu'y a-t-il ?

— C'est cette jeune femme. Il y a un problème. Vous pouvez la faire descendre ?

— D'accord, je m'en occupe.

Il s'adresse à la jeune Chrystelle et lui met la main sur le bras.

— Mademoiselle, vous voulez bien descendre avec moi ?

Elle se dégage violemment. Nouvelle crise de larmes.

— Je ne pars pas tant que je n'ai pas vu Michael Brown !

Ok, j'ai compris, c'est une groupie. Je m'adresse au directeur :

— Vous ne pouvez pas demander à votre staff de vous aider à la faire descendre ?

— Non, ce n'est pas possible. Si c'est un problème qui concerne Michael Brown, vous devez le gérer avec votre hiérarchie.

Je comprends son point de vue mais aussi que cette jeune écervelée vient de foutre définitivement en l'air mon petit-déjeuner coquin avec Michael.

Je joins Bertrand sur son portable. Il arrive dans les cinq minutes. En un coup d'œil, il a évalué la situation.

— Ophélie, je vais voir Michael. Restez avec cette jeune femme et attendez-moi.

Je ne serai pas contre un « s'il vous plaît » à la fin de sa phrase… Bon, il a l'air un peu stressé, je lui pardonne cette impolitesse inhabituelle.

Le directeur redescend, le lâche, et je me retrouve seule avec Chrystelle. Je devrais essayer de la réconforter ou au moins essayer de comprendre ce qui lui est arrivé mais je n'ai pas envie de faire cet effort. Je suis passablement énervée. Je n'arrive pas à croire que, pour la deuxième fois en quelques heures, je ne vais pas pouvoir accomplir ma destinée.

Je sais, « accomplir ma destinée », c'est un peu emphatique. Laure, elle, dirait que mon plan cul est tombé à l'eau. La réalité est à l'intersection de ces deux types de commentaires.

Bertrand revient quelques instants plus tard.

— Mademoiselle, Michael va vous recevoir. Ophélie, pouvez-vous rester ici quelques instants, s'il vous plaît ? Michael vous verra ultérieurement.

Michael va « me recevoir » ?!? ! C'est quoi ce délire royal ? Je vais avoir droit à une audience ! On croit rêver.

Pas le temps de réagir, ils sont déjà partis et je me retrouve seule comme une conne !

Je ne sais pas si c'est une impression, mais je trouve qu'ils mettent un temps fou. Ils discutent de quoi ? C'est pas possible !

Enfin, Bertrand m'appelle. Je rentre dans la suite de Michael. Il est là à côté de Bertrand. Pas très loin, la jeune Chrystelle a séché ses larmes. Je vois qu'elle tient une magnifique photo de Michael, genre Harcourt en noir et blanc et une grande enveloppe.

Michael a l'air fatigué, presque autant que s'il avait passé la nuit avec moi dans son lit ! La différence, c'est que, avec moi, il aurait de bonnes raisons d'être fatigué ! Il a également l'air préoccupé. Je ne peux pas le blâmer. Se faire réveiller à cause d'une groupie hystérique, c'est quand même dur. Il me salue en essayant d'y ajouter un petit sourire.

— Bonjour, Ophélie. Vous allez bien ?
— Bonjour, Michael. Oui, merci.

Nous sommes malheureusement repassés aux échanges formels et succincts. C'est un peu désolant si on pense à notre complicité de la veille.

Bertrand coupe court à mes réflexions :

— Mademoiselle, tout est réglé, je pense. Je crois que vous pouvez mettre votre photo dans l'enveloppe. Vous avez quelque chose à ajouter ?

— Merci, monsieur. Merci beaucoup, Michael pour la photo. Mademoiselle excusez-moi pour le dérangement mais je voulais tellement cette photo dédicacée de Michael.

La « mademoiselle » en question, c'est moi. Alors, comment vous dire, Chrystelle, je vous remercierai bien pour vos excuses mais :

1) Comment osez-vous l'appeler Michael ? Pour vous, ce devrait être M. Brown.

2) Faire un foin pareil pour obtenir une photo, cela relève de l'hôpital psychiatrique...

3) Je n'oublierai jamais, je dis bien jamais, que vous m'avez fait manquer un moment d'intimité unique. Le plan, c'était « Breakfast at Michael's », je ne vous le pardonnerai pas.

De plus, ses excuses ne me paraissent pas très sincères : on dirait qu'elle récite un texte appris par cœur.

On frappe à la porte. C'est Vincent, le Judas de service. Il vient chercher Chrystelle pour la raccompagner.

Bertrand se retourne vers Michael.

— Et pour Ophélie, on fait comment ?

Ça veut dire quoi « on fait comment » ? J'ai l'impression de me retrouver dans un film de gangsters, genre : « Vous préférez dans le lac Michigan avec les haltères aux pieds ou attachée sur la ligne de chemins de fer avant le passage du Transamerica ? »

Je dois faire une tête bizarre car Michael prend la parole et m'adresse, cette fois, un sourire réellement chaleureux.

— Non, Bertrand, il n'y a aucun problème avec Ophélie. C'est quelqu'un que j'ai appris à connaître. C'est une personne de grande valeur. Je lui fais une totale confiance. Vous êtes d'accord avec moi, Ophélie ? Je peux vous faire confiance ?

— Oui, Michael, vous pouvez me faire confiance.

J'ai répondu spontanément alors que je ne sais pas vraiment de quoi il est question. Il faudrait peut-être que je vérifie dans la salle de bains s'il n'y a pas un cadavre... D'un autre côté, avec son regard, son sourire et ce qu'il vient de dire sur moi à Bertrand, je ne vois pas tellement comment j'aurais pu lui refuser cette confiance qu'il me demande. En gros, je comprends que je viens de lui signer un chèque en blanc.

Il doit savoir lire dans les pensées car il m'explique de quoi il retourne :

— Ophélie, si la presse people apprenait que l'on a retrouvé une jeune femme devant la porte de ma chambre d'hôtel au petit matin, que pensez-vous qu'ils publieraient ? Qu'elle voulait une photo dédicacée ou bien que j'ai abusé d'elle pendant la nuit ? Or, vous savez, mieux que quiconque, que je n'étais pas avec elle cette nuit.

Oh merde, il dit ça devant Bertrand. Il a raison sur les faits, je sais que la presse people le massacrerait et le traînerait dans la boue. Je suis, en effet, le témoin de sa bonne foi, celle qui sait que cette fille n'était qu'une groupie. Les explications les plus simples sont le plus souvent les plus exactes. Ce qui m'embête, c'est que vis-à-vis de Bertrand, la façon dont il a exprimé les choses pourrait faire croire que c'est moi qui ai partagé sa couche. Après un court instant de réflexion, je me dis que Christine et Vincent ont déjà fait leur rapport détaillé de la scène de la nuit grâce à Bertrand. Donc, en résumé, Michael n'a rien dit que Bertrand ne sache pas. Il n'empêche que je suis gênée quand je lui réponds.

— Michael, il n'y a aucun problème, je serai muette comme une tombe.

— Même vis-à-vis de votre amie Laure ? Ce n'est pas que je ne lui fasse pas confiance mais je n'ai pas le même avis sur son petit ami, David Rubinstein. Après tout, c'est un journaliste.

— Comme vous le voulez, je ne lui dirai rien à elle non plus.

Ma deuxième réponse est plus sèche. D'abord, il vient de dénoncer ma copine auprès de Bertrand. À la façon dont mon boss a tressailli quand il a appris la liaison de Laure, je comprends qu'il n'était pas au courant. J'imagine facilement que ce genre de relation entre attachées de Presse et journalistes, ce n'est pas sa tasse de thé... Ensuite, si Michael est obligé de me mettre les points sur les « i », ce n'est pas une grande marque de confiance : un peu contradictoire avec ses propos louangeurs précédents...

Là encore, l'animal prouve qu'il a une bonne perception de la psychologie féminine. Il a senti que ce qu'il vient de dire ne m'a pas plu.

— Bertrand, vous pouvez me laisser seul avec Ophélie un instant, s'il vous plaît ?

— Bien entendu, Ophélie, je vous attends à l'extérieur.

C'est pas vrai, lui aussi a décidé de m'attendre à la porte ! J'ai l'impression d'être encore à l'école primaire et que mon papa est venu m'attendre à la sortie pour que je ne sois pas enlevée par de vilains messieurs... Eh Bertrand, qu'est-ce qui se passe si j'ai envie de faire une petite fellation à Michael ? J'ai le temps ou pas ? Je vous préviens que si vous écoutez à la porte, il y a de grandes chances que vous l'entendiez gémir...

Qu'est-ce que je suis devenue agressive ! Michael me tire brusquement de mon dialogue imaginaire avec Bertrand. Il a pris mes deux mains dans les siennes. Il les a prises doucement au niveau de mes doigts qu'il serre délicatement. Il les approche de son visage. C'est pas vrai, il va me faire le baisemain ! J'y crois pas ! J'essaie fébrilement de me rappeler s'il a joué dans un film qui se passe à la cour de Louis XIV. Non... Je ne crois pas... Cela ne me dit rien. Ou peut-être va-t-il me prendre un doigt dans la bouche et le sucer ? Alors là, Michael, je vous préviens, si vous faites cela, Bertrand ou pas Bertrand, je vous arrache votre chemise, votre pantalon, votre caleçon et je vous viole sur le parquet de cette suite ! Mais Michael se contente de regarder mes doigts, d'une main puis de l'autre.

— Vous avez de si jolies mains. Fines et intelligentes.

Des mains intelligentes, je ne connaissais pas mais je prends.

Il continue :

— Je les ai remarquées hier quand nous dansions. J'ai passé un moment unique avec vous Ophélie. Les événements ont été un peu compliqués depuis notre duo sur la piste de danse mais ne vous laissez pas perturber par ça : gardez précieusement la sensation de tout ce que nous avons échangé... Et n'oubliez pas que je vous dois toujours un baiser...

J'ai du mal à déglutir en l'écoutant. Il a tellement raison. Je suis émue et pourtant je me force à lui rappeler sa promesse :

— Pas un baiser quelconque Michael, un baiser mieux que celui que je vous ai donné !

Il rit. Cette fois, et pour la première fois de la journée, c'est un rire clair et franc. Un rire qui prouve que nous avons une vraie connexion.

— Vous avez tout à fait raison, Ophélie. Un baiser unique ! Bon, je pense qu'il faut que je vous laisse partir. Bertrand doit s'impatienter. De toute façon, on se reverra.

Mon cher Michael, j'y compte bien. Si je ne me trompe pas, vous restez encore deux jours... Je me retrouve dans le couloir avec Bertrand. Mon vague à l'âme s'est envolé, je suis d'une incroyable sérénité.

Comme si cela ne suffisait pas, Bertrand a décidé de renforcer le côté positif de ce début de journée.

— Ophélie, je dois vous dire que vous m'impressionnez. Vous avez un vrai talent pour le relationnel avec les stars. Cate, maintenant Michael ! Même Clara a chanté vos louanges !

Alors là, pour une surprise, c'est une surprise. La sorcière Clara m'a appréciée ! Je regrette même de l'appeler par son surnom.

Bertrand me fait tout un tableau de mon futur professionnel.

— Si vous continuez ainsi, je vous confierai les plus grandes stars et, sur le long terme, vous pourrez prétendre à un grand rôle dans l'industrie du cinéma...

Nous arrivons au rez-de-chaussée de l'hôtel. Bertrand me laisse. J'ai des étoiles dans les yeux...

Michael a raison : les incidents que nous avons connus, les interventions malencontreuses voire malveillantes des Christine, Vincent et autres Chrystelle ne sont que des contretemps. Ce qui reste est la relation authentique que nous avons établie. C'est presque plus fort que tout ce que j'avais pu imaginer entre Michael et moi dans mes fantasmes durant toutes ces années. Pourtant, j'imaginais nos baisers, nos étreintes et même notre mariage et nos enfants, mais, finalement, il manquait à tout ça la profondeur de rapport que nous avons commencé à tisser.

Je vois Laure au bar qui me fait de grands signes. Laure, c'est mon seul petit regret, le fait de ne pas pouvoir lui raconter les événements de ces dernières heures. Techniquement, j'imagine que, lorsque j'ai promis à Michael d'être muette comme une carpe, il s'agissait du problème de sa groupie et non de la totalité de la soirée. Donc, je pourrais, théoriquement, raconter nos rocks endiablés, la complicité de notre slow, la promesse d'une nuit de sexe repoussée à plus tard à cause de l'intervention de Vincent et de Christine. Mais je décide de passer sous silence cette partie de la soirée aussi : c'est dommage, j'aurais adoré avoir le feedback de Laure...

— Bonjour, Laure.

— Bonjour, Ophélie. Laisse-moi te regarder, un sourire aux lèvres que tu n'arrives pas à contrôler, un état proche de l'épuisement... Attends, ne me dis pas que tu as couché avec Michael ?

J'aimerais lui dire la vérité, que cela s'est presque fait. Je pourrais aussi lui faire une blague et lui faire croire que c'est arrivé. Mais je préfère éviter tout malentendu et toute mauvaise interprétation.

— Non, nous nous sommes couchés tard, mais chacun dans sa chambre. Mon sourire, c'est parce que Cate et Clara m'ont tressé des lauriers auprès de Bertrand. Il m'a félicitée et m'a dit qu'il me donnerait plus de responsabilités dans les futurs festivals.

— La vache, c'est génial.

Il faut reconnaître une autre qualité à Laure, c'est que cette fille généreuse ne connaît pas la jalousie (ou presque pas).

— Oui, cela fait plaisir.

— Et Michael, alors, rien de croustillant ? Tu peux me dire. Je ne répéterai rien à David. De toute façon, j'ai négocié et payé son silence.

C'est incroyable comme cette fille a réussi à développer son sixième sens, on pourrait presque croire qu'elle était sous le lit dans la suite de Michael quand il m'a demandé d'être muette comme une carpe.

Le sujet Michael, il me faut rapidement l'enterrer et détourner l'attention de Laure vers autre chose. Je crois avoir une idée :

— Avec Michael, c'était sympa, j'ai pu rester avec lui près de trois quarts d'heure après votre départ. Comment tu l'as acheté son silence à David ?

— En nature bien sûr ! Le problème, c'est qu'avec tout ce que nous avions fait la nuit précédente, je n'avais plus grand-chose d'inédit à lui offrir...

Le sexe ! Seul ce sujet pouvait détourner le chien de chasse de sa proie... Elle semble avoir oublié Michael. Le problème est que je vais me retrouver dans un nouveau récit à la lady Chatterley et que mon humeur romantique du moment ne me donne nullement envie d'écouter ce genre de propos. Mais on ne peut pas gagner à tous les coups...

Même si je pressens ce qui va arriver, je la relance :

— Alors, tu as fait quoi ?

— Nous avons fait un remake du *Dernier Tango à Paris*, sans la plaquette de beurre, je précise...

Il y a des moments où je préférerais éviter les citations culturelles ! J'étais à peu près certaine de ce que Laure allait m'annoncer. Elle m'a déjà entraîné dans des discussions sur la sodomie mais jamais aussi tôt dans la journée.

— Merci, ce genre de précision, je préfère éviter.

— Tu as totalement tort. Nous sommes au XXIe siècle, ma grande. Les lubrifiants modernes, ç'a été créé spécialement pour éviter le côté un peu brut de décoffrage employé par Marlon Brando. Tu imagines, une plaquette de beurre...

— C'est bon, j'ai vu le film ! D'ailleurs, je te signale que le personnage de Maria Schneider n'a pas apprécié ce traitement.

— Je sais et tu vas me dire que les larmes de l'actrice étaient réelles même si la scène était simulée, qu'elle a toujours estimé que c'était presque une scène de viol.

— Exactement.

— Mais, ma vieille, c'est un film de 1972 ! Nous sommes en 2013, quarante et un ans plus tard ! Près de quatre femmes sur dix ont déjà pratiqué !

— La dernière fois que tu m'as parlé de ça, c'était trois sur dix ! Ça progresse plus vite que le chômage, la pratique de la sodomie !

— C'est malin. Ce sont les chiffres d'une étude américaine parue dans le *Journal of Sexual Medicine*.

— Le *Journal of Sexual Medicine* ?!? ! Tu l'as inventé ? Il n'existe pas ?

— Si, si, craché-juré. Tu vas voir, tu vas bientôt faire partie des vieilles filles de la minorité qui seront passées à côté de cette expérience.

— Tu n'arriveras pas à me convaincre. De toute façon, en matière de sexualité, chacun doit faire ce dont il a envie.

— Là nous sommes d'accord. Cela dit, tu devrais essayer…. En tout cas, j'en avais envie et je peux te dire que David il était comme fou…

— Je t'en supplie, au nom de notre amitié, arrête avec ça ! Je ne supporterai pas un mot de plus sur le sujet ! Je n'ai même pas petit-déjeuné !

Et là, de façon étonnante, elle s'est tue. Nous avons pu profiter de nos thés et de nos viennoiseries.

Un peu plus tard, quand David est arrivé, j'ai eu du mal à oublier ce que m'avait raconté Laure sur leurs activités de la nuit précédente. C'est bien le problème des confidences intimes : ça casse le naturel des rapports humains. Je pense que c'est aussi ce qui a mis fin à l'âge d'or de Hollywood. Quand on a commencé à apprendre tous les détails de la vie sexuelle des acteurs et des actrices, ça a définitivement tué le côté glamour des movie stars.

Je me suis aussi un peu reproché de ne pas avoir dit à Laure que Bertrand savait pour David et qu'elle devait faire attention à être discrète. Cette culpabilité n'a duré que l'espace d'un instant, le temps pour Laure de prendre David par le cou pour lui rouler une énorme pelle. Côté discrétion, c'est raté ! J'ai l'impression que Laure est vraiment accro : c'est pas vrai, on est en train de me la transformer !

La journée se passe tranquillement. Plus de stars dont il faut s'occuper en permanence. J'aide Christine qui m'accorde même mon début d'après-midi. Je pense que c'est lié aux compliments que m'a adressés Bertrand. Ou alors c'est une conséquence de notre rencontre au milieu de la nuit devant la suite de Michael. Quelles que soient les raisons, je ne refuse pas ces heures de détente. Au début, j'ai pensé en profiter pour faire un somme et rattraper mes heures de sommeil en retard. Je me suis allongée mais, comme je n'avais pas sommeil, j'ai repris le manuscrit de Michael. Pas de doute, c'est chaud ! Michael m'étonne, je ne l'imaginais pas écrire quelque chose d'aussi érotique, on pourrait même dire d'aussi pornographique. Il faut reconnaître qu'il a du talent et j'aime bien sa prose. Il y a également un côté thriller assez violent qui en fait un roman noir contemporain. Je le lis d'une traite en trois heures. À l'arrivée, je réfléchis à ce que j'en pense vraiment. En vérité, ce n'est pas ma came mais j'aime bien le côté âpre de son écriture. S'il y avait moins de perversité et de sexe, je pense que je mettrais un seize ou dix-sept. Là, c'est plutôt treize ou quatorze. Vais-je oser lui donner mon opinion sincère ? Je n'aimerais pas qu'il se vexe. La question est aussi de savoir quand je vais pouvoir lui en parler.

Peut-être pourrais-je essayer de le voir ce soir ?

La réunion de suivi du festival doit se dérouler dans une salle du Royal à 17 heures. À 16 h 45, je quitte mon petit appart pour être certaine d'être à l'heure. Maintenant que j'ai la cote avec Bertrand, je ne veux pas prendre le risque de tout gâcher en traînant.

En entrant dans l'hôtel, le concierge m'interpelle.

— Vous êtes mademoiselle Delacour, Ophélie Delacour ?

— Oui, c'est bien moi.

— J'ai un message pour vous.

Il me tend une enveloppe avec le logo de l'hôtel Royal. Mon cœur passe de soixante-quinze pulsations minute à cent cinquante en un quart de seconde. C'est à peu près l'équivalent de monter trois étages en sprintant ! J'espère que c'est de Michael. Je ne sais pas pourquoi mais je sens que c'est de lui. Pourtant, objectivement, il y a plus de chances que ça provienne de Bertrand ou de Christine.

J'ouvre. C'est la même sensation que quand on regarde la cérémonie des oscars et que l'on attend le résultat : « And the winner is... »

Dans mon cas, pas de suspense, je vois quelques lignes écrites par un homme et, au bas de la page, un M majuscule avec un petit point à côté : Michael. Après avoir identifié l'auteur, la deuxième priorité est de prendre connaissance du message.

« Bonjour, Ophélie, j'espère que vous avez pu lire mon manuscrit. Même si vous ne l'avez pas terminé, pourriez-vous me le rapporter et me donner votre opinion ? Si cela vous convient, je vous propose de nous voir en début de soirée, 19 h 30 dans ma suite. À tout à l'heure. M. »

Michael m'invite officiellement dans sa suite ! Normalement pour discuter littérature, mais j'espère que l'on n'en restera pas là. Depuis que j'ai pris la décision d'accepter de monter dans sa suite hier, je ne pense plus qu'à me retrouver nue dans ses bras. C'est incroyable, je ne suis plus moi-même ! Il faut dire que tous les obstacles qui se sont dressés sur notre route ont mis mes nerfs et ma sensibilité à vif et n'ont fait que renforcer ma volonté de conclure.

À cause de cette lettre, je manque d'arriver en retard à la réunion de Bertrand : ils sont en train de fermer les portes au moment où j'entre ! Pendant la réunion, je suis assez distraite, je ne suis pas vraiment concernée par ce qui s'y dit. Bertrand est moins agressif que lors de la précédente réunion. Je suis brusquement tirée de ma rêverie, parce qu'on vient de prononcer mon prénom. Je reviens au moment présent, Bertrand est en train de me féliciter pour mon travail avec Cate Blanchett. Félicitations publiques, voilà qui ne lui ressemble pas ! Laure qui est quelques rangs devant se retourne pour m'applaudir silencieusement. C'est la consécration et pourtant j'ai la tête ailleurs. Je pense à la lettre que j'ai rangée dans mon sac. Maintenant qu'il m'a invitée, je suis stressée. C'est marrant, cette évolution des ressentis, on passe de l'espoir au désespoir, de la sérénité au stress... C'est même assez fatigant, ce changement incessant d'état d'esprit. En plus il n'y a pas de logique apparente. Maintenant que je sais que je vais le voir, je devrais être sereine. Or je suis loin de l'être...

Est-ce parce que je crains un nouveau problème ou est-ce parce que, au contraire, je sais que ça va se produire ? J'opte pour la seconde option.

Dans ces cas-là, je connais la solution pour réduire la pression : se préparer comme un grand sportif avant une finale. À la fin de la réunion, je rentre à l'appart pour prendre un bain. Dans ma baignoire, je relis des passages du livre de Michael. J'adore lire dans ma baignoire et j'arrive à ne jamais mouiller les livres. J'ai plutôt intérêt à ce que le manuscrit de Michael ne fasse pas exception à la règle.

Je ne sais pas si c'est la proximité de notre rencontre, mais je me dis que ma première impression était un peu trop sévère. C'est sans doute l'érotisme débridé du livre qui m'a surprise. Laure dirait que je suis une vieille réac coincée mais je ne m'attendais pas à ce que Michael écrive ce genre de livre. Finalement, il mérite un dix-sept sur vingt.

Pour la tenue, j'hésite entre le tailleur-pantalon et la petite robe. Elle est tellement courte... Il va se dire que je veux coucher avec lui et il n'aurait pas tort ! Seulement, il ne s'imagine pas que ce désir de lui, je l'ai depuis des années... Je me décide pour la robe, au diable l'hypocrisie ! En plus, ce sera plus romantique pour se déshabiller : j'ai toujours trouvé que le moment où l'on interrompt caresses et baisers pour déboutonner la braguette de son pantalon est un tue-l'amour. Si le pantalon est très serré, il faut que le partenaire tire dessus de toutes ses forces : c'est dix fois pire ! Avec une robe, il peut vous caresser et même vous faire l'amour sans l'enlever. Et même au moment de se mettre nue, enlever une robe peut être un moment sexy.

Au moment de partir, je frôle la grosse gaffe : ce n'est qu'en quittant le hall du Pierre et Vacances que je m'aperçois que j'ai laissé le manuscrit de Michael en haut. Un aller-retour plus tard, l'erreur est réparée mais je me retrouve un peu à la bourre.

Cette fois, au Royal, je prends l'ascenseur. Je sprinte dans le couloir autant que mes talons le permettent. Dix secondes pour tout remettre en place (cheveux, robe, seins dans le soutien-gorge, culotte...), je reprends mon souffle et je frappe.

— Entrez !

J'ouvre la porte sur le salon de la suite, salon que je commence à connaître puisque j'y viens pour la troisième fois depuis cette nuit. Cette fois la porte de communication avec la chambre est ouverte. Michael n'est pas visible. Je reste près de l'entrée. J'entends sa voix mais je ne peux précisément le situer.

— Bonsoir, Ophélie, installez-vous, j'arrive dans un instant. Vous pouvez vous asseoir dans le canapé.

Lequel ? Il y en a deux... Ok, je prends le premier. Mon regard se tourne vers la chambre. Je vois Michael de dos en peignoir en train de s'essuyer les cheveux. Il ne m'a pas vue. Il sort de la douche. À cinq minutes près, je le rejoignais ou c'est moi qui l'essuyais ! Tout d'un coup, il défait la ceinture de son peignoir et le laisse tomber à ses pieds. Pendant une fraction de seconde, je frise la crise cardiaque. Je vais voir Michael nu, de dos certes, mais nu ! Et puis, en fait, non. Il a un caleçon noir. Je peux quand même admirer la musculature de l'homme : dos puissant, légèrement hâlé ce qui sied à un homme de L. A., fesses bien dessinées, jambes fuselées. Si je voulais faire la difficile, je lui reprocherais peut-être une ceinture abdominale qui pourrait être plus fine de deux centimètres, le problème de la quarantaine ! Mais, globalement, il est extrêmement beau... Je me rends compte que s'il se retourne maintenant, il va s'apercevoir que je le mate ! Merde, même si c'est lui qui m'a dit de m'installer, il va me prendre pour une grosse voyeuse ! Je me déplace tout doucement pour aller dans l'autre canapé. L'angle de vue est différent. Je ne profite plus de la vision du corps de Michael mais, au moins, j'évite de me retrouver dans une situation horriblement embarrassante.

— Ophélie, pourriez-vous avoir l'obligeance de me servir un whisky ? Avec des glaçons, s'il vous plaît. Le bar est dans le coin. Et servez-vous également quelque chose.

Le macho qui commande à la jeune femme soumise de lui servir son drink, ce n'est vraiment pas mon trip, de ce côté-là, je suis plutôt féministe, mais chaque principe a des exceptions : je n'oublie pas que je suis en tête à tête avec l'homme de ma vie, une bombe sexuelle doublée d'un être intelligent et raffiné, et au talent récompensé par deux oscars.

— Le Glenfiddich, c'est ok ?

Je préfère demander, il y a trois marques de whisky différentes...

— Parfait.

Je décide de me faire un whisky-Coca sans whisky ! Il y a suffisamment d'éléments susceptibles de me faire perdre la tête dans cette pièce pour que je n'y ajoute pas l'alcool.

Michael entre dans le salon. Il me rejoint près du bar. Il a encore les cheveux humides. Il est en chemise blanche, une chemise dont les derniers boutons ne sont pas attachés... Quelques gouttes d'eau sont tombées dessus. Même chez un homme c'est hyper-sexy le coup de la chemise légèrement mouillée ! Il est en jean et en mocassins, mocassins portés sans chaussettes ! Honnêtement, c'est la bombe absolue ! Tous les autres hommes que j'ai pu rencontrer ne lui arrivent pas à la cheville ! J'ai envie de me jeter sur lui, d'arracher les quelques boutons qui retiennent les deux pans de sa chemise avec mes dents pendant que mes mains ouvriront sa ceinture et la braguette de son pantalon. Je le veux plus que jamais !

Il est tout près de moi. Je peux sentir son odeur, mélange de shampoing, de gel douche et de parfum... Une drogue douce dont je ne me lasse pas.

Il me tire de ma rêverie.

— C'est mon verre ? Merci, Ophélie.

Je le lui tends rapidement.

— De rien, Michael.

— Et vous, Ophélie, vous buvez... ?

— Un Coca.

— Un Coca-Coca ou un whisky-Coca ?

— Juste un Coca.

— Ophélie, je vous invite à boire un verre, dans ma suite de surcroît, et vous vous contentez de cela. Je dois vous avouer que je suis assez perplexe, presque offensé.

Je vois bien à son sourire qu'il est en train de me vanner. En même temps, c'est une moitié de vanne. Je décide donc de lui faire plaisir.

— Je veux bien un gin pamplemousse.

— Gin pamplemousse, c'est original, je vous le sers.

Je le regarde me préparer mon apéritif. Avec la dose de gin qu'il m'a versée, il risque de me voir m'effondrer en ronflant comme un sanglier dans les dix prochaines minutes ! Ce verre-là, j'ai plutôt intérêt à le siroter lentement si je veux voir la fin de la soirée !

— Alors, mon livre, vous l'avez trouvé comment ? Vous l'avez apporté ?

— Oui Michael, tenez. J'ai d'abord été décontenancée par la violence et le côté chaud de l'intrigue et des descriptions. Quand j'ai réussi à faire abstraction du fait que c'est vous qui l'aviez écrit, j'ai pu m'attacher au style et je le trouve remarquable.

— Ainsi, je vous ai surprise ? Avouez que vous me preniez pour un boy-scout ?

Je rougis. Il n'a pas totalement tort.

— Il faut dire que les médias ne donnent pas la même image de vous que celle qui transparaît dans le livre. D'ailleurs, vous ne pourrez pas le publier sous votre nom...

— C'est probable. C'est le côté pénible quand on est un personnage public. On n'est pas libre...

Cette réflexion crée un moment de silence. Nous sommes tous les deux songeurs.

— Ophélie, vous savez que vous parler de mon livre m'a poussé à travailler toute la journée. J'ai revu tout le début qui était un peu faible. Je peux vous le lire ?

— Bien sûr, avec plaisir.

— Vous me direz si c'est mieux. Et n'oubliez pas, toute ressemblance avec des personnages existants ou ayant existé ne serait que pure coïncidence.

Je ne relève pas cette réflexion bizarre mais je me dis que même les hommes les plus beaux et les plus intelligents sont de curieux animaux !

Je me suis installée à nouveau dans le canapé. Il reste debout et se met à lire en marchant. Le début du récit ne me semble pas vraiment très différent de ce dont je me souviens sur le fond comme sur la forme. Au bout d'un moment nous arrivons à la fameuse soirée qui va lancer l'histoire entre le professeur et son étudiante.

Je suis tranquillement assise en train de siroter, écoutant la belle voix grave de Michael.

« Le professeur regarda son élève. Pour la première fois il la vit comme une jeune femme. Elle avait revêtu pour l'occasion une petite robe noire qui épousait sa fine silhouette. L'absence de décolleté n'empêchait pas le professeur de voir la jolie poitrine de son étudiante. Et s'il ne pouvait pas réellement la voir, il l'imaginait. Le décolleté dorsal lui permettait d'admirer son grain de peau. Il se dit qu'il donnerait cher pour goûter cette peau-là. Mais ce qui fascina le plus le professeur, ce furent les jambes révélées par la longueur de la robe qui s'arrêtait à mi-cuisse. Les jambes... l'élément le plus sexy chez une femme pour le professeur. Autant que les fesses et certainement plus que les seins et même le visage. Le professeur... »

Je suis stupéfaite. Michael a changé le personnage de la jeune femme. Maintenant, elle, c'est moi ! Sa robe est la copie conforme de celle que je porte ce soir et que je portais déjà lors de la soirée organisée en l'honneur de Cate. Comme il n'a pas pu écrire ces lignes depuis que je suis entrée dans sa suite, cela veut dire que je lui avais déjà tapé dans l'œil ce soir-là ! C'est à la fois flatteur et terrifiant ! Et moi qui pensais qu'il ne m'avait pas calculée, je me trompais lourdement... Je comprends maintenant la phrase un peu bizarre de Michael sur l'absence de ressemblance entre les personnages de fiction et les personnes réelles... En fait, il était en train de se foutre de moi !

Mais si je ne me trompe pas, le pire reste à venir. Si je me rappelle bien et si la suite reste conforme à ce que j'ai lu, le professeur va entraîner son élève dans une salle de classe et lui faire l'amour. Ça va être difficile à écouter... En même temps, si je veux être honnête, c'est une bonne mise en condition pour ce qui doit se passer entre Michael et moi. Pourtant, je me dis que ce n'était pas nécessaire, que c'est plus gênant qu'excitant. Je crois que je préfère le faire que d'entendre mon amant me décrire ce qu'il imagine entre nous sexuellement. L'amour cérébral, ce n'est pas mon truc.

« Le professeur la prit par les deux mains pour l'inviter à danser. Il les regarda longuement et les qualifia de jolies et d'intelligentes. Un compliment inhabituel qu'elle apprécia. Après tout, c'était un intellectuel... »

C'est pas vrai, il est en train de mettre toute notre vie privée dans son livre ! Ce viol de notre intimité me choque.

Encore une fois, il a senti mon changement d'humeur. Il fait une grimace en me regardant avec son beau regard bleu profond.

— Évidemment, un auteur s'inspire des grands moments de son existence. Quand il rencontre un être d'exception, il ne peut s'empêcher de l'utiliser pour son roman. Vous comprenez, n'est-ce pas ?

Le problème des gens du signe du Lion, c'est qu'il suffit de les caresser dans le sens du poil pour qu'ils se mettent à ronronner : les lions ne sont que de gros chats. Michael ne s'est pas excusé pour l'emprunt de ma personnalité mais m'a qualifiée d'« être d'exception ». Une partie de moi a beau me dire qu'il en fait des tonnes pour m'amadouer, l'autre ne peut résister à ses propos amplifiés par l'intensité de son regard. Je baragouine une faible réponse :

— Je comprends Michael, c'est la liberté de l'artiste.

« La liberté de l'artiste » ? Quelle réponse pathétique ! Je serais Michael, je virerais la petite Ophélie de ma suite immédiatement mais lui a l'air plus indulgent que moi.

— Ophélie, je dois me préparer pour le dîner de ce soir. Pouvez-vous continuer la lecture pendant que je me change ? Je vous entendrai très bien de la chambre.

Alors là, Michael, comment vous dire ? Vous lire une séquence érotique voire carrément pornographique pendant que vous vous déshabillez, je crois que ça ne va pas être possible !

Sans compter que les deux personnages de ce roman, c'est nous... Je pense que cette lecture est tout simplement au-delà de mes capacités !

Le problème, c'est que je n'exprime pas ce que je pense. Avant que je puisse lui répondre, Michael m'a déjà tendu le manuscrit et part dans sa chambre.

J'avance rapidement de quelques pages pour savoir si mes craintes sont fondées. Merde, c'est pire que ce que je pensais ! Je vois rapidement les termes pénis, membres, érection, clitoris, point G... Là, c'est le cauchemar total. Comment vais-je pouvoir me tirer de cette situation ubuesque ?

— Vous pouvez commencer Ophélie, je vous écoute.

Je cherche une échappatoire mais n'en trouve aucune. Je suis bonne pour attaquer ma lecture. Je lis et en même temps je suis anxieusement la progression de l'action. Le professeur a trouvé un prétexte fallacieux pour attirer la jeune étudiante dans la salle de cours. J'aurais envie de dire à cette pauvre naïve ce qui va se passer. En même temps, elle a sûrement plus envie de vivre la suite que moi de la lire. Ils sont maintenant seuls. Il la coince contre la porte et commence à l'embrasser... Ah, merde, le salopard est salement entreprenant ! Le volume de ma voix est inversement proportionnel à l'intensité érotique de la scène.

« La main du professeur se posa sur son genou puis remonta le long de sa cuisse, entraînant le tissu léger de sa robe. Ayant atteint sa hanche, elle sembla hésiter un instant puis elle écarta doucement sa culotte, pour caresser les poils de son sexe. »

Là, ma voix est à la fois très rauque et très étranglée. Comment peut-il me faire lire ça à voix haute. Il devrait avoir honte !

— Ophélie, excusez-moi, je n'ai pas entendu la fin. Vous pouvez me relire à partir du moment où le professeur pose la main sur le genou de son étudiante ?

Ce n'est pas possible, ce salaud est en train de jouer avec moi, ou quoi ? Je ne sais pas quoi faire. Je suis gênée, je ne veux pas continuer. En plus, il doit être à moitié nu dans sa chambre. Et si je le rejoignais ? J'enlèverais ma robe, je le regarderais droit dans les yeux. Je le pousserais sur le lit, lui arracherait son caleçon et, après l'avoir mis en condition par une fellation appropriée, je le chevaucherais sans même enlever mes dessous.

Ces délires ne dépassent pas le niveau d'un film porno de qualité médiocre mais j'en suis vraiment à ce stade-là ! Je suis gouvernée par la frustration et la confusion. Qu'est-il en train de me faire ? Cela pourrait être amusant et excitant mais, en fait, cela ne produit pas cet effet.

Je ne relirai pas, j'accepte juste de paraphraser. Pour un auteur, je peux imaginer que cela peut être insultant mais c'est le maximum que je sois prête à endurer.

— Michael, le professeur vient de glisser sa main sur le sexe de l'étudiante.

Le dire à ma façon me permet de prendre un peu de distance, de reprendre le contrôle de mes émotions. S'il le prend mal, c'est son problème, pas le mien !

Alors que je m'apprête à reprendre ma lecture, quelqu'un frappe à la porte. Cette interruption est la bienvenue compte tenu de la situation mais en même temps je me dis que je ne pourrai jamais profiter d'un moment de tranquillité avec Michael.

— Ophélie, pouvez-vous voir qui c'est, s'il vous plaît ?

Ça y est, après avoir été sa muse, je suis devenue son assistante maintenant c'est sûr : alors que j'espérais être son amante !

J'ouvre et me retrouve en face d'une grande femme blonde au visage assez dur. Elle doit avoir trente-cinq, quarante ans. Elle a de l'allure, de beaux yeux bleus mais elle n'a pas l'air fun.

— Bonjour, c'est bien la suite de Michael ?
— Oui, c'est exact. Vous êtes ?
— Dites-lui que Diana est là.

Elle me parle en anglais. D'après son accent, elle est anglaise, vraisemblablement de Londres. Je n'ai pas le temps de passer le message. La voix forte de ladite Diana a porté et Michael se précipite dans le salon. Il a revêtu son smoking et a son nœud papillon à la main.

— Diana, je ne savais pas que tu venais !

Il la prend dans ses bras et l'embrasse. Pas sur les joues, mais sur la bouche ! Certes, ce n'est pas à proprement parler un baiser, c'est juste un lèvres contre lèvres mais quand même c'est un peu rude. Je sais que les Américains font cela avec des amis mais il n'empêche que ça ne me plaît pas du tout ! Ils doivent être très proches.

Après cette démonstration (excessive) d'affection, Diana explique sa venue.

— Bertrand a pensé que cela pourrait te faire plaisir de me voir.

— Bien sûr, j'ai toujours beaucoup de plaisir à te voir, Diana.

Et moi ? Je n'existe plus ? Je pourrais être une plante verte, je ne pense pas que cela changerait quoi que ce soit !

Michael se rendant compte de son impolitesse me présente enfin.

— Ophélie, je vous présente Diana, ma coach. Diana, Ophélie la meilleure attachée de presse de ce festival.

Cette fois-ci, ses compliments m'indiffèrent. Sa coach, ça veut dire quoi, sa coach ? Que je sache, il est acteur, pas footballeur ou golfeur ! Ce ne peut pas être une coach pour son jeu d'acteur, sinon il aurait sans doute parlé de professeur, non ? En plus, en ce moment, il ne tourne pas !

La « coach » m'évalue de son regard bleu acier.

— Ah, c'est vous Ophélie ! J'ai entendu parler de vous.

Pas extrêmement chaleureuse, c'est le moins que l'on puisse dire ! J'aimerais bien savoir qui lui a parlé de moi, si ce n'est pas Michael. Bertrand ?

— En bien, j'espère ! Et vous, je n'ai pas saisi, vous être coach en... ?

Ma réponse est un peu acide mais elle ne semble pas s'en formaliser. Elle se tourne en riant vers Michael.

— C'est une bonne question, je pense que l'on pourrait dire en développement personnel... Qu'en penses-tu, Michael ?

Michael ne répond pas et change de sujet.

— Il est l'heure d'aller dîner. Diana, tu peux nouer mon nœud papillon, s'il te plaît ?

Alors là, je suis verte, encore une fois : j'adorerais habiller Michael ! Dans la réalité, ce serait difficile car je n'ai aucune idée de la façon de faire un nœud papillon. Je commence vraiment à ne pas l'aimer, celle-là !

J'ai toujours les pages du roman de Michael entre les mains.

— Michael, que voulez-vous que je fasse de votre manuscrit ?

— Gardez-le, Ophélie. Vous pourrez le lire et me donner votre avis. Vous me le rendrez plus tard. Diana, on y va, c'est l'heure. J'avoue que, ce soir, je ne suis pas mécontent de dîner au restaurant de l'hôtel.

Nous descendons tous les trois par l'ascenseur sans échanger un mot. Dans le hall, nous nous séparons sur un simple « Good evening ». Il est très difficile pour moi de le voir partir avec cette grande blonde glaciale. Elle me fait penser à Charlize Theron mais en moins sympathique. Ils ont l'air de bien s'entendre, cela m'exaspère. Je suis de nouveau down, presque autant que le soir où Bertrand et Clara m'avaient viré du dîner. En fait, je n'aime pas être rejetée, surtout par Michael.

Je rentre à l'appart. Surprise, Laure est là.

— Hello, tu as perdu ton amoureux ?

— Il dîne avec son boss qui est de passage en France. Et toi, pas de dînette avec Michael ?

— Non, lui aussi a un dîner.

— Bon, alors on va rester entre filles. On se prend un truc au bar du Royal ou, si tu as très faim, on va au restau.

— Le bar du Royal me va très bien...

Arrivés là-bas, je déballe tout à ma copine à l'exception de l'histoire de la groupie que j'ai promis de ne pas évoquer.

— Alors là, Ophélie, tu m'en bouches un coin ! Quand je pense que tu as failli coucher avec lui, je n'arrive pas à le croire.

— Eh oui, sans Christine...

— C'est dingue, cette façon qu'elle a de te casser tes plans ! Et la blonde d'aujourd'hui, c'est qui alors ?

— Je ne sais pas, il a dit qu'elle était sa coach...

Comme par hasard, la belle Diana traverse le hall en direction de la réception.

— Quand on parle du loup... Laure, c'est elle, la coach.

— Cette bombe blonde ?

Cette remarque m'énerve.

— Elle n'est pas mal mais il ne faut pas exagérer.

— Tu veux dire que, en dehors de ses grands yeux bleus, de son mètre soixante-quinze, des deux obus qui lui servent de seins, elle n'a rien de spécial ?

Laure m'énerve de plus en plus. Ce n'est pas le jour.

— Exactement, elle n'a rien de spécial. En plus, elle doit être refaite de partout.

— Si c'est le cas, procure-moi l'adresse de son chirurgien. Quoi qu'il en soit, je crois deviner dans quel domaine elle le coache...
— Ah bon, c'est quoi ?
— C'est clair comme de l'eau de roche, elle vient lui apporter une détente corporelle. Elle est sa coach sexuelle.
— Sa coach sexuelle ?
— Tu dis cela pour m'énerver ou tu es vraiment stupide ?

Ma réponse a jailli, d'une grande violence. Je ne voulais pas réagir de cette façon, c'est disproportionné.

Laure ne dit rien, elle est choquée. Je m'excuse immédiatement.

— Je suis désolée, je dois être à cran à cause de la fatigue et de la frustration.
— Ce n'est pas grave. C'est quoi le plan maintenant avec Michael ? Tu vas retourner le voir dans sa suite ?
— C'est délicat, je ne sais pas... Même si Diana n'est pas une partenaire sexuelle, comme tu le prétends, elle peut quand même se trouver dans sa suite. Ce serait gênant de débarquer à minuit si elle est là.
— Surtout s'il est en train de la prendre en levrette.

L'image de Diana nue à quatre pattes et de Michael à genoux derrière elle est tout simplement insupportable ! J'inspire profondément pour ne pas répondre trop désagréablement à Laure une seconde fois. Je ne crois pas qu'elle le fasse exprès mais elle me tape vraiment sur le système.

— Laure, je t'en prie, épargne-moi ce genre de commentaire !
— Ok. Bon, pour Michael, tu n'as qu'à lui laisser un mot à la réception pour lui demander quand tu peux lui

rendre son manuscrit. Sa réponse te donnera une meilleure idée de la situation.

Pas idiot. Je demande un papier et un stylo au serveur.

« Cher Michael, je viens de terminer votre roman. Je peux vous le rendre quand vous le souhaitez. Je serais heureuse de vous faire part de mon opinion. Cordialement, Ophélie. »

Ce message est terriblement impersonnel par rapport à la réalité de nos rapports mais je ne voudrais pas qu'il soit mal interprété s'il tombait entre de mauvaises mains. Je le dépose à la réception.

— Merci pour l'idée, Laure. Maintenant, il ne reste plus qu'à attendre la réponse.

— Tu veux aller à une projection en attendant la fin de son dîner ? Il y a *Le Transperceneige* à 21 h 30, on peut y être à l'heure si on part tout de suite.

Le Transperceneige, c'est un film de science-fiction : pas forcément mon genre de prédilection. Mon humeur du moment ne me pousse pas à aller au cinéma mais c'est encore le moyen le plus agréable de passer le temps.

— Ok, comme ça, j'aurai la réponse de Michael quand on rentrera.

Après un petit sprint, nous entrons dans la salle au moment où les lumières s'éteignent. *Le Transperceneige*, c'est deux heures d'action dans un futur glaciaire à bord d'un train lancé à pleine vitesse. Très bien réalisé mais définitivement pas ma tasse de thé !

Enfin, il a parfaitement rempli son office. Il est un peu plus de 23 h 30 quand nous sortons de la salle et, dix minutes plus tard, je suis à la réception du Royal.

— Bonsoir, vous avez un message pour moi ?

— Vous êtes bien mademoiselle Delacour, n'est-ce pas ?

— Oui, c'est cela.

— Non, mademoiselle, aucun message.

— Et savez-vous si M. Brown a eu le mien ?

— Oui, il est passé prendre ses messages avec la grande dame blonde, il y a une demi-heure.

— Et vous êtes sûr qu'il n'y a pas de message pour moi ?

— Certain, mademoiselle.

— Il l'a peut-être donné à un de vos collègues ?

Laure me tire doucement mais fermement par le bras. Je suis pathétique et elle veut éviter que je ne me ridiculise plus que je ne l'ai déjà fait.

— Viens, Ophélie, on va aller vérifier auprès du concierge. Merci, monsieur.

— De rien, mademoiselle, il est effectivement possible qu'il ait confié un message au concierge.

Nous allons au desk du concierge mais j'ai perdu la foi. Je sais qu'il n'y aura pas de message pour moi. D'ailleurs, arrivée devant lui, je ne dis rien. C'est Laure qui est obligée de demander à ma place. Mais la réponse est la même : pas de message de Michael.

Je suis au fond du trou. Laure essaie de me réconforter.

— S'il a fini son dîner tard, il n'a sûrement pas eu le temps de te répondre. Tu auras un message demain.

— S'il est en train de se taper la blonde, il a effectivement mieux à faire que de m'écrire...

Laure ne dit rien car il n'y a pas grand-chose à dire... Elle ne va pas maintenant défendre l'idée que cette Diana n'est pas sa maîtresse puisque c'est elle qui l'a suggéré...

Cerise sur le gâteau de cette soirée pourrie, Laure m'abandonne. Elle a l'air embarrassée.

— Ophélie, je vais rejoindre David au Normandy. Ça va aller ?

Elle va rejoindre David au Normandy. C'est logique. Laure, elle ne fait pas de plans sur la comète avec des acteurs oscarisés. Laure est dans la vraie vie. Elle rencontre des mecs sympas, beaux ou intelligents, parfois les trois à la fois... Et le soir, pendant que je retourne seule dans ma chambre comme une groupie écervelée éconduite, elle va retrouver son mec et faire l'amour avec lui avant de s'endormir dans ses bras.

— Bien sûr que ça va aller. Je ne vais quand même pas me suicider à cause de lui. Et puis tu imagines le caractère sordide du truc : « Par amour pour une star, elle se jette du deuxième étage du Pierre et Vacances » ?

— Je vois que, même désespérée, tu ne perds pas ton sens de l'humour.

— C'est tout ce qui me reste... Bonsoir, Laure.

— Bonsoir, Ophélie, à demain.

En rentrant dans mon appart, mon téléphone bipe, un SMS. Une seconde d'espoir puis je me rappelle que Michael n'a pas mon numéro de portable. C'est Christophe.

« Je suis en pause. C'est mon dernier jour. Je rentre demain, je serai à Paris mercredi matin. J'espère que tu vas bien. J'ai hâte de te voir. Tu me manques. Christophe. »

C'est affreux, mais, à moi, il ne manque pas du tout. J'ai presque oublié pourquoi je suis sortie avec lui. Bien sûr, c'est dû à l'intensité de ce qui vient de se passer ces derniers jours. Si j'avais couché avec Michael, ce serait officiellement fini avec Christophe. J'ai péché par intention. Est-ce que ça compte ? L'ai-je trompé ? Vu mon état d'esprit, je devrais lui dire qu'il ne faut plus qu'on se revoie. Mais je n'ai plus dix-huit ans : Je suis plus réaliste, plus pragmatique. Je ne l'étais peut-être pas ces deux derniers jours mais je le suis redevenue. Même si je ne sais plus pourquoi, j'arrive à me souvenir que Christophe m'a plu quand je suis sortie avec lui ; je ne vais pas griller ma chance d'avoir une relation normale avec un garçon normal.

Je me force à lui envoyer une réponse gentille.

Je me force à lui envoyer une réponse encourageante.

« C'est génial. On se revoit bientôt. Bon voyage de retour. Bises. Ophélie. »

Ce n'est pas un message passionné mais c'est le maximum que je sois capable d'écrire ce soir.

La journée et la soirée ont été effroyablement difficiles. En écrivant ces lignes, je pleure doucement sans pouvoir m'arrêter. Je crains de ne pouvoir m'endormir. Mon Roméo me manque. J'espère que maman s'occupe bien de lui et lui donne son petit pâté Gourmet tous les jours.

J'aimerais l'avoir à mes côtés pour le caresser et l'entendre ronronner. On dit que les chats permettent d'évacuer le stress de leur propriétaire. J'en aurais bien besoin...

Mardi 3 septembre

Aujourd'hui, c'était le dernier jour de Michael à Deauville. Dernier jour avant son retour à Los Angeles.

En me levant ce matin, je ne m'attendais à rien de particulier. Mon humeur primesautière de la veille avait disparu.

J'ai pris le petit déjeuner seule pour la première fois au Pierre et Vacances. Pas d'expresso au Royal, retour à une vie plus normale.

À 9 heures, je suis allée faire le point avec Christine. Je ne me suis pas arrêtée devant la réception de l'hôtel, j'ai juste eu le temps de remarquer avec soulagement que l'équipe avait changé et que le réceptionniste qui m'avait vue me ridiculiser n'était plus là.

Je rejoins Christine qui est en train de répondre à des mails sur son BlackBerry.

— Bonjour, Christine.

— Ah, bonjour, Ophélie. Donne-moi un instant.

À ce moment, une voix masculine m'interpelle. C'est le réceptionniste.

— Mademoiselle Delacour, j'ai un message pour vous.

Je laisse Christine à ses messages pour aller à la réception. J'ai des sentiments partagés, « mixed feelings » comme ils disent aux États-Unis.

D'un côté, je suis à peu près sûre qu'il s'agit d'un message de Michael. Je ne peux pas croire que ce soit un message de Bertrand ou de Laure, les deux seules autres hypothèses plausibles. De l'autre, j'ai tellement subi le régime de la douche écossaise que je suis beaucoup moins enthousiaste que je ne le devrais.

J'ouvre l'enveloppe et reconnais l'écriture sur la feuille de papier. C'est celle de Michael mais mon cœur ne s'emballe pas, j'ai eu trop de déceptions à son sujet ces derniers jours.

« Bonjour, Ophélie, vous pouvez m'apporter le manuscrit à 11 heures dans ma suite. Michael. »

Bon, quatrième visite dans la suite de Michael. Même si les résultats n'ont pas été à la hauteur de mes attentes, c'est en tout cas une chose que je n'aurais pas pu anticiper avant le début de ce festival.

Je retourne voir Christine. Elle jette un regard à la lettre que je tiens à la main mais elle ne fait pas de commentaire. Je ne sais pas si elle s'imagine que le message vient de Michael. Certainement pas...

Notre briefing ne dure qu'une dizaine de minutes. Mes tâches de la journée ne sont ni exaltantes ni franchement difficiles. Pas forcément idéal quand on n'est pas au top. Il aurait mieux valu que j'aie une journée très chargée.

L'heure du rendez-vous avec Michael approche, je vais récupérer le manuscrit à l'appart. Je me dis que, 11 heures, c'est un horaire qui ne présage rien de vraiment intime. Cette fois, je ne changerai pas de tenue pour lui. Je suis en jean, mais cela ira très bien.

En montant à l'étage de Michael, je repense à toutes ces soirées où je me suis rendue à reculons pour finalement m'éclater comme une folle. Cela pourrait être pareil avec Michael, peut-être que dans une dizaine de minutes je vais me retrouver nue dans ses bras... Mais le cœur n'y est pas. Mon intuition me dit que ça ne se passera pas comme ça.

Je frappe à la porte.

— Entrez.

Tous les meubles du salon ont été poussés contre les murs. Au milieu de la pièce devenue très zen, il n'y a que deux tapis de gym bleus. Et, allongés sur ces deux tapis, Michael et Diana. Visiblement, elle est aux commandes.

— Une dernière série, Michael. Allez, un, deux, trois, quatre, cinq, six, sept, huit, neuf, dix ! C'est bon, tu peux souffler maintenant.

Il vaudrait mieux qu'il souffle après la série d'abdominaux qu'il vient de faire ! Il est tout rouge et essoufflé le pauvre chéri. Je note avec satisfaction que, contrairement à ce que pouvait dire la médisante Laure, Diana est la coach sportive de Michael.

Michael, d'une voix essoufflée, m'accueille avec une certaine gentillesse :

— Bonjour, Ophélie, comment allez-vous ? Ce que vous venez de voir est couvert par notre accord de confidentialité. Je ne veux pas que mes fans soupçonnent tout le travail nécessaire pour garder mon physique de jeune premier.

Il a ponctué sa requête d'un clin d'œil complice.

— Bonjour, Michael, c'est dommage, j'aurais pu faire fortune en vendant cette information à une certaine presse.

— Vous avez mon manuscrit ? Dites-moi ce que vous pensez de la nouvelle version. Diana, tu m'accordes dix minutes avant la prochaine série ?

Dix minutes. Le temps qu'il accepte de me consacrer n'atteint même pas le quart d'heure. Si notre petit échange d'introduction avait pu me laisser le moindre espoir, il est maintenant clair que mon rôle dans sa vie est nettement limité.

Il me donne dix minutes, je ne lui en prendrai pas la moitié.

— Cinq minutes suffiront Diana. Michael, pour être honnête, je ne vois pas beaucoup de différence entre les deux versions.

Il a l'air déçu.

— Mais vous n'avez pas trouvé la nouvelle description de l'étudiante plus réelle, moins cliché ?

— Oui, certes, elle est plus jolie et sexy que dans la première version. D'un autre côté, cela rend la liaison avec le professeur moins crédible. On se demande pourquoi elle va coucher avec un vieux barbon comme lui. Il n'est même pas particulièrement riche ou célèbre. Dans la première version, la description d'une étudiante au physique et à l'intelligence plus communs pouvait expliquer pourquoi elle est attirée par quelqu'un dont la seule qualité propre est l'intelligence.

Ce que j'exprime est le reflet de ce que je pense véritablement. En même temps, je me rends compte que Michael peut y voir un sous-entendu par rapport à notre relation. Ça ne va pas améliorer mes chances. Mais, de quelles chances parle-t-on ? Il est collé avec Mme Coach-blonde-aux-gros-seins et il vient royalement de m'accorder dix minutes.

Il me regarde intensément, un peu songeur.

— Je comprends. Peut-être avez-vous raison. Je vais y réfléchir. Merci en tout cas pour votre opinion. C'est de plus en plus rare, quelqu'un qui ose me donner un avis sincère.

— Je vous en prie Michael. Je vous dis au revoir et bonne chance pour votre hommage.

— Merci. Au revoir, Ophélie.

Je sors. J'ai les larmes aux yeux. Cette fois, c'est vraiment terminé. Peut-être le reverrais-je avant son départ de Deauville mais de loin, plus jamais en tête à tête.

Le reste de la journée s'est passé sans événements particulier. J'ai fait mon job. Le soir, j'étais libre, j'aurais pu aller voir Michael recevoir son hommage. J'ai préféré m'abstenir. Il faut savoir tourner la page.

J'ai appelé maman. Les nouvelles de Roméo sont bonnes. Il paraît qu'il a grossi. Il faut dire que maman ne respecte pas les consignes et le gave de pâté Gourmet. Elle le gâte comme si c'était son petit-fils.

En parlant de petits-enfants, je ne sais pas si elle en aura, mais, ce qui est sûr, c'est qu'ils n'auront pas comme père un homme de quarante-cinq ans, originaire de Boston, acteur de profession.

Mercredi 4 septembre, 20 heures

La journée se termine, j'ai décidé d'écrire mon récit du jour avant dîner car Laure m'a dit qu'une fête du tonnerre est organisée ce soir. Elle a ajouté qu'avant qu'elle se termine, je ne me rappellerai probablement plus mon nom et que j'expérimenterai la marche à quatre pattes pour rentrer dans ma chambre ! Il est plus prudent de le faire maintenant.

Michael est parti ce matin. Je ne sais pas trop quoi en penser. Hier, j'avais été assez forte pour ne pas aller assister à l'hommage qui lui était rendu. Ce matin, je l'ai vu traverser le hall du Royal avec tous ses bagages et sa coach. Il faut reconnaître que, objectivement, c'est une vraie bombe. De plus, elle est vraiment différente de moi, plus musclée, plus femme. Je pense avec amertume que ça doit être un sacré coup au lit. C'est bizarre, ce genre de pensée, c'est plutôt une pensée de mec mais quand on la regarde, ça tombe sous le sens. Je suis quand même contente de l'avoir vue donner un cours de gym à Michael car sinon j'aurais vraiment cru que c'était sa maîtresse. Ce qui est rassurant, c'est que, si elle était une conquête illégitime, elle n'apparaîtrait pas aussi officiellement près de lui. J'imagine qu'elle prendrait une chambre dans l'hôtel et qu'elle se faufilerait dans sa suite au milieu de la nuit pour en partir au petit matin. En gros, ce que j'ai essayé de faire sans succès !

Michael laisse passer galamment Diana la première avant de sortir de l'hôtel. Ce faisant, il se tourne vers moi. Il ne peut pas ne pas me voir. Et pourtant, il ne manifeste rien ! Niente, nada, vous pouvez utiliser la langue que vous voulez, le résultat est le même.

Tout ça pour ça ! Si une puissance supérieure a voulu me donner une leçon et me remettre à ma place, elle a parfaitement réussi. On pourrait dire qu'elle en a un peu rajouté, si on pense à toutes les déceptions et frustrations que j'ai pu endurer ces derniers jours.

Je regarde Michael aider Diana à monter dans la voiture puis je me détourne : il y a une limite au masochisme.

Tout à coup, je sens la main de Laure sur mon bras. Je me retourne. Ce n'est pas du tout Laure, c'est Michael ! J'étais certaine, vu la familiarité du geste, que ce ne pouvait être que mon amie ! Quelle surprise...

— Bonjour, Ophélie, je suis content de vous trouver. J'aurais été très triste de ne pas vous voir avant de partir. D'autant plus que vous avez été assez dure hier avec mon livre...

Maintenant, ici, ce matin, alors que nous sommes de nouveau seuls tous les deux, j'ai du mal à être toujours d'accord avec moi-même.

— Euh, oui, Michael, j'ai peut-être effectivement...

Il me coupe.

— Non, ne changez pas d'avis, vous aviez raison. L'étudiante que j'ai décrite dans cette deuxième version ne succomberait jamais à ce professeur. Non pas parce qu'il n'a pas d'argent ou qu'il n'est pas célèbre, comme vous l'avez suggéré, mais parce qu'il n'a pas le charisme et le « petit je-ne-sais-quoi » qui peuvent toucher une jeune femme d'une telle beauté.

Il a employé le français pour le « petit je-ne-sais-quoi ». Il est incroyable, il me regarde, il me parle d'un air sérieux et je succombe à nouveau. Je ne suis pas idiote et je comprends l'énormité du compliment qu'il vient de me faire. Je sens aussi que ce n'est pas qu'un jeu, qu'il est sincère.

Je lui rends son regard.

— Oui, vous avez raison, mais où cette jeune femme va-t-elle trouver ce « je-ne-sais-quoi » ? Auprès d'un romancier, d'un journaliste, d'un physicien... ?

— Un journaliste, mon Dieu, non ! Un romancier, s'il a eu le Pulitzer ou à un physicien s'il a le prix Nobel !

— Éventuellement auprès d'un acteur...

Il me fait un grand sourire. Il est trop beau quand il me sourit comme ça. Je pourrais dire que c'est un rayon de soleil sur mon cœur si je ne craignais pas de sortir le pire cliché de l'année.

— Un acteur... oui, ce pourrait être un acteur... mais, attention, il faudra choisir le bon, expérimenté et néanmoins jeune d'esprit...

— Et beau !

— Bien entendu, il faut qu'ils soient assortis.

Nous sommes de nouveau en symbiose mais, comme d'habitude, quelqu'un vient mettre un terme à cet instant de complicité. Aujourd'hui, c'est Diana qui, visiblement, trouvait le temps long dans la voiture.

— Michael !

Il se retourne et répond assez durement à sa coach.

— J'arrive, Diana. Qu'est-ce que vous avez tous à me fliquer ! Remonte dans la voiture. Je te rejoins.

Il l'a recadrée, je suis aux anges. Son regard dur s'efface quand il se retourne vers moi.

— Je dois y aller, Ophélie. J'ai eu beaucoup de plaisir à passer ces trop courts moments avec vous. J'espère que nous nous reverrons.

Ma réponse a un accent un peu désespéré, beaucoup trop à mon goût :

— Mais quand ? Où ?

— Jacques Prévert a écrit dans *Les Enfants du paradis* : « Paris est tout petit pour ceux qui s'aiment d'un aussi grand amour. » En le paraphrasant, je vous dirais que le monde du cinéma est tout petit et qu'il est impossible que nous ne nous croisions pas à Los Angeles, Venise ou Berlin...

— Et nous, nous aurons toujours Deauville[1]...

Pour ce trait culturel, j'ai dû faire appel à tout mon courage car la déclaration de Michael m'a profondément touchée. Il a presque avoué qu'il m'aimait ! Soit je m'effondrais en larmes, soit je m'en tirais avec une petite blague. La seconde option était la meilleure, et de loin.

Ma remarque le fait sourire.

— Effectivement, Ophélie, nous aurons toujours Deauville. Je n'oublie pas ce que je vous dois et je ne parle pas de votre feedback précieux pour mon roman.

---

1. Ophélie cite, elle, une réplique de *Casablanca* quand Humphrey Bogart dit à Ingrid Bergman avant qu'ils ne se quittent : « We'll always have Paris. »

Je ne peux pas vous le donner maintenant dans ce grand hall d'hôtel mais soyez certaine qu'un jour j'honorerai ma dette ! En attendant ce moment, je dois vous quitter.

Il me prend dans ses bras et m'embrasse avec une douceur incroyable. Je suis dans ses bras puissants, contre son torse... Tout est parfait... Enfin presque car ses lèvres se posent sur mes joues, pas sur ma bouche... Malheureusement, ce moment d'exception s'achève trop vite. J'ai l'impression qu'il me lâche trop tôt...

— Au revoir, Ophélie.

— Au revoir, Michael.

Je le regarde s'éloigner. Il part sans se retourner. Vingt secondes plus tard, il disparaît dans l'Espace aux vitres teintées. Cette fois, c'est vraiment fini !

J'ai du mal à reprendre mon souffle, je suis choquée ! Pourquoi la vie est-elle aussi mal faite ?

Heureusement, pour combler le vide, le sort a désigné Laure qui vient prendre son classique petit-déjeuner au bar du Royal.

— Hello, Ophélie, tu viens prendre le petit-déj avec moi ?

— Bonjour, Laure, je n'ai pas très faim.

— Un peu comme chaque matin... En fait, ce n'était pas une question mais un ordre. Tu viens avec moi prendre un croissant et un thé.

De toute façon, je n'ai rien de particulier à faire. Je me sens totalement vidée. Passer un moment avec ma meilleure amie ne peut pas rendre la situation pire qu'elle ne l'est à moins que...

— D'accord, Laure, mais tu me promets de ne pas me raconter tes exploits de la nuit avec David.

— Entendu, mais tu manques quelque chose... Notamment le moment où un couple de ses amis nous a rejoints et que l'on a fait l'amour à quatre, c'était top !
— Laure !
— Je plaisante, on n'était que tous les deux ! T'es tendue comme un string, ma belle !
— Michael vient de partir...
— Je sais, j'ai croisé sa voiture. Tu lui as parlé ?

Je lui répète l'intégralité de notre dernier échange. J'ai besoin de son feedback.

— C'était bien une déclaration, la citation de Prévert ?
— Une déclaration d'amour, peut-être pas, mais une déclaration d'intérêt pour toi, certainement. C'est dommage qu'il ne soit pas resté plus longtemps...
— Et tu crois qu'il va se passer quoi, maintenant ?
— Malheureusement, près de dix mille kilomètres vous séparent... Je ne suis pas aussi optimiste que lui, je ne sais pas si vous vous reverrez.

Elle me brise le cœur car elle a raison. Avec Michael, ç'aurait pu se faire, ç'aurait dû se faire, mais il faut se rendre à l'évidence : c'est mort et enterré.

Mon portable se met à sonner.

— C'est Christophe, je pense qu'il vient d'arriver à Paris.
— Vas-y, prends-le, ne t'occupe pas de moi.
— Je n'ai pas très envie, je ne suis pas d'humeur, je ne saurais pas quoi lui raconter.
— Tu es folle, décroche ! Il est mignon et, lui, il n'habite pas Beverly Hills et il n'est pas marié.

Des paroles pleines de bon sens. J'obtempère. Son avion vient de se poser en provenance de Montréal. Il rentre se coucher car il a mal dormi dans l'avion.

Notre conversation est très factuelle. Ça ne va pas être facile de faire redémarrer notre histoire... Au bout de cinq minutes, j'abrège en lui disant que j'ai une réunion de travail.

Laure me fusille du regard.

— C'est quoi cette réunion ?

— Eh bien, c'est vrai, je suis en réunion. Avec toi...

— Tu sais, si tu n'y mets pas du tien, tu vas vite retourner au célibat !

— Au célibat dans les bras de mon chat ! Tu vois, ça rime !

— Ophélie, il faut vraiment que tu te bouges, sinon tu vas me faire une dépression. Ce soir, on va faire une grosse fête. C'est quoi ton programme de la journée ?

— Pas grand-chose, plutôt calme. Et toi ?

— Je dois m'occuper de la conférence de presse pour le film de ce soir. D'ailleurs, tu pourrais me prêter ton portable ? Je dois rechercher des infos sur le film sur AlloCiné ? Tu as l'appli ?

— Bien sûr que j'ai l'appli, c'est toi qui me l'as installée. Mais tu en as fait quoi de ton portable ?

— J'ai dû le laisser à l'hôtel. J'irai le chercher plus tard. Tu me passes le tien ?

— Ok.

Elle s'empare de mon iPhone, appuie sur quelques touches, note deux dates et me le rend.

— Merci. Bon, j'y vais. On se donne rendez-vous ce soir vers 20 h 30 à l'appart ?

— Ok.

Nous nous sommes séparées à 10 heures. Le reste de la journée ne mérite pas d'être consigné tellement c'est sans intérêt.

Je termine ces quelques lignes. Je ne sais pas ce que Laure a prévu mais il est possible que j'accepte de me mettre la tête à l'envers : ce n'est pas tous les jours que l'on perd l'amour de sa vie !

Jeudi 5 septembre, 10 heures du matin

Ce journal, ça devient vraiment n'importe quoi ! Moi qui écrivais avec une précision d'horloge suisse, tous les jours avant de me coucher, je viens de briser cette règle à deux reprises coup sur coup. Hier, j'ai écrit en début de soirée et aujourd'hui, j'écris de bon matin !
Il faut dire que les événements le méritent.
Laure est venue me chercher à 20 h 30, comme prévu. Elle a commencé à critiquer ma tenue.
— Ophélie, tu ne peux pas mettre ça, ce n'est pas sexy !
— Ça tombe bien, je ne veux pas être sexy...
— Mais si tu veux plaire...
— Loin de moi cette idée !
— Ophélie, tu me fatigues, change-toi immédiatement. Tiens, mets cette jolie robe noire.
Elle s'était approprié mon armoire à vêtements. Encore une fois, j'ai décidé qu'il était plus facile d'obéir que de lui résister. Elle m'observe pendant que je me change.
— Tu es vraiment bien foutue... On peut avoir l'impression que tu es un peu maigrichonne, mais ce n'est pas le cas. Des seins, un beau cul, il a vraiment manqué quelque chose Michael !
— Laure, arrête de me mater, c'est gênant !

— Allez, ne fais pas ta mijaurée. Tu as sûrement eu une expérience ou deux avec des filles ?

— Ça va pas, non ! Jamais de la vie !

— Tu as tort ! Tu devrais essayer…

— Mais tu m'as dit en arrivant dans cet appart que tu n'aimais pas les femmes !

— Si je me souviens bien, j'ai dit que, en général, je n'aime pas les femmes. Il y a toujours des cas particuliers… En fait, elles embrassent très bien et sont certainement bien meilleures que les mecs pour les cunni. Même si je préfère, et de loin, me faire pénétrer par un beau membre bien vigoureux.

— Laure !

— D'autant que le gode ceinture, très peu pour moi. Tu vois, finalement, je suis assez old school !

— Laure, je t'en supplie ! Tu ferais mieux de me passer la robe.

Je suis en dessous en coton de chez Princesse Tam-Tam. Elle me regarde avec un air dégoûté.

— Tu ne vas pas sortir avec ça ? Ils sont immondes, ces dessous !

Qu'est-ce qu'elle raconte : il y a de jolis motifs liberty imprimés dessus !

— Pas du tout, c'est mignon. En plus, personne ne les verra.

— Tu te changes. Tiens, prends cet ensemble en dentelle. Aubade, ce n'est pas La Perla mais c'est quand même plus sexy.

— Mais…

— Tu te changes ! Ne discute pas ! Si tu rencontres un mec, tu seras bien contente d'avoir suivi mon conseil.

— Mon mec, il est dans un avion Air France, en première classe, en train de se taper des whiskys en attendant de pouvoir baiser sa femme.

— Celui-là, on l'oublie, justement parce qu'il a une femme et qu'il est loin. On va s'attaquer à quelque chose de plus accessible...

— Attends, ne me dis pas que tu m'as monté un plan ?

— Surprise... c'est pour ton bien.

— Oh non, c'est qui, je le connais ? Il est où ?

— Il nous attend au Drakkar avec David.

— C'est un journaliste, un Américain ? Tu sais que j'ai horreur des blind dates.

— Tu verras sur place et tu remercieras tata Laure...

— « Tata Laure », c'est quoi ce surnom pourri ?

— Je ne sais pas, ça m'est venu comme ça. Ça souligne l'extrême affection avec laquelle je m'occupe de toi. Bon, allez, vas-y, mets les dessous Aubade.

J'étais fermement décidée à dire non mais l'organisation du blind date m'a tellement surprise que je m'exécute sans faire de vagues (ou presque).

— Ok, mais tu te retournes.

— Ça va, Miss Prude. Je ne vais pas te sauter dessus, j'ai eu ma dose de sexe cette semaine. Mais dépêche-toi, on va être en retard.

Dix minutes plus tard, nous sommes dans la rue. Nous approchons du restaurant. Et soudain, je les vois de loin, David avec... Christophe ?!?! Je ne rêve pas, c'est bien Christophe ! Mais qu'est-ce qu'il fait là ? Il était à Paris quand je lui ai parlé ce matin au téléphone. Je me retourne vers Laure.

— C'est quoi ce plan ? Il est arrivé comment Christophe ?

— Par le train Paris-Deauville.

— Mais comment as-tu su qu'il venait ?

— Réfléchis, fais marcher ton cerveau, montre que tu n'es pas blonde...

— C'est toi qui lui as demandé de venir ! Mais comment... ?

Elle me regarde silencieusement, avec un petit sourire. Je continue mon enquête.

— Tu n'avais pas son numéro et je ne vois pas comment il pouvait avoir le tien... C'est pas vrai ! Tu as pris le numéro sur mon portable ! Ce matin... la perte de ton mobile, l'emprunt du mien... Les dates que tu as notées, en fait, c'était son portable !

— Bravo, Sherlock !

— Mais, Laure, tu ne peux pas continuer à utiliser mon portable à tout bout de champ. Je t'ai déjà dit que cela ne se fait pas.

— Si, je l'utilisais pour mon compte personnel mais, là, je le fais pour toi.

Il est inutile de continuer, je ne parviendrais pas à lui faire entendre raison. De plus, nous approchons des garçons. La situation est étrange, je ne sais pas vraiment comment appréhender les retrouvailles avec Christophe. Je le regarde, il a l'air en forme malgré le décalage horaire.

De façon surprenante, Laure commence par embrasser Christophe, ce qui ne me laisse d'autre choix que d'embrasser David. Est-ce volontaire de sa part, a-t-elle voulu me laisser quelques secondes de plus pour me réhabituer ? Peut-être... David a adopté la coutume française et a remplacé le hug par la bise.

C'est le moment crucial, celui où je vais me retrouver dans les bras de Christophe. Si je compte rapidement, la dernière fois c'était il y a onze jours et treize heures, approximativement. J'espère qu'il n'attend pas un baiser sur la bouche même chaste car, pour l'instant, je ne le sens pas mais il me prend dans ses bras et m'embrasse gentiment sur les deux joues. Là, c'est le choc ! J'avais oublié que c'était le roi de la bise conventionnelle. Je retrouve immédiatement les sensations que j'avais ressenties deux semaines plus tôt. Ces bises comblent le fossé que la distance et le temps avaient creusé entre nous.

— Bonsoir, Christophe.
— Bonsoir, Ophélie.
— Quelle surprise de te voir !
— Une bonne surprise, j'espère ? J'ai hésité quand Laure m'a téléphoné. J'avais peur de te déranger pendant ce festival.

La question est un peu embarrassante. Parce que je ne connais pas vraiment la réponse... Je ne suis pas certaine de vouloir mélanger vie professionnelle et vie perso. Je pense aussi que j'aimerais avoir le temps de récupérer de l'épisode douloureux avec Michael. D'un autre côté, c'est peut-être ça qu'il va me permettre : tourner la page, faire mon deuil, en quelque sorte. J'espère que nous pourrons retrouver rapidement notre complicité. Alors, comment répondre à cette question ?

L'avantage est que, lorsqu'on a une amie comme Laure, on ne souffre pas de ce dilemme trop longtemps car elle prend l'initiative :

— Quelle question stupide Christophe ! Bien entendu qu'elle est contente. Elle m'avait dit que tu lui manquais mais comme je savais que vous êtes tous les deux trop pudiques et discrets pour vous dire les choses simplement, il a fallu que ce soit moi, la fée Laure, qui prenne les choses en main. Allez go, allons nous installer, sinon on va perdre notre table.

Je n'ai pas répondu à Christophe. Il ne fait aucun commentaire mais je ne suis pas sûre qu'il soit totalement convaincu par le speech de Laure.

Contrairement à mes dîners précédents avec Laure et David, la table est parfaitement équilibrée, Christophe en face de moi mon amie dans la diagonale et son fiancé à côté de moi. Le début de la soirée est laborieux. Les deux garçons n'ont pas grand-chose en commun : David ne joue pas aux jeux vidéo et Christophe n'est pas un grand cinéphile. Laure et moi sommes obligées de ramer pour faire le lien. Nous poussons Christophe à nous raconter son séjour à Montréal. Heureuse coïncidence, David a des cousins là-bas. Cet échange donne un coup de fouet à la conversation. Puis nous passons au sujet Deauville. Christophe sort d'une poche de sa veste une photo pliée en quatre.

— Tu sais que tu es dans *Paris Match*, Ophélie ?
— Non, vas-y, montre.

Il déplie la photo et la tient de façon que nous puissions tous la voir. C'est une photo qui a été prise lors de la cérémonie donnée en l'honneur de Cate Blanchett. Effectivement, je suis sur la photo, dans un coin... Le problème c'est que je suis en train de me retourner vers Michael qui est à moins de deux mètres de moi à ce moment-là...

— C'est Michael Brown derrière toi ? On pourrait croire que tu es attirée par lui, vu la façon dont tu le regardes.

— Oui, on pourrait...

Je m'interromps, Laure est en train de craquer. Elle regarde la photo et elle commence à rire d'un rire qui se transforme en fou rire. La situation n'est pas drôle pourtant : mon futur petit ami m'a pris la main dans le pot de confiture en train de mater Michael, Michael que je ne reverrai plus jamais de ma vie. Je devrais sans doute pleurer mais je rejoins Laure dans son hystérie. Nous pleurons toutes les deux de rire, j'ai mal au ventre, aux côtes, tellement je ris.

Nous ne pouvons pas nous arrêter. Dès que l'une arrive à peu près à se calmer, elle redémarre immédiatement quand elle regarde l'autre.

Les deux garçons nous observent comme si nous étions folles. Peut-être le sommes-nous ou peut-être est-ce ces deux derniers jours qui l'ont été. Pour éviter de faire pipi dans ma culotte, ma jolie culotte Aubade, je dois me traîner jusqu'aux toilettes. Quand je ressors, dix minutes plus tard, après m'être passé de l'eau froide sur la figure, je me sens mieux, mon vague à l'âme a déjà fortement diminué. Peut-être que cela va être beaucoup plus facile que prévu d'oublier Michael en fin de compte.

Quand je reviens à la table, Christophe est plein de sollicitude.

— Ça va ? Pendant un instant, j'ai eu peur que tu ne meures de rire.

— Ç'aurait été une belle mort...

— Oui. C'était vraiment aussi ridicule que ça ce que j'ai dit ?

— Non, enfin oui. C'est trop long à expliquer.

Ma réponse est franche, franche mais pas extrêmement gentille. Je suis désolée mais ce n'est pas un sujet que j'ai envie de partager avec Christophe. Je sens qu'il accuse le coup. Laure aussi.

— Je peux t'expliquer pourquoi on a autant ri. Dimanche matin, Ophélie a emmené Cate et Michael...

Elle se met à raconter notre visite aux cimetières militaires, la panne, le retard, les motards... elle conclut magnifiquement :

— ... et donc, à cause de Michael, Laure a failli se faire virer du Ciné Organisation. Voilà pourquoi nous avons ri quand tu as dit qu'elle était attirée par lui. Dans la réalité, c'est un peu le contraire.

Laure a une capacité à prendre des morceaux de vérité ici et là afin de construire un énorme mensonge absolument fascinant. Et ça marche, Christophe semble rasséréné. Même David, qui connaît pourtant toute l'histoire, a l'air de la croire.

Elle est vraiment forte ma copine.

À la fin du dîner, nous nous battons un peu pour savoir qui va payer l'addition mais les garçons l'emportent et nous invitent.

En sortant du restaurant, une question me vient soudain à l'esprit : où Christophe va-t-il dormir ? Mince, c'est délicat. Bien sûr, il pourrait rester avec moi au Pierre et Vacances mais je suis mal à l'aise et je trouve Laure gonflée de m'imposer cette proximité.

Je ne peux pas lui poser la question cash, j'ai déjà été suffisamment dure avec lui ce soir. Je décide de contourner l'obstacle.

— Christophe, où as-tu laissé tes affaires ?

— Dans ma chambre au Normandy.

En voyant mon air surpris, il précise :

— Oui, Laure a pu m'avoir une chambre à l'hôtel.

Ladite Laure, qui traînait quelques mètres derrière, entendant son nom, intervient :

— Pas une chambre, une suite, s'il vous plaît. Et gratuite de surcroît !

Je suis bouche bée.

— Mais comment... ?

— Le boss de David est reparti de Deauville un jour plus tôt que prévu. Il a proposé sa suite à David mais nous, nous sommes bien dans notre petit nid d'amour alors j'ai dit à Christophe qu'il pouvait la prendre.

Discrètement, elle me fait un clin d'œil. Elle est incroyable, cette fille. Je sais qu'elle adore le luxe mais elle s'est sacrifiée dans l'espoir que je profite de cette suite avec Christophe. Ce genre de chose, c'est ce qui prouve la valeur d'une vraie amitié...

En même temps, cela me met une certaine pression. Je ne sais pas, en effet, comment elle va réagir si je décide d'aller dormir dans notre petit appart toute seule comme tous les soirs !

Bon, on verra plus tard. Pour l'instant, Laure nous propose de visiter la fameuse suite.

Bizarrement, c'est la première fois que j'entre au Normandy. Je m'aperçois que j'ai passé la semaine au Royal. Il faut dire que tous mes centres d'intérêt étaient là-bas, Cate, Michael...

Le Normandy a un style très normand avec ses colombages (ce qui n'est pas illogique vu son nom). Il est très beau, encore plus que le Royal. Pourtant, l'hôtel le plus prestigieux de Deauville, ce n'est pas lui, c'est l'autre.

Je ne sais pas pourquoi. La suite est très semblable à celles de Cate ou de Michael, peut-être très légèrement plus petite. Elle donne également sur la mer.

Laure va ouvrir les fenêtres. Il fait maintenant trop noir pour admirer la vue, mais nous pouvons entendre les vagues. David s'approche de nous avec deux coupes.

— Champagnes ladies ?

Il y a un seau avec deux bouteilles. Laure, comme à son habitude, fournit les explications.

— Le boss de David fait des apéritifs professionnels tous les jours. Il se fait livrer deux bouteilles de Perrier-Jouët quotidiennement. Ce soir, c'est nous qui en profitons.

Elle me chuchote :

— J'espère que ce champagne me permettra de m'acquitter de notre pari. Sans compter que je fournis la suite…

Elle ne perd pas le nord, ma cops. Elle n'aurait pas des oursins dans les poches ?

— Ok, c'est bon. De toute façon, j'avais triché.

— Je suis contente que tu le reconnaisses !

Les garçons se sont assis dans les canapés, nous les rejoignons. Nous profitons de la suite, du bruit des vagues, du champagne. J'ai beau avoir mangé, le champagne après le vin du dîner, ça fait beaucoup pour moi. Mais je me sens bien, juste un peu partie. Nous discutons en français, en anglais, cela n'a plus d'importance, nous nous comprenons sans souci. Sans que je m'en rende compte, la deuxième bouteille rejoint la première. Je me sens au top mais quand j'essaie de me lever, je retombe dans le canapé ! Je savais que l'hôtel était au bord de la mer, est-ce vraiment la raison pour laquelle le sol de la suite se met à tanguer ? Christophe m'aide à me lever pour ma deuxième tentative et je me retrouve dans ses bras. Pour le remercier, je l'embrasse sur la bouche, juste un petit smack. Pour être content, il est content ! Plus que moi parce que, pour être honnête, mon geste a été totalement spontané et tient pour une bonne part à mon niveau d'alcoolémie. Je vois passer dans ses yeux une lueur d'amour. Aïe, ça va trop vite, il faut que je calme le jeu.

Je me tourne vers Laure et David. Ils ont largement dépassé le stade de la petite bise et sont en train de s'embrasser sans aucune retenue. Lèvres, langues et peut-être même dents s'entremêlent avec une sensualité torride. Faites quelque chose, que quelqu'un leur jette un seau d'eau !

Je vais calmer leurs ardeurs.

— Bon, les enfants, on fait quoi ?

Laure écarte sa bouche de celle de David, à son grand dam. Visiblement, elle a une idée en tête.

— On va prendre un bain de minuit.

— On est en septembre, la mer doit être à 15 degrés !

— Non, elle est à 18 degrés ce qui n'est quand même pas hyperchaud. En revanche, je connais un endroit où l'eau est à 26 degrés.

— Où ça, à l'île Maurice ?

— Non, grosse maligne, à la piscine couverte de l'hôtel.

— Mais elle doit être fermée à cette heure-ci ?

— Effectivement, depuis 22 heures. Il va falloir ruser. Ophélie, viens avec moi. Les garçons, allez mettre vos maillots de bain à moins que vous ne préfériez vous baigner nus.

Ils doivent être tous les deux pudiques puisqu'ils se lèvent immédiatement. Pour ma part, je suis Laure qui est en train de descendre à la réception. Une pensée traverse mon esprit embrumé.

— Moi, je n'ai pas de maillot !
— Ce n'est pas grave, tu as tes petits dessous Aubade.
— Mais ils sont blancs, ils vont être transparents !
— Tant mieux, comme ça on va pouvoir estimer si ton mec est aussi bien pourvu par la nature que le mien sans même qu'il enlève son maillot. Sinon, tu peux aussi te baigner nue... Attention, maintenant, tu prends un air embêté et tu me laisses parler.

Laure commence à baratiner le manager de service. Elle lui explique que j'ai perdu ma médaille de communion que m'a offert ma grand-mère. Je l'avais encore quand je suis allée à la piscine et je l'ai vraisemblablement perdue là-bas.

Au début, le manager du Normandy n'est pas très chaud. Pour aider Laure, j'improvise mon rôle de jeune femme désemparée, un rôle muet de surcroît. Au bout de quelques minutes, il accepte de nous accompagner. Laure me glisse ses consignes dans l'oreille.

— Éloigne-le de l'entrée pendant quelques instants.

Au Normandy, l'entrée de la piscine couverte est un peu en retrait par rapport à la réception et aux ascenseurs.

— Monsieur, j'étais sur la chaise là-bas. Vous pouvez m'aider s'il vous plaît ?

Il m'accompagne et nous commençons à regarder autour de l'endroit que j'ai indiqué.

Bien que mon alcoolémie soit certainement supérieure à deux grammes par litre, je me rends compte de l'absurdité de la situation. Je suis en train de chercher un objet que je n'ai jamais perdu ! Au bout de quelques minutes, Laure s'est joint à nos recherches et, soudain, elle se met à crier :

— Ça y est, je l'ai ! Elle était sous le coussin du fauteuil. C'est bien la tienne, n'est-ce pas ?

Elle me la met sous le nez. Étant donné que ma véritable médaille de communion est dans ma chambre chez mes parents à Saint-Germain-en-Laye, je n'ai pas vraiment besoin de regarder longtemps ! Dans un sens, ce serait drôle de dire que ce n'est pas la mienne. Enfin, drôle l'espace d'un instant car je pense que Laure m'assassinerait sur place.

— Oui, c'est bien ça. Génial, Laure, merci. Merci à vous également, monsieur, pour votre gentillesse.

Le manager a l'air ravi que l'affaire ait été réglée en dix minutes. Nous le quittons devant les ascenseurs après l'avoir chaudement remercié, encore une fois.

Une fois seules, j'interpelle Laure :

— Ça a marché ? Tu as fait quoi ? Tu lui as pris son passe ?

— Non, j'ai collé un bout de malabar sur la fermeture de la porte. Il ne...

— Non mais, c'est pas possible, tu te prends pour Ethan Hunt[1] ? Et d'abord, d'où vient ce malabar ? Tu as six ans ou quoi ?

— Non, c'est juste une préparation de soirée magnifiquement programmée. Tiens, j'ai pris également ça pour toi...

Elle me tend une boîte de six préservatifs.

---

1. Ethan Hunt, héros des films *Mission impossible*.

— Mais t'es malade ! Pourquoi t'as acheté ça ?

— Parce que, au XXIe siècle, on sort couvert ! Il a l'air mignon et tout gentil mais n'oublie pas qu'il a quand même des sexfriends, Alexia notamment...

— Merci de me rappeler cette liaison. Ça va bien aider à me remettre d'humeur romantique !

— Ça va ! Il n'est pas puceau, tant mieux pour vous deux. J'ai pris des tailles normales avec réservoir. Je ne pense pas qu'il puisse être lui aussi de la taille XXL... Les rainures, ça augmente le plaisir. Le réservoir, en revanche, j'espère qu'il sera assez grand ! Ça dépend depuis combien de temps il ne s'est pas servi de son petit robinet.

— C'est quoi encore cette expression « petit robinet » ? C'est ridicule ! Et tous ces détails, tu crois que ça va vraiment me pousser à passer à l'acte ?

— J'espère bien que tu ne prendras pas mon sens du détail comme pathétique excuse pour ne pas profiter d'une magnifique nuit d'amour et de sexe avec un beau garçon dans la plus belle suite dans laquelle tu aies jamais dormi ? N'oublie pas que cette suite, elle devait me permettre de renouveler les lieux de mes échanges passionnés avec David ! Dans la chambre, je crois qu'on a tout fait, lit, baignoire, douche, lavabo, table du bureau, chaise...

— Laure, merci de t'abstenir !

— Ah dernier détail, hyperimportant ! Il y a dans la boîte un sachet de lubrifiant additionnel. C'est juste au cas où le garçon viendrait concurrencer David pour la stature de son membre... Ou éventuellement, si l'absence prolongée de rapports dans ta vie a tari la lubrification naturelle...

— Laure, merde, ça suffit !

— Je ne dis ça que pour ton bien, je ne tiens pas à ce que tu chopes une mycose.

Bon, je ne sais plus quoi dire pour la faire taire. Déjà que je ne m'imaginais pas faire des prouesses sexuelles ce soir avant ces précisions cliniques, alors maintenant ma libido est au plus bas.

Nous arrivons dans la suite, je glisse rapidement les préservatifs dans mon sac avant d'entrer.

Les garçons sont en train de discuter en buvant. David me tend un verre. Je renifle.

— Gin tonic ?

— Yes. C'est notre péché mignon avec Laure. Nous en prenons un tous les soirs. Elle m'a dit que tu aimais ça.

C'est vrai, j'aime presque autant que le gin pamplemousse. Mais est-ce vraiment raisonnable alors que je commence juste à retrouver mes esprits, en grande partie grâce (ou à cause) de la discussion excessivement pragmatique que je viens d'avoir avec Laure ?

Un instant d'hésitation puis je me décide et je prends le verre. Je m'étais promis de me saouler ce soir. Pourquoi déjà ? Ah oui, à cause du départ de Michael. C'est bizarre, cela fait moins de vingt-quatre heures mais ça me semble déjà lointain. Ce doit être une bonne nouvelle, la guérison est peut-être proche.

Nous trinquons tous les quatre, à la France, à Deauville, aux États-Unis, au patron de David, au manager du Normandy... Je suis de nouveau dans un gentil brouillard quand Laure nous invite à bouger.

— C'est bon, je pense qu'il s'est passé suffisamment de temps. On peut descendre.

Nous la suivons dans les couloirs déserts de l'hôtel. Cette promenade nocturne avec mes trois camarades me renvoie à mes lectures de jeunesse. J'ai l'impression d'être dans une aventure du Club des Cinq à la recherche du meurtrier. Il ne manque que le chien pour faire le nombre…

Nous arrivons devant la porte. Moment crucial, nous verrons si le malabar de Laure va nous permettre d'entrer. Laure pousse la porte. Sésame ouvre-toi ! Et la porte s'ouvre ! Laure se retourne vers nous et fait la révérence. Nous applaudissons discrètement.

En moins d'une minute, Laure est dans l'eau. Elle n'a gardé que sa culotte. Elle est rejointe par David. Il a un magnifique maillot de bain bleu foncé avec une ceinture grise. Il y a la photo de Jeff Bridges et les mots « The Dude abides ». Je ne comprends pas vraiment la signification de ce verbe mais c'est sans importance, il fait référence au film *The Big Lebowski* des frères Coen, j'adore. Trop culte, son boxer short ! J'avoue que je le mate également un peu. Il est légèrement enrobé et il a beaucoup de poils sur le torse : un vrai ours ! Mon regard redescend plus bas pour savoir si je peux pressentir la présence de la bête que m'a décrite Laure. Non, il semble qu'au repos, rien ne soit visible. Je me tourne alors vers mon mec. Je l'ai déjà vu presque nu, mais j'ai l'impression que c'était il y a un siècle. Il n'est vraiment pas mal foutu mais toujours aussi blanc. Remarque, de ce côté-là, je ne peux pas lui donner de leçon ! Côté maillot de bain, c'est le style surfeur en bicolore bleu et rouge. Sobre et assez élégant mais au niveau branchitude, il est pulvérisé par David.

Je suis donc la seule habillée mais pas pour longtemps car le caporal Laure me rappelle à l'ordre.

— Ophélie, tu as une minute pour te mettre à l'eau ou j'envoie David pour te déshabiller...

La menace ne me fait pas peur mais bizarrement, sans doute à cause de l'alcool, je n'ai aucun mal à enlever mes vêtements. Je me suis juste mise de dos par rapport à la piscine. Quand je me retourne, je vois que Christophe était en train de regarder mes fesses. Comme il fait sombre, je ne sais pas réellement s'il est gêné mais cela ne m'étonnerait pas qu'il soit en train de rougir. Je ne peux pas lui en vouloir de me mater, j'ai fait exactement la même chose.

David, lui, ne risquait pas de l'imiter : Laure l'a coincé dans un coin de la piscine et elle est en train de l'embrasser en se frottant contre lui. On pourrait même croire vu ses mouvements qu'il est en elle ! Ce serait vraiment dégueulasse ! S'il éjaculait dans la piscine... ! De toute façon, même s'ils ne sont pas en train de copuler, ses mouvements sensuels et le ballet de sa langue risquent de produire le même résultat !

Je me glisse dans l'eau. Elle est superbonne. Je m'avance vers Christophe.

— On fait quelques longueurs.

— Ok.

Nager me dégrise partiellement. Je ne suis pas une grande nageuse mais j'aime bien la brasse. Nous essayons de rester le plus loin possible de nos amis en rut. Il faut avouer que nager dans ces conditions, c'est assez gênant et surréaliste.

Je me risque à un commentaire.

— Oh les amoureux, il y a des chambres pour ça ! C'est un lieu public ici !

— Ok, on vous abandonne quelques minutes. Soyez sages !

Ils sortent et se dirigent vers le vestiaire. Je jette un coup d'œil vers David et je crois effectivement voir une énorme bosse dans son maillot. En même temps, il fait noir, c'est peut-être le fruit de mon imagination.

Christophe et moi nous sommes arrêtés et nous discutons tranquillement appuyés contre le rebord. Je lui donne des détails sur ma semaine, sur les films que j'ai aimés.

Soudain, venant des vestiaires, des bruits dont l'origine ne souffre d'aucune équivoque. Comme nous ne pouvons rien voir, on pourrait se croire dans une séance de doublage de film porno. Ce qui est gênant c'est que c'est mon amie, l'héroïne du film ! Je commence par l'entendre gémir puis, pis encore, elle se met à guider David. « Attends David, pas si vite. Ah, tu me remplis, ah David ! Embrasse-moi les seins. Ah, David, je vais jouir, plus vite, David, plus vite ! Oh oui, David, viens, viens, je jouis... »

Tout cela accompagné de gémissements terrifiants. Le pire c'est que, sur la fin, David s'est mis aussi à gémir lui aussi. C'était un concerto à deux voix ! Tout à coup, je me suis dit que si le manager de l'hôtel ou une personne de la sécurité se pointait, ça allait faire un beau scandale. Sans compter que le Normandy est l'hôtel où dort Bertrand !

Christophe et moi avions arrêté notre conversation à cause du bruit qu'ils faisaient. Nous nous sommes regardés et j'ai explosé de rire. Il m'a imitée. La gêne s'est transformée en complicité. C'est curieux, cette débauche sexuelle bruyante si proche de nous était tout d'abord un tue-l'amour mais dans un second temps, c'est quand même troublant.

Je me rapproche de Christophe et je l'embrasse. Le premier baiser est juste lèvres contre lèvres, comme dans la suite un peu plus tôt. Christophe est tout dans la retenue. Je mène la danse. Mon deuxième baiser inclut un peu de langue. Petit à petit, je vais à la recherche de la sienne. Il est presque timide dans ses baisers, ça fait monter mon excitation. Je lui prends la tête entre mes mains et l'embrasse maintenant profondément. Il a goût de gin, ce n'est pas désagréable. Enfin, il s'enflamme. Nous nous embrassons à pleine bouche. Ah, il embrasse vraiment bien. Pour moi, c'est la qualité primordiale chez un mec. Je me sens fondre dans ses bras, j'ai envie de plus.

Du côté des vestiaires, les gémissements de Laure ont repris. Ils ont sans doute commencé le deuxième round. Comme ils ont terminé le premier il y a moins de dix minutes, soit David a un temps de latence particulièrement faible entre deux rapports, soit il est juste en train de s'occuper du plaisir de sa partenaire. Je parie sur la deuxième solution !

Comme je n'ai pas forcément envie qu'ils nous trouvent en train de flirter dans la piscine, je pense qu'il est temps de nous éclipser. Je me sépare de Christophe, le prends par la main pour sortir. Nous attrapons nos affaires et quittons les lieux.

Nous sommes tous les deux trempés et nous déambulons dans les couloirs du Normandy. Si nous croisons quelqu'un, nous aurons du mal à fournir une explication. Sans compter que même si je tiens mes vêtements devant moi, il ne serait pas difficile à un observateur de voir que je suis en dessous !

C'est une bonne occasion de vérifier si la malchance continue à me poursuivre. J'ai connu tellement d'obstacles au moment où je devais conclure avec Michael, que ce sera finalement une sorte de signe du destin si personne ne nous voit, Christophe et moi, dans notre tenue improbable.

Au deuxième étage, nous sortons de l'ascenseur en laissant une flaque énorme derrière nous. Nous sprintons dans le couloir aussi rapidement et silencieusement que possible. Nous arrivons à la suite. Personne ne nous a vus, le destin a donné son verdict. Cela ne devait pas se faire avec Michael, c'est Christophe qui est l'heureux vainqueur.

J'ai retrouvé une totale sérénité. Je suis exténuée, encore sous l'emprise de l'alcool mais la frustration et la tristesse semblent évaporées. Je tremble de froid à cause de la clim de l'hôtel sur ma peau mouillée.

— Christophe, j'ai froid. Viens prendre une douche avec moi.

Je me dirige vers la salle de bains. La douche est magnifique, largement assez grande pour nous deux. Sans regarder Christophe derrière moi, j'enlève mon soutien-gorge et ma culotte. J'ouvre la douche à fond, je me glisse sous le jet brulant face au mur. Quelques instants plus tard, je sens Christophe derrière moi. Curieusement, je sens d'abord son sexe contre mes fesses. C'est normal, il est précédé par son érection. Visiblement, le garçon apprécie ce qu'il voit de moi : c'est un bon signe.

Puis il s'appuie contre moi, son torse contre mon dos. Je sens maintenant son pénis entièrement appuyé sur le haut de mes fesses et le bas de mon dos. C'est si bon de sentir le désir que l'on a provoqué que je me demande comment j'ai pu rester aussi longtemps sans faire l'amour. Je décide de ne pas me retourner trop tôt et le laisse m'embrasser dans le cou. Mes mains se tendent en arrière pour lui prendre la nuque et l'encourager dans ses baisers. Cette position lui permet d'avoir accès à mes seins qu'il caresse doucement. Il les prend à pleine main puis se concentre sur le mamelon. Ah, que c'est bon ! Je ne peux plus me retenir et me retourne pour l'embrasser. Nous reprenons nos baisers enflammés commencés dans la piscine. Son désir est maintenant dressé contre ma cuisse. Je le prends dans ma main. Il est dur, il est chaud et il me donne envie de lui. Je fais aller et venir ma main. Assez rapidement il me prend la main et me chuchote à l'oreille.

— Arrête, je t'en prie, tu vas me faire jouir, c'est trop bon.

J'arrête immédiatement. Dans l'état où je suis, je ne veux pas repousser notre moment de plaisir partagé parce que monsieur est venu trop vite.

Il est d'ailleurs temps de passer à la phase suivante. Je sors de la douche en entraînant Christophe par la main. Il prend une serviette pour me sécher. C'est très agréable et trop mignon mais ce n'est pas si érotique que cela. Il s'occupe de mon buste, de mon dos, de mes fesses, de mes jambes, de mes pieds mais fait l'impasse sur mon sexe. Je peux le comprendre, c'est quand même extrêmement intime et il a peur de faire un faux pas. En amour, il y a des choses que l'on sent et d'autres pas. Je suis partagée sur cette décision : d'un côté je suis attendrie par son attention et sa retenue, de l'autre je le souhaiterais plus sexe, plus mâle.

Je l'embrasse doucement sur les lèvres pour le remercier, lui prend la serviette des mains et me dirige vers la chambre. Cela peut paraître égoïste mais je ne l'essuie pas à mon tour. Le temps qu'il le fasse, je vais aller chercher les préservatifs dans mon sac. Ainsi, tout sera prêt quand il viendra me rejoindre sur le lit.

Je tire le dessus-de-lit et les draps. La boîte de préservatifs est rapidement ouverte. Je cache deux préservatifs sous l'oreiller et je décide de suivre le conseil de Laure en y adjoignant le sachet de lubrifiant. Cela a beau être peu romantique, c'est quand même nettement préférable à un rapport douloureux, voire à l'impossibilité de rapport !

Je m'allonge à peine sur le lit que Christophe sort de la salle de bains. Il a noué une serviette autour de sa taille pour cacher son sexe. C'est à la fois mignon et un peu trop pudique à mon goût. Je ne suis pas aussi libérée que Laure mais, ce soir, j'aurais aimé que Christophe se présente nu devant moi. D'ailleurs, moi je l'attends dans le plus simple appareil sans avoir rabattu les draps sur mon corps. Je ne sais pas si c'est lié à ce qui s'est passé ces derniers jours mais j'ai l'impression d'être une personne différente ou, au moins, d'être passée du stade de la jeune femme à celui de femme. Je suis sereine, j'ai envie de lui et je veux ardemment voir le désir qu'il a pour moi.

Je vais à sa rencontre à genoux sur le lit. Je le fixe droit dans les yeux et je défais la serviette qui tombe à ses pieds. Je sens en lui un mélange de gêne et de passion. Pour ne pas l'embarrasser, mon regard reste braqué sur son visage et je résiste à la tentation de jeter un coup d'œil à son pénis. Je pense que son cœur n'y résisterait pas. Ma vision périphérique me fait néanmoins percevoir son érection.

Je le prends par la main pour l'attirer sur le lit avec moi. Je sens du plastique dans sa main. Il me jette un regard penaud en me montrant ce qu'il tient : des préservatifs XXL !

— Cadeau de David.

Je plonge sous l'oreiller pour retirer ceux que j'avais préparés.

— Cadeau de Laure !

On se sourit, on se regarde, on s'apprécie. C'est un beau moment de complicité, une seconde de répit avant de faire l'amour. Je ne peux résister à l'envie de le titiller.

— Attention, les préservatifs de David, c'est des grandes tailles, tu risques de nager dedans.

— Je vais te punir pour ces propos !

Il se jette sur moi et me cloue sous lui en me tenant les poignets au-dessus de ma tête. Je me débats quelques instants mais me rends compte rapidement que je ne suis pas de force. Alors, je change de tactique. Je tends la tête autant que possible pour montrer que je veux l'embrasser. Je ne peux l'atteindre mais il vient à ma rencontre et nous nous embrassons lentement. C'est très intense ! Il me lâche et glisse à côté de moi tout en continuant à m'embrasser. C'est bien mais je veux plus. Je prends sa main et la guide vers mon sexe. Sa main commence par caresser les poils de mon pubis. La proximité de ma zone érogène me fait gémir. J'aime ces caresses mais j'aimerais qu'il se concentre sur mon plaisir. Je me rends compte de mon impatience ; je pense que je cherche à éliminer les frustrations qui se sont accumulées en moi.

Tout en l'embrassant, je prends son avant-bras pour lui faire comprendre ce que je veux. Enfin sa main se pose sur mon sexe d'abord sans le pénétrer. Je gémis, je me cambre. Quand va-t-il commencer à me caresser ? C'est insupportable ! Enfin, je sens sa main caresser l'arrière de ma cuisse pour venir se positionner à l'arrière de mon sexe. Son majeur écarte doucement les lèvres de mon sexe sans me pénétrer profondément. Il remonte doucement vers mon clitoris qu'il caresse enfin. Il fait quelques allers-retours sur toute la longueur de mon sexe en s'arrêtant régulièrement sur mon clitoris. C'est exquis mais c'est également frustrant. Je veux plus ! Je tends mon corps pour faire pénétrer son doigt en moi. Enfin, avec beaucoup de douceur, il me pénètre de plus en plus profondément. J'aimerais qu'il cherche mon point G mais il ne s'attarde pas en moi et revient vers mon clitoris qu'il titille. Il faut dire que, détail gênant que Laure avait anticipé, je ne lubrifie pas énormément et il a dû le sentir.

Je suis certainement trop fatiguée et trop stressée pour que mon corps réagisse comme il le devrait. En même temps, j'ai beaucoup de plaisir ce qui peut paraître paradoxal mais je suis une boule de nerfs. Je veux exploser, pouvoir me livrer sans retenue à la jouissance mais pour cela, il y a une barrière invisible à éliminer.

Comme je ne peux le recevoir en moi pour l'instant et que je préfère éviter l'épisode de l'ouverture du sachet de lubrifiant, je vais devoir inciter mon amoureux à s'occuper de moi d'une manière plus personnelle.

Je le gratifie de l'Ophélie Kiss pour lui montrer que je peux lui offrir du plaisir puis je le pousse doucement d'abord vers mes seins sur lesquels il s'attarde quelques secondes. Pas la peine de traîner, les pointes sont déjà dures de désir. Je continue à le mener plus bas. Une courte seconde au niveau de mon nombril puis je guide sa tête au niveau de mon entrejambe.

L'espace d'un instant, je me demande si je ne suis pas trop dirigiste et trop sexuelle pour lui. Un cunni, comme ça, lors d'un premier rapport, ce n'est pas obligatoirement quelque chose qu'un homme veut se voir imposer. Christophe ne proteste pas, en tout cas il n'exprime pas de désaccord.

Il commence par déposer trois petits baisers sur mon sexe puis je sens sa langue qui s'insère entre mes lèvres. Il me lèche doucement avec régularité, sa langue me pénètre puis va titiller mon clitoris sans s'y attarder trop longtemps. C'est tellement bon, il fait ça si bien. J'arrive enfin à me détendre et à prendre mon pied. Je lui caresse les cheveux pour l'encourager et le remercier en même temps. Ça y est, mon sexe mouille vraiment. Christophe continue à me donner du plaisir sans rechigner. C'est un garçon généreux même dans l'acte sexuel. L'espace d'un instant, je me demande si je n'abuse pas, si je ne devrais pas l'attirer à moi pour partager ce moment avec lui.

Mais l'orgasme est là tout près. Si je lui permets de s'arrêter, suis-je certaine de retrouver ce que je ressens en ce moment précis ? Dans le doute, je préfère continuer à bénéficier de ce cadeau que m'offre mon chéri. Je sens mon plaisir qui monte, je pousse son visage, ses lèvres et surtout sa langue plus profondément en moi. Je gémis de plus en plus fort. Christophe suit la montée de mon orgasme et il accélère son rythme. Ses lèvres aspirent mon clitoris, sa langue en fait le tour. Tout d'un coup, tous les muscles de mon corps se crispent, mes jambes se tendent. C'est l'orgasme espéré, longtemps attendu, qui arrive enfin. Je suis tout essoufflée mais vraiment heureuse. Je fais mentir Laure qui doutait de mes capacités à jouir et je contribue à modifier les statistiques publiées par les journaux féminins qui considèrent que la majorité des femmes ne peuvent avoir d'orgasme avant trente ans.

Christophe m'embrasse doucement sur l'endroit où se concentrent mes sensations. Un simple effleurement est maintenant trop intense pour mon clitoris après le plaisir. J'attire Christophe vers moi.

— Merci.

Il me regarde, il a un beau regard vraiment gentil.

— De rien.

Il est beau, pas d'une beauté conventionnelle mais c'est une belle personne. En plus il est quand même objectivement mignon, il ne faut pas exagérer. Après une minute à récupérer, je décide d'attaquer l'acte deux. Je n'oublie pas que lui n'a pas eu son plaisir.

Cette fois je monte à califourchon sur lui et me mets à l'embrasser. Son sexe est au niveau de mes fesses. La petite période de repos lui a fait perdre un peu de vigueur mais au fur et à mesure que mes baisers augmentent en intensité, je le sens se dresser à nouveau sous moi. Je prends un préservatif sous l'oreiller et j'en déchire le sachet avec les dents. J'ai décidé de m'occuper d'équiper Christophe. Certes, contrairement à Laure, je ne mets pas les préservatifs avec la bouche mais cela ne signifie pas que je sois incapable d'en enfiler un à mon mec.

Pour la première fois, je regarde le pénis de Christophe. Le sexe des hommes n'est pas quelque chose qui m'excite particulièrement. Ce n'est pas très beau et je trouve cela moins excitant que de belles mains ou des fesses musclées. Quand j'étais plus jeune, j'évitais même de porter mon regard sur toute cette zone. Mon copain se foutait de moi.

En ce qui concerne Christophe, ce n'est pas son sexe que je trouve beau, c'est son désir pour moi. Il est là en érection, dur comme de l'acier ce qui me facilite la pose du morceau de latex.

Je me retourne vers lui, je le regarde dans les yeux, je me remets sur lui, je prends son membre dans ma main puis je le positionne à l'entrée de mon sexe. Je descends doucement sur lui le faisant pénétrer millimètre par millimètre en moi. Ah, quelle sensation incroyable. Je le sens me remplir et le plaisir remonte en moi progressivement. En ce qui concerne Christophe, l'effet est au moins aussi important pour lui que pour moi. Il est rouge et son visage est contracté. Son plaisir paraît presque provoquer une souffrance. Il est maintenant totalement en moi. Je m'arrête quelques instants dans cette position pour profiter de la plénitude de la sensation puis je commence à remonter, le faisant ressortir de moi. Il souffle bruyamment. Avant de laisser son sexe sortir complètement, je redescends d'un coup et m'empale sur lui d'une seule traite. La sensation est forte pour moi, elle est énorme pour lui. Il ferme les yeux. Je commence alors à monter et à descendre plus régulièrement et plus rapidement. Christophe semble ne pas pouvoir résister à ce traitement bien longtemps.

— Ophélie, pas trop vite, je vais jouir.

Mais je ne souhaite pas ralentir même si mon orgasme n'est pas encore là. Si je réduis la cadence, mon plaisir va décroître. Tant pis pour les conséquences, je joue mon va-tout.

Je me penche maintenant vers lui et l'embrasse totalement avec ma bouche, avec mes lèvres, avec ma langue... Je reçois sa langue en retour... C'est trop bon.

Je sens que mon plaisir vient mais pour Christophe, ce ballet lingual est trop pour lui. Il se met à crier mon nom, je sens son corps qui se soulève pour me pénétrer encore plus profondément comme si cela était possible et je sens son pénis se gonfler à plusieurs reprises pendant son orgasme. Je gémis de plaisir mais pour moi, c'est trop court, je ne suis pas arrivée au terme de ma jouissance. J'ai certes ressenti son éjaculation à travers le préservatif mais sans pouvoir bénéficier de la sensation que l'on peut avoir sans la protection du latex. Je continue à le chevaucher mais je vois que la chose est moins agréable pour lui. Je stoppe immédiatement et l'embrasse gentiment.

Il a l'air inquiet.

— Ophélie, ça va, ce n'était pas trop tôt pour toi ?

Un mec qui s'enquiert de votre plaisir, ce n'est pas forcément si courant même parmi les jeunes générations. Il mérite une réponse rassurante et non la vérité. La franchise serait de dire qu'il a entièrement raison et que s'il avait pu se retenir deux minutes de plus, on avait une chance d'obtenir un deuxième orgasme de la belle Ophélie. D'un autre côté, honnêtement, j'ai pris beaucoup de plaisir même sans orgasme et j'en avais eu un quelques minutes plus tôt. C'est plutôt un beau score pour une reprise ! De toute façon, il n'y a que dans les livres que l'héroïne a deux orgasmes pendant les préliminaires suivis de trois supplémentaires pendant le rapport, le dernier arrivant d'ailleurs dans une simultanéité parfaite avec son partenaire. Dans la vie, même si on sait que les femmes sont potentiellement multi-orgasmiques, cela n'est déjà pas mal d'en avoir un !

— Pour moi, c'était top. Ne t'inquiète pas.

Je me love dans ses bras pour un câlin trop court. Le problème dans la vraie vie, c'est qu'il faut retirer le préservatif. Parfois, on peut l'enlever et le jeter par terre mais dans ce cas-là on risque de ruiner la moquette. Christophe qui est un garçon bien élevé préfère aller dans la salle de bains. Je le vois partir nu avec son sexe dont la rigidité est en train de s'effondrer et le préservatif qui commence à pendre : certainement pas l'image la plus glorieuse ni la plus romantique ! Peut-être faudrait-il faire comme dans les films et partir avec le drap pour ne pas faire voir sa nudité. Là encore, dans la réalité, je n'ai jamais vu quelqu'un le faire ! Il faudra que je demande à Laure, elle qui a couché avec beaucoup plus de mecs que moi.

Quand il revient, c'est l'heure du test tendresse. C'est le moment de vérité pour un mec, sans doute aussi important que le rapport sexuel. Enfin, bien entendu, différent mais vraiment clé. C'est celui où l'on distingue l'homme qui ne partagera avec vous que quelques nuits de celui qui a le potentiel pour être encore avec vous lors de vos noces de diamant.

Quand Christophe revient dans le lit, il a mis un bas de pyjama mais sans le haut. Il a le haut dans la main.

— Tu veux le mettre ?

La classe, le partage du pyjama haut pour elle, bas pour lui de façon à ce que les deux soient décents. Ce n'est pas Christophe qui a inventé cette répartition, c'est

James Bond. Néanmoins, je suis contente d'avoir mon 007 à moi ! J'accepte d'un hochement de tête, me relève à moitié pour lui permettre de me l'enfiler. Je le laisse même me boutonner la veste. Ce faisant, il se retrouve face à face avec mes seins. Il a beau avoir déjà fait leur connaissance, je vois que ça ne le laisse pas indifférent. Il a la déglutition difficile !

Une fois habillé, il est maintenant temps de dormir. Je m'impose dans ses bras dans la position de la cuillère. Je suis presque allongée sur son bras gauche et j'ai pris d'autorité son bras droit pour qu'il me recouvre. Je suis tellement bien... Est-il aussi content que moi de notre intimité affectueuse ? En tout cas, il ne se plaint pas.

Je n'ai pas eu l'occasion de me poser la question trop longtemps car je me suis immédiatement endormie.

Ce matin, le réveil a été particulièrement difficile car la sensualité de la nuit nous avait poussés à oublier de fermer volets roulants et rideaux. C'est donc à 7 h 15 que le soleil a mis fin à mon sommeil réparateur. Christophe et moi étions toujours dans la même position. Je suis restée dans ses bras puis, vers 7 h 45, je me suis glissée hors de son étreinte pour aller prendre une douche.

Je me sentais bien mieux que je ne l'avais été depuis longtemps. J'ai pensé un instant à Michael mais comme quelque chose qui appartient au passé ou même à un rêve. Après la douche, j'étais fraîche et dispo.

Je suis allée réveiller mon chéri, terme que je pouvais légitimement lui attribuer compte tenu de la nuit que nous avions partagée. Il est mignon quand il dort. Je me suis mise au-dessus de lui pour le chatouiller avec mes cheveux. Il s'est réveillé rapidement.

— Bonjour, toi.

— Hello, handsome.

J'étais d'humeur romantique, je me suis penchée pour l'embrasser, un vrai baiser d'amants. Il m'a rendu mon baiser mais quand ma langue a cherché la sienne, il s'est reculé.

— Ça va, je n'ai pas trop une haleine de coyote ?

J'ai ri et j'ai trouvé cela trop mignon.

— Je sens un peu le mélange champagne/gin mais ce n'est pas forcément désagréable. Laisse-moi goûter à nouveau.

Et je l'ai embrassé de plus belle. On a continué sans interruption pendant au moins dix minutes. Ma langue était déchaînée et celle de Christophe ne se débrouillait pas trop mal non plus. J'étais de nouveau sur lui, une position que j'affectionne car je peux contrôler la situation.

J'ai vite senti que la petite érection matinale du monsieur avait été fortement consolidée par mes baisers. Christophe était bien plus entreprenant qu'hier soir. Sa main s'est glissée dans mon pantalon. Elle n'a été retenue que par l'étroitesse du passage ce qui ne lui a pas permis de dépasser la naissance de mes fesses. Il a alors tenté une autre voie en glissant sa main entre nos corps pour ouvrir le bouton de mon pantalon. Le problème c'est que j'avais la réunion de Bertrand une demi-heure plus tard et que j'étais déjà douchée et habillée. Il était donc hors de question de faire un petit coup rapide. Cependant, Christophe était dans un état d'excitation extrême. Dans ce cas-là, il n'y a qu'une solution que seule une femme sexuellement libérée ou amoureuse accepte de faire dès le matin. Dans mon cas, je pense être un peu les deux. Les dernières douze heures avec

Christophe depuis notre séparation ont ranimé le début de flamme qui existait. Par ailleurs, sans être Laure, je me targue d'être une jeune femme assez moderne dans ma sexualité pour ne pas avoir peur d'une petite fellation dès le matin. Certes, ce n'est pas une passion personnelle mais je n'oublie pas que Christophe n'a pas rechigné quand hier j'avais moi aussi eu droit à un rapport buccal.

J'échappe à sa main et me mets à descendre sur son corps. J'embrasse doucement sa poitrine. Il a immédiatement cessé de chercher à me caresser. Je pense qu'il a compris ce qui l'attend et qu'il n'y est pas défavorable...

Je vais assez rapidement à son pantalon de pyjama. Je glisse la main pour saisir son sexe et de l'autre je saisis l'élastique pour commencer à faire descendre le pyjama. C'est un coup de main à prendre, si on se contente de tirer le pantalon sans faire attention, on peut coincer le membre de son partenaire avec l'élastique et ça peut faire mal ! Je parle d'expérience, j'ai déjà fait l'erreur...

Une fois l'obstacle principal dégagé, il ne reste qu'à faire glisser le pyjama avec l'aide de Christophe qui soulève ses reins pour le passage des fesses. Ça y est, mon homme est nu. Son érection est totale, je ne pense pas que j'aurai à déployer trop d'efforts pour le satisfaire.

Je suis à ses pieds et je glisse vers l'objet de mes attentions. Je le saisis de ma main droite et je commence à le lécher sur les côtés comme une glace. Christophe est sur les coudes et il me regarde faire. Après m'être occupée des côtés, je passe au sommet de l'ice-cream. Je prends délicatement le bout entre mes lèvres et je fais tourner ma langue autour. Le regard de Christophe devient trouble, ses yeux s'écarquillent. Il ne dit rien mais je le sens se crisper progressivement. Cette réaction m'encourage à poursuivre. Je change de braquet et je prends maintenant le sexe de Christophe aussi loin que possible dans ma bouche. Je ne suis pas une fanatique de la sensation de ce membre qui me remplit, à la limite de mes amygdales, mais un de mes précédents amants m'a expliqué que c'était une sensation unique à condition d'éviter de mettre les dents. Laure, elle, se vante de pouvoir totalement engloutir le sexe de son partenaire. Soit elle est mytho, soit elle se prend pour une star du porno. Elle a certainement changé d'avis depuis qu'elle est avec David ! Pour moi, on ne va pas aller jusque-là !

Je ne peux plus voir Christophe mais je sens qu'il s'effondre sur le lit. Je pense qu'il aimait bien regarder mais que maintenant la sensation est trop intense. Je suis bien plus forte que je ne le croyais dans cette pratique ! Je serre maintenant mes lèvres et commence à remonter le long de son sexe jusqu'à le faire sortir complètement. Je ne suce maintenant que l'extrémité. Christophe relève légèrement la tête, nos regards se croisent. Il a les yeux exorbités. S'il avait plus de quarante ans, j'aurais peur qu'il ne me fasse une crise cardiaque ! Je pense que la vision de ma bouche autour de son sexe est trop pour lui, sa tête retombe en arrière. Il n'est pas très loin de la fin. Il est temps pour moi de l'achever. Je le reprends dans ma bouche et j'effectue maintenant un va-et-vient régulier de haut en bas accompagné par un mouvement équivalent de ma main à la base de son sexe. Il commence à faiblement gémir. On a l'impression qu'il se retient mais que c'est plus fort que lui. Dans un ultime sursaut, il s'adresse à moi comme un condamné à mort qui donne ses dernières volontés quelques secondes avant la guillotine.

— Ophélie... je vais jouir...

C'est chou, il me prévient au cas où je n'aimerais pas ce qu'il ne va pas tarder à m'offrir. En l'occurrence, il n'a pas tort, le goût du sperme, ce n'est vraiment pas ma tasse de thé, surtout au petit déjeuner ! Je ne peux néanmoins reculer et le priver du plaisir de ma bouche. Certes, l'espace d'un instant, je me dis que je pourrais très rapidement m'écarter dès le début de son éjaculation mais ce ne serait pas très généreux. Soit, il faut en passer par là ! J'accélère mes mouvements et je le sens se tétaniser d'un coup. Il rugit comme un tigre et, un quart de seconde plus tard, je sens un peu de sperme dans ma bouche suivi presque immédiatement de plusieurs jets puissants. À chaque fois, c'est la même chose, on a l'impression d'absorber un litre du liquide séminal alors qu'en fait la quantité n'est objectivement pas importante. Dans le cas de Christophe, ce n'est pas un litre mais plusieurs ! Deux explications possibles, soit j'ai été encore plus experte que je ne le pensais, soit il avait fait des réserves depuis longtemps ! Je pense que la vérité se trouve entre ces deux hypothèses...

Je le garde quelques secondes dans la bouche. La sensation n'est pas hyperagréable. J'en ai avalé un petit peu en déglutissant mais je me refuse à avaler la totalité. Laure me traiterait de petite joueuse mais je pense avoir déjà largement rempli mon office ! Je me précipite dans la salle de bains et je crache le contenu de ma bouche dans le lavabo. Effectivement, il n'y en a pas tant que cela mais le goût n'est vraiment pas top. Pour le faire passer, je pique le dentifrice de Christophe et me fais un bain de bouche à la menthe improvisé. Trente secondes plus tard, le goût désagréable a diminué.

Quand je suis retournée dans la chambre, je me suis demandé si Christophe avait compris que j'étais allée cracher... Le pauvre n'était pas en état de se poser des questions. Il gisait sur le lit comme un cadavre. Cette vision m'a fait sourire et m'a procuré une grande satisfaction. Je suis allée l'embrasser avant de partir, il n'a pas réagi !

La réunion avec Bertrand et Christine s'est bien passée. J'ai à peine vu Laure mais je dois la rejoindre dans quelques minutes pour prendre un café.

Jeudi 5 septembre, 22 heures

La journée se termine plus calmement et sereinement que les jours précédents. J'ai accompagné Christophe au train de 19 h 12 pour Paris.

Les adieux ont été assez touchants, je ne pensais pas possible de m'attacher aussi rapidement...

Pourtant, dans la journée, je n'ai pas pu le voir autant que je le voulais à cause de mon boulot.

J'ai pu quand même passer deux moments privilégiés avec lui. À 13 heures, je voulais aller à la plage. Mais, en public, plus question d'utiliser des dessous pour me baigner. Je suis donc allée pratiquer avec Christophe mon sport préféré : le shopping !

La plus simple, à Deauville, c'est d'aller au Printemps qui est à peine à deux cents mètres derrière le Normandy. Si j'avais le temps, je préférerais faire toutes les jolies boutiques, c'est beaucoup plus sympa, mais il faut que je sois pragmatique : si je veux vraiment me baigner aujourd'hui, il va falloir trouver vite.

Christophe m'accompagne. Nous cherchons chacun de notre côté dans le rayon maillot de bain. Soudain, il s'avance vers moi, hilare.

— Tiens, que penses-tu de celui-là ?

Il tient un maillot de bain une pièce d'un jaune canari immonde. Je le prends dans ma main et je lis « Collection voluptueuse, spécial bonnet D et E ».

— Tu te fous de moi ? Tes fantasmes, c'est Titi avec de gros seins ?

Il se marre, tant mieux pour lui. Moi, je trouve ça un peu potache comme humour mais bon, passons, cela doit être un signe de bonne humeur lié à ce qu'il ressent pour moi. Je décide de ne pas perdre plus de temps avec lui et lui pose le maillot de bain sur la tête.

Je viens de trouver deux petits maillots de bain deux pièces de la marque Banana Moon : un noir assez classique mais très bien coupé et un bleu et blanc avec des petits points rouges. Deux styles différents, j'hésite vraiment. Après avoir demandé à la vendeuse une taille 38, je vais me changer dans la cabine. Je commence par le plus moderne, le bleu, blanc, rouge. J'appelle Christophe pour qu'il me rejoigne dans la cabine d'essayage.

— Alors, tu en penses quoi ?
— Bien, moderne. J'aime.
— Bon, je vais quand même essayer l'autre.

Il me regarde en souriant mais il ne bouge pas.

— Tu fais quoi ? Je t'ai dit que j'allais essayer l'autre maillot.
— Je me disais que je pouvais t'aider à te changer.
— Dans tes rêves, je suis assez grande.

— Je peux regarder au moins ?
— Pervers, dégage !
— Pourtant, il n'y a rien que je ne connaisse déjà.
— Ça n'a rien à voir, dégage.

Il obtempère. Je sais de toute façon qu'il plaisantait. J'aurais dû commencer à enlever mon haut pour voir s'il serait vraiment resté.

L'essai du noir m'a confortée dans le choix du tricolore.

Christophe a voulu m'offrir le maillot de bain mais j'ai fermement refusé.

Nous sommes rapidement passés nous changer à l'hôtel, lui dans la chambre, moi dans la salle de bains. La baignade était fraîche mais exquise. Nous avons chahuté comme des adolescents, échangeant également quelques baisers d'amoureux. C'était un supermoment.

Vers 17 heures, Laure m'a proposé de me remplacer et j'ai pu rejoindre Christophe dans sa chambre. Le pauvre chéri dormait, épuisé. Je l'ai réveillé par des baisers enflammés et nous avons refait l'amour. Cette fois, il a voulu être au-dessus et nous avons opté pour la position très classique du missionnaire. J'ai eu énormément de plaisir mais pas de véritable orgasme. Je ne crois pas qu'il s'en soit aperçu. Pourtant, j'avais envie de lui mais la machine a tardé à redémarrer ! À croire que Laure avait raison et que l'abstinence a eu des conséquences sur ma sexualité.

Nous nous sommes douchés une dernière fois ensemble puis direction la gare dans une des voitures du festival.

Nous nous sommes embrassés doucement puis il m'a prise dans ses bras et m'y a maintenue assez longtemps.

C'est peut-être cette démonstration d'affection qui m'a touchée le plus. J'avais plus les larmes aux yeux quand le train est parti. Enfin, cette séparation ne durera que quelques jours...

J'ai dîné comme d'habitude avec Laure et David. Je tiens la chandelle et je me dis que David a vraiment beaucoup de patience et de gentillesse d'accepter que je partage aussi régulièrement leurs soirées. Quand j'en ai parlé à Laure, elle m'a dit qu'il bénéficiait de larges compensations. J'imagine, ou plutôt je n'ose imaginer...

Mardi 10 septembre 2013

Le festival de Deauville s'est terminé dimanche soir par un magnifique dîner de clôture. Bertrand nous a ensuite tous invités au Brummel Club. Je n'y étais pas retournée depuis ma fameuse soirée avec Michael, celle où tout aurait pu basculer. Je me suis demandé ce qui se serait passé si nous avions couché ensemble. Serait-il parti comme prévu pour Los Angeles ? M'y aurait-il emmenée ou serais-je seule en train de vivre dans le souvenir de quelques étreintes passionnées ? Ce qui est certain, c'est que, même s'il m'avait laissée à Deauville, je ne me serais jamais mise avec Christophe. D'abord, je ne pourrais pas coucher avec deux mecs différents à quelques jours d'intervalle (embrasser deux hommes différents en une demi-heure, ça n'a rien à voir) et, de toute façon, Laure ne l'aurait jamais invité à me rejoindre. Nous avons eu droit au champagne à volonté. C'était fantastique ! Nous avons dansé jusqu'à près de quatre heures du matin. Lundi, le départ pour Paris a été difficile. Heureusement, j'ai pu dormir dans le train. Nous avons rapporté tout le matériel à Levallois et, ensuite, nous avons pu rentrer chez nous. J'étais chez moi à 17 heures et Christophe devait venir après son boulot vers 19 heures. Nous avions beaucoup parlé et échangé de SMS depuis nos vingt-quatre heures en Normandie. Il n'y avait pas de doute dans ma tête, nous étions ensemble, ce n'était pas une passade, chaque échange le confirmait. C'est pour cela que j'avais accepté que l'on se voie malgré ma fatigue. Quand il est arrivé, je m'étais endormie sur mon lit. Nous avons eu un grand plaisir à nous revoir, plaisir non sexuel car je commençais ma période de règles. C'est encore une chose formidable pour les femmes amoureuses dans les films, elles n'ont jamais de périodes menstruelles ! C'est quand même beaucoup plus facile pour gérer sa vie sentimentale... Dans le cas de Christophe, je dois dire que ç'a été extrêmement facile car c'est un garçon intelligent et sensible. Je lui avais fait comprendre au téléphone. Il avait immédiatement saisi et n'avait fait aucun commentaire ni aucune blague déplacés. Quand, après un petit dîner et une longue conversation, nous nous sommes couchés, nous avons échangé de longs baisers amoureux qui l'ont mis dans un sale état. J'ai voulu le caresser pour provoquer son plaisir mais il m'en a empêchée en interceptant ma main. Il l'a portée à son visage, l'a retournée et l'a embrassée doucement.

C'est ça qui a rendu Laure complètement dingue quand je lui ai raconté au déjeuner.

— Il a fait quoi ?

— Il a embrassé l'intérieur de ma main.
— Et… ?
— Il s'est levé contre moi et nous nous sommes endormis son torse contre mon dos.
— Mais s'il était derrière toi, tu ne sentais pas son érection ?
— Si, elle me chatouillait le bas des reins.
— Et tu n'as rien fait ?
— Il a refusé que je le caresse…
— Et une petite pipe ?
— J'étais fatiguée, je n'avais pas envie.
— Et il l'a bien pris ?
— Sans problème.
— Et ce matin, il était de quelle humeur ?
— Excellente, nous avons pris notre douche ensemble.
— Et… ?

Je pouffe en voyant sa tête et en sachant ce que je vais lui dire.

— Toujours en érection. Pour être plus exacte, je ne sais pas si c'était la fin de l'érection de la veille ou le début de l'érection du matin…
— Bon, je ne demande pas comment cela s'est terminé, ça va me déprimer. Le seul élément positif est que vous avez l'air d'être sur la même longueur d'onde… Quand un moine rencontre une bonne sœur…
— Ils se racontent des histoires de chasteté ?
— Exactement !

Puis nous avons parlé de choses et d'autres. Je n'ai pas abordé le sujet de David car je sais qu'ils se sont séparés en se disant qu'il n'était pas raisonnable de continuer leur relation en vivant à douze mille kilomètres l'un de l'autre. C'est une décision rationnelle mais je sais que Laure en est attristée, plus qu'elle ne voudra l'admettre.

— Et Michael, tu y penses ?
— Non, enfin oui et non. J'y pense mais comme si c'était un rêve. Je n'arrive pas à croire que cela se soit véritablement passé. Honnêtement, si tu n'étais pas là, je penserais être mythomane. Donc je ne suis pas blessée. C'est même une expérience qui m'a aidée à devenir plus adulte. Je pense que je suis prête à assumer une relation sérieuse avec Christophe.

— Donc je prépare ma tenue pour le mariage ? Tu me jetteras le bouquet de la mariée ?
— Nous n'en sommes pas là, peut-être que tu trouveras avant.
— Croisons les doigts…

1er avril 2014

Si je reprends mon journal, ce n'est pas pour faire un poisson d'avril. La journée a été éreintante. Christophe, Roméo et moi venons d'emménager dans notre nouvel appartement. Je suis contente car nous sommes toujours dans le 18e et nous avons une belle vue sur le Sacré-Cœur. Enfin, pour être honnête, c'est une vue partielle mais c'est quand même une belle vue.

Ce déménagement est une étape majeure dans ma vie, c'est la première fois que je vais habiter avec un garçon. Impossible de retourner dans son propre logement si on en a envie. Maintenant le seul moyen de s'isoler c'est de s'enfermer dans la chambre de notre cinquante-cinq mètres carrés.

Heureusement, Christophe et moi ne nous disputons jamais. Laure qui cherche toujours la petite bête dit que c'est louche et que ça cache quelque chose. Elle dit aussi que c'est dommage car ça nous empêche de nous réconcilier sur l'oreiller. Mais, de ce côté-là, je ne manque de rien. Christophe et moi nous éclatons bien au lit et j'ai des orgasmes trois fois sur quatre. Je pense que je dépasse largement les scores de la population féminine française. De son côté, je crois qu'il apprécie également nos séances de jambes en l'air. Il se fout juste de moi quand je me précipite dans la salle de bains pour cracher après une petite pipe. C'est, en effet, le seul domaine où je ne progresse pas. Je pense que je resterai définitivement imperméable au goût du sperme malgré les encouragements de Laure et les moqueries (gentilles) de mon chéri.

Ce qui m'a vraiment décidé à emménager avec Christophe, c'est le soir où Roméo s'est mis sur ses genoux pendant que j'étais au téléphone avec maman. J'ai d'abord été jalouse puis je me suis dit que c'était un bon signe que mon chat adoré adopte mon mec. Mes parents ont également rencontré Christophe et l'apprécient. Pour les grands-parents, on verra plus tard. De son côté, nous avons passé plusieurs soirées avec sa sœur et son beau-frère.

En ce qui concerne le boulot, je m'occupe des sorties de films américains, ce qui me ravit. Bertrand n'a pas manqué à sa parole. Je pense être arrivée au niveau de Laure professionnellement.

En ce qui concerne les amours, Laure a essayé de coucher avec un mec en octobre mais ç'a été un fiasco complet. Elle m'a dit que ce n'était pas à cause de lui, qu'il était très bien mais qu'elle n'en avait pas vraiment envie. Je n'arrivais pas à en croire mes oreilles. Pour le nouvel an, elle est partie quinze jours à Los Angeles chez David. C'est toujours la passion entre eux malgré leurs résolutions de fin de festival. Elle est revenue amoureuse. Depuis son retour, ils ne se sont pas vus mais ont décidé de faire l'amour ensemble par Skype ce qui veut dire qu'ils se masturbent en se regardant à l'écran et en se disant des mots doux ou crus selon leur humeur. Je ne sais pas comment ils font ! Moi, je ne pourrais pas. Laure m'a même avoué qu'elle l'a enregistré pour se satisfaire quand il n'est pas disponible. Elle dit que son sex-toy Rabbit arrive à lui procurer des orgasmes « même si c'est moins bien qu'avec le T-Rex de David ». Entre parenthèses, je pense que c'est la première fois qu'une fille compare un sexe d'homme à un dinosaure ! Ils font aussi des plans pour se voir cet été.

La vie est simple, la vie est belle. Je n'entends presque pas parler de Michael et ça ne me manque pas.

14 avril 2014

Aujourd'hui, un paquet est arrivé au bureau en provenance des États-Unis. Quand je l'ai ouvert, j'ai eu un choc, c'était un livre, *Fucking Bloody Universities* par Miles Green. J'ai compris tout de suite que Michael avait réussi à publier son roman sous un pseudo. J'ai ouvert le livre, il y avait une dédicace « Pour O. à qui je dois beaucoup ». À la page suivante, il y avait une inscription manuscrite : « N'oubliez jamais Jacques Prévert. M. »

L'addition des deux dédicaces m'a tuée. J'ai fait un retour accéléré dans le passé, le cimetière d'Omaha, les rocks endiablés, le slow sensuel, la proposition de Michael de monter dans sa suite... Je me suis rappelé que j'avais accepté ce qui devait arriver, je souhaitais coucher avec Michael... Cela fait huit mois mais ce livre me replonge dans mes sentiments pour Michael. L'entrée de ce dernier dans ma vie avait comblé le vide de ma vie sentimentale mais, là, le flash-back est violent. Je reste plusieurs minutes sans bouger, assise à mon bureau, le livre entre mes mains.

Je pense que j'aurais pu rester dans cet état de stupeur plusieurs heures d'affilée si Laure n'était pas arrivée.

— Eh, tu en fais une drôle de tête, ça va ?

Je ne réponds rien, je lui tends le bouquin.

— Miles Green, je ne connais pas.

— Regarde la dédicace...

— « Pour O. à qui je dois beaucoup ». O., c'est toi ? Qui t'a dédicacé un livre ?

— Page suivante...

— « N'oubliez jamais Jacques Prévert. » Je ne comprends rien ! Il n'est pas un peu bizarre, ton écrivain ?

— Utilise ton cerveau, regarde la signature.

— « M. », c'est qui ? M. le maudit ?

— En quelque sorte...

Elle me regarde et réfléchit intensément. Je ne l'aide pas.

— Merde, c'est Michael, Michael Brown ! Il a utilisé un pseudo ! Entre nous, Green pour quelqu'un qui s'appelle Brown, c'est un peu pourri comme pseudo.

— Et Miles, c'est le prénom de son père.

— Et c'est à cause de ça que tu es dans cet état ?

— Tu es marrante, toi ! La citation de Prévert, c'est à la fois la promesse de se revoir quelque part et en même temps une déclaration d'amour.

— Mais tu es avec Christophe, vous vivez ensemble, tu l'aimes…

— Oui, oui et oui. Je sais, ce n'est pas rationnel, mais ce livre a ravivé des souvenirs, des années d'amour unilatéral et l'espoir d'une passion impossible.

— Je suis heureuse d'entendre ce mot. Impossible ! Passion impossible ! Tu vas me ranger ça dans un coin de ta tête, le coin où il y a écrit « Souvenirs périmés » ! Et, au fait, tu sais si les journalistes ont découvert qui se cache derrière ce pseudo ?

— Non, je n'y ai pas pensé.

Je tape le titre du livre, Michael Brown, Miles Green pour voir s'il y a des correspondances sur Google. Il n'y en a aucune, personne ne relie Michael Brown et Miles Green. Il y a juste les critiques qui sont presque toutes dithyrambiques. Le supplément du *New York Times* parle même d'un « thriller d'une violence et d'une sensualité extrêmes qui reflète magnifiquement les problèmes du milieu universitaire aux États-Unis ». Le reste est à l'avenant. Les critiques littéraires se demandent d'où vient ce mystérieux auteur mais ils ne s'y attardent pas.

— Il n'y a rien sur Michael.

— Tu veux que je vérifie avec David ?

— Attention, c'est dangereux, tu risques de le mettre sur la piste.

— Je ne suis pas idiote, je vais dire qu'un producteur est intéressé et qu'il m'a envoyé le livre.

— Ok, mais sois subtile.

— Subtile, ça tombe bien, c'est mon deuxième prénom !

En fin d'après-midi, David nous répond qu'il ne sait pas qui est Miles Green. Ouf, c'est une bonne chose. Laure a une autre préoccupation en tête :

— Et tu vas en parler à Christophe ?

— Je ne sais pas, qu'en penses-tu ?

— C'est délicat. Tu devrais lui en parler car tu n'as rien fait de mal. En même temps, c'est dommage de le contrarier sans véritable raison. Tu crois qu'il le prendra mal ?

— Aucune idée... Peut-être qu'il n'appréciera pas beaucoup que j'aie couché avec lui peu après avoir failli le faire avec Michael...

— Tu n'es pas obligée de tout raconter. Tu peux rester dans les grandes lignes.

— Le problème, c'est la dédicace...

— Oui, je reconnais, un peu trop explicite...

— Bon, je trouverai bien un moyen de le tranquilliser.

— Et Michael, tu le verras peut-être à Cannes, le mois prochain.

— Oui, son film est sélectionné. Je le verrai probablement. Oh, merde, Laure, tout ça c'est trop compliqué.

— T'inquiète pas ma grande, je serai là... avec David. Il vient pour toute la durée du festival. Nous te chaperonnerons.

— C'est peut-être préférable...

L'après-midi a été très occupé professionnellement mais je ne pouvais m'enlever de la tête l'image de Michael. C'était très pénible, j'essayais de me raisonner mais sa beauté, ses yeux, son regard, nos conversations, tout était là, présent en permanence, dans ma conscience...

Quand je suis rentrée, Christophe n'était pas là. J'ai commencé à lire le roman. Oh, merde, Michael avait finalement choisi la seconde version, celle où l'étudiante me ressemble tellement. Pourtant, quand j'en avais discuté avec lui, il avait semblé accepter l'idée de revenir à la première version. Les hommes sont versatiles...

La clé tourne dans la porte, Christophe. Il vient m'embrasser.

— Hello.
— Hello, ça va, qu'est-ce que tu lis ?
— C'est un livre écrit par Michael Brown sous pseudonyme.
— Ah, c'est bien ?
— Oui, pas mal.

Bon, c'est le moment où je dois me jeter à l'eau et lui parler de la dédicace.

— Il me l'a dédicacé.
— Je peux voir ?
— Bien sûr, tiens.

Il lit une dédicace, puis l'autre.

— O., c'est toi ?
— Oui, je pense.
— C'est assez perso comme dédicace, non ? Il te doit quoi Michael Brown ?

Son ton est assez froid, quelque chose de pas habituel dans nos rapports. Il va falloir me montrer diplomate.

— Il m'avait demandé mon avis sur son roman après notre visite des cimetières militaires. Je pense qu'il avait apprécié mes remarques.

— Visiblement... Et Jacques Prévert, c'est quoi la référence ?

Alors là, si je lui sors la citation : « Paris est tout petit pour deux personnes qui s'aiment d'un aussi grand amour », je crois qu'il va péter un câble ! Je vais peut-être m'autoriser un petit mensonge.

— Dans la voiture, en revenant d'Omaha, je me suis plainte du manque de poésie dans les films contemporains et Michael et moi nous nous sommes aperçus que nous aimions tous les deux *Les Enfants du paradis*. Il m'a dit que la poésie de Prévert ne disparaîtrait jamais. Sa dédicace doit être une référence à cette discussion.

— Sûrement.

Il pose le livre et va se chercher un verre d'eau dans la cuisine. Aïe, je crois que nous avons un petit problème !

Lors du dîner, j'ai un peu ramé pour entretenir la conversation. Je sentais que le livre de Michael avait fait vaciller notre bel équilibre amoureux.

Le soir, il a fallu mes baisers pour rallumer la flamme. Puis, tout a basculé, Christophe est devenu passionné. La jalousie semblait décupler son envie sexuelle. Lui, d'habitude plutôt passif, a pris la direction des opérations. Au début, j'étais dans un joli petit pyjama rose en coton. Lui était sur un tabouret en train de faire du Mac. Je suis arrivée dans son dos et je l'ai entouré avec mes bras. Il s'est retourné et je l'ai embrassé. L'espace de quelques instants, il a semblé ne pas répondre totalement, il était sur la réserve. Alors, je lui ai sucé la langue puis je lui ai caressé la lèvre supérieure. Ça l'a rendu dingue ! Il m'a mordu la lèvre puis m'a prise dans ses bras. Il m'a jeté sur le canapé, s'est mis à genoux par terre et m'a enlevé mon bas. Même si ça fait six mois que nous sommes ensemble, j'étais tout intimidée et exposée par ma nudité. J'ai eu envie de me couvrir ce qui semblait plutôt idiot. De toute façon, je n'ai pas eu le temps d'explorer mes états d'âme car il a écarté d'autorité mes genoux pour plonger sa tête sur mon sexe. Sa langue s'est profondément enfoncée en moi, presque avec férocité. Il m'a explorée avec vigueur, sans oublier de titiller mon clitoris. La ferveur de l'assaut m'a fait gémir. C'était incontestablement une sensation nouvelle dans notre sexualité. Puis, il s'est relevé et a enlevé en une seule fois pantalon et caleçon. Ce geste a confirmé qu'il n'était pas totalement dans son état normal. Il était totalement en érection. Pour le coup, je n'avais pas à officier. Il m'a prise par les pieds et m'a fait tomber sur la moquette. J'ai assez vite compris ce qu'il désirait. Je me suis agenouillée par terre, les coudes sur le canapé. Les hommes ne sont pas difficiles à comprendre ! Il voulait faire l'amour en levrette. C'est une position que tous les magazines féminins recommandent pour atteindre l'orgasme. C'est pourtant une position que Christophe et moi ne pratiquons que très peu, peut-être parce que ce n'est pas la plus romantique. Ce soir, l'insécurité liée à l'irruption de Michael dans notre vie le pousse à exagérer sa virilité. C'est une réaction normale, je ne sais si elle est consciente ou non. S'aperçoit-il qu'il cherche à me dominer ?

Pas le temps de m'adonner à la psychanalyse de mon mec trop longtemps. Il me pénètre entièrement. La sensation est forte, je gémis. Heureusement qu'il n'a pas lésiné sur les préliminaires car sinon il aurait pu me faire mal. Mais là, je suis suffisamment excitée pour le recevoir ainsi d'un coup. Il me fait l'amour sans brutalité mais avec une vigueur inédite. Je me dis qu'à ce rythme, il risque de ne pas tenir longtemps. Moi, j'ai du plaisir, mes gémissements en témoignent mais je sens que je ne parviendrai pas à l'orgasme. D'un côté je ne suis pas mécontente du soudain accroissement de la virilité de mon mec, de l'autre je suis un peu gênée par la causalité de la chose. Je me rends bien compte que Christophe est en train de se battre contre Michael. C'est comme ces concours pour savoir qui pissera le plus loin.

Christophe arrive au bout de son plaisir. Moi je suis loin de l'orgasme et je sais que je n'y arriverai pas même s'il me pilonnait pendant dix minutes. Si nous ne partageons pas un orgasme ce soir, nous aurons un vrai problème, cela exacerbera sa jalousie. Alors, je me remémore Meg Ryan dans *Quand Harry rencontre Sally* et je commence à pousser de petits cris. Ça déchaîne l'ardeur de Christophe qui, quelques instants plus tard, se répand en moi violemment. Je gémis encore plus fort. Il s'effondre sur moi, je fais semblant de m'affaler sur le canapé. Il se relève et s'assied à côté de moi. Il m'attire vers lui. Je l'embrasse doucement sur les lèvres. Il a l'air épuisé et inquiet.

— C'était bien ?

— C'était mieux que bien, c'était fort, c'était nouveau, j'ai adoré.

— C'est vrai, je suis content, j'ai eu peur un moment que tu n'arrives pas à jouir.

— Non, c'était vraiment top.

Je me glisse dans ses bras pour un énorme câlin.

Plus tard, dans notre lit, je regrette les nombreux mensonges que j'ai pu proférer ces deux dernières heures mais il n'y avait pas d'autre solution.

C'est une journée particulière qui a fait revenir du passé un amoureux que je croyais définitivement perdu et qui m'a révélé une fragilité nouvelle chez mon compagnon.

6 mai 2014

Cette journée s'annonçait calme avec juste en perspective la préparation du Festival de Cannes. La tempête s'est levée quand Laure a reçu un SMS de David. Elle me l'a montré.

« Soirée très chaude chez l'agent de Michael Brown. Violente dispute entre Michael et Carolina, sa femme. »

Mon cœur s'est de nouveau emballé. Si ça continue comme cela, je vais mourir d'une crise cardiaque ! Normalement, les femmes en sont protégées avant la ménopause, mais moi, je sens que je vais faire partie des exceptions !

J'ai dit à Laure de lui téléphoner.

— Appelle-le, vas-y, je veux des détails.

— Mais il est tard.

— Tu plaisantes, il est à peine 1 heure du matin là-bas.

— Quand même, on ne téléphone pas aux gens à cette heure-là...

Juste au moment où j'ai besoin d'elle, Laure se met à jouer les bourgeoises bien éduquées. Tant pis pour elle, je vais attaquer au-dessous de la ceinture, j'ai trop envie de savoir ce qui s'est passé.

— Tu as peur de le déranger en galante compagnie ?

Je sais, ce n'est pas glorieux de faire ça à une amie mais j'obtiens l'effet escompté.

— Tu es malade ! Ok, on l'appelle.

— Mets-le sur haut-parleur.

Elle compose le numéro et, quelques instants plus tard, je reconnais l'accent américain de David.

— Hello.

— Hello, David, c'est moi. Je suis avec Ophélie. Tu es sur haut-parleur.

Il rit.

— Je vois qu'il y a deux curieuses qui souhaitent en savoir plus sur notre ami Michael.

— Effectivement, nous sommes avides de gossip. Alors ?

— On n'a pas beaucoup d'informations, tout le monde ici en cherche mais ce qu'on sait c'est que Carolina et Michael sont arrivés ensemble comme d'habitude à la soirée organisée par leur agent. Entre 22 heures et minuit, il ne s'est rien passé de spécial. Ils ont discuté avec différents invités. Mais, un peu après minuit, l'avocat de Michael et son agent sont venus le chercher pour s'entretenir avec lui à l'écart des oreilles indiscrètes. On m'avait dit qu'il avait l'air soucieux. Quelques minutes plus tard Carolina les a rejoints. Ça n'a pas duré longtemps. Elle s'est mise en colère. Elle était très énervée mais personne n'a pu entendre ce qu'elle disait. Elle a fait appeler son chauffeur et elle est partie sans Michael.

— Il est resté à la soirée ?

— Non, Michael, son avocat et son agent étaient sortis avec elle mais, d'après ce que je sais, elle a refusé que Michael monte dans la voiture avec elle.

Je bois les paroles de David, je ne peux m'empêcher de pousser un cri.

— C'est pas vrai !

— Si, on m'a même dit qu'elle avait failli lui claquer la porte sur la main. Michael a pris un taxi avec son avocat. Son agent, lui, est resté à la soirée puisque c'était lui qui l'avait organisée.

Laure intervient :

— Donc, on ne connaît pas la raison de leur dispute ?

— Non.

— Une histoire de femmes sans doute... Ils vont divorcer ?

— Aucune idée. Pourquoi, quelqu'un est intéressé par la place ? Ophélie, peut-être ?

Je rougis violemment. Heureusement que seule Laure peut me voir ! Quand David a fait cette remarque, j'étais effectivement en train de penser à cette possibilité. C'est comme si David, à douze mille kilomètres de distance, avait pu lire dans ma tête. Je ne trouve rien à dire, je ne nie même pas, je reste silencieuse.

Laure me sauve le coup :

— Ou moi, chéri, si tu n'es pas très gentil avec moi à Cannes dans une semaine. N'oublie pas que Michael sera présent lui aussi.

— Ne t'inquiète pas, je m'occuperai de toi avec la plus grande attention.

— Je la connais ta « grande attention » et j'avoue qu'elle me manque... Tu m'embrasseras comment ?

— Je commencerai par ta bouche puis je descendrai jusqu'à tes seins...

C'est pas vrai, ils vont me faire le coup du rapport sexuel par téléphone. Ils n'ont aucune pudeur ! Sans compter que Laure est au bureau ! Je me précipite pour couper le haut-parleur. Je ne peux plus entendre David mais je vois le visage de mon amie s'empourprer. Pour que son visage prenne cette teinte-là, c'est que les propos de David doivent être particulièrement salaces.

Laure reprend la parole.

— Et moi, je te lécherai jusqu'à ce que tu sois dur comme Excalibur pour que tu puisses me transpercer...

Malheureusement, je ne peux pas couper le son des paroles de Laure. Il ne me reste qu'une solution, fuir le bureau. Je note juste au passage que même pour leurs fantasmes sexuels, Laure et David puisent leur inspiration dans l'univers du cinéma. Il ne me serait jamais venu à l'esprit d'évoquer Excalibur pour parler du pénis de qui que ce soit. Ils sont vraiment malades de sexe et de cinéma, ces deux-là !

Je vais aux toilettes. Un bon endroit pour réfléchir.

Si Michael redevenait célibataire, chercherait-il à me revoir ? Et si c'était le cas, serais-je prête à quitter Christophe et à changer de vie pour le suivre ? Je n'en ai aucune idée mais j'avoue que je n'exclus pas cette possibilité... J'aime Christophe plus que je n'ai jamais aimé un mec mais Michael reste Michael... La vie est compliquée... En même temps, il ne sert à rien de se faire des nœuds dans le cerveau pour un problème totalement hypothétique. On ne connaît même pas la cause de la dispute avec Carolina. Quant à parler de divorce...

Dix minutes plus tard, je retourne dans le bureau. Laure est encore plus cramoisie que quand je l'ai quittée. Je pense qu'elle s'approche de la couleur tomate foncé. Ils parlent toujours de sexe ! Je lui fais de grands signes pour qu'elle arrête. Elle me montre ses cinq doigts. Cinq minutes, tu rêves ma grande ! Je réponds en lui montrant deux doigts. Elle fait des yeux de cocker et me montre trois doigts. Ok, va pour trois minutes. Je lui donne mon assentiment et sors du bureau. J'ai juste le temps de prendre un expresso à la machine à café. Quand je reviens, Laure est toujours au téléphone mais elle parle en français, visiblement à un producteur.

Dans les tremblements de terre, il y a le séisme initial suivi souvent de quelques répliques. Parfois celles-ci ont une amplitude supérieure à l'original.

Pour le cas de l'affaire Michael-Carolina, c'est exactement ce qui se passe, en tout cas pour moi.

À 16 h 20, Laure reçoit un nouveau SMS de David.

« Du nouveau pour MB. J'ai besoin de vous parler, à Ophélie et à toi. Urgent. Appelle-moi à la maison. David. »

Quand Laure me montre le message, une boule se forme immédiatement au creux de mon estomac. 16 h 20 à Paris, c'est 7 h 20 à Los Angeles ! Cela doit être sérieux ! Mais pourquoi David veut-il me parler à moi aussi ?

Laure a également l'air soucieuse. Nous ne nous parlons pas pendant qu'elle compose le numéro.

— Allô, David.

— Hi.

— Alors, c'est quoi les nouvelles ?

— On pense connaître les raisons de la dispute entre Michael Brown et Carolina Sanchez.

— Et c'est ?

— Le *Los Angeles Times* a publié un article ce matin. Il révèle que le roman *Fucking Bloody University* aurait été écrit par Michael Brown. Mais je suppose que cette nouvelle n'en est pas une pour vous, n'est-ce pas ?

Le ton de David est très froid. Gros blanc de notre côté. Merde, qu'est-ce qu'on répond à ça ?

Heureusement que David fait les questions et les réponses :

— Si je me souviens bien, vous m'avez questionné sur l'auteur de ce roman, un certain Miles Green... Vous saviez que c'était Michael, non ?

Laure se jette à l'eau et plaide coupable :

— Oui, désolé de ne pas te l'avoir dit.

La réponse de David est teintée d'amertume :

— J'aurais pu espérer un peu plus de confiance de votre part, les filles. Je pense l'avoir mérité... De toi Laure, bien sûr, mais également d'Ophélie...

Laure et moi nous regardons. Nous sommes extrêmement emmerdées. Je m'excuse à mon tour.

— Excuse-moi, David, tu as raison mais on ne voulait pas te mettre dans un dilemme supplémentaire en te parlant d'un scoop que tu ne pourrais pas utiliser.

— Attendez, le scoop énorme est en préparation et celui qui le possède, c'est moi...

Maintenant, j'ai carrément l'impression que des gouttes glacées descendent le long de ma colonne vertébrale.

Il continue :

— Parce que l'article du *LA Times* ne s'arrête pas là. Après tout, le livre, même s'il est très violent et très sexuel, a reçu d'excellentes critiques et finalement ce serait plutôt valorisant pour Michael. Non, le problème ne vient pas de là, il vient de la dédicace...

À ce moment-là, je suis au bord de la crise d'apoplexie, j'ai du mal à respirer. Regarder Laure ne m'aide pas car elle a l'air totalement catastrophée. J'attends la conclusion de David mais je la pressens...

— L'article parle plutôt du livre et salue la performance de Michael mais, dans sa dernière partie, il relate la dispute entre Michael et son épouse et indique qu'elle serait due à la dédicace. Ladite dédicace « Pour O. à qui je dois beaucoup » aurait profondément agacé Carolina. L'article conclut en se demandant qui est cette mystérieuse muse à laquelle Michael rend un si vibrant hommage.

C'est plus grave que tout ce que j'aurais pu imaginer. David m'interpelle :

— Ophélie, tu n'as pas une idée sur l'identité de cette mystérieuse O. ?

Je ne cherche pas à nier, je ne cherche pas à me justifier, j'avoue simplement :

— Si, c'est moi, il me l'a dédicacé.

— Tu te rends compte de la folie médiatique qui va se déchaîner autour de toi si on découvre la vérité ?

— Tu vas l'écrire sur le site de *Variety* ?

Il a un petit rire sec.

— Malheureusement, la fidélité en amour comme en amitié l'emporte sur ma conscience professionnelle. Je ne dirai rien. Mais toi, fais attention, fais profil bas. Les chiens sont lâchés, ils vont traquer toutes les filles dont le prénom commence par O.

— Merci, David.

— De rien. Passe-moi Laure.

Laure prend le combiné et coupe le haut-parleur. Elle ne dit rien. Visiblement, à sa tête, elle est en train de se faire sermonner. Je ne l'avais jamais vue avec cet air de petite fille coupable.

Avant qu'elle ne termine sa conversation, mon téléphone sonne, c'est Bertrand, il veut me voir dans son bureau.

Je m'attends à une nouvelle catastrophe. Je frappe à la porte.

— Entrez.
— Bonjour, Bertrand.
— Bonjour, Ophélie. Nous avons un problème. Je viens de parler à l'avocat de Michael Brown. Vous êtes au courant pour le livre ?
— Oui.
— Donc, je suppose que vous connaissez la dédicace.
— Oui.
— L'avocat de M. Brown souhaitait s'assurer que personne à Ciné Organisation ne dévoilerait l'identité de la personne mentionnée dans cette dédicace.

Je m'aperçois que Bertrand ne m'a même pas demandé de confirmer que c'était moi. Je suis coupable et condamnée sans même pouvoir me défendre...

— En ce qui me concerne, je ne dirai rien à personne.
— Qui d'autre peut être au courant ou avoir deviné chez nous ? Christine, Vincent... Je leur parlerai. Laure est-elle au courant ?
— Oui.
— Bon, assurez-vous qu'elle ne dira rien sur le sujet. L'avocat de Michael s'occupe de contacter Cate Blanchett et Clara Ferlani.

Je suis impressionnée par l'organisation de la défense de Michael. En quelques heures, l'avocat de Michael est arrivé à colmater toutes les sources de fuites possibles.

Mais le plus dur est à venir.

— Encore une chose, Ophélie. Michael Brown vient au Festival de Cannes. Il semble qu'ils essaient de persuader Carolina Sanchez de l'accompagner...

Je me demande qui se cache derrière ce « ils ». Je ressens toute la puissance de la communication hollywoodienne derrière ce pronom personnel.

— Et ils préféreraient que vous ne veniez pas à Cannes. J'ai donné mon accord.

Je ne me trompais pas quand je parlais de leur pouvoir. Ils peuvent même influer sur le choix des attachés de presse dans une petite société française...

Je ne dis rien, je fais juste un signe d'assentiment. Bertrand reprend :

— De toute façon, c'est mieux pour vous. Si la presse people apprend que c'est vous, vous allez découvrir les joies de la célébrité... Je ne vous le souhaite pas. Écoutez, Ophélie, je ne vais pas vous faire la morale, vous êtes une adulte. Je vous dirai juste que s'approcher des stars, c'est vraiment le mythe d'Icare. À trop vous approcher du soleil, vous risquez de vous brûler les ailes.

— Merci, Bertrand.

Je quitte le bureau. Je ne suis ni surprise ni vraiment déçue. Je suis simplement sous le choc du scandale qui vient me toucher sans que j'aie le sentiment d'en être vraiment responsable.

Au moment où j'arrive à mon bureau, le téléphone sonne à nouveau : Bertrand !

— Une dernière chose, Ophélie, il serait peut-être préférable que vous préveniez vos proches, au moins votre ami. Ce sera toujours moins violent de l'apprendre de votre bouche que de l'apprendre dans la presse.

Même si je pense que toutes les mesures ont été prises pour que l'on évite de vous identifier, il vaut mieux prévenir que guérir.

Je raccroche. Il a parlé de mon ami, je ne savais pas qu'il était au courant... Merde, il me conseille d'en parler à Christophe, ça va être sympa à la maison ce soir !

Je suis très hésitante sur la conduite à tenir. J'en parle à Laure mais, pour une fois, elle n'a pas de conseil à me donner. Son idée de demander à David s'il savait qui était Miles Green sans le mettre dans la confidence a créé un vrai problème dans son couple. La confiance est, sinon rompue, du moins ébranlée. Je ne pense pas qu'elle m'en veuille car c'était son idée mais, en même temps, inconsciemment, elle doit se dire que rien ne serait arrivé si je n'avais pas flirté avec Michael. Ce n'est pas faux.

Je suis rentrée à la maison sans savoir exactement quelle serait la réaction de Christophe. Allait-il mal le prendre ? En fait, il ne l'a pas mal pris, il l'a très mal pris.

— Donc tu es en train de dire que, potentiellement, toute la presse internationale peut écrire que tu es la maîtresse de Michael Brown ?

— En gros, c'est cela mais il y a peu de risque qu'ils m'identifient.

— Et tu l'as fait ?

— Fait quoi ?

— Coucher avec Michael Brown !

— Non !

— Alors pourquoi la presse pourrait-elle le dire si ce n'est pas vrai ?

— Parce que la presse people n'a pas forcément pour vocation première de dire la vérité. Elle n'a d'ailleurs pas besoin de dire que j'ai couché avec Michael Brown pour susciter les gossips. Il suffit qu'elle s'interroge sur la dédicace et sur notre relation pour que ça fasse des vagues.

— C'est vraiment un milieu ignoble. Je hais le cinéma.

— Mais le cinéma n'a rien à voir là-dedans, c'est un problème de presse !

— Mais Michael Brown, pourquoi t'a-t-il fait cette dédicace ?

— Je te l'ai dit, je lui ai donné un feedback sur son livre.

— C'est assez louche ton affaire. Une telle dédicace pour un simple feedback ? Vous vous êtes embrassés ?

— Non !

— Il voulait te sauter ?

— Christophe, ne me parle pas comme ça ! Je ne sais pas, tu lui demanderas si tu le rencontres...

— Et toi, tu aurais voulu qu'il te baise ?

Celle-là, c'est la question qui peut tout faire exploser. Je suis embarrassée parce que la vérité c'est que non seulement je le souhaitais mais qu'en plus j'ai essayé de provoquer la chose... J'ai honte mais en même temps je suis furieuse contre Christophe à cause de son agressivité et de sa grossièreté.

— Je viens de te dire de changer de ton ! Si tu veux le savoir, tu m'emmerdes avec tes questions. Il ne s'est rien passé, c'est tout !

— Je ne crois pas à ton histoire. Va te faire foutre !

Il a pris son blouson et il est parti en claquant la porte. Laure qui trouvait suspect qu'on ne se dispute jamais... Voilà, c'est fait ! Elle sera contente... Je suis sous le choc de la violence de ses propos. Je suis d'accord sur le côté chelou de mon problème avec Michael mais ça n'excuse pas une telle réaction ! Je découvre un Christophe que je ne connaissais pas, la gentillesse pouvant faire place à la jalousie extrême. Mon homme idéal me semble soudainement l'être beaucoup moins.

14 mai 2014

Aujourd'hui, c'était l'ouverture de Cannes.
Le film d'ouverture était *Grace* d'Olivier Dahan. Mais je n'en avais pas grand-chose à faire. J'attendais l'émission *Le Grand Journal* sur Canal+ parce que l'invité principal devait être Michael Brown, huit jours après le début de l'affaire « Miles Green ».

Les journaux américains s'étaient déchaînés les premiers jours à la recherche de la mystérieuse O. Ils en avaient trouvé deux ou trois et d'autres jeunes femmes s'étaient autodénoncées mais les avocats de Michael Brown avaient dû se montrer très persuasifs car elles s'étaient toutes rétractées ou avaient démenti être la muse à qui le livre était dédicacé.

De façon assez surprenante, les attachés de presse de Michael Brown ont été très discrets. Ils ont juste sorti un communiqué de presse annonçant que la maison d'édition allait ressortir le roman *Fucking Bloody University* avec le nom réel de son auteur et la polémique s'est rapidement essoufflée.

À la limite, j'ai presque eu plus de mal à résoudre mon problème avec Christophe que Michael avec la presse américaine. En revanche, je ne sais pas comment

Michael a résolu son conflit avec Carolina. Il n'y a aucune indication sur Internet. Mais, à vrai dire, je m'en fous un peu. J'avais assez à faire de mon côté.

Le soir où nous nous sommes disputés, Christophe est rentré vers 4 heures du matin. Il a fait un boucan énorme, il était visiblement bourré. Il s'est couché tout habillé sur le canapé. Le matin, je l'ai réveillé à 8 h 30 avant de partir pour le bureau mais il est juste allé vomir et il s'est recouché. Le soir, il allait mieux mais il n'était guère bavard. Je n'ai pas dit grand-chose moi non plus.

J'ai eu peur un instant qu'il ne dorme une nuit de plus sur le canapé. Je pense qu'il a hésité puis il est venu me rejoindre dans le lit. Je l'ai accueilli par un mot d'excuse :

— Je suis désolée. Excuse-moi, je t'aime.

Il avait les larmes aux yeux. Il s'est couché à côté de moi, je l'ai embrassé et nous avons fait l'amour. Cette fois, je n'ai pas eu à feindre l'orgasme. J'en ai même eu un deuxième quand nous avons refait l'amour plus tard dans la nuit. Je lui ai répété que je l'aimais. Je me suis dit que c'était lui, mon homme, et que je n'en voudrais jamais d'autre même s'il s'appelait Michael Brown.

À 19 h 10, j'étais devant la télévision avec Laure au bureau.

Nous sommes toutes les deux très nerveuses quand Antoine de Caunes lance l'émission. Très vite, il annonce ses invités.

— Ils ont gagné trois oscars, ils présentent un film dans la compétition officielle, je vous demande d'accueillir Carolina Sanchez et Michael Brown.

Carolina participe à l'émission ! C'est une énorme surprise ! Effectivement, elle arrive, dans une robe magnifique, noire avec des transparences qui mettent en valeur ses formes, également révélées par un décolleté plongeant !

Laure ne peut s'empêcher une remarque :

— Au niveau seins, elle te pulvérise, vous ne boxez pas dans la même catégorie.

Dans un autre contexte, la remarque me ferait rire car je ne fais aucun complexe à propos de ma poitrine – au contraire je suis plutôt fière de sa forme et de mes bonnets C, je pense que c'est la taille idéale. Carolina doit faire du E, je trouve ça vulgaire – mais, cette fois-ci, je ne dis rien, je me concentre sur Michael et son smoking juste derrière son épouse.

Antoine de Caunes présente le film de Michael. J'apprends que Carolina est productrice, ce qui explique sa présence à Cannes. Après dix minutes de questions sur le film et la compétition, le sujet qui me préoccupe est abordé :

— Michael, nous avons appris récemment que vous aviez un autre talent que celui d'acteur. Vous avez écrit un livre *Fucking Bloody University* qui a été salué par la critique.

— Oui, c'est un projet que je caressais depuis un moment et que j'ai pu mener à bien.

— Ce livre a eu un grand succès auprès des critiques mais vous avez décidé de le sortir sous un pseudonyme. Pourquoi ?

— Le sujet prête à la controverse et je préférais qu'il soit jugé sur sa qualité intrinsèque et non sur le fait que j'en étais l'auteur.

— D'ailleurs, quand on l'a appris, il y a eu une petite polémique.

— Oui, c'était prévisible, c'est Hollywood !

— Cette polémique n'était pas en l'occurrence liée à la violence ou à la sensualité du roman mais à la dédicace adressée à une certaine O. Carolina, il a été dit que cette dédicace vous avait fâchée, est-ce exact ?

Gros plan sur Carolina. Elle a un grand sourire, elle est radieuse. Je retiens mon souffle.

— Oui, j'étais très en colère contre Michael et son agent.

— Mais me permettez-vous de vous demander si vous connaissez cette fameuse O. ?

— Bien entendu, je la connais très bien.

Comme ça, elle me connaît très bien ? Je suis interloquée... Est-ce que Michael lui a parlé de moi. Je me retourne vers Laure mais elle met un doigt devant sa bouche pour que je la laisse écouter ce que Carolina va dire.

— Et peut-on savoir qui elle est, quelle est sa nationalité ?

— Elle est française...

Oh merde, elle ne va quand même pas révéler mon identité en direct devant des millions de téléspectateurs !

— Une de nos compatriotes ! On la connaît ?

— Bien entendu, il y a un livre sur elle, *Histoire d'O*, vous n'avez pas lu ce roman ? C'est un des livres de chevet de mon époux depuis des années. On pourrait dire que O partage notre intimité depuis longtemps.

— Le livre de Pauline Réage, la dédicace est adressée à son héroïne !

Alors là c'est très fort comme retournement de situation. Je suis soufflée par la créativité du mensonge et, en même temps, soulagée. Laure aussi est sous le choc.

— Ophélie, on pourra dire ce que l'on veut mais, au niveau de la com, les Américains sont les plus forts.

— Je dois avouer, la référence culturelle, il fallait y penser...

Le présentateur de Canal + continue à interroger l'actrice.

— Mais, Carolina, pourquoi vous être fâchée alors ? Vous étiez jalouse d'un personnage de fiction ?

— Non, mais Michael et son agent avaient changé, sans m'en avoir parlé, une décision que nous avions prise collégialement. Quand Michael m'a dit qu'il souhaitait dédicacer son livre au personnage de Pauline Réage, je lui ai dit que cela ne ferait que provoquer des rumeurs dans la presse people américaine et que ce n'était pas une bonne idée. Ils en étaient convenus et Michael avait accepté de retirer sa citation. Mais il a changé d'avis et n'a pas osé me le dire. Voilà ce qui a suscité ma fureur.

— Michael, votre épouse avait-elle raison ? Auriez-vous dû suivre son avis ?

Plan serré sur Michael, il sourit avec un air humble. C'est surjoué. Moi qui ai toujours pensé que c'est un très bon acteur, cette fois, il joue faux.

— Carolina a le plus souvent raison.

— On dit que, quand elle l'a appris, elle a refusé que vous rentriez avec elle dans votre voiture. C'est vrai ?

— En effet, j'ai couru derrière sur plus cinq miles ! Elle a été sans pitié, elle demandait à la voiture de rouler juste assez vite pour que je ne puisse pas la rattraper !

Les invités sur le plateau à Cannes, les chroniqueurs, le public, tout le monde rit en imaginant Michael en train de courir derrière la voiture de son épouse. Tout le monde, sauf moi.

Certes, je suis soulagée de ne plus être la cible potentielle de la presse people mais je n'aime pas l'idée que cette jolie dédicace qui m'était adressée se transforme en farce.

Laure me prend par le bras.

— Alors, ça y est, c'est fini !

— Ça m'en a tout l'air.

Effectivement, cela clôt non seulement la polémique mais également ma relation avec Michael. Par ses justifications, il a répandu une tache indélébile sur ce qui existait entre nous. Je ne veux plus penser à nous, je ne sais même pas si je veux encore penser à lui en tant qu'acteur. Je l'écoute terminer son numéro sur le plateau de Canal.

— ... Pour ma défense, je dirais qu'il faut savoir pimenter sa vie de couple et que O a parfaitement rempli son office !

Va te faire foutre, Michael Brown, je ne souhaite pas être le piment de ta vie de couple !

25 mai 2014

J'ai hésité mais j'ai finalement regardé le palmarès du Festival de Cannes sur Canal +. Au moment où la sublime Monica Bellucci est arrivée sur scène avec sa longue jupe noire et son chemisier blanc, mon cœur s'est serré. Elle était là pour remettre le prix d'interprétation masculine. Michael est apparu à l'écran aux côtés de Carolina. Quand j'ai vu son sourire un peu crispé dans l'attente des résultats, j'ai eu un petit pincement au cœur. Soudain, alors que jusque-là je ne voulais pas qu'il l'ait, j'ai changé d'avis. Il était trop beau, trop bon acteur, il méritait le prix.

Jane Campion s'est levée pour annoncer le vainqueur.

— Le prix est décerné à Timothy Spall pour *Mr Turner* de Mike Leigh.

La caméra est restée longtemps sur le vainqueur puis il y a eu un plan très court sur Michael en train d'applaudir. Ils sont vraiment forts à Hollywood, on pourrait vraiment croire qu'ils sont ravis d'avoir perdu !

J'ai changé d'avis une deuxième fois et je me suis dit que, finalement, il y avait une justice divine et que Michael ne méritait pas de gagner après ce qu'il m'avait fait subir. C'est une réaction un peu puérile car il n'y a aucun lien entre les deux choses, mais c'est une réaction humaine.

Une autre personne s'est réjouie de la défaite de Michael, Christophe.

— Ton Michael Brown a perdu.

Je n'ai pas relevé l'usage du pronom personnel « ton » Michael Brown. Ça a peut-être été le mien mais ce n'est plus le cas et je ne veux pas me disputer à nouveau avec mon mec.

Déjà, le soir de l'émission de Canal, Christophe avait essayé de me provoquer :

— Alors, en fin de compte, Ophélie, la dédicace ne t'était pas adressée ?

— Visiblement...

Il avait l'air ravi. C'était mesquin de sa part mais je n'ai pas relevé. S'il tombe aussi facilement dans les pièges de la communication hollywoodienne, tant pis pour lui, il mourra idiot.

Mercredi 30 juillet 2014

Je ne sais pas comment j'ai pu me laisser convaincre de dormir sous la tente. En fait, c'est le problème des compromis. Christophe voulait faire du camping en Irlande, moi je voulais le soleil et la plage. Résultat, on a troqué la pluie irlandaise pour la Corse mais on a gardé l'idée du camping. En même temps, comme nous étions obligés de partir début août à cause de nos contraintes professionnelles respectives, nous n'avions pas vraiment le choix vu le prix des locations pour un studio près de la mer. Plus de deux mille euros la semaine, c'est juste de la folie !

Donc, cet après-midi, on a visité Décathlon. Comme activité culturelle, il y a mieux… Christophe, lui, était ravi. Tant mieux, il avait de l'enthousiasme pour deux !

Nous avons commencé par l'achat de la tente. Nous avons choisi le modèle deux grandes places plus espace de rangement. Montage et démontage quasi instantanés à en croire le dépliant. Il y a même un système de ventilation et un tissu isolant pour la chaleur. Indispensable pour la Corse ! Avec un couchage matelas pour deux et oreillers intégrés, nous sommes parés…

Samedi 2 août 2014

Suis-je sujette à des visions ? C'est possible… C'est arrivé à l'aéroport de Figari. Jusque-là, tout allait bien à part que nous avions dû nous lever à 7 h 30 pour prendre le métro jusqu'à Denfert-Rochereau puis le bus jusqu'à Orly, le tout lourdement chargés. Avec un taxi ç'aurait été plus pratique mais Christophe a tenu absolument à ce qu'on prenne les transports en commun. D'habitude, il est extrêmement généreux et là il fait des économies de bouts de chandelle. Peut-être voulait-il minimiser notre impact carbone ?

Enfin, à 11 heures, nous avons embarqué. J'étais tout excitée, c'était la première fois que j'allais en Corse.

À l'arrivée, j'ai eu vraiment peur. L'aéroport est situé entre des collines et il y avait un vent du diable. Le commandant de bord nous a dit que nous allions essayer d'atterrir. Juste avant la piste, il a remis les gaz. J'étais verte, je m'accrochais à Christophe. Lui-même n'avait pas l'air hyper-rassuré même s'il essayait de donner le change. Le commandant de bord a alors annoncé qu'il allait faire une deuxième tentative et que, si ça ne marchait pas, il faudrait nous dérouter vers Ajaccio et revenir en bus. Mes sentiments étaient partagés, j'aurais aimé ne pas avoir à affronter un atterrissage périlleux une deuxième fois mais, en même temps, je n'avais pas envie de passer la journée dans un bus.

Le deuxième passage, ç'a été chaud, très chaud. L'avion allait de droite à gauche et, au-dessus de la piste, on avait l'impression qu'il volait de travers. Soudain, alors qu'on devait encore être à une dizaine de mètres d'altitude, le pilote a plaqué l'appareil sur la piste. En une minute, c'était fini. Les gens avaient eu tellement peur qu'ils ont tous applaudi spontanément ! J'ai pu relâcher le bras de Christophe et je pense que cela a évité d'avoir à l'amputer vu la force avec laquelle je m'étais agrippée.

Il a fallu attendre une dizaine de minutes avant de pouvoir débarquer. À Figari, on n'arrive pas directement dans l'aérogare mais on descend sur le tarmac.

C'est là que mon problème d'hallucination a commencé. La femme devant moi a montré un avion qui atterrissait à son mari. Je me suis retournée peut-être pour voir s'il allait réussir à atterrir. C'était un jet et il y est parvenu à la première tentative.

Plus tard, alors que nous étions en train d'attendre nos bagages, j'ai cherché des yeux le jet. Quand j'ai pu le repérer, une voiture noire aux vitres teintées se garait près de l'appareil. Elle me cachait partiellement la porte de l'avion mais j'ai vu quelqu'un en uniforme ouvrir la porte, déplier un escalier puis deux personnes sont descendues. Elles sont immédiatement montées dans la voiture. Deux autres personnes se sont occupées de transférer les nombreux bagages du couple dans le coffre de la voiture.

Je n'avais pas bien pu voir l'homme et la femme qui s'étaient engouffrés dans la voiture mais j'étais certaine qu'il s'agissait de Michael Brown et de Carolina Sanchez ! Qu'est-ce qui pouvait me permettre d'être aussi affirmative ? Je dirais que, pour moi, c'était comme une intuition, mieux, une évidence. Comme si j'étais dotée d'un sixième sens !

Puis la voiture est partie et, au même moment, nos bagages sont arrivés.

— Ophélie, les bagages !

J'ai attrapé mon sac.

— Tu as vu les passagers du jet ?
— Non, pourquoi ?
— Pour rien, juste comme ça.

S'il n'a rien vu, inutile de lui faire part d'une possible arrivée de Michael Brown et de son épouse. D'abord, il n'a pas complètement digéré l'épisode de la dédicace, ensuite il me dirait que j'ai rêvé.

Après, nous sommes allés chercher la voiture de location, une petite Twingo rouge trop chou. J'ai insisté pour que Christophe m'inscrive comme second conducteur. C'est pas vrai, il devient radin ou quoi ? Il m'a dit que les routes en Corse sont très difficiles et que je n'ai pas l'habitude de conduire. Il a raison, certes, mais, justement, si je ne conduis pas maintenant, pendant les vacances, je ne conduirai jamais.

Il faut une quarantaine de minutes pour rallier le Camping des îles près de Bonifacio. Il se trouve sur les hauteurs à un quart d'heure de la ville.

En arrivant, je ne peux pas dire que j'ai tout de suite été séduite par ce que j'ai vu. On nous a attribué un emplacement près d'un petit muret à l'ombre. C'était assez joli mais on avait deux autres tentes à droite et à gauche à moins de cinq mètres.

— Tu ne trouves pas qu'on est un peu les uns sur les autres ?

— Tu as peur qu'on ne t'entende gémir de plaisir ?

L'espace d'un instant, j'ai failli lui dire une vacherie du genre : « Fais-moi gémir comme je te fais gémir et on en reparlera ! » mais je me suis dit que je risquais de créer un problème ou un doute dans un domaine où la psychologie compte beaucoup. Si je rendais Christophe impuissant, j'aurais l'air fine ! J'ai donc choisi de répondre quelque chose de plus cucul.

— Exactement, mon chéri, et tout le monde nous regardera avec acrimonie le matin parce que mes cris les auront empêchés de dormir après que tu m'auras honoré toute la perplexe nuit.

Christophe paraît surpris. C'est vrai que cette réponse ne me ressemble pas. J'ai inauguré un nouveau type d'humour. Est-ce à cause de la fatigue ou de ce que j'ai cru voir à l'aéroport ? Mais Christophe est déjà passé à autre chose : il a commencé à monter la tente. La pub ne mentait pas, en moins de dix minutes, nous avons notre chez-nous. C'est assez sympa même si je n'aime pas la couleur verte.

Ensuite, nous sommes allés au restaurant du camping pour manger une pizza car il était déjà 15 heures. Pas mauvaise. Puis, nous sommes allés nous informer sur les activités du camping. Il faut admettre qu'il y en a beaucoup : tennis, half-court, tennis de table, minigolf...

Le problème, c'est que, tout ça, c'est pas vraiment mon truc. Comme Christophe a l'air ravi, je ne dis rien pour ne pas lui gâcher son début de vacances. Moi, de toute façon, j'ai mon stock de livres.

En fin d'après-midi, nous sommes allés à la plage de Piantarella. Elle était noire de monde. S'il y avait encore autant de gens à 17 heures, combien étaient-ils entre 11 heures et 16 heures ! Juste à côté, il y a un magnifique spot de planche à voile et de kitesurf. Christophe en salive déjà, moi pas. Je commence un peu à m'inquiéter pour nos vacances, je ne me vois pas seule en train de lire mon bouquin entourée de milliers de personnes dont la moitié de gamins qui jouent au foot en hurlant ! Nous nous sommes baignés. La mer est fantastique, environ 26 degrés, claire. Ça, au moins, c'est top.

Ce soir, j'ai échangé avec Laure par textos. Elle est avec David en vacances entre San Francisco et Seattle.

Elle a de la chance, elle va pouvoir aller voir le fameux building où le milliardaire de *Cinquante nuances de Grey* a son appartement.

« Hello, Laure, tu es allée voir l'Escala ? »

« Mieux que cela, j'y ai dormi. »

C'est pas vrai, la salope, elle n'a pas fait ça ! J'avais lu sur Internet qu'il était ouvert au public mais je n'y croyais pas vraiment.

« C'est comment ? »

« Fantastique, on a baisé toute la nuit avec David. Incroyable avec un miroir au plafond. »

« Un miroir au plafond ? »

« Je te fais marcher ma grande. C'est un mythe urbain, on ne peut pas y dormir c'est interdit par le règlement de copropriété. En revanche, ce qui est vrai, c'est que j'ai visité l'appartement de Christian Grey qui a été vendu pour six millions deux de dollars. »

« Comment tu as fait ? »

« Le patron de David connaît le nouveau propriétaire. »

« C'est comment ? »

« Bien, grand, lumineux, mais pas de chambre rouge. C'est dommage, c'est la pièce qui m'attirait le plus... Et toi, comment ça se passe ? »

« On vient d'arriver, je ne suis pas certaine d'être une adepte du camping... »

« J'en étais sûre, quand on veut sortir avec des stars ! »

« Justement, devine qui je crois avoir vu à l'aéroport ? »

« Si tu me dis Michael Brown, je hurle et je t'ordonne de mettre un chapeau et de diminuer la consommation de rosé corse. »

« Je t'assure, je suis presque certaine que c'était lui. Il était avec sa femme. Je les ai vus descendre de leur jet. »

« Tu les as vraiment vus ? »

« De loin, tu pourrais vérifier avec David ? »

« Non, ma grande, j'ai déjà donné de ce côté-là et ça a failli me coûter mon couple ! Débrouille-toi toute seule... »

« Ok, je comprends. »

« Good luck, mais n'oublie pas que tu es avec Christophe. »

C'est vrai, je ne vais pas recommencer mes conneries. Allez ! ce soir, dîner et câlin. Oublions les folies hollywoodiennes...

Jeudi 7 août

Je commence à apprécier vraiment ces vacances. Christophe et moi avons fait énormément de choses.

J'ai découvert le half-court, une sorte de mini-tennis avec une balle molle. Je me suis fait écraser mais ce n'est pas très grave. Même chose au minigolf.

Nous allons à la plage tous les jours. Nous n'allons plus à Piantarella mais au Grand Sperone. C'est la plage pour les gens riches. Elle est normalement destinée aux gens qui ont les magnifiques villas sur le golf de Sperone. Il paraît que des célébrités en louent. Je ne sais pas si c'est vrai mais, en tout cas, j'ai regardé sur Internet et les prix sont dingues, entre dix mille et vingt mille euros la semaine ! La plage est magnifique, toute de sable blanc et la mer ressemble à un lagon. Il y a du monde mais beaucoup moins qu'à Piantarella. Il faut dire que, pour y accéder, on doit marcher au moins une demi-heure.

Nous sommes allés à Bonifacio. Dans le port, il y avait de nombreux yachts, tous plus grands les uns que les autres. Je me suis demandé si Michael était dans l'un d'eux. Aucune possibilité de savoir. On ne peut pas voir à travers les vitres et il n'y a que très rarement des membres d'équipage sur les ponts. À cause de sa célébrité, je ne pense pas qu'il se montre. Je me demande comment je pourrais le trouver même s'il était vraiment là. Entre parenthèses, ça doit être vraiment sympa de passer ses vacances sur un yacht !

À la librairie, je suis tombée sur le livre de Pauline Réage, *Histoire d'O*. J'étais curieuse, je l'ai acheté. Je viens de le finir, ce n'est pas très long. Ça m'a tellement surprise que j'ai échangé sur le sujet avec Laure toujours par iMessage.

« Tu as lu *Histoire d'O* ? »

« Oui, tu as aimé ? »

« Moyen, c'est très machiste comme histoire. C'est vraiment la femme objet de l'homme. »

« Ma grande, c'est ça le sadomasochisme. Ton *Cinquante nuances*, c'est une production Walt Disney à côté. »

« C'est sûr. Elle n'arrête pas de se faire battre et sodomiser. Elle se fait même marquer au fer rouge comme une bête ! »

« Eh oui, tu connais les goûts de ton ami Michael maintenant ! »

« Ça ne veut rien dire, on parle de littérature. »

« Peut-être... À propos, tu l'as vu ? »

« Non, visiblement, Bonifacio est trop grand pour deux personnes qui s'aiment d'un aussi faible amour... »

« Ah, ah ! Très bien, j'adore. Embrasse Christophe de ma part. Tu peux l'embrasser où tu veux. »

« Perverse. À plus. »

C'est vrai que je ne m'attendais pas à un roman aussi cru. Bon, en même temps, je ne devrais pas être si surprise après avoir lu la prose de Michael. Mais Michael, c'était plus chaud, plus excitant. Pauline Réage écrit très bien et je peux comprendre son succès international, surtout compte tenu de l'époque à laquelle le livre a été écrit, mais c'est vraiment glacial. Pas du tout mon type de sexualité. Finalement, je suis plus proche d'Anastasia Steele : elle et moi refusons le sadomasochisme imposé par les hommes.

Ma sexualité est plus classique et elle m'amène chaque soir (ou presque) à l'orgasme. Un orgasme discret à cause des voisins des autres tentes.

Vendredi 8 août 2014

Quand je me suis levée, j'avais un an de plus. Pour mon vingt-sixième anniversaire, j'ai eu une journée mémorable.

Christophe a été le premier à le fêter. Il voulait m'offrir son corps comme cadeau d'anniversaire, présent que j'ai gentiment mais fermement refusé car il avait rendez-vous chez le coiffeur à Bonifacio à 9 h 30. Il ne s'agissait pas de traîner.

Quand nous sommes arrivés au salon, je l'ai confié à une jolie brune de trente, trente-cinq ans. Christophe a commencé à faire l'imbécile quand elle ne regardait pas pour me dire combien il était content d'être coiffé par elle. J'ai préféré ignorer. Je trouve quand même que les hommes n'ont aucune sensibilité : il mate une vieille le jour de mon anniversaire !

Je l'ai laissé pour aller faire du repérage shopping. Il doit me faire un cadeau et je n'ai pas d'idée. Tant pis pour la brune, je préfère faire les boutiques.

Je suis passée au bureau de tabac afin d'acheter *L'Équipe* pour Christophe. Devant moi, il y avait un homme d'une quarantaine d'années. Sa tête me disait quelque chose mais je n'arrivais pas à mettre un nom dessus. Je me suis approchée de la caisse quand il a payé ses cigarettes. La buraliste lui a parlé en anglais et, quand il l'a remerciée, j'ai immédiatement reconnu l'accent californien. J'ai eu un flash. Je me suis rappelé où je l'avais vu : c'était sur Internet. Il était en photo avec Michael, c'était son avocat, Robert quelque chose… Quand il est sorti, j'ai pris une décision soudaine. J'ai reposé le journal que j'étais venue acheter et j'ai suivi l'Américain.

Je marchais quelques mètres derrière lui. J'étais en proie à une terrible hésitation quant à la suite des évènements. Devais-je l'aborder maintenant ou le suivre jusqu'à sa destination ? S'il montait sur un yacht, je me retrouverais comme une conne au pied de la passerelle. Je ne pourrais ni monter ni rester là à attendre. Il fallait que je l'aborde avant qu'il disparaisse.

Soudain, il s'est dirigé vers un yacht énorme, au moins cinquante mètres de long avec une coque bleu marine magnifique. J'ai vu le nom écrit sur la coque *Pleasure is Mine*. C'était le moment ou jamais. Je me suis automotivée :

« Ophélie, ma grande, tu vas tester tes capacités relationnelles avec les Américains, comme dirait Bertrand. » Quand je m'encourage, je m'appelle « ma grande ». C'est pas très original mais ce surnom a l'avantage d'accroître ma confiance en moi.

— Monsieur !

Je l'ai appelé « Sir » en anglais au moment où il posait son pied sur la passerelle du bateau.

Il s'est retourné, surpris d'être interpellé ainsi en anglais.

— Monsieur, bonjour, êtes-vous avec Michael Brown ?

Il m'a regardée d'un air glacial. Enfin, je suppose car il avait des lunettes noires. Le ton de sa réponse n'était, en tout cas, pas encourageant :

— Vous devez faire erreur.

— Mais, vous êtes bien son avocat, n'est-ce pas ?

— Non, vous ne vous adressez pas à la bonne personne.

Et il s'est retourné pour monter sur le yacht. J'étais désespérée. Dans trois secondes, je perdrais définitivement toute chance de savoir si Michael séjournait dans ce yatch-là. Est-ce que j'avais fait une erreur ? Et si ce n'était pas l'avocat de Michael ? Après tout, je ne l'avais vu qu'en photo sur Internet. Pas forcément facile d'identifier quelqu'un qui porte des lunettes noires et que l'on n'a jamais rencontré en vrai. J'ai joué mon va-tout.

— Je suis Ophélie, le O. de la dédicace, la vraie...

Ces dix mots ont eu le même effet qu'une décharge de dix mille volts délivrée par un pistolet Taser. L'avocat a été totalement paralysé une fraction de seconde. J'ai eu peur qu'il ne meure d'une crise cardiaque. Il lui a fallu une dizaine de secondes pour retrouver l'usage de ses membres et de la parole.

Il est venu vers moi, doucement, comme si j'étais un animal dangereux. Dans un sens, je comprends. Vu la polémique qui avait précédé le festival de Cannes, je peux admettre que me rencontrer est la dernière chose au monde que souhaitait cet homme. Il me reste à espérer qu'il en soit autrement pour Michael…

— Que voulez-vous ?

Vraiment pas affable, cet homme-là ! Je sais qu'il se sent en danger mais il pourrait faire un effort, je ne suis pas son ennemi, tout de même !

— Pouvez-vous dire à Michael que je suis là ? Dites-lui que c'est mon anniversaire aujourd'hui.

— C'est vrai, cette histoire d'anniversaire ?

Je suis offusquée, mais pour qui il se prend, ce con ?

— Bien sûr que c'est vrai. Vous voulez voir mes papiers d'identité ?

Je sors ma carte d'identité en signe de provocation. Je ne pense pas qu'il vérifiera, mais cet homme est une machine. Il prend la carte que je lui tends.

Il la regarde longtemps puis me la rend.

— Vous logez où ?

— À une dizaine de kilomètres d'ici, près de la plage du Grand Sperone.

Je n'ai pas osé avouer que je suis dans un camping alors qu'il s'apprête à monter dans un yacht dont je ne veux pas imaginer le coût de location. Ça craint trop !

— Bon, allez m'attendre au bar à l'entrée du port. Je vais voir ce que je peux faire.

Et il me plante sans attendre ma réponse !

Je n'ai pas dix mille solutions. Soit je lui obéis, soit je rejoins Christophe.

Bon, je n'aime pas l'idée d'obéir aveuglement aux ordres mais ce serait bête de rater une occasion pareille de revoir Michael à cause d'une réaction d'orgueil alors que j'ai fait le plus dur en abordant cet homme glacial.

Je m'installe au café, vue sur le yacht à une vingtaine de mètres de moi. Je ne sais même pas quand l'avocat va revenir. Peut-être que Michael viendra en personne ? Ce serait trop bien ! En même temps, pas totalement réaliste : je n'imagine pas un acteur oscarisé venir prendre tranquillement son petit déjeuner à une terrasse de café…

Le temps passe, j'ai fini de boire mon thé. Ça fait un quart d'heure que je suis là. Merde, si rien ne se passe dans les cinq minutes, je vais devoir rejoindre Christophe. Je pense qu'à cette heure la jolie brune a fini de s'occuper de lui.

Tout à coup, un homme apparaît en haut de la passerelle, l'avocat !

Quand il me rejoint, il est plus affable. Il me sourirait presque…

— Michael pourrait vous voir demain matin.

Mon cœur se met à battre très fort.

— Où ça ?

— Pensez-vous pouvoir être à la plage du Grand Sperone à 8 heures ? À cette heure-là, il ne devrait pas y avoir grand monde.

8 heures du matin à la plage sans Christophe accroché à mes basques ! Ça va être coton à organiser cette affaire-là ! Mais je ne peux plus reculer.

— Très bien, j'y serai.

— Il m'a donné un message pour vous.

— Oui ?

— Jacques Prévert avait raison, sauf sur le lieu.

Mon cœur dépasse alors les deux cents pulsations minute, comme si je venais de finir le cent mètres des jeux Olympiques.

— Vous le remercierez de ma part. Je serai au rendez-vous demain. Je dois y aller.

Je sors mon portefeuille pour régler ma consommation. L'avocat fait un geste de la main.

— Laissez, je m'en occupe.

Et il pose un billet de vingt euros qu'il a retiré d'une liasse de billets qui doit en contenir au moins cinquante !

Il les fabrique ou quoi, ces billets ? Il sait qu'un thé, ça coûte à peine cinq euros ? Bon, moi je m'en fous, mais ça montre qu'on ne vit pas dans le même monde. Ce n'est pas une surprise non plus si on compare le yacht et notre tente au camping...

Je le remercie et je pars retrouver Christophe.

— Tu en as mis du temps ! Tu as rencontré quelqu'un ou quoi ?

Petite goutte de sueur glacée qui coule dans mon dos. Mais non, c'est ridicule, il ne peut pas savoir.

— C'est plutôt toi qui viens de te faire bichonner par une bombe brune.

Il faut reconnaître qu'elle a fait du bon boulot. Christophe est trop mignon. Malheureusement, pas assez pour me faire oublier Michael...

— Tu t'es trouvé un cadeau ?

— Non, pas vraiment.

Ce qui est un euphémisme pour « pas du tout ».

— Et au bureau de tabac ?

— Non, rien.

C'est un gros mensonge puisque je viens de retrouver Michael...

— Et mon *Équipe* ?

— Mince, oublié.

Il faut dire, avec ce qui vient de m'arriver...

— Bon, on va se balader dans le haut de Bonifacio, on trouvera certainement quelque chose.

Bonifacio est une ville perchée sur la falaise et il doit y avoir au moins deux cents mètres de dénivelé entre la mer et la ville. Quand nous arrivons, après un nombre incalculable de marches, nous sommes morts et assoiffés. Après un Orangina pour moi et un Coca pour lui, nous pouvons enfin nous mettre en quête de mon cadeau. Au bout d'une heure de déambulation dans les jolies petites rues de la ville, nous tombons sur une bijouterie où je trouve un très joli bracelet en corail. C'est parfait, j'ai mon cadeau et ce sera également à jamais un souvenir de ce premier séjour dans l'île de Beauté, de ces premières vacances avec Christophe.

Nous sommes rentrés au camping assez tard. Petit sandwich puis plage. Christophe a loué une planche à voile pour une heure. Pendant ce temps, je lis *La Vérité sur l'affaire Harry Quebert* de Joël Dicker. J'adore ! Je suis interrompue par un SMS de Laure.

« Bon anniversaire ! La vie est belle, tu as un job, un copain et une amie fantastique ! »

« Merci, Laure. »

« C'est aussi l'anniversaire de ta rencontre avec Christophe. Je sais, j'étais là. »

Merde, alors là, moi, j'avais complètement oublié.

« On va fêter ça ce soir. »

« Formidable, plus question de Michael alors ? »

« Si, justement, j'ai rendez-vous demain matin à 8 heures avec lui. »

« Ah, très drôle ! Sur son yacht, je suppose ? »

« Oui, je pense. Il va venir me chercher sur une plage. »

« C'est un peu lourd ta blague. C'est quoi la vérité ? »

« La vérité, c'est que je suis tombée sur l'avocat de Michael dans un bureau de tabac et que Michael m'a vraiment donné rendez-vous demain matin. »

« C'est vrai ? Juré ? »

« Sur la tête de Roméo ! »

« Mais tu es folle ! Comment tu vas faire pour aller le retrouver ? »

« Le matin, Christophe dort. Je partirai avant qu'il ne se réveille. »

« Promets-moi que tu ne vas pas le droguer. »

« Promis ! »

« Ça me paraît quand même totalement loufoque ton affaire. Tu es sûre que tu sais ce que tu fais ? »

« Certaine. »

En réalité, je suis de moins en moins sûre de mon fait et je me demande ce que j'ai bien pu fabriquer ce matin. Je pourrais profiter tranquillement de mes vacances avec Christophe et il faut que je me mette dans un bourbier ! D'autant plus que mon histoire avec Michael n'est pas très glorieuse. Nous avons déjà connu pas mal de galères. Le rendez-vous matinal sur une plage me paraît devoir s'ajouter à cette liste. Si je pouvais, j'annulerais tout mais c'est impossible. Certes, je pourrais le planter mais ça ne se fait pas...

La suite de la journée s'est passée tranquillement avec Christophe. Petit dîner romantique dans une pizzeria sur la plage puis retour à la tente. Après nous être embrassés gentiment, nous avons fait l'amour. Ma mauvaise conscience a sans doute influé sur le cours des choses, car, cette fois, non seulement je n'ai pas eu d'orgasme mais le plaisir a même été très relatif. Compte tenu du fait que c'était mon anniversaire et celui de notre rencontre, j'ai encore simulé. Je commence à être vraiment bonne actrice mais c'est un petit jeu qui ne m'amuse pas. Si je commence à feindre à mon âge, qu'est-ce que ce sera après vingt ans de mariage !

J'ai honte de moi mais je ne veux pas que mes turpitudes viennent troubler Christophe et gâcher nos vacances.

J'ai mis discrètement mon réveil pour 7 h 15. Je l'ai caché près de mon oreiller pour pouvoir l'éteindre rapidement avant que Christophe ne se réveille. Je n'arrive pas à croire que je vais faire le mur pour quitter mon amoureux et en retrouver un autre ! Ça ne me correspond tellement pas. En même temps, demain, je revois Michael...

10 août 2014, 8 heures du matin

Je viens de relire ce que j'ai écrit hier soir et je me suis aperçue que je m'étais laissée aller à exprimer les choses avec une verve qui ressemble peu à ma prose habituelle. Si, dans vingt ans, je veux relire mon journal et me rappeler cette journée si particulière, il vaut mieux que je sois un peu plus factuelle.

J'avais discrètement préparé mes affaires dans un sac. J'avais décidé d'adopter le look plage chic. Plage parce que c'était mon alibi vis-à-vis de Christophe s'il s'apercevait de mon absence, chic parce que j'allais revoir Michael.

Maillot de bain noir, petite robe bustier de la même couleur, qui met en valeur mes épaules et mes jambes. J'ai pris une serviette de plage et des produits solaires que j'ai mis dans le sac pour être crédible à mon retour.

Le réveil n'a pas été nécessaire, le soleil m'a réveillée à 6 h 20.

Je me suis levée aussi doucement que possible. Christophe n'a pas bougé. Le lever du soleil était absolument magnifique. Au point que mon humeur avait changé du tout au tout. J'étais sereine, joyeuse et impatiente de vivre la suite de la journée.

Je suis allée prendre une douche rapide, il n'y avait personne. Nue sous le jet, je me suis imaginé que j'étais avec Michael. L'espace d'un instant, quand je me suis savonné les seins et les fesses, j'ai ressenti les prémices du plaisir et j'ai eu la tentation de me caresser. C'est dire dans quel état d'esprit j'étais ! Mais la masturbation sous la douche, ce n'est pas forcément mon truc alors je me suis abstenue.

J'ai pris le chemin de la plage vers 6 h 45. Contrairement aux heures où je l'emprunte d'habitude, il n'y avait personne sur le sentier. La température était idéale, le soleil était encore bas et la lumière sur la mer magnifique. J'ai marché d'un bon pas et je suis arrivée après vingt-cinq minutes de marche. J'avais près de cinquante minutes d'avance. Je me suis demandé si Michael serait là, s'il allait venir avec son yacht ou juste avec l'annexe du bateau. Vu la brièveté de mon échange avec l'avocat, je n'avais aucune idée du programme de la matinée. Matinée qui, de toute façon, devrait être brève, car il fallait que je rentre au plus tard pour 10 h 30 au camping. J'étais la Cendrillon du matin, avec le carrosse qui redevient citrouille en plein milieu de la matinée !

Il n'y avait personne sur la plage. C'était assez impressionnant, tout ce beau sable blanc juste pour moi. Ce qui est formidable à Sperone, c'est qu'ils préparent la plage tous les jours. Elle doit être ratissée tous les soirs car, le matin, elle est immaculée. C'est comme faire du ski après une chute de neige fraîche.

J'ai regardé la mer, pas de yacht à l'horizon. J'ai déplié ma serviette et je me suis assise pour scruter l'océan.

— Anne, ma sœur Anne, ne vois-tu rien venir ? – Je ne vois rien que le soleil qui poudroie, et l'herbe qui verdoie[1].

En l'occurrence, c'est plus un problème de mer que d'herbe...

Au bout de cinq minutes, mon coucher tardif, le rosé ingurgité à la pizzeria, la petite séance de jambes en l'air et mon réveil aux aurores commencent à me plonger dans une légère somnolence.

Je décide de profiter de ma solitude pour m'octroyer un petit bain de soleil. Je m'allonge sur le dos. Je vais même fermer les yeux quelques secondes pour me reposer. Juste quelques instants avant de recommencer à scruter la mer.

Soudain, il se met à pleuvoir ! C'est incroyable mais je sens des gouttes sur mon ventre ! Merde, j'étais en train de rêver, je m'étais endormie ! Une silhouette se dresse devant moi à contre-jour. Un homme qui vient de sortir de la mer. Il dégouline et il secoue sa chevelure au-dessus de moi pour me mouiller ! Je devrais hurler,

---
1. Citation de Charles Perrault *Barbe-Bleue*.

l'injurier mais je ne le fais pas car cet impudent, c'est Michael ! Il s'accroupit à côté de moi. Maintenant tout à fait éveillée, je peux le regarder. Pour mieux l'admirer, je me suis mise sur les coudes. Il est encore plus beau que dans mon souvenir. Il a une barbe de trois jours qui souligne sa virilité et met en valeur ses yeux bleus. Je le trouve plus musclé, la légère épaisseur au niveau des hanches que j'avais cru déceler à Deauville a disparu. Il est tellement beau qu'il me rappelle un de mes premiers émois de jeune fille quand j'avais treize, quatorze ans. Il y avait une publicité pour les yaourts Taillefine où un homme trop beau nageait dans un lagon puis sortait des flots pour faire admirer sa musculature et, pub oblige, prendre son dessert zéro pour cent.

Mais là ce n'est pas une publicité, c'est la vie réelle et la voix de Michael est là pour me le rappeler.

— Bonjour, Ophélie, vous avez fait de beaux rêves ?

— Bonjour, Michael, c'était un cauchemar dans lequel un pervers m'éclaboussait !

Il rit, je le fais toujours rire et lui, il me fait toujours craquer...

— Bon, il va visiblement falloir que je me fasse pardonner. Vous avez petit-déjeuné ?

— Non.

— Que diriez-vous de venir sur mon yacht pour partager un breakfast ?

— À la nage ?!? ! Je ne peux pas, j'ai mes affaires !

Je n'ai pas pu retenir mon exclamation mais, vu qu'il est trempé, c'est qu'il n'a pas emprunté l'annexe du yacht pour venir jusqu'ici.

Il sourit et me regarde de son regard profond. Il est vraiment trop beau.

— Cela aurait pu être une bonne idée de fendre les flots ensemble mais le yacht est un peu loin et j'ai pensé que vous préféreriez le confort d'une embarcation. Regardez, elle est là.

Effectivement, un Zodiac nous attend, avec un homme d'équipage à la barre. J'enfile ma robe rapidement, mets ma serviette dans mon sac et suis Michael pour monter sur le semi-rigide.

Le jeune marin, magnifiquement habillé de blanc en bermuda et chemisette, met en marche les deux énormes moteurs. Il commence doucement à cinq nœuds pour respecter la limite de vitesse puis, au bout de trois cents mètres, il met progressivement les gaz.

Pour l'instant, je ne vois pas le yacht mais, à l'allure où nous avançons, nous ne devrions pas tarder à le rejoindre.

Je suis assise sur une des banquettes du Zodiac, à l'avant. Je sens quelques gouttes m'éclabousser à cause de la vitesse mais c'est agréable, cela me donne une sensation de fraîcheur.

Michael me regarde. Il a mis une chemise blanche qu'il a négligemment attachée par quelques boutons. Il le fait exprès d'être si sexy ?

Il me tire de ma rêverie.

— Ophélie, vous voulez prendre la barre ?

Il plaisante ou quoi ?

— C'est possible ?

— Bien sûr, vous verrez c'est facile. Fabio, vous pouvez me laisser la place ? Ophélie, venez là. Tenez, regardez, cela se pilote comme une voiture sauf que c'est plus facile. Le volant là c'est la barre. Les gaz, c'est là. Allez-y, vous ne risquez rien.

Je saisis le volant. Michael est à mes côtés.

— Regardez, Ophélie, on voit le yacht à tribord, c'est-à-dire sur votre droite.

Merci, je ne suis pas marin mais je connais la différence entre bâbord et tribord ! C'est très macho comme remarque. Allez, je lui passe cette petite erreur, il est si beau…

Je commence à virer de bord. Je dois le faire trop timidement car je sens sa main sur la mienne pour m'aider à tourner la barre. Nous pilotons à deux, je le sens juste derrière moi, sa hanche contre mon dos, sa cuisse droite effleure légèrement mes fesses.

— Ophélie, allons plus vite.

Il augmente la poussée des deux moteurs. À présent, le Zodiac saute sur les vagues. La vitesse et le rebond sur les vagues me font glisser en arrière. Michael s'est décalé derrière moi pour m'éviter de tomber. Il est collé contre moi. Je n'évite pas le contact… Au contraire, je cambre discrètement les reins pour profiter de lui. Il ne s'écarte pas… Nous sommes dans une position où, nus, nous pourrions faire l'amour ! Je suis trop bien ainsi aux commandes, lancée à toute vitesse vers ce yacht magnifique.

J'aurais envie de crier « I'm the king of the world » mais cela n'a pas vraiment porté chance à Leonardo Di Caprio… Je profite de cet instant unique.

Nous approchons du *Pleasure is Mine*. L'espace d'un instant, je me dis que si Carolina nous voit ainsi, collés l'un à l'autre, il va y avoir du sang sur le pont… Mais je suis trop bien pour interrompre ce moment. Michael le fera s'il le juge nécessaire.

Il ne bouge pas, il réduit juste les gaz. Sa main se fait plus ferme pour nous orienter vers l'arrière du yacht. Nous sommes maintenant très près.

— Merci, Ophélie, vous avez été un commandant de bord formidable !

C'est un compliment qui n'a aucun fondement mais je ronronne néanmoins comme mon chat Roméo quand je lui caresse le ventre !

Michael amène le Zodiac contre le ponton arrière. Le matelot saute à bord pour nous amarrer. Michael le suit puis me tend la main pour m'aider à monter.

Le yacht paraît encore plus grand une fois que l'on est dessus. Sans compter le ponton, il y a trois niveaux.

Michael me conduit directement au premier où une table a été dressée, moitié ombre, moitié soleil.

— Ophélie, installez-vous où vous voulez. Que souhaitez-vous boire ? Café, thé, jus d'orange ?

— Je veux bien un thé et un expresso.

Il sourit.

— Bien entendu, la maison ne recule devant aucun sacrifice. Marco, vous avez entendu ?

— Oui, monsieur. Madame, pour votre thé, nous sommes fournis par la maison Mariage. Marco Polo, Darjeeling, Ceylan, Breakfast, thé vanille ?

— Un Breakfast, merci, avec du lait.

— Vous souhaitez un jus de fruits ? Orange, pamplemousse, fruits de la passion ?

Le maître d'hôtel a un fort accent italien et l'air vraiment gentil. Avant que j'aie le temps de répondre, Michael intervient.

— Je pense que, pour Ophélie, ce ne peut être que fruits de la passion.

Je trouve l'allusion un peu facile. Je suis fan de Michael mais je ne vais pas non plus rire à toutes ses blagues. Il y a quand même un certain standing à respecter.

— Je prendrai un jus de pamplemousse, merci.

Quand Marco nous quitte, Michael s'installe en face de moi. Je ne peux m'empêcher de poser la question qui me brûle les lèvres.

— Votre épouse n'est pas là ?

— Elle est chez des amis un peu au nord de Figari. Ils sont dans un magnifique domaine où des bergeries ont été transformées en hôtellerie de luxe.

— Et vous n'êtes pas avec eux ?

— Je suis rentré avec le bateau avant-hier dans la nuit. Elle a prolongé son séjour jusqu'aujourd'hui. Pourquoi ? Vous vouliez faire sa connaissance ?

Je rougis violemment.

— Non, enfin si, bien entendu, cela me ferait plaisir.

Tu parles, ni aujourd'hui ni jamais !

— Vous savez, Ophélie, ce pauvre Robert a failli mourir d'une crise cardiaque.

Son avocat s'appelle donc bien Robert.

— Oui, j'ai vu qu'il n'était pas très à l'aise. En tout cas moins que vous et Carolina sur le plateau de Canal + …

Et toc, je lui renvoie son pitoyable mensonge à la figure. Mais cela ne l'émeut pas.

— Oui, nous nous sommes bien débrouillés. Ça sert d'être acteur. Vous nous avez regardés. Vous avez aimé ?

— Pas du tout, j'ai trouvé l'explication vraiment tirée par les cheveux.

— Ah, dommage, la presse a tout avalé…

— Oui et puis c'était insultant pour la vérité et pour moi.

Il me regarde aussi interloqué que lorsque je lui avais répondu vertement après qu'il m'avait dit que je pratiquais l'« amour libre » lors de notre journée « cimetières ».

Au bout de deux secondes, il explose de rire.

— J'avais oublié votre franc-parler, Ophélie. C'est extrêmement rafraîchissant pour moi, vous savez. C'est quelque chose de rare que je ne rencontre pas ou plus. Quand je rencontre une jeune femme, elle boit toutes mes paroles et je lis toujours une admiration inconditionnelle. C'est très fatigant. Ce n'est pas votre cas. Cela veut-il dire que je ne vous plais pas, Ophélie ? Je ne suis pas votre genre ? Vous ne me trouvez pas séduisant ?

Le salopard, il joue avec moi ! Bien sûr que tu me plais, mais ne crois pas que je vais te le dire comme ça. En anglais on dit *fishing for compliments* ce qui veut dire littéralement « aller à la pêche aux compliments ».

— Vous n'êtes pas mal physiquement mais vous n'avez pas répondu sur le sujet de la dédicace.

— Pas mal physiquement... Je suppose que c'est déjà un compliment. Pour en revenir au problème de la dédicace, je n'avais pas le choix sinon la pression médiatique se serait amplifiée. Vous n'auriez pas souhaité que la presse vous trouve, n'est-ce pas ? Et votre ami, aurait-il vraiment apprécié ?

Il n'a pas tort mais je ne veux pas le reconnaître.

— Peut-être pas, en effet... Il n'empêche, ce n'était pas très agréable à entendre.

— Je suis désolé, Ophélie. Vous ne méritiez pas ça. Je pensais ce que j'ai écrit, votre avis m'a été précieux.

Un moment de silence. Un ange passe...

— Vous êtes en Corse avec votre ami ?

— Oui.
— Et il fait quoi, en ce moment ?
— Il doit dormir.
— Vous lui avez dit que vous veniez me voir ?
— Non.
— C'est peut-être plus prudent.
— Et vous, vous l'avez dit à votre femme ?
— Oui, mais ce n'est pas la même chose. Nous sommes ensemble depuis longtemps. Nous nous connaissons bien...

Il veut dire quoi, là ? Qu'elle n'est pas jalouse ? Que rien n'est possible entre lui et moi ? Deauville, ce n'était rien, juste le fruit de mon imagination ? Je suis quoi pour lui, une connaissance, une amie ? Visiblement, pas plus si j'en juge par ce qu'il ajoute :

— Je pense d'ailleurs que Carolina serait heureuse de vous rencontrer. Vous pourriez venir avec votre boyfriend demain soir. Nous donnons une fête avec quelques amis sur le yacht.

Il veut me présenter Carolina. C'est dingue ! En même temps, une party sur le yacht, ça ne se refuse pas. Un petit problème technique, Christophe...

— J'accepterais volontiers mais je ne vois pas comment justifier cette invitation sans dire que j'étais avec vous ce matin. J'ai peur qu'il ne le prenne pas bien...

Il réfléchit quelques instants.

— Pouvez-vous être tous les deux demain matin au café où vous avez discuté avec Robert ?
— Oui, je suppose.
— Très bien. Vers 11 heures. On va arranger ça.

La conversation a continué sur différents sujets : son livre, ses projets de cinéma, les films dont je m'étais occupée. C'était très plaisant, même plus que ça... À un moment, j'ai regardé ma montre. Merde, 10 heures ! Je ne vais pas être de retour avant 11 heures au camping. Christophe va se demander où je suis.

J'ai dit à Michael que je devais partir. Il m'a proposé de visiter le bateau rapidement avant de partir. Et c'est là, à la fin de la visite, qu'il m'a embrassée.

Un point que je n'ai pas relaté c'est que, après un moment, j'ai voulu partir. Je me suis retournée, j'ai monté la première marche. Il m'a rattrapée par la taille. Il était dans mon dos et il m'a embrassée dans le cou. C'était chaud. J'ai tourné la tête pour l'embrasser. Nos bouches et nos langues jouaient ensemble, sa main gauche était sur ma nuque, sa droite est remontée sur mon sein. Il ne l'a pas vraiment caressé, il a juste posé sa main là, doucement. Mais ça m'a tuée ! J'étais dans un état d'excitation extrême, je me sentais fondre. Si ça continuait deux minutes de plus, j'allais lui faire l'amour debout dans cet escalier ou bien par terre sur la moquette. Je m'en foutais, j'étais dans un tel état ! J'aurais même pu le faire dans sa chambre nuptiale s'il l'avait fallu !

Et puis, venu du plus profond de ma conscience, un éclair de raison est venu tout interrompre :

— Michael, oh, Michael, nous n'avons pas le temps, il faut arrêter.

Il m'a embrassée encore une fois. Nous sommes remontés. Il m'a raccompagnée au Zodiac et m'a dit : « À demain. »

J'étais seule à l'avant, pensive. Je ne regardais pas le yacht dont je m'éloignais mais la plage qui approchait. J'ai eu la présence d'esprit de demander au marin de me débarquer sur une autre plage du Petit Sperone. Il était près de 10 h 45 et il y avait une possibilité (un risque ?) que Christophe soit en train de me chercher sur la plage. Qu'est-ce que je pourrais lui raconter s'il me voyait descendre d'une annexe pilotée par un jeune aux cheveux noirs et portant uniforme blanc ?

Quand je suis arrivée au camping, j'ai trouvé Christophe en train de petit-déjeuner. Il était presque 11 heures. Il n'a pas eu l'air surpris quand je lui ai dit que j'étais allée à la plage. En même temps, c'était la vérité. Au moins partiellement... J'ai menti par omission mais je n'avais pas le choix.

Plus tard dans l'après-midi, pendant l'heure de planche à voile de Christophe, j'ai pu échanger avec Laure. C'est elle qui m'a appelée. Cette fois les SMS ne suffisaient pas...

— Alors, comment ça s'est passé ?
— Je suis allée prendre le breakfast sur son yacht.
— Ouah, trop la classe ! Sa femme n'était pas là ?
— Non, elle était chez des amis.
— Et il s'est passé quelque chose entre vous ?
— Devine...
— Vu ta réponse et considérant que vous n'aviez pas beaucoup de temps, je dirais qu'il t'a embrassée mais pas plus.

Elle est très intelligente et très perspicace ma copine ! En même temps, elle me ruine mon effet d'annonce !

— En plein dans le mille.
— C'est pas vrai, il t'a vraiment embrassée ?
— Oui.
— Pas la peine de te demander comment c'était ?
— Il n'y a pas de mots...

— Je n'y crois pas. Mme sainte nitouche a deux mecs dont une est une star de cinéma ! Comment tu vas faire pour gérer ça ?

— Aucune idée. En plus, Michael veut nous inviter demain soir Christophe et moi sur le yacht.

— Aïe, ça sent les emmerdes à plein nez si tu veux mon avis...

Elle avait sûrement raison mais que faire ? Nous avons continué à discuter pendant une bonne demi-heure puis j'ai mis fin à notre conversation quand j'ai vu que Christophe revenait.

La fin de la soirée m'a paru fade. Le soir, pas possible de faire l'amour avec Christophe. Je lui ai dit que je pensais avoir pris un coup de chaud. C'est fou comme je me mets à ressembler aux caricatures des femmes dont je lis la description dans les magazines féminins. Après avoir simulé, voilà que j'invoquais le mal de tête...

Je ne sais pas où mon couple va mais je serais surprise que ce soit dans la bonne direction...

11 août 2014, 10 h 30

Je pense que je vais changer définitivement mes horaires d'écriture de journal. Quand j'étais célibataire, j'avais pris l'habitude d'écrire le soir, souvent avec mon Roméo sur les genoux. Avec l'arrivée de Christophe dans ma vie, j'ai arrêté d'écrire ou presque. J'ai décidé de reprendre pendant ces vacances mais, avec tout ce qui m'arrive et les heures auxquelles je vais me coucher, il est plus simple d'écrire le matin pendant que Christophe dort encore.

La journée d'hier s'annonçait incertaine.

Pour commencer, j'avais ce rendez-vous avec Robert, l'avocat. Ensuite, Christophe et moi participerions à une soirée de milliardaires et je ferais la connaissance de Carolina. Rien que de l'écrire, ça fait bizarre.

J'ai décidé de me laisser porter par les événements. De toute façon, tout est trop compliqué pour prendre des décisions définitives. J'avais embrassé Michael donc, techniquement, j'avais trompé Christophe, et Michael, son épouse. En même temps, tout ça baignait dans un tel nuage d'irréalité que je ne voyais pas les choses comme cela. Normalement, j'aurais dû dire à Christophe que c'était fini entre nous mais je ne sentais pas les choses comme ça. Michael et moi, c'était une autre dimension, ce n'était pas la vie réelle. Enfin, pas pour l'instant.

Hier matin, je me suis concentrée sur des choses factuelles à commencer par convaincre Christophe d'aller à Bonifacio. Ensuite, il a fallu le presser pour ne pas arriver en retard.

Une fois dans la jolie ville corse, nous avons marché vers le port après un passage par le bureau de tabac pour acheter *L'Équipe* pour lui, *Marie-Claire*, *Cosmo* et *Elle* pour moi. J'ai proposé à Christophe de nous arrêter au fameux café, ce qu'il a accepté tout heureux à l'idée de pouvoir lire son journal attablé en terrasse.

J'étais un peu nerveuse. Je lisais mais je ne retenais absolument rien. Je me suis focalisée sur les news de stars. Il était beaucoup question de leurs vacances. Je me demandais si j'allais lire quelque chose sur Michael et Carolina. Je surveillais aussi discrètement les environs. Le yacht n'était plus à l'emplacement où je l'avais vu la première fois. Christophe était absorbé par les nouvelles de la Ligue 1 de football et ne pouvait remarquer ma nervosité.

Soudain, sans que je l'aie vu arriver, l'avocat s'est retrouvé devant moi.

— Ophélie, bonjour, comment allez-vous ?

Je me suis levée. Christophe, lui, a juste levé la tête de son journal.

— Bonjour...

— Vous vous rappelez, je suis Robert Stein, l'avocat de Michael Brown et Carolina Sanchez. Nous nous sommes rencontrés à Deauville.

C'était un énorme mensonge car il n'était pas en Normandie... Mais je suppose que, pour un avocat, ce n'est pas difficile de travestir la vérité.

— Bonjour, Robert, oui, je me souviens très bien.

Moi aussi, je sais mentir, particulièrement depuis ces derniers jours...

— C'est incroyable de se retrouver ici.

— Surtout pour vous, je ne savais pas que les Américains connaissaient la Corse !

— Oui, Michael et Carolina ont loué un bateau et ils m'ont invité à passer quelques jours avec eux.

Christophe a définitivement abandonné sa lecture depuis que le nom de Michael Brown a été mentionné.

— Ça vous plaît ?

— Oui, c'est vraiment très beau. Écoutez, je dois partir. Michael et Carolina donnent une soirée sur le yacht ce soir. Je suis certain qu'ils seraient heureux de vous recevoir. Donnez-moi votre portable, je vous tiens au courant.

Une minute plus tard, il était parti avec mon numéro de téléphone. Il faut avouer que son numéro avait été court mais efficace. Christophe n'était pas ravi par cette invitation.

— Tu veux vraiment y aller ?

— Bien sûr, une soirée sur un yacht, invité par deux stars, ça ne se refuse pas !

— Si, moi je refuserais...

— Tu n'es pas fun ! Sois sympa, c'est unique !

Il a eu un ton teinté d'amertume.

— Et en plus, tu auras ton Michael, la star qui te dédicace ses livres...

— Mais tu m'as dit que la dédicace ne m'était pas adressée...

— Je n'en suis plus si sûr. On sera fixé ce soir.

Moins d'une demi-heure plus tard, je recevais un SMS confirmant que nous étions invités sur le yacht *Pleasure is Mine* à 21 heures précises.

Christophe a fait la gueule, sans l'avouer, pendant tout l'après-midi. J'ai fait comme si je ne remarquais rien. On a vraiment une relation de vieux couple ces temps-ci...

Dans un monde idéal, je serais retournée à Bonifacio pour m'acheter une petite robe pour la soirée car je n'avais pas emporté de tenue digne de fréquenter des milliardaires. Mais je n'ai pas voulu prendre le risque que Christophe pète un câble, surtout compte tenu de son humeur.

Il a d'ailleurs voulu mettre un vieux jean pourri et il a fallu que j'insiste pour qu'il mette une chemise blanche et son beau jean noir. De mon côté, j'avais ma plus jolie robe noire et mes tropéziennes. Ça faisait plus vacances que soirée chic mais à la guerre comme à la guerre.

Nous sommes partis à 20 h 30, je ne voulais pas être en retard.

Les indications nous ont permis de trouver le yacht facilement. Cela me faisait drôle d'y retourner moins de deux jours après mon tête-à-tête avec Michael.

Il y avait un marin pour surveiller l'entrée de la passerelle. En fait c'était plus un gorille qu'un marin, vu sa carrure.

— Bonsoir, votre nom ?
— Ophélie Delacour, Christophe Marquet.
— Bienvenue, Fabio va vous accompagner.

Fabio, qui pilotait le Zodiac le jour de ma visite sur le yacht, nous emmène directement au troisième niveau. En haut de l'escalier, Carolina accueille les nouveaux arrivants, nous en l'occurrence. Elle est magnifique dans une robe blanche qui souligne la couleur mate de sa peau. Sans parler de son décolleté incroyable. Pour moi, c'est too much, mais ce n'est visiblement pas l'avis de Christophe. Il a le regard irrésistiblement attiré par cette vue plongeante. Je ne le savais pas attiré par les grosses poitrines ! Voici un élément nouveau sur mon mec. En même temps, tout homme ne succomberait-il pas à ces appas ? Les hommes ne se sont jamais affranchis de leurs instincts primaires... C'est pour cela que nous, les femmes, sommes supérieures : nous avons su évoluer.

Je serais presque gênée par l'attitude de Christophe mais Carolina ne semble pas s'en apercevoir ou, en tout cas, elle fait semblant.

— Bonsoir, vous devez être Ophélie, n'est-ce pas ? Enchantée de vous rencontrer.
— Moi également.

Et elle m'embrasse. Ouh là, elle n'a pas lésiné sur le parfum. Je suis au bord de l'évanouissement. Le temps que je retrouve mes esprits, elle est en train de s'occuper de Christophe.

— Bonsoir, vous êtes donc Christophe.

Et elle l'embrasse à son tour.

Je ne sais pas si c'est juste moi mais j'ai eu l'impression que, quand elle s'adressait à mon mec, sa voix était plus suave. Ses baisers me semblaient également être différents, une fraction de seconde plus longs.

Impression ou pas, Christophe est en train de fondre comme une glace commandée en plein cagnard sur la plage. Il a à peine pu baragouiner un « Good evening » tout juste audible. On a du mal à imaginer que la langue de travail de ce garçon est l'anglais !

Carolina met un point final à son opération séduction avec un grand sourire :

— Ophélie, si tous les Français font la bise comme votre boyfriend, je comprends que vous ayez décidé d'adopter cette méthode pour vous saluer.

Christophe rougit. Ce n'est pas possible, les garçons tombent dans les pièges les plus éculés. Je ressens une certaine jalousie. Je sais combien les simples bises de Christophe sont spéciales et cela m'énerve qu'il en ait fait bénéficier Carolina. En même temps, si on veut être juste, je ne peux pas leur reprocher à tous les deux quand je repense à ce que Michael et moi avons fait. Il n'empêche, je n'apprécie pas...

Michael s'approche de notre petit groupe. Son épouse l'interpelle :

— Michael, il n'est pas trop beau notre petit couple de Français. Je commence à me demander si c'était une bonne idée de les inviter. Normalement, le couple glamour dans les soirées, c'est nous !

Elle en fait trop, Carolina. Ça ne sonne pas juste. C'est peut-être à cause de ses origines latino que j'ai cette impression. Michael sourit à sa femme mais ne fait pas de commentaire.

— Bonsoir, Ophélie.
— Bonsoir, Michael.

Il m'embrasse avec beaucoup de retenue. C'est plus sûr.

Il serre ensuite la main de Christophe. J'aurais pu penser que mon petit ami aurait une attitude plus hostile. En fait, non, il a été anesthésié par Carolina. Il salue Michael avec un regard un peu niais, comme sous l'emprise de drogues.

Carolina nous prend tous les deux par le bras et nous présente aux autres invités. Aucune personne célèbre, aucun acteur. Je ne connais que Robert l'avocat. La plupart des invités sont américains. Il y a aussi un couple d'Allemands proche de la quarantaine et un Anglais de près de soixante ans dont la fiancée n'en a pas trente. Comme cette fille est très jolie, qu'elle est blonde aux yeux bleus, je n'ai pas de mal à deviner ce qui motive son amour pour cet homme chauve et bedonnant. Carolina le présente comme le propriétaire d'un grand groupe de communication. Sa séduction est proportionnelle à la profondeur de son portefeuille...

La soirée s'est déroulée très naturellement. Apéritif sur le pont supérieur du yacht puis nous sommes descendus au premier ou un buffet nous attendait. C'était magnifique, un mélange de charcuterie corse et de fruits de mer. Et du vin mais pas n'importe lequel. Quand

Christophe a regardé les bouteilles, sa réserve s'est définitivement envolée.

— Ophélie, tu te rends compte, du château ducru-beaucaillou, du château gruaud larose, du château pichon longueville comtesse de lalande... Et les blancs, des bourgognes, des grands crus de chablis, du meursault, du chassagne-montrachet premier cru de chez Louis Latour !

Je savais qu'il aimait les bons vins mais j'ignorais qu'il s'y connaissait autant. J'ai opiné de la tête pour montrer que je me rendais compte de notre chance même si, en réalité, je ne connaissais aucun des noms qu'il venait de citer et n'avais sûrement jamais goûté aucun de ces vins.

— Et regarde, Ophélie, il y a une montagne d'oursins. Tu en veux ?

— Merci, les oursins, très peu pour moi, le goût est beaucoup trop fort.

Christophe en a mangé au moins dix avec son chassagne ou son chablis. Plus le temps passait, plus il se sentait à l'aise avec les autres invités. L'ambiance était très sympa et on ne sentait pas la différence de fortune. Les gens étaient d'ailleurs habillés de façon assez cool à part Carolina. Je pense néanmoins que leur budget fringues et chaussures devait être au moins dix fois supérieur au nôtre mais c'était plus lié aux marques qu'au look.

On s'est assez naturellement scindé en deux groupes, femmes d'un côté, hommes de l'autre. Les discussions étaient faciles et j'ai même sympathisé avec la jeune Anglaise. Contrairement à mon idée préconçue, elle était très intelligente et très fun. Peut-être que son amour pour son mari (car ils étaient mariés comme son énorme pierre à l'annulaire gauche aurait dû me le faire deviner) était sincère après tout. Elle m'a dit qu'elle avait trente et un ans et James, son mari, cinquante-huit. Vingt-sept ans de différence, j'en ai vingt avec Michael, je ferais mieux de laisser tomber mes idées négatives sur la différence d'âge dans les couples car je pourrais bien subir le même jugement un de ces jours...

J'ai très peu vu Michael et jamais en tête à tête. Nous avons participé un moment à la même discussion avec plusieurs Américains sur la longueur de la cérémonie des oscars, c'est tout.

Vers 23 heures, après le café, Christophe s'est approché de moi, l'air gêné.

— Ophélie, je vais faire un poker.

Cette phrase m'a glacée.

— Pour de l'argent ?

— Bien sûr, pas pour des allumettes ! Au poker, il faut jouer de l'argent sinon ça n'a aucun sens.

— Mais, Christophe, ces gens sont cent fois, mille fois, dix mille fois plus riches que toi ! L'argent ne représente rien pour eux.

— C'est pour cela qu'ils joueront n'importe comment et que je vais gagner.

— Vous allez jouer combien ?

— Deux cents dollars, la blinde pour commencer.

— Et d'habitude tu joues combien ?

— Vingt euros.

— C'est dingue ! Et en plus, tu as bu. Tu ne vas pas perdre tes économies dans une partie de poker de milliardaires, quand même !

— Ça va aller, fais-moi confiance.

Michael, qui l'avait accompagné, a voulu me rassurer :

— Ophélie, ne vous inquiétez pas, ça va bien se passer. Je vais veiller sur lui.

Christophe aurait pu s'offusquer de cette intervention paternaliste mais, en fait, il était content de trouver un allié.

— Tu vois, Ophélie, Michael te le dit lui-même. Il n'y aura pas de problème.

J'ai capitulé. Il est majeur, il pouvait assumer ses conneries.

Les femmes ont décidé de remonter sur le pont supérieur du yacht. Nous avons discuté tranquillement en buvant un thé. Carolina est sympa, en fait. Et elle est vraiment superbe quand on sait qu'elle a passé les quarante ans !

Au bout d'une heure, Christophe est remonté.

— Alors ?

— J'ai gagné mille sept cents dollars, un autre Américain, qui joue très bien, à peu près autant. Michael doit perdre un petit peu. C'est l'Anglais qui morfle. Il doit être à moins six mille. On a monté la blinde à cinq cents dollars.

— Tu es sûr que tu veux continuer ? Tu ne veux pas rentrer ?

— Tu es folle ! Ça ne se fait pas d'arrêter quand on gagne ! J'y retourne.

Les deux heures suivantes m'ont paru plus longues. Carolina nous a fait visiter le yacht. J'ai fait semblant de découvrir toutes ces splendeurs et de m'extasier en entrant dans leur chambre. Quand nous sommes passés dans la coursive où Michael m'avait embrassée, ça m'a fait tout drôle !

Elle nous a montré sa garde-robe, ses chaussures (elle en a de somptueuses...) et la collection de lingerie qu'elle vient de lancer. Je pensais tout savoir sur le couple Michael-Carolina mais je découvre son talent de styliste en lingerie.

Vers 2 heures du matin, les femmes commençaient à être fatiguées. Nous nous sommes dirigées vers le salon de poker. J'étais un peu inquiète mais il a suffi que je voie Christophe et la montagne de jetons devant pour comprendre que tout allait bien.

Carolina s'est penchée vers Michael pour lui chuchoter quelques mots dans l'oreille. Celui-ci a alors annoncé aux autres joueurs qu'ils allaient faire les cinq dernières donnes.

Un quart d'heure plus tard, c'était fini. Le croupier (car il y avait un croupier) a fait les comptes. Christophe était radieux.

Il m'a montré une liasse de billets de cent dollars.

— Tu as vu ?

— Il y a combien là-dedans ?

— Sept mille huit cents dollars ! Les vacances sont payées ! Tu vois, je te l'avais dit, je pouvais gagner !

— Et tu vas faire quoi de tout ce cash au camping ?

— Ah oui, c'est vrai, ce n'est pas prudent. Je vais demander à Michael de me garder l'argent sur le bateau.

Je rêve, Michael est devenu son meilleur ami !

Il rejoint Michael et revient les mains vides.

Quelle soirée !

Dans la voiture, Christophe était volubile.

— Tu avais raison Ophélie, on a bien fait d'y aller.

— Tu dis ça à cause du poker ?
— Non, c'était vraiment sympa. Michael est cool. Je comprends que tu le kiffes. Et Carolina, c'est une véritable bombe.
— Je ne savais pas que tu appréciais les brunes latino...
— En principe, ce n'est pas mon genre mais, elle, elle est sublime. En fait ils forment un couple magnifique.
Content qu'il s'en aperçoive enfin. C'est juste ce qui est écrit dans tous les magazines depuis dix ans...
Quand nous nous sommes glissés sous la tente, il s'est jeté sur moi. Il m'a embrassée avec une telle passion qu'il a réveillé mon désir. On a fait au moins trois positions différentes durant l'acte et j'ai eu mon plus bel orgasme depuis au moins deux mois. Christophe était différent, plus sûr de lui, plus mec, moins tendre mais plus sexy. Normalement, la tendresse c'est mon truc mais, hier soir, j'ai apprécié ce côté plus sexe. Il faut que je m'y habitue : notre couple évolue tous les jours !

12 août 2014, 15 h 30

Je vais finir par écrire mon journal avec vingt-quatre heures de retard si ça continue ! Je suis seule au camping, Christophe est à la plage en train de faire de la planche à voile.
Moi, j'essaie de récupérer de la nuit dernière qui a dépassé tout ce qui était possible. Il faut dire que c'était

ma première consommation de drogue. Moi qui ne fume même pas...

Pour reprendre les choses dans l'ordre, le début de la journée d'hier a été plutôt cool. Christophe était toujours d'humeur joyeuse après sa soirée poker.

En début d'après-midi, il a reçu un SMS surprenant.

— Ophélie, Michael nous propose de faire une sortie en mer. Qu'en penses-tu ?

Michael a le numéro de Christophe, première nouvelle ! Et, c'est à lui qu'il adresse l'invitation, pas à moi. Quel macho ! Décidément, je ne comprends rien aux hommes. Il m'embrasse puis il me néglige au point que je pourrais employer la formule des jeunes, « il ne me calcule plus ».

C'est amusant, jusqu'à hier Christophe était réticent et moi enthousiaste à l'idée de voir Michael et aujourd'hui c'est le contraire. Mais je ne vais pas faire ma mauvaise tête :

— Pourquoi pas ? De toute façon, on n'a rien de spécial à faire, alors croisière sur un yacht avec deux stars, ça peut faire l'affaire.

Vers 16 heures, nous montons sur le *Pleasure is Mine*.

Nos deux stars sont dans le salon. Carolina est en maillot de bain blanc avec un paréo bleu roi noué autour de la taille. Elle a un chouchou assorti qui retient sa magnifique chevelure brune. Cette femme est incroyable, elle est belle et sophistiquée même dans les tenues les plus simples. Michael est en bermuda beige et chemise de lin blanche.

Nous nous embrassons à la française ; nos Américains ont adopté cette façon de se dire bonjour. Cette fois, je trouve Carolina beaucoup plus chaleureuse et Michael est moins distant que la veille.

Christophe est aussi à l'aise que s'il avait retrouvé deux vieux copains. Michael lui montre son verre.

— Christophe, vous me rejoignez pour un petit whisky ? Ophélie, je suppose que vous préférez un soft drink ?

— Oui, merci, je prendrais bien un jus de fruits.

Marco, le maître d'hôtel, vient d'apparaître sans faire de bruit.

— Marco, je prendrai un jus de pamplemousse comme samedi.

Au moment où je prononce ces paroles, je me rends compte que je viens de parler de mon petit déjeuner secret avec Michael à voix haute devant Christophe. Je suis pétrifiée, nous courons au drame...

Mais Michael a le sang-froid et le flegme d'un vieux lord anglais.

— Dimanche, Ophélie, hier, nous étions dimanche. Je vois que la consommation excessive de chablis vous fait perdre la notion du temps. Christophe, alors, ce whisky ? J'ai un Jameson dix-huit ans d'âge, qu'en pensez-vous ? C'est un très bon whisky irlandais, vous connaissez ?

— Non, mais je vous accompagne volontiers.

Christophe n'a absolument pas réagi à ma bourde. Le connaissant, ça veut dire qu'il n'a rien détecté. Je dois une fière chandelle à Michael sur ce coup-là !

Nous prenons un verre ensemble puis Michael nous propose de monter dans la cabine de pilotage.

C'est magnifique ! Une grande cabine avec une large baie vitrée, deux sièges en cuir blanc pour diriger le vaisseau. Il y a des écrans et, cette fois, une vraie barre en acier chromé.

Le commandant nous salue. Il est avec son adjoint. Après les présentations, le commandant nous explique le fonctionnement du yacht. Michael donne alors le signal du départ.

— Allons-y si nous voulons nous baigner avant le dîner. Nous irons sur le pont supérieur dès que nous serons sortis du port.

J'ai compris son problème

— Vous avez peur d'être repéré par des paparazzis ?

— Oui, il y a toujours un risque. Une fois en mer, c'est plus facile de détecter les intrus. Tony et Fabio, avec leurs jumelles longue distance, peuvent voir les photographes avant que ceux-ci nous braquent avec leurs téléobjectifs.

Christophe compatit :

— C'est lourd quand même. J'avoue que je n'avais pas pensé à cet inconvénient. Je ne voyais que les avantages de la célébrité.

— Oui, enfin, je ne vais pas me plaindre. Il suffit d'avoir de bons avocats et d'être prudent.

À propos d'avocat, il est où le leur ?

— Et Robert, il n'est pas là ?

— Non, Robert ne tenait pas à refaire une autre sortie en mer. Il est blasé ! Il a été invité par James sur son yacht.

James, c'est le vieil Anglais qui a épousé la jolie jeune femme.

Nous continuons à deviser pendant que le yacht manœuvre. Quand il quitte le port. Christophe et moi sortons pour admirer la vue. La ville de Bonifacio en haut de sa falaise abrupte est magnifique et impressionnante !

Vingt minutes pour sortir de la passe, nous nous retrouvons maintenant en pleine mer. Le vent a forci ainsi que les vagues mais ce bateau est si grand qu'il ne tangue pas.

Nous rejoignons Michael et Carolina au poste de pilotage.

Christophe voudrait un souvenir de ce moment.

— Michael, on peut prendre une photo assis sur les sièges de commandement ?

Je sens une hésitation de sa part une fraction de seconde.

— Oui, bien sûr, donnez-moi votre iPhone.

Christophe et moi nous installons sur les deux sièges. Mon informaticien trône avec fierté alors que, moi, je suis gênée.

Christophe, décidément enthousiaste, a une autre requête :

— Peut-on faire une photo tous les quatre avec Carolina et vous ?

Là, il faut que j'intervienne :

— Christophe, ce n'est pas possible, ils sont en vacances incognito. Rien ne doit les relier à ce bateau et à la Corse.

Michael a l'air soulagé.

— Christophe, Ophélie a raison. Nous ne faisons aucune photo de vacances. C'est une autre rançon de la gloire. Nous gardons nos souvenirs dans notre mémoire.

— Vous ne faites jamais de photos ?

— Seulement dans des circonstances spéciales…

Il s'est retourné vers son épouse. D'où je suis, je ne peux pas voir vraiment son visage mais je jurerais qu'il lui a fait un clin d'œil. Que se passe-t-il ? Private joke ?

Un peu plus tard, nous sortons enfin tous les quatre sur le sundeck.

Michael fait le guide.

— Retournez-vous, regardez comme Bonifacio est magnifique sur la falaise.

C'est effectivement un spectacle unique, ces grandes maisons posées au sommet de cette falaise à l'à-pic vertical.

— Il doit y avoir trois cents mètres !

— Non, Ophélie, trois cents mètres, c'est la hauteur de la tour Eiffel. Là il y a soixante mètres !

Christophe éclate de rire à la vanne de Michael. Je ne trouve pas ça si drôle que ça. Je me renfrogne et je boude pendant une dizaine de minutes.

Michael nous dit que nous allons aux îles Lavezzi pour se baigner.

Merde, les maillots, nous sommes partis sans nos affaires. Ni maillots, ni serviettes !

— Michael, nous avons oublié de prendre nos maillots !

— Ne vous inquiétez pas, nous allons vous en prêter. Carolina, tu t'occupes d'Ophélie, moi je vais en trouver un pour Christophe.

Je suis Carolina dans sa magnifique chambre avec son dressing. Cela me fait drôle de me retrouver dans cette pièce avec elle.

— Ophélie, je suis ravie que vous ayez oublié vos affaires. J'ai apporté des pièces de ma collection de maillots. Vous allez me servir de mannequin.

Elle ouvre deux tiroirs. Il y a au moins une cinquantaine de maillots là-dedans !

— Vous devez faire une taille 6, je pense.

— En taille française, c'est quoi ?
— C'est du 38.
— Oui, ça devrait aller.

Elle me sort une dizaine de maillots correspondant à ma taille. Il y en a un magnifique, un deux pièces noir. Le noir, on pourrait croire que c'est une couleur basique et que tous les maillots noirs se ressemblent. Complètement faux. Cela dépend du tissu, de son brillant, de ses finitions et de sa coupe. Celui-ci est vraiment spécial. Il est trop classe. Je le prends dans mes mains, j'adore la texture.

— Vous voulez l'essayer, Ophélie ? Vous pouvez prendre ma salle de bains.

Je vais le passer puis je la rejoins dans la chambre.

— Ophélie, vous êtes superbe ! Venez dans le dressing, j'ai un miroir.

Carolina est juste derrière moi et le dressing est une pièce exiguë.

J'ai lu une étude intéressante sur la distance nécessaire entre deux personnes pour qu'elles se sentent à l'aise. Les gens du Nord ont besoin de plus d'espace que les Latins, qui peuvent se coller les uns aux autres sans problème.

Carolina est définitivement du Sud car elle est scotchée à moi. Elle pose même ses deux mains sur mes épaules.

— Regardez comme vous êtes belle, Ophélie. Ce haut triangle foulard vous va très bien. Mais essayez ce bandeau, je pense qu'il mettra vos épaules en valeur. Il se porte avec le même bas.

Elle me tend le haut qu'elle tenait dans la main.

Merci, c'est gentil, Carolina, de me proposer de changer de haut mais il faudrait que vous me laissiez passer si je veux aller dans votre salle de bains pour me changer. Mais Carolina ne bouge pas ce qui n'est pas anormal dans la mesure où je n'ai pas exprimé mes pensées à voix haute.

Je fais quoi maintenant ? Je lui demande poliment de s'écarter au risque de passer pour une gourde pudibonde ou j'enlève mon maillot devant elle. Moi qui pensais que les Américains étaient puritains ! Quand on sait que l'on ne peut voir des seins à la télévision américaine que sur les chaînes câblées...

Bon, je choisis la seconde solution. Tout pour éviter de passer pour une petite fille qui a peur de se dévêtir devant une adulte. Je dégrafe mon haut, le fais passer par-dessus ma tête et me retrouve seins nus. Je prends le maillot bandeau et l'ajuste sur ma poitrine. Carolina ne m'a pas quittée des yeux pendant ce rapide échange de maillot. C'est un peu gênant... mais Carolina, elle, est très à l'aise.

— Vous avez une très jolie poitrine, Ophélie. D'ailleurs, vous êtes très bien faite. Je me demande, néanmoins, si mon nouveau modèle de haut push-up ne vous correspondrait pas mieux. Attendez, ne bougez pas.

Et là, elle passe la main dans mon dos et défait mon maillot. Avec l'autre main, elle le réceptionne. Ce faisant, elle a effleuré le bas de mon sein. Je suis sans voix. C'est extrêmement familier, non ? Elle me donne le push-up que je passe aussitôt.

— J'avais raison. Vous êtes superbe. Une vraie bombe. Je ne sais pas si c'est prudent de vous laisser vous approcher de mon mari dans cette tenue...

Je suis verte, sa remarque est si inattendue et elle touche droit au but. Je ne peux pas m'empêcher de rougir. Merde, elle va se rendre compte qu'il y a anguille sous roche !

Elle rit gentiment.

— Ne rougissez pas, Ophélie. Retournez-vous, que je vous voie mieux.

Je m'exécute et je suis face à elle, à quelques centimètres. Nos visages sont à la même hauteur car elle a gardé ses chaussures à talons. Elle est vraiment très belle et mon regard ne peut pas ne pas remarquer l'opulente poitrine qui déborde de son maillot. Je déglutis difficilement. Ce qu'elle ajoute ne contribue pas à me faire retrouver mon équilibre :

— Vous savez, Ophélie, vous êtes tellement belle que vous pouvez aussi bien plaire aux femmes qu'aux hommes...

Elle veut dire quoi par là ? Elle est en train de me faire un plan ou elle veut juste être gentille ?

Elle se penche vers moi... Ce n'est pas vrai, elle va m'embrasser ! Moi qui n'ai jamais embrassé de fille, je vais commencer avec une superbe femme de quarante ans dont le mari me tenait serrée dans ses bras l'avant-veille ! Et en plus ils sont tous les deux oscarisés. Pincez-moi, je rêve ou je cauchemarde, je ne sais plus... Au moins, je vais avoir quelque chose à raconter à Laure... Je risque même de lui en boucher un coin !

Elle me regarde droit dans les yeux, un regard envoûtant. Je suis comme le lapin hypnotisé par le serpent. Je suis incapable de bouger.

À quelques centimètres de ma bouche, Carolina sourit.

— Je vous offre ce maillot et les trois hauts, ils vous vont trop bien.

Et elle m'embrasse... sur la joue !

A-t-elle fait exprès de me donner l'impression qu'elle allait m'embrasser sur la bouche ou a-t-elle changé d'avis en voyant ma tête ? Ou peut-être me suis-je juste fait des idées ? Un psy analyserait certainement que le désir que j'ai pour son mari a provoqué ce fantasme lesbien par un phénomène de transfert. Qui sait ? Pas moi : je ne suis ni Freud ni Lacan.

En attendant, je l'ai remerciée aussi chaleureusement que possible, ce qui n'était pas si facile compte tenu de la confusion dans laquelle j'étais.

— Merci, Carolina, il serait peut-être temps de rejoindre les autres.

Elle a eu un petit sourire ironique.

— Peut-être, oui. Ils doivent se demander ce qu'on fait...

Quand nous rejoignons les hommes, ils sont au soleil en train de discuter un verre à la main. J'espère que ce n'est que du Coca que Christophe boit, qu'il n'y a pas de whisky dedans sinon il va être dans un sale état ! Carolina se fait maternelle :

— Messieurs, il est peut-être tard dans l'après-midi mais un peu de crème solaire ne peut pas nuire. Michael, imagine ce que ton agent dirait s'il te voyait ainsi au soleil sans protection.

Michael murmure une réponse à voix basse. Seul Christophe peut vraiment l'entendre et il explose de rire. J'ai cru percevoir *Fuck my agent*, en français : « Que mon agent aille se faire foutre. » Un aspect grossier de sa personnalité que je ne connaissais pas chez Michael. D'un autre côté, ça le rajeunit.

Carolina est allée chercher les crèmes et elle enduit amoureusement la peau de son mari pendant que celui-ci continue à boire et à discuter sans avoir l'air de rien remarquer. Elle est vraiment dévouée ou amoureuse, Carolina, pour continuer à lui mettre de la crème solaire après tant d'années de vie commune. Moi, alors que nous n'avons que six mois de vie commune, ça me gonfle déjà !

Après avoir terminé, elle tend un tube à son mari.

— Tiens, va aider Ophélie, je m'occupe de Christophe. Ophélie, j'ai de la 50 pour vous, pour vous éviter d'avoir une peau toute ridée quand vous aurez quarante ans ! Christophe, venez par ici, pour vous ce sera de la 30.

Michael s'approche de moi. Je ne vais pas le laisser opérer devant sa femme ! Lui-même n'a pas l'air certain de la marche à suivre. Je tends les mains en avant comme le croyant devant le prêtre pour recevoir l'ostie. Michael me verse de la crème solaire que je commence à m'appliquer sur le ventre. Carolina n'a pas les mêmes réserves. Elle est en train de répandre la lotion sur le dos de Christophe. C'est limite si elle n'a pas les seins appuyés contre ses omoplates ! Si elle provoque une érection, je fais un scandale ! Elle est très à l'aise et nous trouve visiblement coincés.

— Michael, tu pourrais l'aider pour le dos. Elle n'a pas quatre bras, ce n'est pas le dieu Shiva tout de même. Ne reste pas empoté comme ça !

Je tente de protester mais Michael me fait signe que ce n'est pas la peine. Il n'a peut-être pas tort. Il passe derrière moi et je sens ses belles mains se poser sur mon dos et commencer à le caresser. En réalité, il ne le caresse pas, il fait ce qu'il est censé faire mais, pour moi, c'est tout comme. Si je pouvais, je fermerais les yeux pour mieux profiter de la sensation comme mon chat Roméo mais je n'ose pas. On devinerait trop facilement mon plaisir.

Même si Carolina et Christophe n'ont pas l'air d'avoir autant de scrupules que moi.

— Tournez-vous, Christophe, que je m'occupe de l'autre côté.

Attends, là je ne comprends plus bien, pourquoi Christophe ne peut-il pas se mettre de la crème tout seul sur le torse ? En plus, elle commente…

— Pour un expert en jeux vidéo qui passe son temps enfermé, vous avez de beaux pectoraux… Les abdominaux sont fermes également.

Ça fait beaucoup comme compliments ! Je ne vois pas bien Christophe car il est de trois quarts mais je crois entrevoir une légère bosse dans son maillot de bain. Je ne peux pas vraiment le blâmer étant donné qu'il a le décolleté de Carolina devant les yeux et qu'elle a la tête au niveau de son ventre, soit à moins de trente centimètres de son sexe ! J'interviendrais bien mais cela me forcerait à interrompre Michael qui prend son temps. Nous sommes passés à un massage. C'est trop bon. Tant pis pour Christophe ou tant mieux pour lui… En même temps, je vois le mal partout, je sais que Carolina est très tactile.

Après ce moment de « partage crémeux », nous plongeons dans la mer. Le yacht s'est arrêté à distance de la côte et nous nageons à l'abri de regards éventuels derrière la coque du bateau.

Michael m'a rejoint en crawl. Pour ma part, je suis plutôt une adepte de la brasse. Nous barbotons ensuite pendant une demi-heure dont un petit quart d'heure à faire du snorkeling. Moi, les poissons, je préfère les voir dans mon assiette. Je ne sais pas, je suis toujours impressionnée par les profondeurs que je peux voir sous moi. Je n'aime pas trop non plus tous ces poissons qui se baladent à proximité de mon corps. Je pense que j'ai dû être bouleversée. *Les Dents de la mer*. Il a provoqué chez moi une psychose que doivent éprouver bon nombre des spectateurs du film de Steven Spielberg à l'idée de quitter la sécurité du rivage. Néanmoins, je suis assez fière de moi car j'arrive à me baigner.

Christophe et Michael sont restés plus longtemps que Carolina et moi. Quand ils remontent à bord, Carolina nous propose une cabine pour prendre une douche et nous changer. C'est une offre que j'accueille avec enthousiasme car le mélange crème solaire, eau salée, et soleil m'irrite la peau. Je me précipite dans la douche, très vite rejointe par Christophe. À son air, je me rends vite compte qu'il a de mauvaises intentions. Il se glisse derrière moi et, comme il l'a fait tant de fois, il prend du gel douche et commence à me caresser les seins. Ces séances débouchent presque inévitablement sur des étreintes passionnées soit debout sous le jet, soit allongés par terre dans la salle de bains.

Mais là, il oublie que nous ne sommes pas chez nous !

— Christophe, on ne peut pas !

— Mais pourquoi ? Allez quoi, on a bien cinq minutes...

Son sexe se dresse, dur contre mes fesses. Je ne sais pas si c'est la proximité de Michael, mais moi je n'ai aucun désir.

— Non, c'est impossible. Ils nous attendent. Vas-y, douche-toi avant moi si tu veux, je passerai après.

Et je sors, je prends une serviette, je m'essuie. Christophe n'a pas l'air réjoui, il est même possible qu'il me fasse la gueule. Tant pis, il n'y avait pas d'autre option.

Quelques minutes plus tard, il entre dans la chambre en caleçon. Il ne m'adresse pas la parole. J'avais raison, il est bien en train de bouder. Je n'ai pas le temps de me faire pardonner. Il a libéré la salle de bains, c'est l'essentiel !

Une douche fraîche après cet après-midi ensoleillé, c'est un vrai bonheur. Sous le jet, je repense à Carolina et à son attitude. Elle était extrêmement familière. L'épisode dans le dressing, puis la crème avec Christophe... Bon, ce n'est pas grave mais je ne l'imaginais pas aussi délurée.

Un quart d'heure plus tard, je retourne dans la chambre pour me rhabiller. Christophe ne m'a pas attendue : pas hypercool mais bon...

J'envoie un petit SMS à Laure pour lui dire où je suis et je rejoins nos hôtes.

Ils sont sur le sundeck. Ils se sont changés. Michael a remis une chemise blanche, cette fois avec un pantalon beige en lin et des Weston qu'il porte sans chaussettes. Élégant et cool ! Et toujours aussi beau... surtout qu'il n'a plus de lunettes de soleil ce qui me permet de plonger dans ses yeux bleus. En ce qui concerne Carolina, ce n'est pas dans ses yeux que l'on plonge... Elle bat un nouveau record de décolleté avec une robe noire qu'elle porte, on ne peut pas en douter, sans soutien-gorge. Esthétiquement, cette absence de lingerie se conçoit puisque les deux pans de sa robe ne se rejoignent qu'au niveau du nombril. Le tissu couvre à peine la moitié de ses seins. De face, l'effet est déjà saisissant mais Christophe qui est assis à sa droite doit avoir une vue presque dégagée sur son sein gauche ! Visiblement, ce panorama accompagné d'un nouveau verre de whisky lui ont redonné une humeur excellente. Il devise gaiement avec Michael. Celui-ci se lève pour m'accueillir.

— Bonsoir, Ophélie. Vous prendrez une coupe de champagne ou un jus de fruits ?

— Une coupe, merci.

Au passage, je note que Christophe n'a pas bougé de son siège. Manque d'éducation : on ne lui a pas appris que l'on se levait à l'arrivée d'une dame... Je suis un peu vache car si c'était une soirée avec nos amis, personne ne se serait levé pour moi. Donc je vais ajouter ce geste au crédit de Michael : c'est définitivement un gentleman.

L'apéritif dure assez longtemps au bord de la piscine du bateau. Je ne l'avais pas vraiment remarquée lors de mes visites précédentes. Elle est tout au fond du bateau quelques marches au-dessus de nous. Elle est magnifique, ovale, l'eau est d'un bleu-vert profond. C'est une gigantesque baignoire d'environ quatre mètres sur deux. Impossible de nager mais certainement un merveilleux moyen de se rafraîchir ou même de partager un moment d'intimité. Je me demande si Carolina et Michael l'ont déjà expérimentée... Je sais que moi, j'y chevaucherais volontiers Michael. Pourtant, à part sous la douche, je n'ai jamais fait l'amour dans l'eau, ni salée ni douce ! Le bord de la piscine a l'air en pierre blanche ou en marbre, je ne sais pas, et il y a de larges lits de coussins à la hauteur de la piscine.

Sympa, comme installation. On peut faire le round un dans la piscine et le second sur les coussins. Je m'imagine bien la chose...

Marco, le maître d'hôtel, fait un petit signe à Michael. Il est temps de passer à table.

Le thème du dîner est visiblement la mer, ce qui n'est pas illogique. Soupe de poisson pour commencer. Au début, l'idée ne m'enchante pas plus que cela mais elle est délicieuse.

— Michael, c'est la meilleure soupe de poisson que j'aie mangée de ma vie.

— Ce n'est pas une soupe de poisson, c'est une bouillabaisse de Marseille. Notre chef est un vrai Marseillais. Il est même fan du club de soccer, l'OM. Vous suivez le soccer, Christophe ?

— Oui, mais moi je supporte le PSG.

— Pour revenir à notre plat de ce soir, c'est bien une base de soupe à laquelle on va ajouter des morceaux de poissons entiers que nous pêchons nous-mêmes. Qu'est-ce que nous avons ce soir, Marco ?

— Monsieur, nous avons de la rascasse, de la vive, de la daurade, de la lotte, du saint-pierre et du grondin.

— Formidable, merci Marco. Ophélie, il faut mélanger la soupe avec ces croûtons de pain aillés et il faut ajouter la rouille.

— La rouille ?

— Oui, c'est une sorte de mayonnaise provençale. Laissez-moi vous servir. N'oubliez pas les croûtons. C'est délicieux et indispensable sauf si on a l'intention d'embrasser quelqu'un sur la bouche plus tard...

Et là, il me jette le regard version scène finale d'un film romantique. C'est vraiment cucul et je devrais en rire. Le problème c'est qu'il est vraiment trop beau et que je ne peux pas rester impassible quand il me regarde comme ça. Je déglutis difficilement et me force à penser à quelque chose de triste pour m'éviter de rougir. Sans succès ! Heureusement, Christophe est plongé dans une conversation avec Carolina (ainsi que dans son décolleté). Il ne remarque pas mon embarras.

Michael, lui, a évidemment remarqué mon trouble et il commente ce succès d'un air satisfait :

— Je suis rassuré, j'avais peur que mon sex-appeal ne soit inopérant sur vous. Mon ego en avait pris un coup ! On m'a rarement qualifié de « pas mal physiquement ». Je pense qu'en vérité vous m'accordez une meilleure note que ça, n'est-ce pas, Ophélie ?

Deuxième regard qui tue ! Le salaud, il est en train de renforcer son avantage sur moi ! Je rougis de plus belle et je dois maintenant ressembler à un camion de pompiers. Je suis d'autant plus gênée que Christophe est à deux mètres de moi. Heureusement, Michael a parlé à voix basse et mon amoureux n'a d'oreilles et d'yeux que pour Carolina.

— Je vous ai peut-être un peu saqué mais je n'allais pas non plus vous servir des compliments sur un plateau, n'est-ce pas ?

— Non, vous avez raison, Ophélie, et c'est ce que j'apprécie chez vous.

Il m'apprécie, ce n'est pas la première fois qu'il me le dit. Curieuse sensation de recevoir ce compliment alors que Christophe est si proche.

Mais je ne veux pas lui laisser prendre l'ascendant sur moi.

— Michael, pouvez-vous me passer les croûtons, s'il vous plaît ?

Il me tend la corbeille avec un regard un peu interrogatif. Je me sers généreusement, on ne voit presque plus la soupe de poisson en dessous de mon pont de croûtons. Je prends un ultime morceau, le plus gros, et je le mange, les yeux fixés sur Michael. Je mets dans mon regard l'équivalent féminin de l'intensité sensuelle qu'avait le sien en une minute plus tôt. Il n'y a pas que lui qui sait allumer...

— Effectivement, Michael, on sent très bien l'ail, j'adore ! Comme ça, je suis certaine de ne pas me faire embrasser ou alors cela voudra dire que le téméraire a vraiment envie de ma bouche...

Je ne sais pas vraiment pourquoi j'ai dit ça. C'est dix fois plus sexuel que le message que je souhaitais transmettre. Je ne me reconnais pas. Est-ce le vin ? – j'en suis à mon troisième verre de chassagne-montrachet ? Ou n'est-ce qu'une pathétique excuse pour dissimuler cette perversité qui émane de moi ?

En tout cas, Michael est plus amusé que troublé par mes propos, même si je ne jurerais pas ne pas l'avoir vu déglutir avec un soupçon de difficulté.

La suite du dîner est à l'avenant. Je me ressers de la bouillabaisse et continue de discuter avec Michael pendant que Carolina parle avec Christophe. Je ne sais pas si c'est à cause de la taille de la table mais nous ne partageons aucune conversation à quatre. On pourrait très bien scier la table en deux et croire à deux tête-à-tête.

Nous ne nous interrompons que pour l'annonce du dessert. Marco nous propose une « variation autour du chocolat » ou une salade de fruits. J'hésite tellement que

Michael commande les deux pour moi. Christophe opte pour le chocolat tout comme Carolina. Michael, plus raisonnable, lui, prend les fruits. Encore une fois, tout est délicieux. Nous discutons maintenant tous ensemble. La température, la vue, l'ambiance, tout est top. C'est vraiment un pur bonheur. Michael a fait apporter une autre de ses grandes bouteilles de bordeaux. Je n'ai pas entendu ce que c'était mais, à voir la tête de Christophe, ça doit être incroyable. C'est notre troisième bouteille du dîner ! Avec l'apéritif, nous devons commencer à avoir un fort taux d'alcoolémie dans le sang.

Quand Carolina nous propose de passer au salon pour le café, j'ai du mal à me lever. Il me semble que le pont tangue et je suis obligée de m'appuyer sur Michael. Il me prend le bras pour me guider. Je ne suis néanmoins pas la seule à avoir besoin d'un cavalier. Carolina a pris le bras de Christophe d'autorité et le serre avec ses deux mains. Elle l'appuie même contre son sein droit ! Sa familiarité n'a pas de limite…

Une fois installés, Marco nous a apporté des expressos. Pour rester lucide et éveillée, j'en ai ingurgité trois ! Après, je me sens un peu mieux. Je sens malgré tout les effets de l'alcool et je flotte maintenant dans une sorte de brouillard léger pas désagréable. Je note à peine le moment où Michael dit à Marco que l'équipage peut disposer. Nous sommes seuls sur le pont supérieur à part l'officier chargé du quart.

Michael prend alors un air mystérieux pour nous poser une question :

— Connaissez-vous la double zéro ?

Moi, je connais le double zéro des romans de Ian Fleming. Ce sont des agents du MI6, le service de renseignements britannique dont l'élément le plus connu est, bien sûr, James Bond. Si je me rappelle bien, le premier zéro signifie qu'ils ont le droit de tuer et le second qu'ils l'ont déjà fait. James Bond, c'est le septième agent dans ce cas, d'où le célèbre suffixe 007.

Mon sixième sens (ou le septième dans ce cas) me fait dire que ce n'est pas la bonne réponse. De toute façon, Christophe a réagi plus vite que moi :

— Vous en avez ? De la vraie ?

— Oui, regardez.

Et Michael, tel un magicien, sort une petite boîte qu'il ouvre devant nous. À l'intérieur, il y a de l'herbe. Même embrumée, j'ai compris que c'était de la marijuana.

C'est comme si Christophe venait de découvrir la huitième merveille du monde. Encore un aspect de sa personnalité que je ne connaissais pas...

Michael prend du papier à cigarette et commence à rouler un joint.

— Ça vous tente ?

— Et comment, je n'ai jamais eu l'occasion d'essayer. Je sais que c'est la meilleure marijuana du monde !

— Mais vous avez déjà fumé ?

— Oui, bien sûr, depuis environ dix ans.

On devrait confier son conjoint aux services secrets pour tout savoir de lui avant d'engager une relation... Ce n'est pas que j'aurais refusé de sortir avec lui si j'avais su, c'est juste que j'ai l'impression de découvrir une autre personne...

Michael a allumé le premier joint qu'il tend à Christophe. Celui-ci tire quelques bouffées avant de la tendre à Carolina pour qu'elle puisse fumer à son tour. Visiblement, Michael a compris qu'il ne reverrait pas ce premier joint et il est en train d'en préparer un deuxième. Il l'allume, aspire une taffe puis me le tend.

— Ophélie, vous essayez ?
— Je ne sais pas Michael, je n'ai jamais fumé de joint.
— Vous verrez, c'est très agréable. Prenez juste une petite bouffée pour commencer.

Je pourrais refuser, je devrais peut-être refuser mais je n'ai pas envie de casser l'ambiance. C'est certainement une des plus belles soirées de ma vie.

Je consomme donc pour la première fois de la drogue. Je tousse immédiatement. Pour le reste, je ne sens pas grand-chose. Je suis presque déçue... Michael a repris le joint. Il pose ses lèvres où j'ai posé les miennes. C'est une sorte de baiser par papier à cigarette interposé. Quand il me tend une deuxième fois la double zéro, je ne proteste pas. J'arrive même à avaler la fumée.

La soirée continue au rythme de ce passage particulier de témoin. Il me semble que Carolina et Christophe ont attaqué leur deuxième. Ils y vont fort !

Moi, je me sens superbien. Pour faciliter notre consommation mutuelle, Michael est venu s'asseoir sur le bras de mon fauteuil. Il est presque au-dessus de moi. Je le trouve plus beau que jamais. La marijuana me procure une sérénité incroyable. Je discute tranquillement avec Michael en me plongeant dans ses beaux yeux bleus.

À un moment Carolina se lève.

— Ouh, j'ai un peu trop fumé. Je vais prendre l'air. Christophe, accompagnez-moi.

Avant que j'aie eu le temps de comprendre ce qui se passe, ils sont sortis, nous laissant seuls, Michael et moi.

Après quelques minutes, Michael se lève également. Je n'ai pas le temps de ressasser ma déception de le voir s'éloigner de moi qu'il me tire par la main. Il a, tel un magicien (en fait grâce à une mini-télécommande qu'il tient dans sa main droite), augmenté le volume de la musique. Des enceintes dissimulées, sort la voix de Claude François, « Comme d'habitude » !

— Le deuxième numéro de notre tour de danse. Mais, cette fois, je ne chante pas !

Il a raison, je ne veux pas qu'il chante, je veux qu'il me prenne dans ses bras. Je m'aperçois à ce moment-là que la double zéro a un effet beaucoup plus fort que je ne l'ai cru. Sans le vouloir, je me love dans ses bras, la tête sur son épaule. Ses mains sont beaucoup moins sages qu'à Deauville. Elles sont vraiment très bas sur mon dos. Nous dansons ainsi pendant quelques minutes. Une chanteuse noire, dont j'ai oublié le nom, succède à notre Cloclo national. Je m'en fous, je ne veux pas savoir qui c'est, je veux juste profiter de ce moment dans les bras de Michael.

— Ophélie ?
— Mum ?
— Si je me rappelle bien, j'ai une dette à votre égard.

Mon esprit, où se mêlent les relents de l'alcool et la fumée de la marijuana, tente de faire le point.

— Mais la dette, vous l'avez honorée, samedi matin, après le breakfast.

— J'ai plutôt l'impression que c'est vous qui m'avez embrassé…

Il me prend par surprise. Je relève la tête de son épaule. Nos deux visages sont maintenant à quelques centimètres l'un de l'autre. Je plonge dans ses yeux, je voudrais même m'y noyer.

— Ophélie, vous êtes d'une beauté stupéfiante…

Et sans me laisser le temps de répondre ni même de profiter de ce compliment exceptionnel, il approche ses lèvres des miennes et m'embrasse.

Je ne sais pas si c'est la double zéro qui amplifie l'effet, mais je ne suis pas déçue de la façon dont Michael s'acquitte de sa dette ! Si le baiser samedi dernier était orgasmique, celui-ci l'est dix fois plus. Ses lèvres, sa langue jouent avec moi. Mon corps répond instinctivement. Non seulement je lui rends ses baisers passionnément mais mon bassin a épousé le sien. Je suis tellement collée à lui que mes pieds touchent à peine le sol. Michael est obligé de me soutenir dans ses bras. Il m'embrasse tellement bien... Il me pousse doucement vers le grand canapé et m'y allonge. Il est maintenant au-dessus de moi, mais il a la délicatesse de ne pas faire reposer tout son poids sur mon corps. Je prends son visage dans mes mains pour l'embrasser. Il est tellement beau. Je me sens vivre comme jamais. Oubliés, tous ces obscurs soupirants avec qui j'ai échangé quelques bisous. C'est le plaisir absolu, le bonheur à l'état pur.

La main de Michael descend, se pose délicatement sur ma cuisse. Je crois que je n'ai jamais connu une sensation plus douce et plus agréable. Elle est maintenant à l'endroit le plus délicat de ma cuisse. C'est un supplice entre chatouille et caresse délicieuse. Mais Michael affermit le contact de sa main pour ne pas risquer de me faire rire. Sa main remonte lentement. Elle se dirige dangereusement vers une zone très sensible. S'il pose la main sur ma culotte, je vais avoir un orgasme instantané. Je l'embrasse de plus en plus fougueusement à mesure qu'il s'approche de mon intimité.

La main est remontée jusqu'au creux de l'aine, à quelques millimètres de ma toison et guère plus loin de mon clitoris. Comme je m'y attendais, il a maintenant la main posée à plat sur mon sexe à travers ma culotte. Il ne bouge absolument pas mais la sensation est sidérante. J'arrête de l'embrasser pour gémir.

— Michael...

Puis une pensée me traverse l'esprit. Nous sommes sur le point de faire l'amour alors que Christophe et Carolina sont à quelques mètres et qu'ils peuvent revenir à tout moment.

— Michael, on ne peut pas... ils pourraient nous voir.

Il se relève et me regarde gentiment.

— Venez. On va aller se rafraîchir dans la piscine.

Je ne suis pas contre un tête-à-tête avec Michael dans cette magnifique baignoire géante au clair de lune. Je pourrai profiter de Michael en contrôlant cette irrépressible envie de lui faire l'amour. Comme cela, je ne tromperai pas Christophe... En même temps, je me sens tellement bien et la main de Michael m'a tellement excitée.

Nous arrivons à l'endroit où nous avons pris l'apéritif. Plus que quelques marches avant la piscine, Michael me précède. Soudain, il s'efface.

— Ah, je crois que la place est déjà prise...

Je vois dans la pénombre deux têtes collées l'une à l'autre ! Le choc, Carolina est allongée sur Christophe et ils s'embrassent ! Je suis stupéfiée par ce spectacle. Soudain Carolina soulève son buste et offre ses seins à son partenaire, en l'occurrence l'homme qui partage ma vie !

Je suis sciée. Est-ce l'effet de la marijuana mais je n'interviens pas alors que j'avais toujours imaginé que dans une telle situation, je hurlerais et défigurerais ma rivale.

Tout à son plaisir, elle lève la tête et j'ai l'impression qu'elle me fixe quelques instants puis elle descend le long du corps de Christophe. Elle est maintenant entièrement cachée à ma vue mais je devine aisément ce qu'elle est en train de faire. C'en est trop !

Soudain, je m'envole, mes pieds ne touchent plus le pont, ma tête est tournée vers le ciel. Et mes yeux se perdent dans le regard bleu de Michael. Il m'a prise dans ses bras.

— Venez, Ophélie, je crois que vous avez fait un mauvais rêve. Laissez-moi remédier à cela...

Dilemme entre le besoin de vengeance et l'envie d'un plaisir que j'attends depuis longtemps. Et puis, les yeux de Michael, le souvenir de ses baisers me font basculer. Finalement, c'est une bonne chose que Christophe et Carolina soient dans cette piscine en train de faire ce qu'ils font. Comme ça, je n'ai aucune raison d'avoir mauvaise conscience, plus rien ne m'empêche de profiter de Michael.

Mes bras s'accrochent à lui, je l'embrasse dans le cou. Il sourit.

— Ah, j'aime mieux ça. Je vais enfin pouvoir régler ma dette...

Ah ! parce que le baiser qu'il m'avait promis à Deauville, ce n'est pas celui de samedi matin ni celui de ce soir ? Je frémis de désir en imaginant la suite.

Il a réussi à descendre la coursive en me tenant dans ses bras. Nous pénétrons dans une chambre magnifique avec un lit gigantesque. Je vois immédiatement que ce n'est pas la chambre qu'il partage habituellement avec son épouse.

Il me dépose délicatement sur le lit, se saisit d'une télécommande et appuie sur un bouton. La lumière devient plus intime.

Il s'assied sur le lit et bascule lentement vers moi. De mon côté, je me recule vers la tête de lit pour m'adosser aux oreillers. Notre mouvement synchronisé s'apparente à une gazelle cherchant à échapper à un félin tout en le regardant, fascinée.

Mais c'est bien moi qui le dévore des yeux. Il me rejoint, je recommence à l'embrasser en tenant son magnifique visage à deux mains. Soudain sa main reprend la place qu'elle avait abandonnée quand j'avais interrompu sa progression. Elle est sur ma culotte, une fraction de seconde plus tard elle est à l'intérieur. La sensation est si forte que j'arrête de l'embrasser et je gémis. Il me sent si prête et si excitée qu'il glisse directement son doigt en moi. J'ai un moment d'apnée, je ne peux plus respirer. Enfin, j'expire dans une série de gémissements. Je pense que je suis tellement bruyante et démonstrative que l'on pourrait croire que j'en rajoute pour lui plaire. Il n'en est rien, je ressens vraiment des sensations uniques. Peut-être est-ce dû à la double zéro. Dans ce cas, j'en commanderai un kilo à Michael ! C'est plus certainement lié à la réalisation d'un fantasme vieux de dix ans. Souvent la réalité est inférieure au rêve mais, dans ce cas, c'est le contraire. Michael est allé chercher mon point G sans s'attarder outre mesure sur mon clitoris. Il a certainement raison car je suis assez excitée pour ne pas avoir besoin de stimulation supplémentaire. Je pense même que caresser mon clitoris pourrait même avoir un effet contre-productif.

J'ai guidé la tête de Michael vers mon cou qu'il embrasse sans retenue. Il me fait m'asseoir pour me retirer ma robe. Il dégrafe ensuite mon soutien-gorge. Il me regarde droit dans les yeux. Il est très sérieux, il ne rigole pas.

— Il est temps de payer ma dette.

Oh merde, je ne vais pas pouvoir en supporter plus. Comme je l'avais deviné, il glisse le long de mon corps. Quand il m'embrasse les seins, je geins de plus belle. Mes tétons sont durs et dressés. C'est à la limite du supportable. Il le sent et descend au niveau de mon sexe. Il m'enlève ma culotte si rapidement que j'aurais pu croire qu'il me l'a arrachée. Je n'ai pas l'occasion de me poser la question car il plonge tout de suite entre mes jambes. En un instant sa langue est en moi, dure et précise. Je suis pénétrée par un objet mouillé qui m'arrache un cri. Je crois que c'est la première fois que je crie vraiment pendant l'amour. L'utilisation de sa langue comme d'un sexe de petite dimension produit un effet diabolique. Tout d'un coup il me tend son doigt. Je le prends dans ma bouche et je le suce longtemps. Cet homme est non seulement beau mais il est diabolique. Quand il retire sa main, je le regarde. Je ne vois que ses beaux yeux bleus mais je sens toujours le plaisir que me donne sa bouche. Sa main disparaît de ma vue mais je sens soudain le doigt que je viens de sucer se glisser en moi profondément. Sa langue et son doigt, c'est beaucoup de plaisir, c'est trop de plaisir... Je gémis de plus en plus rapidement. Je vais vers l'orgasme mais un orgasme d'une telle amplitude qu'il ne pourrait même pas être mesuré par l'échelle de Richter.

Je crie, tous mes muscles se contractent ! Je me meurs... mais mon agonie est délicieuse.

Michael me laisse enfin en paix. Il fait bien. J'ai eu l'orgasme absolu, je peux quitter ce monde. Je ferme les yeux.

Quand je les ouvre, il est à côté de moi.

— Salut.
— Salut.
— Ça va ?
— Ça va.
— On peut considérer que ma dette est payée.
— Oui, on peut.

C'est amusant de penser que j'ai employé « Yes, we can », le slogan de campagne d'Obama : j'espère que Michael n'est pas républicain...

Je commence à reprendre mon souffle.

Michael me regarde avec un petit sourire amusé. Il se lève. Je m'aperçois qu'il était encore complètement habillé. Il déboutonne le premier bouton de sa chemise. Ses yeux bleus sont fixés dans les miens.

— Vous venez m'aider Ophélie ?

L'aider ? À se déshabiller ? À enlever sa chemise, son pantalon ? J'en rêve et je redoute à la fois ce moment. À vingt-six ans, dénuder un homme ne me fait pas peur. Mais là, on ne parle pas d'un homme, il s'agit de l'Homme, de la beauté et du charme absolus.

Je regarde ses yeux bleus. Il me tend la main. Je la prends. Je suis tout contre lui, comme pour un slow. Mes mains libèrent le deuxième bouton, le troisième, le quatrième, le dernier. La chemise est ouverte. Je passe mes mains sur sa poitrine. Je n'ai jamais caressé un homme aussi beau. Je remonte pour dégager la chemise de ses épaules et la faire tomber par terre. Il prend mes mains dans les siennes, les embrasse et les dirige vers sa ceinture. Le message est clair. On passe aux choses sérieuses...

Je me répète que j'ai vingt-six ans, que j'ai vu un certain nombre de sexes d'homme et que rien ne ressemble plus à un pénis qu'un autre pénis. Il n'empêche, je suis drôlement nerveuse. Même l'effet de la marijuana semble avoir été dissipé par le stress.

J'ouvre sa ceinture, puis son pantalon et sa braguette... D'un mouvement de hanches, il le fait tomber à terre, l'enjambe puis l'écarte d'un coup de pied.

Il me prend le menton, me transperce de son regard et m'embrasse profondément. Hum, il ne l'avait plus fait depuis environ cinq minutes et ça me manquait.

Après ce baiser, il me fait reculer jusqu'au lit. Il me prend par les bras et me pousse à m'asseoir.

Aïe, il veut que je lui rende la monnaie de sa pièce. Je ressens une émotion bizarre alors que j'ai son caleçon à la hauteur des yeux. J'éprouve une certaine excitation et, en même temps, j'ai l'impression d'entrer dans un autre monde, une autre sexualité, plus adulte, plus assumée, moins romantique... Je n'imaginais pas forcément les choses comme ça...

Mais c'est normal, Michael a quarante-six ans, c'est un homme, plus un gamin. Il sait ce qu'il veut et il vient de me prouver qu'il était capable de donner beaucoup. Et avec des résultats inédits ! Pas le moment de faire ma sainte nitouche.

Je prends son caleçon à deux mains et commence à le descendre. Je relève la tête et je vois qu'il ne perd pas une miette de ce que je lui fais. Son regard est brillant de passion. Du coup, ça renforce mon envie de lui faire plaisir.

Je dégage son sexe et fais tomber son caleçon à terre. Contrairement à ce que je pouvais imaginer, il n'est plus en totale érection, sans doute à cause du temps qu'il a passé à me satisfaire.

Je le prends dans mes mains, puis dans ma bouche. Je cherche à lui donner le plus de plaisir possible. Pour ma plus grande fierté, il retrouve assez vite toute sa vigueur. Il me caresse les cheveux et me guide dans ma fellation. Je me dis soudainement que je ne me rappelle pas avoir effectué une fellation à mon homme dans cette position. J'essaie de le prendre le plus loin possible en ouvrant ma bouche au maximum. Il est imposant et j'aime sentir son désir. Il m'appelle par mon nom dans une sorte de gémissement.

Soudain il s'arrache à ma bouche et me relève. Ses lèvres cherchent les miennes, sa langue dialogue avec la mienne. Il me pousse maintenant presque violemment contre le mur. Il m'embrasse avec passion, me mord la lèvre.

Il se dégage, s'éloigne quelques secondes, se penche vers le tiroir de la table de nuit et en tire un préservatif. Il amène le sachet devant ma bouche.

— Mords.

Il y a des moments où l'on ne discute pas les ordres. Je déchire le bout du sachet, Michael finit le travail et sort le préservatif. Il le déroule sur son sexe. Ah, les choses sérieuses vont commencer ! Je vais avoir Michael en moi, nous n'allons plus faire qu'un. Michael, j'ai tellement envie de toi. Viens vite sur le lit et fais-moi l'amour !

Mais ma star préférée a visiblement d'autres plans. Il me maintient contre le mur, il m'embrasse dans le cou. Sa main est sur mes seins, l'autre descend sur mon sexe. Je suis à nouveau dans un état extrême. Visiblement Michael n'y est pas indifférent.

— Ah, Ophélie, j'aime te sentir mouillée pour moi, mouillée et chaude...

Moi, les discours et les mots cochons pendant l'amour, ce n'est pas quelque chose que j'ai expérimenté et *a priori*, c'était un tue-l'amour. Mais là, dans la bouche de Michael, c'est différent, c'est excitant. J'aime qu'il sente ma passion pour lui et qu'il me le dise. L'inconvénient, c'est qu'il veut visiblement la même chose de moi.

— Ophélie, dis-moi que tu me veux, dis-moi que tu me veux en toi.

- Oui, Michael, je te veux.

C'est le maximum que je peux dire. Quand j'écris ces mots, je me rends compte maintenant que ça peut paraître cucul, mais sur le moment, quand on le ressent vraiment, dire cela à l'homme le plus beau du monde, c'est très fort comme sensation !

Sa main droite quitte mon intimité, lève ma jambe qu'il plaque contre sa hanche. Il plie les genoux pour se trouver à la bonne hauteur, prend son sexe dans sa main et le positionne à l'entrée de mon sexe.

Je sens son pénis contre mon clitoris quelques secondes avant qu'il ne me pénètre. C'est très fort autant dans la sensation physique que psychologique. J'ai vraiment le temps de me dire qu'il va être en moi, que je ne suis qu'à quelques millimètres et à quelques instants d'un moment unique.

Une fois bien positionné, Michael remonte d'un coup, son sexe entre en moi profondément. Je m'accroche à son cou.

— Michael !!!

Ç'aurait pu être un cri de douleur tellement il était fort. C'est un cri de plaisir et de surprise. J'ai l'impression de le sentir plus complètement en moi qu'aucun homme ne l'a jamais été.

Il me sourit.

— Ophélie !

Je crois qu'il se moque de moi. En même temps, il est ressorti de moi presque totalement pour revenir aussi fort.

Cette fois, je me mords les lèvres et je m'accroche encore plus à lui. Ses va-et-vient sont à la limite du brutal. Je n'ai pas l'habitude d'avoir des rapports de cette façon mais avec lui, c'est quelque chose d'unique. Son sexe frotte contre mon clitoris à chaque passage. Je gémis à chaque fois qu'il entre en moi. Il m'embrasse et me souris.

— Accroche-toi, Ophélie.

Il soulève ma deuxième jambe et me porte jusqu'au lit. Il est toujours en moi. Il est en moi, il ne bouge plus, il me regarde. Ses yeux bleus ont leur couleur troublée par l'intensité de l'effort et du plaisir.

— Ophélie, je veux jouir avec toi.

Moi aussi Michael, moi aussi. Je le pense très fort mais je ne peux pas lui dire.

Il me pénètre doucement. Il prend mes jambes et les pose sur ses épaules. Son visage est au-dessus du mien. Nous nous embrassons avec passion pendant qu'il recommence à me faire l'amour toujours avec la même intensité. J'ai l'impression que cette nouvelle position lui permet de rentrer encore plus profondément en moi. La douceur insupportable des baisers additionnée à la sensation de l'accueillir totalement en moi me procurent un plaisir et une montée vers l'orgasme uniques.

Michael me voit me crisper.

— Ophélie, dis-moi. Dis-moi le moment.

— Oh, Michael, maintenant, Michael.

Il se déchaîne, me pilonne... Je m'accroche à lui comme je peux. Soudain je le vois qui se tend et, malgré l'épaisseur du latex je sens son sexe se gonfler à plusieurs reprises quand il éjacule. Cette sensation est juste celle dont j'avais besoin pour exploser. Ce n'est plus un orgasme, c'est plus que cela. Y a-t-il un mot ou des métaphores pour qualifier ce que je ressens ? Je pourrais parler de déflagration nucléaire, mais c'est trop guerrier pour décrire un moment aussi positif. Pourtant, c'est certainement l'image la plus parlante. Il faudra demander à Laure, elle a peut-être connu ça. Encore que j'en doute... À ce moment-là, je me dis que je suis la seule femme au monde à avoir connu un tel orgasme. Je ne sais pas si je désire autre chose de cette vie terrestre. J'ai connu le summum et même le paradis divin ne pourra m'offrir quelque chose de plus fort.

Michael s'est effondré sur moi. Il pèse de tout son poids sur mon corps. Il est lourd mais j'aime la sensation d'écrasement procurée par cet homme magnifique.

Je fais courir mes mains sur son dos. Soudain, je sens un liquide un peu chaud et gras sur mes doigts. J'amène ma main vers mon visage. Merde, du sang !

— Michael, vous saignez ?

C'est à la fois une question et une affirmation. Il croise mon regard et me sourit.

— Oui, Ophélie, je savais que vous étiez du signe du Lion mais j'avoue avoir sous-estimé le côté félin en vous.

Il se tourne. Merde, je l'ai griffé, il saigne du dos à plusieurs endroits !

— Oh, Michael, je suis désolée, je ne l'ai vraiment pas fait exprès.

— C'est flatteur, Ophélie, ne vous en faites pas.

— Mais ça doit être douloureux ! Attendez, je vais voir si je trouve de quoi vous soigner.

— Ophélie, je vous dis que ce n'est rien...

Je ne veux pas le laisser dans cet état. Malgré ses dénégations, je vais dans la salle de bains. Je suis un peu confuse et, en même temps, amusée et fière... Et puis, je me dis que contrairement à la plupart des hommes, Michael n'est pas chochotte. J'en ai connu un certain nombre pour qui la terre s'arrêtait de tourner dès qu'ils avaient un petit bobo. Michael, lui, c'est un homme, un vrai !

Dans la salle de bains, il n'y a pas de produit désinfectant mais je trouve des compresses de coton. J'en humidifie quelques-unes et je retourne dans la chambre.

— Laissez-moi vous aider, Michael.

Je vais jouer à l'infirmière avec Michael Brown que j'ai blessé lors de mon deuxième orgasme sur son yacht... Cela dépasse mes rêves les plus fous...

La nuit était alors très avancée. Nous étions épuisés par l'amour, l'alcool et la drogue. Je me suis endormie aux côtés de Michael sans une pensée pour Christophe qui devait lui aussi dormir quelque part sur le yacht.

Quand je me suis réveillée, j'étais seule dans la chambre. J'ai regardé ma montre, il était 11 h 30. Je suis remontée sur le pont où nous avions dîné, j'ai vu la table préparée pour le petit déjeuner. J'étais seule là aussi. J'ai remarqué que le bateau était de retour à Bonifacio, à quai. Marco, le maître d'hôtel, est apparu quelques instants plus tard.

— Bonjour, madame.
— Bonjour. Il n'y a personne ?
— Non, madame. M. Michael et Mme Carolina ont un déjeuner à l'extérieur. Ils ont préféré vous laisser dormir. M. Christophe est également parti. Il a pris la voiture pour rentrer à votre logement mais il s'est arrangé avec M. Michael et nous allons vous raccompagner par la mer ou par la terre, comme vous le souhaitez.

Ainsi, Christophe m'a plantée en prenant la voiture... En même temps, c'est peut-être mieux de se laisser un peu de temps avant de se revoir. En attendant, il faut prendre des forces.

— Je peux avoir quelque chose pour le petit déjeuner ?
— Bien sûr, madame. Comme l'autre fois ?
— Oui, très bien, merci Marco.

Ce matin avant le retour au quotidien du camping, j'ai continué à jouer à la femme de milliardaire, dans un sens à la femme de Michael. J'avais le yacht pour moi, Marco à mon service...

Pour cette même raison, j'ai demandé à ce que l'on me raccompagne par la mer même si c'était deux fois plus long que par la route.

Il y a une petite heure, le Zodiac m'a déposée à la plage du Petit Sperone. Je suis rentrée à pied redoutant les retrouvailles avec Christophe. Que dire dans ce cas ?

Il a fauté mais moi aussi... Faut-il en parler ou éviter le sujet ? J'ai essayé d'appeler Laure pour lui demander son avis mais elle n'est pas joignable.

En arrivant à la tente, il n'y avait personne. Christophe m'avait laissé un mot pour me dire qu'il faisait de la planche. Il ne devrait pas tarder à rentrer maintenant...

13 août 2014, 14 heures

Je suis un peu inquiète. Je n'ai pas de nouvelles de Christophe. Il ne répond pas sur son portable quand j'essaie de le joindre. Je ne l'ai pas revu depuis cette nuit alors que, lorsque je l'ai laissé, tout allait bien pour lui, très bien même.

Michael a envoyé deux personnes à sa recherche, une au camping, une à Bonifacio.

Pourtant, l'après-midi d'hier s'est beaucoup mieux passé que prévu.

En attendant Christophe, j'ai eu le temps de réfléchir à ma nuit avec Michael et aux implications qu'elle allait avoir pour mon couple.

J'ai essayé d'être rationnelle.

En premier lieu, le point le plus positif est que j'ai réalisé mon plus grand rêve : j'ai eu une aventure avec Michael Brown.

Au niveau sexuel, c'était au-dessus de ce que je pouvais imaginer non seulement dans mes dix ans de fantasme mais également de ce que je pouvais espérer de l'acte en lui-même. Sur le plan purement sexuel, c'était au-delà de tout niveau d'orgasme que j'ai pu expérimenter.

Bizarrement, cela ne renforce pas ma passion pour Michael. Au contraire, ça casse le fantasme pour entrer dans le domaine du réel. C'était beaucoup moins romantique mais beaucoup plus fort. Cela paraît paradoxal mais c'est ainsi. Je ne sais pas si je dois m'en réjouir.

Il fallait quand même préparer ce que j'allais dire à Christophe. D'abord, il fallait que je sache moi-même ce que je voulais. Le quitter ? Lui revenir s'il était d'accord ? Mais, dans ce cas, cela voulait dire que mon aventure avec Michael devait cesser... en avais-je vraiment envie ? Et si je quittais Christophe, est-ce que Michael quitterait Carolina ? Il ne m'avait donné aucune indication à ce sujet.

Je n'avais pris aucune décision quand Christophe est revenu. Il s'est penché tout de suite et m'a donné un baiser léger sur les lèvres. Rien de vraiment engageant mais, en même temps, c'était le signe que tout n'était pas cassé entre nous.

— Salut.

— Salut.

— Je viens de recevoir un SMS de Michael. Il nous propose d'aller sur le yacht de James. Ils organisent un poker. Je pense qu'il veut une revanche.

Incroyable. Nous venons tous les deux de passer la nuit avec une tierce personne, donc de nous tromper mutuellement, et il me parle d'une partie de poker. J'ai du mal à le croire.

— Et tu veux y aller ?

— Oui, bien sûr. C'était très sympa l'autre soir et j'ai pris goût aux yachts.

Il me sourit comme si c'était une blague entre nous. Merde, Christophe, on a couché avec Carolina et Michael, et tu me proposes de les revoir aujourd'hui sans même clarifier la situation !

— Et tu es conscient qu'il y aura Carolina et Michael ?

Il prend un instant pour réagir. Son regard est plus grave.

— Bien sûr puisque c'est Michael qui nous invite. Écoute, Ophélie, ce qui s'est passé est passé, il ne sert à rien de revenir là-dessus. De toute façon, on ne peut pas revenir dans le passé, *Retour vers le futur* c'est au cinéma avec Michael J. Fox. Là, c'est la vie réelle.

Il se met lui aussi à faire des citations cinématographiques ! Où va-t-on ? Ça prouve que ces six mois avec moi n'ont pas été inutiles. Bon, au niveau de la culture cinéma, Zemeckis ce n'est pas non plus Antonioni... En revanche, le propos de Christophe n'est pas si idiot que cela et il résout le problème de mon indécision. Nous allons décider de ne pas prendre de décision...

— Donc, pratiquement, on se laisse porter par les événements ?

— Dans un sens oui. J'y ai bien réfléchi, c'est une aventure hors du temps. On ne peut pas la juger selon les normes habituelles. Tu te rappelles quand on regardait *Friends* tous les deux ?

Bon, maintenant on passe aux références télé... si je suis juste, au meilleur de la télé.

— Oui, et... ?

— Il y a cet épisode où Chandler et Ross établissent la liste de cinq célébrités avec lesquelles ils ont le droit de coucher.

Je ne me rappelle plus vraiment.

— Et... ?

— S'ils couchent avec une personne de leur liste, cela ne compte pas. Nous, c'est un peu pareil sauf que l'on n'avait pas vraiment établi de liste au préalable...

Christophe a une manière tout à fait incroyable d'arranger les choses. Soit il est d'une grande maturité, soit il ne tient pas tant que ça à moi. De toute façon, ça m'arrange car je ne veux pas qu'il me pose de questions sur ce qu'il y a entre Michael et moi. En plus, je ne saurais pas trop quoi lui répondre.

C'était assez surréaliste mais nous sommes repartis pour le port de Bonifacio comme s'il ne s'était rien passé.

Nous avions rendez-vous sur le bateau de Carolina et Michael. Ils nous ont accueillis comme de vieux amis en nous embrassant chaleureusement sans aucune référence à la soirée précédente. Carolina a été particulièrement amicale. Quand elle m'a prise dans ses bras, j'ai eu du mal à réaliser qu'elle savait que j'avais passé la nuit avec son mari ! Soit elle n'en avait rien à faire, soit elle simulait la bonne humeur de façon incroyable. En même temps, elle avait couché avec mon mec ! Moi, j'y voyais quelque chose qui me mettait de mauvais poil : plus je me disais que son sourire était proportionnel aux prouesses sexuelles de Christophe, plus je m'assombrissais.

Heureusement, Michael a deviné la raison de ma mauvaise humeur et m'a glissé un mot à l'oreille :

— Ophélie, vous ne me demandez pas des nouvelles de mes blessures ?

Il me regardait avec son sourire magnifique et son regard teinté d'ironie. Sa beauté et son humour m'ont instantanément détendue.

— Pourquoi, Michael, vous avez croisé une groupie ?
— Vous n'avez pas idée, Ophélie.
— Vous regrettez, Michael ?
— Pas une seconde, Ophélie, pas une seconde...

Moi non plus Michael, je ne regrette rien. À cette minute, je pense que j'aurais échangé mes six mois avec Christophe contre cette seule nuit.

Nous sommes ensuite allés sur le yacht des Anglais. Aussi inconcevable que cela paraisse, il est encore plus grand que celui de Michael et de Carolina. La soirée ressemble à s'y méprendre à celle que nous avons vécue deux jours plus tôt. Seul le personnel a changé : il n'est plus italien mais anglais. Le buffet est encore plus somptueux, les vins plus chers...

Nous avons reformé les deux équipes masculine et féminine. Christophe est incroyablement à l'aise avec James, notre hôte de ce soir, avec Robert, l'avocat et même avec Michael. Il n'a pas l'air de se rendre compte que ces gens n'ont rien à voir avec lui, avec nous.

Il faut reconnaître que tout le monde est extrêmement gentil et personne n'affiche de signes ostentatoires de sa fortune. Cependant, des détails ne trompent pas comme la beauté et la jeunesse de l'Italienne qui accompagne Robert ce soir. Compte tenu de l'âge et du physique de l'avocat, il n'aurait aucune chance de l'avoir à son bras s'il n'avait pas beaucoup d'argent. De même, je pense que je pourrais travailler cent ans sans pouvoir me payer le collier que porte Allison, l'épouse de James. Il faudrait me marier avec Michael pour éventuellement pouvoir prétendre en posséder un qui lui ressemble.

Me marier avec Michael, c'est une perspective qui n'est plus aussi inenvisageable depuis les événements de la nuit précédente. Même si le chemin qui mène à l'autel sera très long et très tortueux à en juger par l'amabilité que déploie Carolina à mon égard alors que Michael ne m'a pratiquement plus adressé la parole depuis que nous sommes sur le yacht de James. En revanche, il est venu à plusieurs reprises voir sa femme pour prendre de ses nouvelles et l'embrasser. J'ai du mal à suivre... Sont-ils en train de donner le change en public ? Ils ne peuvent quand même pas encore être amoureux l'un de l'autre. Si c'était le cas, ils n'auraient pas pu coucher avec Christophe et moi. Je n'ai pas de réponse à ces questions mais je ne m'en formalise pas plus que ça : je préfère me laisser porter par la soirée, par les conversations, par le plaisir de déguster des plats fins, par les bulles du champagne que je bois...

Vers 23 heures, comme s'il s'agissait d'un rituel bien établi, Christophe me rejoint pour sa partie de poker.

— Ophélie, nous allons jouer.

— Tu viens me demander la permission ?

Il est embêté.

— Non, je viens te le dire, par courtoisie.

— Tu sais ce que tu fais ? Tu ne vas pas commettre d'imprudence ?

— Non, je maîtrise. Ce sont les mêmes joueurs qu'hier à l'exception de Robert. J'ai pu étudier leur jeu, je suis plus fort qu'eux. Et ce soir, j'ai beaucoup moins bu qu'eux.

— Ok, alors bonne chance.

— Ophélie, il ne faut jamais souhaiter « bonne chance » à un joueur, cela porte malheur !

Les superstitions des sportifs comme des joueurs de poker, cela me dépasse, je trouve ça idiot mais je ne veux pas stresser Christophe inutilement.

— Si cela peut te faire gagner, je te dis le mot de Cambronne.

— Dis-le vraiment, Ophélie, s'il te plaît !

— Bon, alors, « merde ».

Je me dis que l'expression américaine « Break a leg » est quand même moins vulgaire. Dans le fond, je m'en fous. Si je peux lui faire plaisir de cette façon, ça ne me coûte rien. Il m'en est reconnaissant et m'embrasse sur la bouche avant de me quitter.

Le problème, c'est qu'une heure plus tard je commençais à en avoir vraiment assez. Allison nous avait fait visiter son bateau. Magnifique, rien à dire. C'est après que j'ai vraiment commencé à m'ennuyer. Je suis redescendue voir les joueurs de poker. Christophe avait à nouveau beaucoup de jetons devant lui, les choses se passaient bien. Je ne suis pas restée de peur de lui porter la poisse.

J'ai pris une coupe de champagne dans la main gauche, une bouteille de Ruinart rosé dans la droite et je suis montée, seule, sur le pont supérieur du yacht. Je me suis assise et j'ai regardé les autres bateaux, plus bas, autour de nous. J'ai écouté les bruits qui émanaient des nombreux restaurants sur la jetée. Je me suis versé une coupe, puis une autre...

J'ai beaucoup pensé à Michael. Être dans ses bras, faire l'amour avec lui, sentir sa langue, son sexe en moi... Je suis amoureuse de lui depuis si longtemps que je ne sais pas si le fait d'avoir consommé notre union a changé les choses. Je n'arrive pas vraiment à réaliser, peut-être à cause de l'attitude de Christophe, de Michael et de Carolina. À les regarder, on dirait qu'il ne s'est rien passé.

Ce que je ressens est tellement différent. Je voudrais aller leur crier le plaisir que j'ai éprouvé quand Michael et moi avons joui ensemble. Ce serait l'électrochoc qui me permettrait de profiter pleinement de mon sentiment amoureux. Pour l'instant, le déni qui m'entoure m'exaspère.

Alors que je termine ma seconde coupe, je sens une présence derrière moi.

— Alors, Ophélie, vous vous faites un tête-à-tête avec votre bouteille de champagne ?

J'étais en train de penser à Michael. Dans un film, ce serait lui qui m'aurait rejointe pour partager un moment romantique. Dans la vie, la vraie, c'est sa femme.

Discuter avec Carolina, c'est loin d'être insupportable mais ce n'est clairement pas ce dont j'ai envie précisément à ce moment-là.

— Oui, c'est un dialogue qui coule assez facilement.

— Je vous comprends. La soirée est un peu longue avec nos accros du poker qui nous ont abandonnées. Je ne pense pas attendre Michael, je vais rentrer au *Pleasure is Mine*. Les autres femmes sont en train de partir. Si vous voulez venir avec moi, je vous invite volontiers. Sauf si vous préférez rester avec Allison, en attendant Christophe. Mais ça risque d'être long…

Allison, elle est gentille mais je pense en avoir eu ma dose. Carolina est plus drôle et elle a pour elle autre chose que des yeux bleus, des fossettes et des taches de rousseur. Carolina et moi partageons quand même la passion du cinéma.

— Merci, Carolina, je vais venir avec vous. Je vais juste vérifier que Christophe n'a pas besoin de moi.

Quand je suis redescendue, le tas de jetons devant Christophe avait certainement doublé. Il doit être très fort à ce jeu. Entre deux donnes, je lui ai rapidement glissé à l'oreille que je partais avec Carolina. Il a eu une réponse monosyllabique. Il était très concentré. Il n'était pas le seul d'ailleurs : il y avait une tension à la table qui était absente deux jours avant.

Quinze minutes plus tard, nous étions de retour dans le salon du *Pleasure is Mine*. Marco nous a proposé un café. Carolina voyait les choses un peu différemment.

— Merci Marco, le café c'est parfait. Mais il faudra nous mettre un seau à glace et une bouteille de Perrier-Jouët. À moins, Ophélie, que vous ne préfériez continuer au Ruinart rosé ?

Je me suis dit que j'étais vraiment entrée dans un autre monde, un monde où l'on peut choisir le champagne que l'on y peut boire... Moi, dans ma vie normale, lors d'une soirée, je cherche juste à trouver une marque qui ne me flanquera pas une gueule de bois le lendemain...

— Merci, Carolina, je veux bien continuer au Ruinart rosé.

— Bien, Marco, apportez-nous une bouteille de chaque.

Trois expressos plus tard, j'ai à nouveau une coupe dans la main et je discute avec Carolina comme si nous étions les plus vieilles amies du monde. En fait, on parle surtout d'elle, de sa carrière, des films qu'elle a faits, des réalisateurs qu'elle a rencontrés. Pour quelqu'un qui, comme moi, aime le cinéma, c'est passionnant. C'est une femme fascinante qui est arrivée au sommet par elle-même, un parcours étonnant des faubourgs de Mexico aux villas de Beverly Hills.

Elle est charismatique mais elle est également d'une beauté renversante. Comme d'habitude, elle a battu des records de décolleté. Sa coiffure est relevée et son chignon met ses épaules en valeur. Elle est incontestablement plus femme que moi, elle n'est pas aussi grande mais elle a de l'allure, de la classe.

— Vous me trouvez comment Ophélie ?
— Pardon ?
— J'ai vu que vous m'observiez. Que pensez-vous de moi, Ophélie ?

Oh merde, ce doit être le champagne. Elle a raison, je l'observais. Que dire maintenant ?

L'avantage d'être légèrement saoule, c'est que les réponses sont plus spontanées, on ne passe pas cinquante ans à chercher une réponse diplomatique.

— Vous êtes superbe Carolina, vous êtes d'une grande beauté.

Elle me fait un sourire. Elle partage avec son mari le don de sourire autant par le regard qu'avec la bouche.

— Merci, Ophélie, je suis contente de vous plaire... Que diriez-vous de regarder si nous pouvons trouver un peu de double zéro pour terminer cette soirée ?

Encore de la marijuana en plus de l'alcool ! Je vais devenir une vraie accro. Je ne sais pas si c'est raisonnable. De toute façon, la question de Carolina était de pure forme, elle n'a pas attendu ma réponse pour se précipiter sur le coffret de son mari. Une fois la précieuse herbe trouvée, elle prépare un joint et se montre au moins aussi douée que Michael dans cette activité. Elle dégage une vraie sensualité quand elle lèche le papier à cigarette pour le coller. Je préfère ne pas imaginer les effets de cette langue sur le sexe de Christophe. L'idée m'a quand même traversé l'esprit mais elle ne m'a pas irritée. Je dois avoir adopté la philosophie de Christophe : voir venir, se laisser porter par le courant...

Carolina me passe le joint. Voilà qui va m'aider à lâcher prise. J'ai appris à fumer et, sans être l'égale de Carolina, je ne suis plus ridicule dans cet exercice.

Il me fait plus d'effet que la première fois. Je me sens vraiment partie, la conversation me semble lointaine. Mais je me sens bien, c'est le principal. Carolina et moi sommes installées toutes les deux sur le canapé, collées l'une à l'autre comme deux vieilles amies et parlant des couples de Hollywood et de la difficulté à séparer vie personnelle et vie professionnelle tout en partageant un joint. Le sujet est un peu délicat étant donné que j'ai couché avec son mari la nuit dernière et elle avec mon petit ami.

— Vous savez, Ophélie, les films ce n'est pas la réalité, il faut être capable de jouer même pour les scènes d'amour.

— Mais vous avez pourtant empêché Michael de tourner avec Rooney Mara à cause d'une scène d'amour.

Merde, c'est sorti comme ça, je ne devrais jamais fumer et boire en même temps, je me mets à raconter des choses que je ne devrais pas. Je ne sais pas ce que dirait Michael s'il l'apprenait ! En tout cas, Carolina n'a pas l'air de s'en être formalisée. Elle sourit.

— Si Michael vous a parlé de ça, c'est qu'il vous fait confiance. En fait, ce n'était pas de la jalousie par rapport à cette actrice. Je ne voulais pas que Michael tourne cette scène parce que lui et moi avons décidé un jour de ne jamais tourner de scènes de nu.

Je peux comprendre Carolina. Avec le développement d'Internet, je n'aurais pas non plus envie de me retrouver dans le plus simple appareil sur YouTube ou Dailymotion.

— En revanche, Ophélie, les scènes de baisers ne sont pas si difficiles à tourner.

— Quand même, je ne sais pas si je pourrais embrasser n'importe qui si je jouais dans un film.

— D'abord, ce n'est jamais « n'importe qui », c'est toujours quelqu'un de séduisant ou de charismatique, la « crème de la crème ».

— Je suis d'accord mais, personnellement, je ne sais pas si je pourrais.

— Bien sûr que vous pourriez. C'est très facile d'embrasser.

Et là, sans prévenir, elle se penche vers moi et pose ses lèvres sur les miennes.

Dans mon état normal, j'aurais fait un bond de six mètres de haut. Mais là, je ne réagis pas, mes lèvres se laissent faire par les siennes. Elle est penchée sur moi et sa langue envahit ma bouche à la recherche de la mienne. C'est incroyable, mais presque comme par réflexe, ma langue se tend vers la sienne. Il faut dire qu'elle embrasse divinement. C'est fondamentalement différent d'un baiser de garçon. J'ai l'impression que c'est plus doux, plus sensuel, plus mouillé. Je sais, cela ne semble pas avoir de sens mais c'est ainsi. Nous nous embrassons pendant une trentaine de secondes sans que nos corps soient en contact.

Puis, aussi soudainement qu'elle a commencé, elle s'arrête.

— Vous voyez, Ophélie, vous pourriez, vous aussi, être actrice. Il ne manquait que les caméras...

Et voilà, je viens d'embrasser la première femme de ma vie, comme cela, sans raison, sans désir préalable ! Il faut vraiment que je me méfie des effets de cette double zéro !

Carolina est vraiment très étrange. Ce baiser ne semble avoir provoqué aucun émoi chez elle. Était-ce vraiment juste pour me démontrer qu'elle avait raison ? Elle ne peut pas être lesbienne puisqu'elle est mariée à Michael.

Visiblement, pour elle, cela n'a aucune incidence sur la conversation. Elle est intarissable et me parle maintenant de ses activités annexes. Après avoir voulu être décoratrice d'intérieur, elle a trouvé sa voie et dessine des collections de lingerie et de maillots de bain.

— Ma première collection est sortie en novembre dernier et je termine ma première saison. Les maillots de bain ont bien marché. Vous en avez d'ailleurs essayé quelques-uns. Ils vous ont plu ?

— Je les ai trouvés magnifiques, notamment celui que j'ai choisi. Votre collection de lingerie a-t-elle rencontré le même succès ?

— Beaucoup moins, je ne sais pas pourquoi. Peut-être est-elle trop sophistiquée, peut-être est-ce un problème de prix ?

Elle reste silencieuse, songeuse...

— Ophélie, vous accepteriez de me donner votre avis ?

— Oui, bien sûr.

— Venez avec moi.

Je la suis dans les coursives du bateau. Nous entrons dans une chambre que je ne connais pas. Ce n'est pas la cabine dans laquelle j'ai fait l'amour avec Michael. Ce n'est pas non plus la chambre de Michael et de Carolina. Il y a un grand bureau où l'on peut voir de nombreuses esquisses de femmes en dessous. Les cloisons sont recouvertes de dessins. Je m'approche pour les regarder. Les silhouettes dessinées par Carolina sont gracieuses et sophistiquées. L'ensemble de son travail est magnifique. Elle a un coup de crayon incroyable.

— Vous voyez, Ophélie, je ne suis jamais vraiment en congé. Quand nous sommes en mer, comme je dois rester à l'intérieur du yacht, je dessine. Je prépare la prochaine collection. J'envoie les dessins dans une usine en Italie où les dessous sont fabriqués. Je vais d'ailleurs y passer quelques jours pour choisir les tissus et vérifier la confection. Qu'en pensez-vous ?

Je suis vraiment impressionnée.

— J'adore. J'aime beaucoup vos modèles.

— J'en ai déjà reçu quelques-uns de l'atelier. Regardez, ils sont arrivés ce matin.

Elle se dirige vers un grand carton d'où elle extrait guêpières, porte-jarretelles, culottes, strings et toutes sortes de soutiens-gorge. Elle me les tend au fur et à mesure. Ce n'est plus un carton, c'est la boîte de Pandore, dans un sens positif pour une fois.

— Posez-les sur le lit, s'il vous plaît, Ophélie.

J'ai toujours adoré la jolie lingerie mais, malheureusement, je n'ai pas les moyens de m'offrir des dessous de grandes marques.

Alors pour moi, ce moment où je dispose la lingerie que me tend Carolina comme j'installerais la vitrine du Printemps, c'est comme un rêve.

Cela me rend volubile. Je commente chaque pièce que je dépose sur le lit. Je suis dithyrambique, j'aime tout.

— C'est génial, Carolina, j'adore votre collection.

Elle me fait un grand sourire.

— Merci, Ophélie, quelle est votre pièce préférée ?

Quelle question difficile ! Comment comparer un saphir, une améthyste et un rubis !

Après une longue hésitation, je choisis une guêpière en dentelle noire.

— Je crois que c'est elle, ma pièce préférée. Elle est sophistiquée et raffinée. C'est difficile de faire un choix car tout est si beau.

— Vous portez des guêpières à Paris ?

— Non, jamais. À vrai dire, je crois que je n'en ai jamais possédé.

Elle me prend la guêpière des mains.

— Je pense qu'elle pourrait vous aller. Vous voulez l'essayer ?

C'est le supplice de Tantale. J'adorerais l'essayer mais je me rappelle la scène du maillot de bain. Carolina est un peu bizarre par moments et je n'ai pas forcément envie de me dénuder devant elle.

— Je ne sais pas vraiment. Il y a un endroit pour se changer ?

Bon, je sais, ça sonne un peu cruche comme question mais je n'ai pas pu m'empêcher de la poser.

Carolina a semblé comprendre mon inquiétude. Elle me répond sérieusement même si je décèle une nuance ironique dans ses mots.

— Oui, ne vous faites pas de souci, vous pouvez prendre la cabine en face, de l'autre côté de la coursive. On va se faire un défilé rien que pour nous deux. Je vais passer mon ensemble préféré de mon côté. Tenez, voici la culotte pour la guêpière. Prenez ces bas, ils doivent être à votre taille.

Une minute plus tard, je me déshabille avant de mettre la culotte. Ensuite, je me bats quelques minutes avec la guêpière pour trouver comment l'attacher, puis avec les bas que je fixe aux jarretelles. J'hésite à remette mes chaussures. Je ne pense pas que la hauteur de talon soit suffisante. Je me regarde dans la glace. L'image qu'elle me renvoie me plaît énormément. Je suis magnifique, sans fausse modestie ! Comme quoi, l'habit fait bien le moine... Je suis maintenant aussi sophistiquée que les dessous que je porte. Un détail à changer, la coiffure ! Je prends un élastique dans mon sac et me fais une queue-de-cheval haute. Voilà, c'est parfait. Soudain, je me dis que j'aimerais que Michael me voie ainsi. Je pense que j'arriverais à lui faire perdre son flegme. Je ne sais pas si c'est un signe de l'évolution de mon état d'esprit mais je m'aperçois que, lorsque je pense à un homme, c'est maintenant à Michael que je pense.

Je m'adresse une grimace dans la glace. Ce n'est pas très classe de fantasmer sur le mari de la femme avec qui je suis en train de passer la soirée ! C'est un peu pervers...

Il est temps de montrer le résultat à Carolina.

Quand je rentre dans sa cabine, Carolina est de dos. Elle porte une jolie culotte en satin noir et est en train de passer un caraco assorti. Je suis arrivée un peu tôt et elle est à moitié nue ! C'est un peu gênant mais pas si grave.

— Oh ! pardon, Carolina, je suis désolée !

J'aurais mieux fait de me taire car mon exclamation l'a fait se retourner avant que le tissu ait recouvert sa poitrine. Ah, merde, elle a vraiment une sacrée poitrine ! Laure n'avait pas tort, on ne boxe absolument pas dans la même catégorie ! Elle doit faire du 95D au moins. Je ne l'envie pas forcément mais je dois reconnaître que je suis impressionnée par sa beauté.

— Il n'y a pas de mal, Ophélie. Alors, montrez-moi le résultat. Venez, avancez jusqu'ici.

Elle va vers le lit, enlève la lingerie que j'y avais posée et s'assied pour me regarder. Elle me détaille assez longtemps puis me demande de tourner sur moi-même.

— C'est un très bon choix. Cet ensemble vous va merveilleusement. Vous avez bien fait de vous relever les cheveux, cela met en valeur vos épaules mais également votre cou et la naissance de vos seins. Comment vous trouvez-vous Ophélie ? Vous aimez cette guêpière ?

— Carolina, je n'ai jamais rien porté d'aussi beau. C'est un rêve, j'ai l'impression d'être une star !

Elle rit et m'enveloppe d'un regard chaleureux.

— Mais vous avez la beauté d'une star, Ophélie. Ce modèle vous va parfaitement, je vous le donne.

Je manque de m'étrangler. C'est un cadeau d'une grande valeur, je n'ose même pas imaginer le prix que cet ensemble coûte !

— Carolina, c'est très gentil mais je ne peux pas accepter, c'est beaucoup trop !

— Mais si, vous pouvez. Si vous refusez, je penserais que tous les compliments que vous avez eu la gentilesse de me faire concernant mes créations n'étaient pas sincères...

Je tombe immédiatement dans le piège.

— Mais si, Carolina, je vous assure, j'étais on ne peut plus sincère !

— Je sais, je sais. N'en dites pas plus, acceptez mon cadeau.

Quel beau présent ! J'ai les larmes aux yeux, bouleversée par tant de gentillesse. Je me précipite vers Carolina, toujours assise sur le lit. Je me penche vers elle et l'embrasse sur les deux joues en la serrant dans mes bras.

Et puis, soudain, l'image de Michael revient s'imposer à mon esprit. La fatigue, le champagne rosé, la marijuana, la gentillesse de Carolina, ma liaison avec son mari... Tous ces éléments se combinent et des larmes viennent couler doucement sur mes joues.

— Ophélie, que vous arrive-t-il ? Asseyez-vous à côté de moi.

Je m'exécute. Elle caresse mon visage et essuie quelques larmes avec son index. Elle porte ensuite son doigt à sa bouche.

— Ophélie, vous êtes plus salée que la Méditerranée !
Elle me regarde gentiment.

— Je peux comprendre que la situation vous semble un peu compliquée, Ophélie. Il ne faut pas tout analyser, profitez du moment, vous êtes jeune...

Encore une qui veut me pousser à adopter la philosophie du « *Carpe diem* » ! Soit ils se sont donné le mot, soit je suis la seule à côté de la plaque.

— Michael était en dessous de la vérité quand il m'a parlé de vous après Deauville. Vous êtes très belle Ophélie, très désirable...

Michael lui a parlé de moi après Deauville ?!? ! Il ne lui a quand même pas tout dit, j'espère... Je n'ai pas le temps de réfléchir car Carolina s'est penchée vers moi et elle m'embrasse sur la bouche.

Ses lèvres pressent les miennes, sa langue force le barrage de mes dents.

S'il y avait un doute quelconque sur sa bisexualité après les épisodes de l'essai de maillot de bain ou du baiser de cinéma, ce doute est maintenant complètement dissipé !

Je ne suis d'ailleurs pas vraiment surprise par son attitude mais plutôt par ma réaction. Non seulement je ne résiste pas mais je réponds à ses baisers ! Mon esprit est circonspect et n'a pas formellement donné son accord, mais ma bouche, comme dotée d'une vie propre, accepte le baiser de la belle Latino.

Ça y est, c'est la schizophrénie totale : je deviens bisexuelle avec la femme de mon amant ! Elle a ajouté de la cocaïne dans la double zéro ou quoi ?

Carolina profite de mon absence de protestation pour m'allonger sur le lit. Elle s'est couchée sur moi et sa langue s'est lancée dans une exploration de mon palais ! Si je pouvais douter de la fougue sexuelle des Mexicaines, ce n'est définitivement plus le cas.

Je commence à reprendre conscience et je me rends compte du guêpier dans lequel je me suis fourrée. J'essaie de parlementer.

— Carolina, Carolina...

Elle me ferme la bouche en m'embrassant. C'est fou ce que c'est difficile de discuter avec quelqu'un qui vous mord la lèvre ou vous en caresse l'intérieur avec sa langue. Il est difficile de garder un discours clair dans ces conditions !

— Carolina, il ne faut pas...

Entre deux baisers, elle justifie son offensive. Sa voix a changé, elle est rauque, chargée de désir :

— Vous n'aimez pas mes baisers Ophélie ?

Que voulez-vous que je réponde à ça ? À la vérité, sur un plan purement physique, je vous avouerais volontiers que j'apprécie mais, moralement, je ne peux pas puisque j'ai couché avec votre mari.

Cette réponse ne peut malheureusement pas sortir de ma bouche. Celle que je lui sers n'est pas aussi tranchée.

— Si Carolina, mais on ne peut pas...

— Est-ce à cause de Michael, Ophélie ? Vous avez peur qu'il n'apprécie pas ?

Oh merde, elle, elle n'hésite pas. B2, coup au but, touché et coulé ! Je ne sais vraiment pas quoi répondre.

Heureusement, elle arrête et s'assied. Le problème, c'est que, comme elle est assise sur moi, je ne peux pas en faire autant ! Elle me regarde très sérieusement, droit dans les yeux.

— Vous êtes vraiment jolie, j'aime votre silhouette, la grâce de vos petits seins. Pourquoi Michael serait-il le seul à avoir le droit d'en profiter ?

En disant cela, elle enlève son caraco. Elle est à moitié nue sur moi ! Je suis en train de faire un cauchemar. Je vous en supplie, pincez-moi, jetez-moi un seau d'eau, il faut absolument que je me réveille.

— Que pensez-vous des miens Ophélie ? Ils sont très sensibles et très doux ! Prenez-les dans vos mains.

Elle a pris ma main droite et l'a mise sur son sein gauche ! Elle se sert de ma main pour caresser son mamelon. L'horreur absolue ! Je sais maintenant que moi je ne suis pas bisexuelle ! Malgré cela, je ne réagis toujours pas, je suis paralysée par l'étrangeté de la situation.

Il faudrait pourtant sortir de cet état catatonique car Carolina progresse sans faiblir dans son attaque. Elle a posé mon autre main sur son sein droit. Elle a réussi à faire durcir les deux mamelons en se servant de mes mains comme de sex-toys !

Elle bascule ensuite sur moi et m'écrase de son corps. Elle m'embrasse mais maintenant je suis beaucoup moins coopérative que quelques minutes auparavant. Je suis néanmoins toujours aussi figée qu'un lapin pris dans le faisceau des phares d'une voiture. Sa main est maintenant sur l'intérieur de ma cuisse. Dans un instant, elle va me caresser.

Il faut vraiment que je réagisse sinon elle va me violer. Enfin peut-être que le terme est trop fort mais je ne souhaite absolument pas faire l'amour avec elle.

Soudain, une voix grave nous interrompt.

— Alors, les filles, vous profitez de mon absence pour vous amuser sans moi ?

De façon amusante (enfin relativement au contexte), Carolina et moi répondons en chœur :

— Michael !

Carolina s'est relevée.

— Hello, Michael, tu arrives juste au bon moment.

— Je vois ça. Ne vous arrêtez pas pour moi, le spectacle des deux plus belles femmes du monde en train de se caresser n'est pas pour me déplaire.

Il plaisante là ou il est sérieux ? Il y a trois solutions :

1) Il veut nous regarder en train de faire l'amour ;

2) Selon le fantasme le plus commun chez les hommes (mais heureusement rarement mis en application), il va se joindre à nous pour une partie à trois ;

3) Il va sortir son pistolet, tirer sur sa femme, la jeter au fond de la mer avec un poids pour que le corps ne remonte pas, faire croire à une noyade accidentelle, m'épouser et me faire trois bébés aux yeux bleus.

La troisième solution est évidemment la plus tentante mais la moins probable. Cette fois, l'analyse de la situation ne me demande pas une éternité. L'arrivée de Michael m'a sortie de ma torpeur. Je profite de ce moment de flottement pour bondir hors de la cabine. Je fonce dans la coursive en direction de l'escalier.

Michael m'appelle par mon nom et se lance à ma poursuite. Je fonce sans me retourner. Je ne suis pas certaine de connaître le chemin de la sortie. Un escalier se trouve au fond de la coursive. Je monte les marches quatre à quatre. Une autre coursive. Au fond, je reconnais, c'est le salon où nous avons fumé. Ce n'est donc pas la bonne direction. Je tourne à gauche. Je vois le quai du port. Je m'approche mais je suis un niveau trop haut. Merde, où se trouve l'escalier pour descendre ? Ah, ici ! Je vais pouvoir rejoindre la passerelle pour débarquer.

Le salopard a dû prendre un raccourci ! Ce n'est pas du jeu, je ne connais pas le bateau aussi bien que lui. Il m'attend tranquillement, les mains dans les poches, les manches de sa chemise retroussées sur ses avant-bras. Il me regarde en souriant. Dans la pénombre, il est d'une beauté stupéfiante. Je m'arrête net néanmoins et commence à remonter les marches en reculant sans le lâcher des yeux.

— Ophélie, c'est moi qui vous fais peur à ce point ?

Je ne dis rien. Je gravis une autre marche. Il me suit en restant à une distance constante d'environ deux mètres.

— Ophélie, vous ne comptiez quand même pas vous promener dans le port de Bonifacio en guêpière de dentelle noire avec des bas. Je reconnais que la tenue vous sied parfaitement mais elle pourrait donner lieu à une mauvaise interprétation de la part des autorités locales...

Visiblement, il se fout de moi. Il a raison, je suis ridicule. Dans ma précipitation, j'ai oublié que j'étais en dessous et que toutes mes affaires, y compris mon sac, étaient dans la cabine en bas. Ah, merde, c'est pas vrai, qu'est-ce que je vais faire ? Où est Christophe ? Je veux rentrer, je suis fatiguée, j'en ai marre. Je ne veux plus jouer à la milliardaire... Je m'assieds et je me mets à pleurer. Je regarde mes mains et les larmes glissent sur mon visage...

Michael s'est approché.

— Ophélie, ce n'est pas grave. Ophélie, regardez-moi. Si vous voulez, je vais aller chercher vos affaires, vous pourrez vous changer et, si vous le désirez, je vous ferai raccompagner. C'est ce que vous voulez ?

Je n'ai pas la force de lui répondre autrement que par un signe de tête.

Il me prend par la main et me fait descendre. Je le suis dans les coursives du bateau. Je crains de tomber sur Carolina. Au bout de quelques minutes, il ouvre la porte d'une cabine.

Tiens, encore une nouvelle chambre. Ce doit au moins être la cinquième ou sixième que je vois dans ce yacht.

— Ophélie, vous pouvez rester là. Je vais chercher vos affaires. Je reviens dans un instant.

Au moment où il va franchir le pas de la porte, je le retiens par le bras.

— Michael, ne partez pas !

— J'en ai pour une minute.

— Je vous en supplie, ne me laissez pas.

La fatigue, la drogue, l'alcool, le trouble puis la peur causée par la scène avec Carolina, tout cela me pousse à me jeter dans les bras de Michael.

Il a un instant de surprise puis il referme ses bras pour me serrer fort. Je tremble comme une malade.

— Ophélie, je ne laisserai personne vous faire du mal ou même vous effrayer. Je vais m'occuper de vous, Ophélie, je vous le promets.

Ses paroles sont le réconfort dont j'avais besoin. Michael, mon Michael va me protéger ! Je me blottis encore plus contre lui.

— Je sais ce qui vous ferait du bien, Ophélie. Un bon bain. Je vais vous le préparer. Je crois que j'ai du bain Kneipp aux essences de genévrier pour vous relaxer. Vous pouvez m'attendre ici...

Je m'accroche à lui comme à une bouée de sauvetage après le naufrage de mon bateau. Il a visiblement compris le message.

— ... ou, si vous le préférez, m'accompagner dans la salle de bains.

Il se dégage doucement de moi et me prend par la main pour aller vers la baignoire dans l'autre pièce.

— Asseyez-vous là. Lâchez-moi la main deux secondes, Ophélie, pour que je puisse faire couler l'eau et y ajouter les essences. Je vous promets de vous la rendre et de la mettre à votre disposition tout le reste de la nuit, si vous le désirez.

Son ton est ironique mais il est doux et gentil. J'hésite à lui obéir.

— Promis ?

— Juré, croix de bois, croix de fer, si je mens, je vais en enfer.

Je m'exécute et je le regarde me préparer mon bain dans cette magnifique baignoire ovale qui pourrait accueillir quatre personnes.

J'observe l'eau jaillir des robinets et cette vision me calme. Michael est en train de tester la température avec sa main et il dose la quantité de sels qu'il verse dans la baignoire. Le regarder s'occuper de moi ainsi m'attendrit. Il est beau et il est gentil. Je ne comprends pas comment il peut être mariée avec cette folle nymphomane !

— Ophélie, c'est prêt. Vous souhaitez que je vous laisse seule ?

Je fais un signe de dénégation de la tête.

— Bon, venez, Ophélie, je vais vous aider à enlever ce joli ensemble.

Je me retourne pendant qu'il m'enlève ma guêpière. Puis il m'assied sur le rebord de la baignoire pour faire glisser mes bas le long de mes jambes. Il est à mes pieds et je ne jurerais pas qu'il n'a pas profité de la situation pour me caresser les jambes.

— Ophélie, vous êtes d'une beauté parfaite mais je crois, néanmoins, que vos jambes sont la partie de votre corps que je préfère.

Son compliment achève de me redonner le moral et je suis même capable d'une petite provocation. Je descends ma culotte, la prends dans ma main et je la lui tends. Il se trouve maintenant face à mon sexe nu mais je me retourne rapidement pour me glisser dans l'eau moussante.

— Michael, venez me rejoindre, je ne veux pas être seule dans ce grand bain...

— Je suis heureux de voir que vous avez retrouvé le sens de la parole.

Il n'a pas tort, je n'ai pas dû dire plus de quatre mots depuis mon évasion ratée.

— Vous êtes sûre, Ophélie ?
— Certaine.
— Bon, je vais me déshabiller et je reviens dans une minute.

Pas question de louper un strip-tease de Michael Brown ! Quand je pense aux millions de femmes qui rêveraient d'être à ma place.

— Vous pouvez vous déshabiller ici, Michael...

Il me regarde, un peu surpris. Je profite de mon avantage.

— Je vous promets que je ne regarderai pas... enfin presque pas...

Il me fixe de ses yeux bleus et éclate de rire.

— Bon, je vois que la véritable Ophélie est de retour. Vous pouvez regarder, jeune fille, un homme aussi beau que moi, vous n'en avez sûrement pas vu beaucoup.

— Vous avez raison, je suis certaine que vous êtes dans mon top 10.

— Pas mieux ?

Il enlève sa chemise bouton par bouton, puis la fait glisser par terre.

— Pas trop vite Michael, laissez-moi profiter...

Il défait sa ceinture, ouvre sa braguette puis fait tomber son pantalon à ses pieds. Il est en caleçon. Il est vraiment superbeau. Il est musclé, bronzé et il a... ce tatouage trop sexy juste en dessous du nombril ! Ce tatouage, c'est l'ultime signe de sensualité et de modernité. C'est comme pour David Beckham mais en mieux. D'abord parce qu'il n'y en a qu'un et qu'il semble être la clé qui garde le trésor caché.

Ce trésor, Michael, ne veut pas me le montrer trop rapidement. Il se tourne pour descendre son caleçon. Je l'admire. Il parlait de la beauté de mes jambes mais quand je vois les siennes et ses fesses... On parle toujours du cul des femmes mais je peux vous dire que chez l'homme, c'est aussi un élément physique primordial !

— Ouah, Michael, ne bougez plus !

Il tourne la tête et me lance un grand sourire.

— Si vous avez peur de ce que vous allez voir, vous pouvez fermer les yeux, jeune fille.

— Non, Michael, vous n'y êtes pas. Je souhaite juste profiter de chaque centimètre carré de peau que vous me révélez !

Une fois nu, il se tourne et se dirige vers la baignoire. Son sexe est en érection ! Visiblement, la situation l'excite...

— Laissez-moi un peu de place.

Il se glisse derrière moi et m'attire vers lui. Je suis confortablement installée entre ses bras et contre son torse, dans cette immense baignoire et je respire l'odeur enivrante du genévrier. C'est drôle comme on peut passer rapidement du désespoir au bonheur absolu.

Nous restons dans cette position un temps infini, en tout cas assez longtemps pour qu'il soit obligé d'ajouter de l'eau chaude à deux reprises.

L'eau chaude et les essences que j'inspire m'ont permis de recouvrer tous mes sens. Je me retourne et embrasse Michael. Je commence doucement par la recherche de ses lèvres puis je deviens passionnée. Il y a trop de choses à oublier dans cette nuit si longue et si étrange. Je me saisis de son membre que je masturbe presque violemment. Je me frotte contre son sexe en érection si proche du mien. Je suis comme folle, je suis prête à lui faire l'amour dans la baignoire, à oublier toutes les leçons de précaution, à l'enfourcher maintenant à cet instant.

Michael est certainement plus lucide que moi ou il maîtrise mieux son désir. Il me prend sous les aisselles pour me soulever et m'asseoir contre le mur sur la margelle de la baignoire. Il plonge entre mes jambes dans un cunnilingus qui me rappelle instantanément notre première nuit. Il lève ma jambe droite pour la poser au niveau de mes fesses. Je suis maintenant totalement offerte et ouverte pour ses baisers. Je profite de ce moment de plaisir les mains perdues dans la chevelure de Michael. Je le pousse plus profondément en moi. Je veux sa langue en moi, je la veux sur mon clitoris, je la veux sur mes lèvres, je veux qu'elle cherche mon point G et me donne un orgasme.

La présence de Carolina quelque part dans le bateau n'a aucune importance, je gémis sans me soucier du volume sonore et de la discrétion. Pour la première fois, je guide Michael et je l'encourage. Je vais droit vers un nouvel orgasme, le troisième avec Michael. Cet homme arrive à me faire jouir comme personne. C'est intense, c'est délicieux, c'est violent. Ma jambe gauche se tend soudainement et vient frapper mon amant sur l'épaule droite et le propulse en arrière dans l'eau !

Une seconde pour vérifier qu'il va bien et voir son air ahuri et j'éclate de rire. Je lui ai presque fait boire la tasse.

— Ainsi, ça vous fait rire, jeune fille... Préparez-vous, ma vengeance va être terrible !

Il sort de la baignoire puis me prend dans ses bras, direction la chambre. Il me jette sans ménagement sur le lit. Je me mets sur les coudes pour admirer sa beauté et pour me préparer psychologiquement à la suite. J'aime ce moment qui précède l'acte en lui-même. Je le scrute de bas en haut, ses mollets, ses cuisses, son sexe qui sera bientôt en moi, ses abdos, ses pectoraux et son visage. Son visage, c'est la perfection mâtinée de maturité. Quelques rides viennent entourer des yeux bleus qui brillent. Je connais ce regard, c'est le présage d'un moment sexuel intense. Ça va être chaud !

Je le vois saisir un gros oreiller et me le tendre.

— Tourne-toi, mets-le sous ton ventre.

Je m'exécute. Je vois exactement ce qui va se passer. Là encore, ce n'est pas forcément dans mes habitudes sexuelles mais je suis excitée par la voix et les ordres de Michael.

— Allonge-toi au maximum. Écarte les jambes.

Il plonge derrière moi pour embrasser mon sexe. Est-ce que le deuxième round va être une répétition du premier ? Non, c'était juste un baiser sur mon intimité.

Il se recule. Je ne peux pas le voir mais les bruits du plastique puis du latex me donnent une idée de ce qui va suivre.

Je sens ses genoux se positionner entre mes jambes. Il les force à s'écarter. Il positionne son sexe à l'entrée du mien et me pénètre d'un coup profondément.

Je ne connais pas Michael depuis longtemps et je ne suis sa maîtresse que depuis quarante-huit heures mais je pense avoir compris ce qu'il aime sexuellement. Il correspond au lit à cette image de mâle qu'il véhicule à l'écran. Il me fait l'amour avec force et puissance. Il est entre mes jambes, son torse au-dessus de mon dos soutenu par ses bras. L'intensité de l'effort fait saillir les muscles de ses biceps. Je subis cet assaut avec plaisir. J'aime sentir cet homme que j'aime se déchaîner dans la passion.

Il semble être dans le contrôle total. C'est le premier homme qui est capable de m'attendre pour l'orgasme.

Mon orgasme vient sans même que je ressente celui de Michael. Il est aussi ravageur que les autres, les mots sont impuissants pour le décrire. Je reste pantelante, épuisée.

Michael me retourne et s'allonge à côté de moi. Il m'embrasse doucement sur les lèvres.

— C'était bien.

— C'était mieux que cela. Tu ne peux pas savoir... Et toi ?

— Le début était formidable, la fin va certainement être encore meilleure...

Oh merde, il n'a pas joui ! Je ne sais que dire. Il retire le préservatif.

— Je voulais être certain que tu parviennes à l'orgasme Ophélie. J'ai attendu et puis après tout est allé trop vite. Mais ce n'est pas grave. Ça va me permettre d'assouvir un fantasme que j'ai depuis le jour où je t'ai rencontrée dans le hall de cet hôtel de Deauville. Je veux jouir dans ta belle bouche, Ophélie.

C'est le choc, Michael a fantasmé sur moi dès notre première rencontre ! Ce que j'ai ressenti il y a dix ans quand je l'ai vu en photo dans un magazine lui est arrivé quand il m'a vue à Deauville. Le coup de foudre, le « love at first sight » que tout le monde pensait impossible entre une jeune fille de Saint-Germain-en-Laye et un acteur célébrissime de Hollywood a finalement eu lieu.

Bon, si on veut être plus exact, la réalité est plus sexuelle que les romances à l'eau de rose, on n'est pas dans *Cendrillon* ni dans *La Belle au bois dormant*. C'est normal, c'est un homme de quarante-six ans, il est normal qu'il exprime son désir. Cela n'enlève rien au fait qu'il m'a remarquée et qu'il a tout fait pour que nous soyons ensemble.

Malgré ma fatigue et mon désir de plonger dans les bras de Morphée, je ne peux lui refuser ce plaisir qu'il attend depuis plusieurs mois. Il a réalisé mon fantasme, je vais réaliser le sien.

Je glisse le long de son corps, je me saisis de son sexe dans ma main, ma langue fait le tour de son extrémité. Il gémit, sa main se porte sur ma tête pour me pousser à le prendre plus complètement. Visiblement, et je peux le comprendre, il a le désir et le besoin d'une fin rapide. Je commence à le faire aller dans ma bouche.

— Plus profond, Ophélie, plus profond...

Je cherche à le satisfaire mais c'est difficile. J'espère ne pas le décevoir... Il a l'air d'avoir tellement envie de ma bouche. Mon expertise en fellation est pourtant réelle mais jamais personne n'a jamais exprimé un tel besoin. Il fait pression sur ma nuque. Je le caresse avec mes deux mains pour pouvoir lui donner le plaisir qu'il mérite. Je le prends dans ma bouche autant que je le peux. Heureusement, ma persévérance est récompensée. Je sens qu'il se contracte, je sens soudain une petite goutte salée dont le goût ne m'est pas inconnu. Et, soudain, il déverse son sperme dans ma bouche. Dans son plaisir, sa seconde main a rejoint la première et elles se sont crispées sur ma tête, m'empêchant tout mouvement.

Même si j'avais voulu éviter que sa semence ne vienne se déverser contre mon palais, je n'aurais pas pu. Le problème, c'est que, même si c'est Michael, ça ne rend pas pour autant le goût plus agréable !

J'en ai avalé un petit peu et j'aimerais bien aller dans la salle de bains pour me débarrasser du reste. Mais Michael, terrassé par le plaisir, ne semble pas vouloir me libérer et je dois me résoudre à ingurgiter la totalité de son sperme. Il me garde encore un long moment dans cette position puis il me relâche. Il se penche sur moi et me lance ce regard bleu dont je ne me lasse pas.

— Merci.

Si le côté animal de notre acte et la fellation finale avaient pu me faire douter de mes sentiments pour lui, ce simple mot suffirait à tout effacer. Il est beau, il est généreux et je crois qu'il m'aime.

Il m'embrasse d'une douce pression des lèvres puis me prend dans ses bras.

La dernière sensation que j'ai de cette soirée, c'est ma tête reposant sur son épaule et son bras m'entourant la taille.

Ce matin, avant de m'apercevoir que Christophe avait disparu, j'ai pris mon petit déjeuner seule. Pas de Carolina ni de Michael, ça devient une habitude.

Alors, face à mon thé, à mon jus de pamplemousse et à mes viennoiseries, j'ai texté avec Laure.

« Hello, tu peux m'appeler Ophélie Brown. »

Heureusement, cette fois, elle m'a répondu.

« Non ! Tu l'as fait ? »

« Yes ! »

« Orgasmes ou pas ? »

« Quatre ! »

« Tu déconnes ! En une nuit ? »

« Non, quand même pas, en deux. »

« Tu as passé deux nuits avec lui ? Je suis verte de jalousie ! »

« Mais il ne te plaît pas ! »

« Oui, mais s'il est capable de te faire jouir quatre fois, moi ce serait huit ou même seize fois... »

Avec Laure, tout est prétexte à compétition. Je ne rentre pas dans son jeu.

« Au moins. »

« Et sa femme ? »

« Elle, je l'ai juste embrassée. »

« C'est quoi ce délire ? Tu as embrassé Carolina ? »

« Oui. Ah, j'oubliais, je lui ai aussi caressé les seins. »

« Tu as fumé ou quoi ? »

« Oui, également, et c'est peut-être une des raisons pour lesquelles ça s'est passé ainsi. »

« Tu vas me dire que tu as fait un plan à trois avec Michael et Carolina ? »

« Ils m'ont proposé mais, tu me connais, j'ai une sexualité un peu old school, j'ai préféré un tête-à-tête avec Michael. »

« Jure sur ta tête que c'est vrai. »

« Je le jure sur ma tête. »

« Non, attends, sur la tête de Roméo. »

« Je le jure sur la tête de Roméo. »

« Incroyable, je regrette de ne pas pouvoir le dire à David. J'ai hâte que tu me racontes tout ça de vive voix. »

« Ah oui, ne lui dis rien, ne le dis à personne. C'est un secret entre nous deux. »

« Ça ne risque pas. David et moi, c'est fini ! »

« Non, c'est pas vrai ? Aïe, Michael arrive. On se parle plus tard. »

J'ai dû abandonner ma copine de façon un peu abrupte. Michael m'a saluée sans même m'embrasser sur les joues, à l'américaine. Avec la possible présence de Carolina et la proximité de l'équipage, j'ai pu comprendre son attitude mais cela m'a quand même fait un peu mal après notre nuit.

Il s'est assis à table et a pris un expresso. On a discuté de choses et d'autres, jusqu'au moment où il a abordé un point plus important.

— Je reviens de l'aéroport où je viens d'accompagner Carolina. Elle est partie en Italie pour faire la visite de ses ateliers de lingerie.

— Oui, elle m'en a parlé.

En fait, je ne savais pas qu'elle partait aujourd'hui. Nouvelle intéressante. Je suis donc seule avec Michael. Enfin seule, si on excepte Christophe. D'ailleurs, où diable est-il, celui-là ? Je lui ai envoyé un SMS ce matin et je n'ai pas de nouvelles.

— Michael, savez-vous où Christophe peut être ? Je lui ai envoyé un SMS et il ne m'a pas répondu.

— Non, hier soir quand j'ai dû quitter la partie, il gagnait toujours. Moins qu'avant, mais il était toujours positif.

— Pouvez-vous me faire conduire au camping s'il vous plaît ?

— Je peux envoyer quelqu'un le chercher. Vous pourrez l'attendre ici. C'est mieux comme ça, vous ne courez pas le risque de vous croiser s'il décide de revenir au yacht.

J'ai accepté l'offre de Michael. Il ne me reste plus qu'à l'attendre ici.

13 août 2014, 23 heures

Je me suis promenée toute seule au bord de la plage. Le monde vient de s'écrouler sous mes pieds. Quel que soit le résultat final, les relations entre Christophe et moi ne pourront plus jamais être les mêmes.

En même temps, je ne devrais pas être surprise, nous avons joué avec le feu et nous nous sommes brûlés.

Je suis restée dans l'incertitude tout l'après-midi. Les gens que Michael avait envoyés à sa recherche étaient rentrés bredouilles.

À 19 heures, j'ai décidé de rentrer au camping. Michael était inquiet, pour Christophe mais surtout pour moi. Il m'a fait promettre de lui donner des nouvelles. Il a aussi décidé de me faire raccompagner par un membre de l'équipage. Au moment de nous quitter, il m'a gardée longtemps dans ses bras. Ça m'a fait du bien de sentir quelqu'un à mes côtés dans cette épreuve. Michael, c'est non seulement un homme magnifique physiquement mais c'est également quelqu'un sur qui on peut compter. Je sens qu'il tient vraiment à moi. Le moment est mal choisi mais je me dis que quelque chose de sérieux est peut-être en train de naître entre nous.

En arrivant à la tente, pas de Christophe. Rien n'avait bougé depuis que nous avions quitté le camping ensemble la veille. Il n'avait pas couché là…

Pas de mot non plus. J'ai échangé quelques SMS avec Michael. À 22 heures, il a proposé de venir me chercher pour que je passe la nuit sur le yacht. J'avoue que j'étais très tentée de rejoindre le luxe et surtout le réconfort d'une présence amie dans cette épreuve. J'ai refusé pour ne pas tirer un trait définitif sur mon histoire avec Christophe. Il méritait bien, après neuf mois de liaison, que je lui accorde une soirée d'attente et d'angoisse. Michael a compris ma décision même s'il n'était pas ravi. Il m'a dit qu'il faudrait prévenir la police si Christophe ne réapparaissait pas.

Vingt minutes plus tard, Christophe a surgi devant moi. Il était méconnaissable, pas rasé, les vêtements froissés et sales.

— Christophe, mais où étais-tu ?
— Tu es au courant ?
— Tu aurais pu me dire où tu étais. J'étais morte d'inquiétude !
— Alors, tu es au courant ?
— Au courant de quoi ? De quoi parles-tu ?
— La partie de poker...

Je me suis figée, glacée par ce que je pressentais.

— Tu as perdu ! Beaucoup ?
— Pas mal...
— Dix mille ?
— Tu refroidis...
— Vingt mille ?
— Tu refroidis...
— Plus de trente mille ?
— Ah, tu commences à chauffer...
— Dis-moi, c'est insupportable !
— Quarante-deux mille et des poussières.

C'était pire que tout ce que j'aurais pu imaginer.

— Mais comment est-ce possible ?

— Quelques mauvaises décisions et un ou deux tirages de carte malheureux...

— Mais je croyais que vous jouiez à deux cents la blinde !

— Ça, c'était au début. Après c'est monté et on a fini à dix mille dollars...

— Dix mille dollars, mais c'est dingue, c'est le prix d'une voiture ! Et Michael, pourquoi est-il parti ?

— Il a préféré arrêter après avoir perdu environ dix mille dollars. Peut-être qu'il avait mieux à faire sur le yacht... Qu'en penses-tu ?

J'ai ignoré l'insinuation. Christophe avait raison et l'admettre n'améliorerait en rien la situation.

— Comment tu vas faire pour payer ? Tu l'as cet argent ?

— Non, je dois avoir en tout et pour tout mille euros, sur mon Livret A.

— Et merde ! Et tu le dois à qui, cet argent ?

— Principalement à James et un peu à Robert.

— Et tu penses qu'ils ont pu tricher ?

— Non, pourquoi dis-tu cela ? Ils m'ont battu de la manière la plus régulière qui soit. D'ailleurs la dernière donne qui m'a été fatale, c'est moi qui distribuais.

— Et tu vas faire quoi ?

— Je ne sais pas, je vais appeler ma banque demain matin pour savoir s'ils veulent me faire un prêt. Je pourrais aussi voir avec ma sœur mais ils viennent juste d'acheter un appartement. Je préférerais éviter de taxer mes parents.

J'ai noté qu'il ne m'avait pas mentionnée. Je ne lui ai fait aucune proposition de mon côté. J'étais assez fâchée.

— Mais comment as-tu pu faire une connerie pareille ? Pourquoi n'es-tu pas rentré en même temps que Michael ? Tu gagnais à ce moment-là, non ?

Il m'a jeté un regard limite mauvais.

— Peut-être inconsciemment pour te laisser la possibilité de baiser avec Michael une fois de plus...

C'était dégueulasse de sortir ça comme défense. Je n'ai pas réagi, il a enfoncé le clou :

— Parce que, hier soir, tu ne t'inquiétais pas trop de mon sort, n'est-ce pas ? Vous avez baisé combien de fois ? Une, deux, trois ? C'était bien ? Il t'a fait jouir ?

— Ce n'était pas bien, c'était beaucoup mieux que cela. C'était unique !

Là, j'y suis allée fort. Il a blêmi. À mon tour d'attaquer :

— Enfin, tu n'avais pas l'air de te plaindre quand je t'ai vu dans la piscine du bateau l'autre soir avec Carolina. Quand tu lui as léché ses gros seins, tu n'avais pas trop l'air non plus de te préoccuper de mon sort. Et quand je l'ai vue descendre entre tes jambes, c'était pour chercher ses verres de contact ? Pour ta gouverne, à ce moment-là, je n'avais pas encore couché avec Michael. Je ne pense pas que j'aurais cédé si je n'avais pas vu cette grosse vache en train de te tailler une pipe !

— Bien sûr, tout est ma faute. C'est marrant, la dédicace c'était pour qui ? L'invitation, c'était pour qui ?

Continuer à s'insulter ne servait à rien. Ce que je lui ai dit n'était que partiellement vrai. Si un de nous deux rêvait de coucher avec une star, c'était certainement plutôt moi avec Michael que Christophe avec Carolina. Mais, en revanche, c'était lui qui s'était engagé dans cette voie périlleuse avant moi. Les torts étaient partagés et se renvoyer les responsabilités à la figure ne sert à rien.

— Ok, laissons tomber ce sujet. On va essayer de trouver une solution. Je vais parler à Michael. Peut-être qu'il pourra faire quelque chose. Après tout, il est un peu responsable, il avait promis de veiller sur toi.

— Ok.

La rapidité avec laquelle Christophe a accepté de cesser les hostilités et d'étudier ma solution montrait dans quel état de désespoir il était.

— Christophe, va prendre une douche en attendant. Cela te fera du bien.

Il a hoché la tête, a pris quelques affaires et s'est dirigé vers les salles de douche du camping. On était bien loin du luxe que je connaissais depuis ces derniers jours.

Une fois seule, j'ai envoyé un SMS à Michael.

« Christophe est rentré. Problème : il a perdu quarante-deux mille dollars au poker. Une idée pour solutionner ce problème ? Ophélie. »

J'avais bien conscience que mon message manquait de chaleur mais j'étais déçue par la légèreté de Michael. Il avait dit qu'il s'occuperait de Christophe...

J'ai reçu une réponse dans les cinq minutes.

« J'en parle à Robert. On va trouver quelque chose. Vous voulez venir dormir sur le yacht ? »

« Non, merci, nous allons rester là ce soir. »

« Tu es sûre. Tu peux venir seule, si tu veux. »

« Merci, non. Je reste avec lui. Il n'est pas très en forme... »

« D'accord, rendez-vous sur le yacht demain à 10 heures. Nous allons trouver une solution. »

« Ok, à demain. »

Christophe ne devrait pas tarder à revenir. Je vais me mettre en tenue et me coucher. La dernière fois que Christophe et moi nous sommes glissés ensemble sous cette couette dans cette tente me semble si loin... C'était presque une autre vie, une vie tellement plus simple... Pourtant il y a trois jours, je faisais l'amour avec Christophe et il m'amenait à l'orgasme... Est-ce que je souhaiterais revenir en arrière ? Non, depuis, il y a eu Michael...

14 août 2014, 14 h 45

La croisée des chemins. Dans quelques minutes, dans un quart d'heure exactement, tout va se solutionner d'une manière ou d'une autre. Peut-être que tous mes rêves seront exaucés... ou peut-être pas... Cela dépend de moi, de ma décision... enfin pas totalement...

Si Christophe refuse, la proposition de Michael à mon intention tiendra-t-elle toujours ? J'en doute car même s'il souhaite la maintenir, je ne pense pas que Robert sera d'accord. Il lui dira que le risque est trop grand, qu'il faut se faire une raison et renoncer.

En ce qui me concerne, je vais accepter. Les événements me poussent dans une direction et je ne peux plus reculer. Michael et Robert m'ont demandé de bien réfléchir et de ne consulter personne. C'est strictement confidentiel et je dois décider toute seule.

Christophe est descendu du yacht. J'espère qu'il rentrera à l'heure pour donner sa réponse.

La situation est très tendue, je ne sais pas quelle décision il va prendre.

Ce matin, nous nous sommes levés assez tôt, et nous étions plus optimistes que la veille. Notre relation était elle aussi meilleure quand nous sommes allés prendre notre petit déjeuner au bar du camping.

Sur le yacht, nous avons été accueillis par Michael et Robert dans le salon où nous avions fumé. Il y avait une tension dans la pièce. On était loin de la soirée double zéro ! Ils nous ont invités à nous asseoir et Marco est venu nous demander ce que nous voulions boire.

Là où j'ai senti que la situation était encore plus compliquée que prévu, c'est quand tout le monde est resté silencieux en attendant le retour de Marco. Nous étions tous les quatre face à face, Michael et Robert d'un côté, Christophe et moi de l'autre.

Marco nous a servi puis Michael a pris la parole :

— Christophe, Ophélie, Je me sens un peu responsable de la situation. Robert et moi avons beaucoup discuté et nous pensons avoir trouvé une solution. Robert va vous l'exposer.

J'aurais dû ressentir un soulagement immédiat mais ça n'a pas été le cas. Le ton assez formel de Michael, le fait qu'il demande à son avocat d'exposer la solution... Et puis, j'ai vu les chemises posées sur la table devant Robert. J'ai pu lire à l'envers le nom inscrit sur le premier dossier : Ophélie Delacour. J'ai suffisamment vu de films et lu de livres sur des avocats américains pour comprendre que l'on entrait dans une phase de négociation, une négociation d'un genre spécial, genre « C'est à prendre ou à laisser », une négociation dans laquelle Christophe et moi n'aurions rien à négocier...

J'ai préféré ne pas regarder Christophe. Je ne voulais pas voir si lui aussi avait compris ou si l'annonce de Michael l'avait rempli d'espoir. Dans ce cas, je ne voulais pas le priver de ces quelques secondes d'illusion.

Robert a pris la parole. Ce n'était plus le même homme que celui qui embrassait la jolie Italienne en faisant des bons mots. Ce Robert-là ressemblait plus à celui qui avait essayé de nier la présence de Michael à Bonifacio lors de notre première rencontre.

— Tout d'abord, je tiens à préciser que Michael n'a aucune responsabilité dans la perte financière de Christophe. Aucun des autres joueurs n'a, non plus, de responsabilité en dehors d'avoir joué au maximum de ses capacités pour gagner. Chaque joueur était majeur et conscient des enjeux. Aucun n'était sous l'emprise de stupéfiants. Le résultat, bien que malheureux pour Christophe, n'est la faute de personne. Je pense que nous sommes tous d'accord sur ce point...

J'ai senti Christophe se crisper sur ma droite mais il n'a fait aucun commentaire. Robert a continué son exposé :

— Nous avons donc compris que Christophe avait des difficultés à honorer sa dette et que vous vous demandiez si nous pouvions l'aider. De notre côté, nous avons également besoin d'aide. Comme vous le savez, Michael et Carolina sont des personnages publics dont l'image est d'une importance capitale pour leurs carrières respectives. Ils vous ont fait confiance et se sont livrés avec vous à des activités qui, bien qu'entièrement légales, pourraient leur être préjudiciables si elles étaient révélées au grand public.

À ce moment-là, Christophe n'a pas pu s'empêcher d'intervenir.

— Tout à fait légales ? Je ne crois pas que la consommation de marijuana entre dans cette catégorie. La possession et la consommation de drogue douce sont illégales en France.

— Il n'y a pas et n'y a jamais eu de drogue sur ce yacht.

— Et la double zéro, c'est quoi pour vous ?

— Je ne sais pas de quoi vous parlez. Je peux juste vous répéter que si la police perquisitionnait ce bateau, elle ne trouverait aucun produit illicite pour autant que le champagne n'ait pas été ajouté à la liste des produits interdits sans que j'en aie eu connaissance.

Je sens que ça tourne vraiment au roussi et que Christophe va lui rentrer dedans. Je me tourne vers lui :

— Écoute jusqu'au bout. De toute façon, il n'y a pas de preuve pour la marijuana. Oublie.

Robert a un petit sourire, un signe de supériorité que j'aimerais effacer de son visage. Il poursuit, imperturbable :

— Pour revenir aux moments que vous avez passés avec Carolina et Michael, nous aimerions que vous signiez un NDA et un Sexual Consent Form.

Christophe travaille dans une société internationale, moi aussi. Nous savons ce qu'est un NDA, un *Non-Disclosure Agreement*, un « accord de non-divulgation », c'est-à-dire un accord de confidentialité. En général, les patrons qui veulent vendre leurs sociétés demandent aux possibles acquéreurs de signer un NDA pour éviter que les informations confidentielles ne se retrouvent sur le marché si le deal ne se fait pas. En ce qui concerne le second élément, je n'en ai jamais vu mais il n'y a pas besoin d'être un expert juridique pour comprendre de quoi il retourne.

J'ai compris où Robert voulait en venir. Je m'impose dans la discussion.

— Et en échange, qu'offrez-vous à Christophe ?

— Michael l'aidera à payer sa dette. Il pourrait en payer la moitié ou même aller jusqu'à vingt-cinq mille dollars.

— Avec tout le respect que je vous dois, je pense que Christophe a besoin de plus que cela et que la situation financière de Michael peut lui permettre un geste supplémentaire.

— C'est beaucoup d'argent, mademoiselle Delacour.

Aujourd'hui, au cœur de la discussion, je ne suis pas Ophélie, je suis Mlle Delacour.

J'ai une idée mais j'hésite à leur en faire part. Je regarde Christophe. Il est prostré. Allons-y, il n'y a plus rien à perdre. Je me tourne vers Michael. Je le regarde dans les yeux.

— Michael, je peux vous dire un mot en tête à tête.

Il me regarde sans rien dire. Ses yeux bleus sont en connexion directe avec les miens. Je ne cille pas, je reste impassible. Robert se sent obligé d'intervenir :

— Je ne pense pas que ce soit possible, mademoiselle Delacour.

— Moi, je pense que ça l'est. Je pense aussi que c'est la décision de Michael, pas la vôtre !

Je n'ai pas regardé Robert pendant que je lui répondais. Mon regard n'a absolument pas quitté Michael. Un petit sourire apparaît sur son visage.

— Pourquoi pas ? Venez Ophélie, allons sur le pont supérieur.

Je le suis. Deux niveaux plus haut, nous nous asseyons sur les beaux canapés au soleil.

Michael croise les jambes. Il a l'air relativement tranquille.

— Alors, Ophélie, qu'avez-vous à me dire de si confidentiel que ni mon avocat ni votre petit ami ne sont autorisés à l'entendre ?

Mes lèvres sont sèches. Je passe ma langue dessus avant de prendre la parole. Ce n'est pas pour être sensuelle et séductrice, c'est juste pour pouvoir me lancer. Tant de choses dépendent de ce que je vais dire, de la façon dont Michael va le recevoir. Si je m'y prends mal, Christophe est ruiné et moi je perds Michael !

— D'abord, moi, je vais signer vos papiers sans contrepartie. C'est normal, je comprends pourquoi vous en avez besoin, pourquoi Robert insiste pour qu'ils soient signés.

Michael ne dit rien, il est impossible de deviner ce qu'il pense.

— En ce qui concerne Christophe, je suis persuadée que, dans une situation normale, il ne révélerait rien de ce qui s'est passé. Mais il est désespéré et a besoin d'aide. Vingt-cinq mille dollars ne suffiront pas à le sauver. Vous savez, Michael, Christophe doit gagner environ quatre mille euros par mois. Il est toujours à la limite du rouge à la banque...

— Vous voulez que je paie l'intégralité de sa dette ?

Il me regarde intensément. Il a l'air très sérieux. Attention, terrain glissant. Ma réponse, autant sur le fond que sur la forme, va décider de la suite...

— Michael, je me rends compte que je ne peux pas vous demander de faire un effort aussi important pour Christophe, que vous ne connaissez que très peu. Si vous pouvez mettre un peu plus, j'ajouterai la différence.

— Donc, si je lui verse trente mille dollars, vous ajouterez les douze mille dollars restants ? C'est ça votre idée ? Mais, pour vous, c'est beaucoup d'argent, n'est-ce pas ?

Tout se joue dans nos yeux, presque plus que dans nos paroles. Je suis stressée, émue, mais j'essaie d'affermir mon regard.

— Oui, beaucoup. Mais je le dois à Christophe. Et les moments que j'ai passés avec vous, c'était unique, je ne regrette rien. Si c'était à refaire, je ne changerais rien, vous êtes au-delà de tout ce que j'ai pu désirer dans ma vie...

— Donc deux nuits avec moi, ça vaut douze mille dollars si je comprends bien ?

Je m'apprête à protester, ce n'est pas du tout ce que je voulais dire. Mais il sourit pour la première fois depuis que nous nous sommes installés tous les deux. Il me fait un petit signe de la main pour m'empêcher de répondre.

— Ne dites rien, Ophélie. Excusez-moi pour cette mauvaise blague. En même temps, je ne déteste pas cette image de toy-boy... Bon, cela ne règle pas notre problème. Ophélie, je ne veux pas que vous payiez pour Christophe. Je vais régler la totalité de la somme.

Je suis émue. Cet homme est vraiment formidable. Quelle générosité ! J'aimerais me jeter dans ses bras mais je n'ose pas. Mes remerciements sont faibles par rapport au cadeau qu'il vient de me faire.

— Merci, Michael.

— En revanche, Ophélie, il faut que Christophe signe ces papiers.

— Bien sûr, il n'y a pas de problème, il va le faire.

— J'ai également quelque chose à vous demander...

— Tout ce que vous voulez, Michael.
Il a un large sourire.
— Ne vous engagez pas avant de savoir de quoi il retourne. Imaginez que je vous demande de continuer ce que vous aviez commencé à faire avec Carolina hier soir...

Je rougis jusqu'aux oreilles. Il a raison, je ne suis vraiment qu'une gourde !

— Rassurez-vous, Ophélie, il ne s'agit pas de cela. Je voudrais juste que vous considériez la proposition que je vais vous faire. Vous n'avez pas besoin de vous décider sur-le-champ, je préfère que vous y réfléchissiez avant de me donner votre réponse.

Mon cœur bat à cent quatre-vingts pulsations/minute. C'est quoi cette proposition qui mérite tant de précautions oratoires ?

— Oui, Michael.

— Voilà, je souhaiterais que vous quittiez Christophe pour venir avec moi faire une croisière en tête à tête sur le *Pleasure is Mine*.

Comme on dit en anglais, je suis *speechless*, sans voix... Non seulement Michael va régler le problème de Christophe mais il m'offre ce dont j'ai toujours rêvé : être en couple avec lui ! En couple, ok, mais sa femme, qu'en fait-il ? Je ne peux m'empêcher de poser la question.

— Et votre épouse, Michael ?

Le sourire s'est effacé de son visage. Ah merde, je ne pouvais pas la fermer et profiter du moment présent !

— Vous savez, Ophélie, Carolina et moi vivons ensemble depuis longtemps. Vous avez vu que nous ne sommes plus un couple au sens traditionnel du terme.

Je ne peux pas vous promettre que vous la remplacerez officiellement mais c'est avec vous que je veux partager cette croisière sur ce yacht. Ne me répondez pas maintenant, Ophélie. La situation est compliquée et vous avez besoin d'y réfléchir. Maintenant, nous pouvons redescendre.

Je suis sous le choc. Il m'a presque avoué son amour. C'est avec moi qu'il veut vivre ! J'accomplis mon rêve, je vais vivre avec Michael ! J'ai envie de lui sauter dans les bras, mais je m'abstiens pour deux raisons. La première c'est qu'il m'a demandé d'y réfléchir et je veux lui obéir sur ce point. La seconde, c'est qu'il serait indécent de me réjouir alors que je vais provoquer le désespoir de Christophe.

Nous sommes de retour au salon. Robert et Christophe sont toujours assis, silencieux. Ils ont chacun un verre de whisky dans la main.

Michael prend la parole :

— On va faire simple. Je vais rembourser la totalité de la dette de Christophe…

Robert ne peut s'empêcher de bondir à cette annonce.

— Mais, Michael !

— Silence, Robert, c'est ma décision.

Christophe réagit à son tour. Il y a une lueur bizarre dans ses yeux.

— Et en échange, Ophélie et moi signerons vos papiers, c'est ça ?

— C'est exactement ça.

— Et si je refuse ?

Si je n'étais pas déjà debout, j'aurais jailli du canapé à mon tour.

— Christophe, Michael t'offre les quarante-deux mille dollars. Pourquoi réagis-tu comme ça ?

— Visiblement, il a fallu votre petit tête-à-tête pour qu'il accepte. Les quarante-deux mille dollars, c'est pour les deux nuits où tu as dû ajouter un petit quelque chose quand vous étiez là-haut ?

J'ai les larmes aux yeux.

— Christophe, comment peux-tu ? Tu es horrible !

Michael intervient, très calmement et très fermement :

— Christophe, faites très attention à vos propos, vous dépassez les bornes.

— Ou quoi ? Vous allez demander à votre équipage de me jeter par-dessus bord.

— C'est une possibilité que je n'avais pas envisagée. Il faudrait peut-être la considérer. Plus sérieusement, pourquoi ne voulez-vous pas simplement accepter ma proposition ?

— Peut-être parce que je pourrais me faire beaucoup plus d'argent en racontant tout aux tabloïds !

Oh merde, quelle menace idiote ! Pourquoi complique-t-il tout ? Est-ce parce que je suis intervenue sans qu'il soit présent ? Est-ce de la jalousie ?

Le sourire de Michael s'est un peu crispé. Je crie :

— Christophe !

Robert est plus rapide pour formuler une question.

— Avez-vous des preuves pour étayer votre histoire ? Nous vous poursuivrions en diffamation ainsi que tous les journaux qui publieraient cette fable.

— Et Ophélie, elle a été témoin de ce qui est arrivé ?

— Vous voulez parler de la jeune femme dont vous voulez détruire la carrière alors qu'elle vient gentiment d'intervenir en votre faveur auprès de Michael qui a accepté de payer les quarante-deux mille dollars de votre dette sans aucune contrepartie ?

— Comment ça détruire la carrière ?

Ce que Christophe ne semble pas comprendre c'est que, s'il révèle ce qu'il sait aux tabloïds, je peux changer de métier.

— Réfléchissez, Christophe. Pourquoi le monde du cinéma voudrait travailler avec quelqu'un qui aurait monté un coup contre deux des stars les plus reconnues et les plus respectées du septième art ? Qui accepterait de lui confier la moindre mission après qu'elle aurait fait les couvertures des magazines people ? Qui pourrait faire confiance à la jeune femme qui aura essayé de briser le couple le plus célèbre et glamour de Hollywood ? Surtout, après l'interview exclusive que Carolina a donnée à Oprah Winfrey...

Je suis glacée par le tableau dépeint par l'avocat. C'est tout à fait exact, nous serions détruits et moi je pourrais dire adieu à ma passion, à mon choix de vie. Je finirais caissière dans un supermarché et, pendant des années, les femmes s'arrêteraient pour demander si je suis bien celle qui a essayé de casser ce célèbre couple.

Christophe est silencieux, sonné par la charge de Robert qui enfonce le clou :

— Je pense qu'Ophélie a déjà accepté de signer les documents. Si vous êtes seul pour raconter votre histoire et que tous nos amis témoignent en notre faveur, aucun journal ne prendra le risque de vous publier. Même si une loyauté suicidaire la poussait à vous soutenir, cela ne changerait pas fondamentalement la donne. Globalement, vos cartes sont deux et sept alors que nous avons une paire d'as.

Christophe se tourne vers moi :

— Tu mentirais pour sauver Michael, Carolina et tous ces gens ?

— Et toi, tu refuserais son aide pour te faire du fric sans te soucier de foutre ma vie en l'air ?

Je n'ai pas répondu à sa question. Il n'a pas le droit de me demander ça après ce que j'ai fait pour lui. Je suis extrêmement fâchée mais je me contiens. Je ne veux pas verser de l'huile sur le feu. Michael essaie de ramener un peu de sérénité dans cette discussion :

— Écoutez, Christophe, arrêtons les menaces de part et d'autre et revenons à la raison. Je vous offre mon aide. Acceptez-la et restons-en là.

— Je peux réfléchir ?

Je ne vois pas quelles options il a ! Le choix me semble clair ! Il me rend folle. Robert est agacé, lui aussi. Seul Michael garde son calme.

— Bien sûr. Revenez quand vous aurez pris votre décision.

Robert intervient :

— Mais vous devez nous donner votre réponse pour 15 heures. Après, l'offre ne tient plus.

Christophe a l'air abattu.

— Très bien, je serai de retour à 15 heures. Ophélie, tu viens avec moi ?

Si je voulais l'influencer dans le bon sens pour le pousser à accepter la seule offre raisonnable, je devrais l'accompagner. Mais ma colère n'est pas retombée. Dans un sens, il m'a trahie.

— Non, je ne veux pas t'influencer. Je vais t'attendre ici.

Il ne proteste même pas. Il a juste blêmi.

— Ok, à tout à l'heure.

Dans un sens, ne pas y aller, c'est aussi un signe que je ne suis plus dans son camp.

Il a quitté le salon raccompagné par Robert. J'étais au bord des larmes. Michael a posé sa main sur mon épaule.

— Ça va aller, Ophélie. Tout va bien se passer. Je comprends que ce soit un moment difficile. Vous savez, pour lui non plus ce n'est pas simple.

Et en plus il le défendait après avoir été insulté par celui qu'il souhaitait sauver ! Soit cet homme est un saint, soit il est fou.

— Venez manger quelque chose, Ophélie.

— Je n'en ai vraiment pas envie.

— Faire la grève de la faim ne sert à rien. Prenez au moins du melon et des fruits. Marco peut aussi vous faire préparer un peu de poisson.

Je me suis laissé convaincre et j'écris ces lignes en déjeunant.

Voilà le résumé du triste enchaînement des événements de l'après-midi. Normalement, Christophe devrait arriver et accepter la proposition de Michael. Si c'est le cas, tout sera résolu, sinon, ce sera le chaos... Ce sera, de toute façon, le chapitre le plus noir de mon journal...

14 août 2014, 16 h 30

Ça y est tout est fini. Finalement, c'est allé très vite.

Christophe est arrivé à l'heure. Nous étions toujours dans le salon. Il ne m'a pas regardée. Il est allé droit au but d'une voix blanche :

— C'est d'accord, dites-moi où il faut signer.

Tout le monde était soulagé dans la pièce mais personne n'a fait de commentaire.

Robert a sorti deux chemises, une pour chacun de nous.

— Voilà pour vous, Ophélie, le NDA et le Sexual Consent Form. Le premier document vous engage à ne rien révéler de tous les moments passés en compagnie de Michael et Carolina. Le second indique que vous étiez consentante pour tous les échanges sexuels que vous avez eus avec mon client.

Je commence à lire le second document. Je suis curieuse de savoir si le Sexual Consent Form couvre ce qui s'est passé entre Carolina et moi. Je ne suis pas très surprise de voir que c'est le cas, les avocats américains de ce niveau ne laissent rien au hasard.

Robert se tourne vers Christophe.

— Pour vous, Christophe, nous avons préparé une reconnaissance de dette de Michael à votre égard de quarante-deux mille dollars. Cette reconnaissance de dette est transférable et vous pourrez la donner à James. Cela vous libérera ainsi de vos propres engagements.

— Mais à quelle occasion Michael aurait-il contracté une dette à mon égard ?

— Lors d'une partie sur ce bateau à laquelle Michael, vous et moi avons participé.

— Vous avez pensé à tout.

— C'est mon métier. Michael signera cette reconnaissance de dette dès que vous aurez signé les autres documents. Vous avez compris ?

Christophe hoche la tête, lis les documents en diagonale et commence à les signer.

Cinq minutes plus tard, tous les documents sont échangés.

Robert annonce la suite des événements :

— Je vais vous accompagner jusqu'au bateau de James. Il nous attend. Nous vous raccompagnerons ensuite au camping où vous retrouverez Ophélie.

Ah bon, je retourne au camping ? La proposition de Michael ne tient-elle plus ? Robert n'est peut-être pas au courant.

De toute façon, je ne peux rien dire. Christophe est déjà assez dévasté. Il n'a même pas demandé pourquoi je ne l'accompagnais pas chez James. Il est prêt à accepter n'importe quoi.

Il quitte le yacht sans un mot pour moi. Michael lui a dit au revoir, il a répondu d'une voix terne. Il ne l'a pas remercié pour les quarante-deux mille dollars et ils ne se sont pas serré la main.

Après qu'ils ont eu quitté le pont, Michael s'est tourné vers moi.

— Et vous, Ophélie, avez-vous pris une décision ?

J'ai répondu d'une voix blanche :

— Que voulez-vous dire ? À quel sujet ?

— Vous avez déjà oublié, Ophélie ? Notre croisière, notre tête-à-tête sur ce yacht... Acceptez-vous Ophélie de venir avec moi ?

À ce moment-là, les vannes se sont ouvertes. C'était comme l'explosion d'un barrage et le déferlement des flots. Je me suis mise à pleurer à gros sanglots.

Michael s'est assis à côté de moi et m'a prise dans ses bras. Ce geste de tendresse a augmenté le débit de mes larmes.

— Ophélie, Ophélie, vous ne pensiez quand même pas que je renoncerais à vous pour un petit conflit de quarante-deux mille dollars. Vous valez tellement plus à mes yeux...

Ces mots, c'est le genre de déclaration dont j'ai rêvé toute ma vie, c'est *Pretty Woman* en mieux. Évidemment, cela n'a pas arrangé mon état. J'ai déversé au moins cinq litres d'eau salée sur la chemise de Michael. Il m'a tendu un mouchoir.

— Mouchez-vous, Ophélie, cela ira mieux après.

Normalement, avant de le rencontrer à Deauville, j'aurais considéré le mouchoir de Michael Brown comme une relique sacrée. Et là, cet après-midi, j'ai fait la chose la moins romantique possible. J'ai suivi son conseil et je me suis mouchée ! Je lui ai ruiné son mouchoir !

Dès que j'ai pu, j'ai cherché à m'expliquer. Ma voix était entrecoupée de sanglots.

— Quand Robert a dit que Christophe me rejoindrait au camping, j'ai cru que vous ne vouliez plus partir avec moi...

— Ce n'était pas l'idée la plus heureuse de Robert mais il m'a pressé d'accepter. Il ne voulait pas que Christophe, en apprenant que vous veniez avec moi, refuse de signer par jalousie. C'est pourquoi il a dit que vous vous retrouveriez au camping. C'est d'ailleurs la stricte vérité parce qu'il faut bien que vous récupériez vos affaires, n'est-ce pas ? Si tant est que vous acceptiez ma proposition... Vous ne m'avez toujours pas donné votre réponse.

Je me suis jetée sur lui et je l'ai embrassé fougueusement tout en reniflant. Pas hypersexy mais s'il tient vraiment à moi, il faudra qu'il s'en contente...

Après ce long baiser, il s'est écarté, m'a regardé avec un petit sourire.

— Je suppose que cela vaut acceptation. Je vais demander à Fabio de vous emmener au camping pour chercher vos affaires et faire vos adieux à Christophe.

Faire mes adieux, c'était là une perspective terrifiante... Je connais Christophe depuis un an, je suis avec lui depuis onze mois et là, en quelques heures, j'ai décidé de le quitter.

Les vingt minutes de trajet pour Sperone m'ont paru trop courtes.

Quand je suis arrivée à la tente, Christophe était en train de boire une bière assis sur une chaise pliante.

— Ça s'est bien passé avec James ?

— Très bien. Il m'a proposé de prendre un verre mais j'ai décliné. Je lui ai donné le papier de Michael. Il n'a pas eu l'air surpris. L'avocat avait dû le prévenir. Je suis rentré immédiatement. Tout est fini maintenant.

Il était calme mais il semblait loin, comme perdu. Il m'a regardée droit dans les yeux et a continué :

— Je suppose que pour nous aussi c'est fini, n'est-ce pas ? Tu es venue prendre tes affaires, tu pars avec Michael.

C'était plus des affirmations que des questions. Mes yeux se sont embués.

— Oui, tu le sais depuis quand ? C'est Robert qui te l'a dit ?

— Non, j'ai deviné sur le chemin entre Bonifacio et Sperone. Jusque-là, j'étais dans le cirage, j'avais perdu toute lucidité mais, quand j'ai repensé à ce que tu avais obtenu de Michael pour moi, il était logique de supposer qu'il voulait que tu ailles avec lui. Surtout que Carolina n'est plus là. Tu pars quand ?

— Je ne sais pas exactement. Ce soir, peut-être. Et toi, qu'est-ce que tu vas faire ?

Il me regarde et me sourit, un sourire triste. Il me fend le cœur.

— Mon avion de retour est dans trois jours. Il me reste ce soir plus deux jours complets pour profiter de la Corse. Surtout que maintenant c'est la seule beauté que je pourrais admirer...

Je me mets à pleurer. Je ne veux pas être la méchante, je voudrais tant ne pas lui faire de mal. Il me prend dans ses bras et me parle doucement :

— C'est ça, l'avantage d'être une fille. Si vous êtes quittée par votre petit ami, vous pleurez, éventuellement, vous l'insultez. Si c'est vous qui le quittez, vous pleurez également et il vous console.

Il faut arrêter de pleurer Ophélie, celui qui souffre vraiment, c'est moi. Même si je veux croire que tu es sincèrement triste, tu ne dois pas me prendre la seule chose qui me reste : la peine de te perdre.

Je m'efforce d'arrêter de pleurer.

— Je suis désolée.

— Comme dirait un ancien ministre, tu es responsable mais pas coupable. Enfin, pas la seule... J'ai joué avec le feu et j'ai perdu... D'abord de l'argent et ensuite, parce que je n'avais pas les moyens de la garder, celle avec qui je partageais ma vie. Comme on dit : « L'argent n'est pas tout mais le manque d'argent n'est pas rien. » Jamais ce proverbe ne m'a paru plus exact. J'aurais dû faire plus attention. Tu m'avais prévenu... Je voudrais tant pouvoir revenir en arrière, ne pas jouer au poker, rester à discuter avec toi et les autres femmes sur le bateau, ne pas y retourner le jour suivant pour cette maudite croisière…

C'est affreux de le voir ainsi. Ce qui est pire, c'est que, moi, malgré la difficulté du moment présent, je ne souhaiterais pas que les choses soient différentes. Ça paraît faire de moi une jeune femme sans cœur mais, même si j'ai aimé Christophe sincèrement, ce n'est rien en comparaison de cette passion que je ressens pour Michael. Mon destin est en train de s'accomplir. En ce moment, je ne peux plus douter que je vais faire ma vie avec lui. Nous avons surmonté tant d'obstacles pour en arriver là où nous en sommes.

— Tu devrais prendre tes affaires, Ophélie. Il est inutile de t'attarder, ça ne rend pas les choses plus simples.

Je hoche la tête et entre dans la tente. Faire mon sac ne me prend que quelques minutes sous le regard silencieux de Christophe. Après, c'est le moment des adieux…

— Au revoir, Ophélie, je devrais te remercier pour avoir intercédé auprès de Michael et avoir obtenu qu'il paie la totalité de ma dette mais je ne peux pas. J'ai trop perdu et il a trop gagné… En ce qui te concerne, je souhaite sincèrement que tu en sortes gagnante comme tu l'espères mais, au fond de moi, j'en doute. Tu pourrais te dire que ce n'est que la jalousie du garçon évincé, mais tu te tromperais. Je ne le sens pas Michael, pas du tout… Fais attention à toi.

Je ne suis pas du tout d'accord avec lui. Je connais la générosité de Michael, sa gentillesse à mon égard, mieux même, son amour… Je devrais contredire Christophe mais je ne le fais pas. Ce serait trop cruel de lui jeter à la figure toutes les qualités de son rival. Il ne mérite pas ça. Je lui réponds brièvement :

— Je ferai attention. Toi aussi, fais attention.

Il esquisse un petit sourire.

— Moi, je ne risque plus grand-chose, à part une attaque de requin… mais nul n'a vu de mangeur d'homme depuis longtemps dans cette partie de la Méditerranée.

Notre histoire se termine sur ce mot d'humour triste. Nous ne nous embrassons pas, même pas sur les joues.

— Au revoir, Christophe.

— Au revoir, Ophélie.

Je suis allée rejoindre Fabio dans la voiture. Je ne me suis pas retournée. Ça ne servait à rien.

J'approche maintenant du port de Bonifacio. Dans quelques minutes, je vais retrouver Michael et ma nouvelle vie pourra commencer.

Remerciements

J'espère que vous avez été séduits par Ophélie et Michael et que Laure vous a amusés. J'ai eu la chance de fouler les planches du Festival américain de Deauville et de découvrir la beauté de la Corse du Sud et de Sperone, et j'ai voulu vous faire partager ces moments magiques.

Ce livre est né dans l'aérogare de Nice-Côte d'Azur à la fin du MIPCOM, le marché des programmes audiovisuels qui a lieu chaque année en octobre à Cannes.

J'étais très en avance et j'avais une longue attente avant de prendre mon avion. Alors j'ai décidé de me lancer, d'écrire cette histoire que j'avais mûrie pendant des années quand j'allais à Los Angeles, à Deauville ou à Venise.

J'y ai rencontré des stars et j'ai vu l'effet qu'elles provoquent sur l'imaginaire des gens. Il était logique pour moi qu'une Ophélie succombe au charme d'une star comme Michael.

En parlant de star, il y en a une que je n'ai jamais rencontrée et à qui je souhaiterais rendre hommage. Il s'agit de Cate Blanchett, qui représente pour moi la quintessence de l'élégance, de la classe et du talent, dans son métier comme dans sa vie personnelle. Elle était bien à Deauville et le Festival 2013 lui a bien rendu hommage mais elle n'a pas eu Ophélie comme attachée de presse et ne l'a pas accompagnée dans sa visite des cimetières de la Seconde Guerre mondiale. J'avais besoin d'emprunter son intelligence et sa personnalité pour tenir tête à Michael. J'espère qu'elle ne m'en tiendra pas rigueur.

Écrire a été une aventure passionnante à partir du moment où j'ai su que j'allais être publié. Je la dois d'abord à Sabrina qui a été à l'initiative de ma rencontre avec Céline, mon éditrice. Sabrina a dépassé le rôle d'« entremetteuse » car elle a suivi mon écriture au fur et à mesure de la construction de l'histoire et elle m'a donné de nombreux feed-back précieux.

Deux autres personnes ont lu ce récit. La première est donc Céline, mon éditrice préférée qui m'a accompagné avec le sourire, avec la diplomatie et le tact dont un jeune auteur a besoin. Elle n'a pas été avare en encouragements et m'a apporté son expérience professionnelle et personnelle, car écrire le journal d'une jeune femme de vingt-cinq ans était un vrai défi.

La seconde est ma correctrice privée qui m'a sauvé de nombreuses fois lorsque l'orthographe m'abandonnait et qui a ponctué sa lecture quotidienne de petits smileys avec le plus souvent la bouche à l'endroit mais parfois la bouche à l'envers quand elle trouvait que mes descriptions manquaient de romantisme.

Les quelques personnes à avoir été au courant de ce projet m'ont aidé par leurs encouragements et j'ai attribué leurs prénoms à certains personnages. Il y a d'abord Laure qui, bien que travaillant chez un éditeur concurrent, m'a aidé à comprendre cette industrie nouvelle pour moi. Il y a ensuite mes deux conseillères, Mélanie et Claire, qui n'ont pas lu le manuscrit mais ont apporté de nombreuses idées ou commentaires lors de nos déjeuners.
Enfin, il y a Bertrand, qui est un ami fidèle et qui m'encourage depuis le début. J'espère qu'il appréciera ce livre dont il a tant entendu parler sans pouvoir en lire une ligne.

De nombreuses journalistes femmes m'ont aidé sans le savoir. Ces derniers dix-huit mois, j'ai lu chaque jour, avec plaisir, « Absolu féminin », la lettre commune à *Cosmopolitan* et *Marie Claire*, et j'ai consulté régulièrement les sites d'*Elle* et de *Femme actuelle*. J'y ai trouvé des idées et des conseils qui m'ont été très utiles pour construire les vies de Laure et d'Ophélie.

Contrairement à une idée reçue, je ne crois pas que l'on écrive pour soi. On écrit pour un public et chaque jour j'ai pensé aux personnes qui me liraient au moment où j'imaginais les aventures d'Ophélie. Sans faire de spoiler, je pense que si vous avez aimé cette première saison, vous aimerez encore plus la suivante. Vous y découvrirez le plaisir d'une croisière sur un yacht, la Sardaigne, mais aussi la Mostra de Venise ou le luxe de l'hôtel Bulgari à Londres.

Au moment où j'écris ces lignes, je termine la troisième saison. Ophélie est en train de…

Ah non, je ne peux pas vous raconter, ce serait gâcher la surprise.

Alex Cartier, 29 janvier 2016

Éditions Belfond :
12, avenue d'Italie
75013 Paris.

Canada :
Interforum Canada, Inc.,
1001, boul. de Maisonneuve Est
10e étage, bureau 1001,
Montréal, Québec, H2L 4P9.

ISBN : 978-2-7144-7391-2

Composition et mise en pages
Nord Compo à Villeneuve-d'Ascq

Cet ouvrage a été imprimé au Canada

Québec, Canada

Dépôt légal : mars 2016